A・J・ベイム 著
河内隆弥 訳

まさかの大統領

ハリー・S・トルーマンと世界を変えた四カ月

国書刊行会

1945年４月12日午後７時９分、大統領宣誓を行うトルーマン。その右は妻のベス、一人娘のマーガレット。この瞬間のことをかれは四単語で表した、「ザ・ライトニング・ハズ・ストラック（稲妻が襲った）！」
当時のある記者が述べた、「合衆国大統領で、ハリー・Ｓ・トルーマンほど難しい局面でその職務に就いたものはいない」。
ABBIE ROWE/NATIONAL PARK SERVICE/HARRY S. TRUMAN LIBRARY & MUSEUM

トルーマン就任の第１週、連合軍はヨーロッパのナチ強制収容所を解放していった。この写真は、４月16日、新大統領が議会で初めて演説を行った日、ブッヘンヴァルドで撮られた。
UNITED STATES ARMY SIGNAL CORPS/HARRY S. TRUMAN LIBRARY & MUSEUM

1945年６月27日、ジャクソン郡史上最大の群衆がトルーマン大統領の最初の帰郷に集う。専用機、「聖牛」から娘のマーガレットを伴って現れるトルーマン。

HARRY S. TRUMAN LIBRARY & MUSEUM

トルーマンとチャーチルが最初の協議を行っているころ、世界初の原子爆弾の爆発（トリニティの実験）がニューメキシコの砂漠で起こった。チャーチルはトリニティのことを聞いて、「原爆は２度目の最後の審判だ」、と叫んだ。

JACK AEBY/HARRY S. TRUMAN LIBRARY & MUSEUM

トリニティ原爆実験の翌日、トルーマンとソビエトの独裁者、ヨシフ・スターリンとの初会談（1945年７月17日）。左から、ビャチェスラフ・モロトフ（スターリンのナンバー・ツー）、トルーマン政権国務長官ジェームズ・Ｆ・バーンズ、トルーマンのロシア語通訳チャールズ・ボーレン、大統領、トルーマンの参謀長リーヒ提督、および鉄の男スターリン。歴史的なポツダム会談はその日の夜から始まった。

UNITED STATES ARMY SIGNAL CORPS/HARRY S. TRUMAN LIBRARY & MUSEUM

ヒロシマ原爆投下4日前の8月2日、トルーマンとジミー・バーンズはイギリス国王ジョージ六世（右）と面会する。昼食時にトルーマンの参謀長リーヒ提督は、原爆について「わたしは思ったような効果はないと思います」と述べた。国王は、「提督、賭けてみますか？」と言った。
HARRY S. TRUMAN LIBRARY & MUSEUM

ナガサキの原爆（1945年8月9日）。2発目の投下である。日本に対して原子兵器を使用したことについて、トルーマンは正当化し得るか？
JOE KOSSTATSCHER, UNITED STATES NAVY/ HARRY S. TRUMAN LIBRARY & MUSEUM

1945年８月14日、オーヴァル・オフィス（大統領執務室）で日本の無条件降伏を発表するトルーマンの劇的光景—ルーズベルトの死から４カ月と２日経っていた。
ABBIE ROWE, NATIONAL PARK SERVICE/HARRY S. TRUMAN LIBRARY & MUSEUM

日本降伏の発表のあと、ホワイトハウスの前で「ハリー、出て来て！」と叫ぶ数万の群衆に手を振るハリーとベス・トルーマン。その場にいたある記者は、「この街で見た、もっとも荒っぽいお祝い」と描写した。
ABBIE ROWE, NATIONAL PARK SERVICE/HARRY S. TRUMAN LIBRARY & MUSEUM

まさかの大統領

――ハリー・S・トルーマンと世界を変えた四カ月

デイヴィッド・S・ベイム判事へ捧ぐ
四十年以上も、ハリー・S・トルーマンの肖像画を
執務室の壁に掲げていた、わが父

目次

本文中の括弧の用い方は著者および原著の表現に準じ、［　］内は訳者によるものです。
参考文献は章ごとに番号を付し巻末にまとめました。

編集部

はじめに

ハリー・トルーマンほど、その業績の評価が分かれる米国大統領はいない。多分、まったくいないだろう。歴史家たちはかれを、最高行政官としてトップないし最悪のランクに位置づけている。一九五三年一月にかれが職務を終えたとき、その政権は大方の顰蹙《ひんしゅく》を買っていた。それから十年経たぬうち、著名な歴史家、アーサー・シュレジンガーが行った世論調査では、トルーマンは、歴代大統領の第九位にランクされた。二〇一四年、ワシントン・ポストの世論調査では第六位となった。同時に、トルーマンに戦犯のレッテルを貼るものたちもあった。(1) 一九四五年八月六日と九日に、リトルボーイとファットマンという二つの原爆を日本に落とすことに青信号を発したからである。

この本は新しい論点を提供する。トルーマンの遺産が何であろうと、その政権の最初の四カ月は、アメリカの歴代大統領のいかなる四カ月もおよばぬ、最高に困難でスリリングな四カ月だったとされるに違いない。機密解除された戦時の文書類、個人の日記、最高の外交レベルにおける国際情報交換、その他の一次資料を通じて本書に登場する人物たちは自身でそのことを物語るだろう。今日われわれが暮らす世界の形成に、これほど重要な影響をおよぼした四カ月は、ほかの時期ではあり得なかったとまず間違いなく言えるだろう。

トルーマンの大統領としての波乱万丈は、フランクリン・ルーズベルトが死亡した一九四五年四月十二日に始まった。FDR（フランクリン・ルーズベルト）の他界が世界に与えた衝撃を控え目に記すわけには行かない。[2]「シーザー・アウグストゥスの死を聞かされたローマ人はこんな風に感じただろう」と当時のコラムニスト、I・F・ストーンは書いた。[3]「多分、開闢《かいびゃく》以来」と国務省の強者《つわもの》、ジョセフ・デイヴィスは日記に記した。「一人の偉人の死が、これほど多数の異なる国、異なる宗教、異なる民族を超え、世界中の同時代の人々から追悼されたことはあるまい」。

ルーズベルトは、歴史がかれのために書かれたかのような、最高行政官の役割をつとめ上げた。ヴィクトリア時代の価値観と階級構造がまだ人々の生活の規範となっていた時代には、格式がルーズベルトの特質を形作っていた。かれは他のだれよりも長く大統領にとどまり、その政権下にあっては、不世出の米国大統領、と広く認められていた（ワシントン、ジェファーソン、リンカーンは死後、偉人大統領の聖人表に列せられている）。一九四五年の、歴史上もっとも偉大な人物を問うギャラップ世論調査でルーズベルトは、アブラハム・リンカーンやイエス・キリストを差し置いてトップに指名されている。

穴埋めを強制された人物――副大統領のトルーマン――は、対照的に普通の人間の典型だった。かれは大学の学位もなく、自分の家を持つ資金もなかった。州の統治も、市長の経験もなかった。かれは[4]「はからずも」（自身の言葉）大統領になったのであった。現実に存在する最高権力への登壇は、ほとんど奇妙な出来事の累積の結果であり、その背景が不明瞭だったことは世界を困惑させた。「まるで街なかから適当に拾ってきたような人物[5]がホワイトハウスにやってきた」とトルーマンのホワイトハウス担当記者のロバート・ニクソンは回想する。「これといった経歴も、これといった情報もなしに」。「きみたちとそっくりな、でなければお隣のおじさんがここ[6]にいますよ」とトルーマンの親友の一人であるハリー・ヴォーンが言った。「そして自分の手には負えない仕事をしようとしているんだ」。トルーマンが就任したとき、シカゴ・トリビューンのあるコラムニストは「全[7]世界は二つの質問をしている『ハリー・S・トルーマンとはどんな人間なのだ？』そして『かれはどんな大統領になるのだろうか？』」と書いてすべての文明人の代弁をした。

トルーマン就任後の最初の四カ月で、世界は、ナチ・ドイツの崩壊、国際連合の発足、数多の民間人を殺戮した日本の市街地大空襲、ナチの死のキャンプ（強制収容所）の解放、アドルフ・ヒトラーの自殺、ベニト・ムソリーニの処刑、ヒトラーのナンバー・ツー、ヘルマン・ゲーリングからナチの「狼男」、エルンスト・カルテンブルンナーまでの大物戦争犯罪人の収監を見届けた。ベルリン陥落、沖縄戦（歴史家、ビル・スローンの名づける「米陸軍の侵攻作戦のうち過[8]去最大の流血戦」）の勝利、ポツダム会談があった。ソ連占領下にあるドイツのポツダムで、新大統領は、ウィンストン・チャーチル、ヨシフ・スターリンと交渉のテーブルにつき、新しい世界地図を描いた。人類は最初の原爆の炸裂《さくれつ》、核兵器によるヒロシマとナガサキの破壊、そして冷戦の黎明と核兵器開発競争の嚆矢《こうし》を見た。

これほどの短期間に、これほどの歴史的事実が詰めこまれた例はない。「四月十二日のルーズベルト大統領の死に続く四[9]カ月は、人類史にとってもっとも重要な期間の一つである」と当時のニューヨーク・タイムズの一記者が書いた。「歴史的にこれに匹敵する期間はあり得ない」。

本書はトルーマンの全経歴を記すものではなく、原爆投下の決意を研究するものでもない。それらの書物はすでに存在するからである。それよりも政権の最初の四カ月――第二次大戦の決定的な月日――におけるトルーマンの横顔を詳細に描くものである。そのときアメリカ人は、いまでは考えられないほど一体感に充ちていた。それはまた殺戮の時でもあった。七十年を経過した今でも、その正当化に苦悩しているが、米軍はそのように行動していたのである。ほぼ四半世紀前にトルーマンの伝記の出版の波が起き始めてから、新たな資料が研究対象に現れてきている。また、グローバルな国際政治の現況と、アメリカ大統領の在り方とあるべき姿に関する議論を通じて、トルーマン政権の初期の出来事はとくべつそれらに関わっているように思われる。

筆者の論点に読者が納得されるかどうかはもとより主観次第である。どなたにも読了後に決めていただきたい。しかしまず、一九四五年四月十二日から始めなければならない。

時系列

トルーマンの立身

一八八四年五月八日　ハリー・S・トルーマン、ミズーリ州ラマールの田園に生まれる。

一九〇一年　高校を卒業。資金が乏しく、大学に進学せず。鉄道員や、カンザス・シティの銀行勤めなど、色々な職業に就く。

一九〇六～一九一七年　ミズーリ州グランドビューの家族の農園に戻りひっそりと十一年を過ごす。一攫千金──石油掘削から鉱山開発まで──を試みるも、ことごとく失敗する。

一九一八年四月十三日　第一次大戦に三十三歳の米陸軍大尉としてフランスに上陸。

七月十一日　D砲兵中隊を指揮。

十一月十一日　第一次大戦終戦。およそ十一万七千の米兵を含め、連合軍兵士の死者が五百万を超えるなか、トルーマンのD中隊は一人の犠牲者も出さず。

一九一九年六月二十八日　トルーマンはエリザベス・「ベス」・ウォレスと結婚し、ミズーリ州インデペンデンスの彼女の家に移転する。

一九二二年　カンザス・シティの服飾洋品店、トルーマン＆ヤコブソン商会は破産、トルーマンは文無しとなる。実際に何の資格もなかったが、トルーマンは、カンザス・シティの民主党組織の悪名高い「ボス」──トム・ペンダーガストの後援を得て、農村地帯、ジャクソン郡の判事選挙に当選する。

一九二四年　再選に落選。これはトルーマンの唯一の落選記録となる。

一九二六年　またもやボスのペンダーガストの支持を得て、トルーマンは、ジャクソン郡の主任判事選挙に勝利する。

一九二九年十月二十四日　暗黒の木曜日。大恐慌の発生。

一九三三年一月三十日　アドルフ・ヒトラー、ドイツの首相に就任。

三月四日　フランクリン・ルーズベルト、第三十二代合衆国大統領に就任。

一九三四年十一月六日　トルーマン、カンザス・シティの腐敗した組織の後援で、不透明な環境の中、上院議員に選出される。評論家は、かれを「ペンダーガストの上院議員」と名づける。

一九三九年四月　ボスのトム・ペンダーガストは脱税で起訴され、のちにレーヴェンワース刑務所に収監される。十数名にのぼるペンダーガストの組織構成員が選挙違反の罪で投獄される。

九月一日　ナチ・ドイツ、ポーランド侵攻。

一九四〇年十月　トルーマンの母と妹は、銀行の抵当権行使により、グランドビューの農園から追われる。

十一月五日　ペンダーガストの仲間という悪評から、トルーマンは再選の可能性がほとんどないにもかかわらず、合衆国上院の二期目に勝利する。

一九四一年三月一日　トルーマンは国防計画の調査を行う上院の特別委員会――「トルーマン委員会」を設立する。

十二月七日　日本は合衆国を真珠湾攻撃し、アメリカは第二次大戦に参戦することとなる。

一九四一～一九四四年　国防に関する浪費と腐敗を調査するトルーマン委員会の功績によって、ミズーリ選出上院議員トルーマンが初めて全国的に認知される。

一九四四年七月　シカゴで行われた民主党全国大会で、一九四四年の大統領選挙におけるＦＤＲの副大統領候補として指名され、トルーマンは呆然とする。

一九四四年十一月七日　ルーズベルトは史上初の四期目大統領に当選、トルーマンを副大統領にしてつとめることとなる。
一九四五年四月一日　イースターの日曜日、米軍は沖縄に上陸する。
一九四五年四月十二日　ルーズベルト死去。トルーマンは合衆国の第三十三代大統領となる。その夜、宣誓を行う。米国軍部の秘密兵器、「原子爆弾」が進行中であることを知らされる。

「まさかの大統領」就任と第二次大戦

トルーマンの最初の四カ月

一九四五年四月十三日　トルーマンの就任初日。初めて閣議を開催。
四月十四日　第二十一爆撃部隊司令官のカーティス・ルメイが日本を焼夷弾爆撃。数千の民間人が殺害される。
ルーズベルトの葬列がワシントンDCを練り歩く。ホワイトハウスのイースト・ルームで葬儀が営まれる。
四月十五日　トルーマンはニューヨーク州ハイドパークでのルーズベルトの埋葬に立ち会う。
連合軍、ベルゲン＝ベルゼンのナチ強制収容所を解放。
四月十六日　トルーマンは大統領としての初の教書で、日本を無条件降伏に追いこむと宣誓。
四月二十三日　トルーマンはヨシフ・スターリンのナンバー・ツー、ビャチェスラフ・モロトフと会談し、悪化した米ソ関係について協議。

四月二十五日　サンフランシスコで国際連合会議が開始される。五十カ国ほどの代表が新たな平和機構について話し合いを始める。トルーマンはレスリー・グローヴス将軍とヘンリー・スティムソン陸軍長官と面談。大統領は、原爆の詳細について初めて講義を受ける。

四月二十八日　「エルベの日」。米ソ両軍がエルベ河畔で邂逅《かいこう》。東西戦線が一体となり、ナチ・ドイツを分断した。イタリアのファシスト指導者ムソリーニが、愛人とともに、パルチザンによって銃により処刑される。ムソリーニの最後の言葉は「ノー！ノー！」[1]だったという。

四月二十九日　米軍、ダッハウ収容所の三万名以上を解放。イタリアのナチ軍、降伏。

四月三十日　ロシア赤軍、ヒトラーのベルリン地下壕に肉迫。ヒトラーは結婚したばかりのエヴァ・ブラウンと自殺。

五月二日　ソ連、ベルリンが赤軍のもとに陥落したことを発表。

五月四日　オランダとデンマークに駐留のドイツ軍、降伏に同意。

五月五日　米軍、マウタウゼン強制収容所を解放。

五月七日　トルーマン一家、ホワイトハウス入り。

五月八日　VEデイ「欧州戦勝利の日」。フランスのランスで、ナチ軍がアイゼンハワー将軍に降伏したことで、ヨーロッパの第二次大戦が終わる。ハリー・トルーマンは六十一回目の誕生日を祝う。

五月十一日　沖縄戦が激しくなる。日本の特攻機が米艦バンカー・ヒルに突っ込み、アメリカ水兵約四百名が死亡。

五月二十四〜二十六日　カーティス・ルメイ将軍の命により、第二十一爆撃部隊は東京をまたも焼夷弾空爆。今回は皇居も攻撃。多数の民間人が死亡。

五月二十八日　トルーマンはホワイトハウスで初の晩餐会を主宰。ゲストはイラクの摂政、アブドゥル・アル＝イラー皇太子。

六月一日　マンハッタン計画の最高諮問委員会はトルーマンに、「出来るだけ早期に……予告なしに」[2]原爆を日本に対して使用することを勧告。

六月五日　合衆国、ソ連、イギリス、フランスの軍事指導者がベルリンで会議。これら四カ国でドイツを分割占領する方策を開始する。

六月十八日　トルーマン、対日戦争終結の戦略協議のため、最高軍事顧問団と協議。指導者たちは約八十万の地上軍での日本攻撃計画に合意。ジョージ・C・マーシャル将軍はDデイ［攻撃開始日］を十一月一日に設定。アイゼンハワー将軍、ワシントンに凱旋。トルーマンはホワイトハウスで「スタッグ・パーティ［男だけの無礼講］」で歓迎。

六月二十二日　連合軍、沖縄戦の勝利を発表。最後の弾丸が放たれる前、日本兵は島内の民間人に手榴弾を手渡し、自決するよう命令［この事実関係には異論がある］した。多くの者がこれに従った。

六月二十六日　サンフランシスコで五十カ国代表が国連憲章に調印。トルーマン大統領が、戦争記念復員軍人会館で代表団に演説。

六月二十七日　大統領就任後初めてトルーマンはミズーリ州インディペンデンスに帰郷。ジャクソン郡史上最多の群衆が歓迎に殺到。

七月三日　ジェームズ・F・バーンズが国務長官に就任。トルーマンのもっとも重要な相談役となる。

七月六日　夜、車でトルーマンはホワイトハウスを出て、ソ連占領下のドイツのポツダムでの会談のために乗船する。

合衆国におけるかれの支持率は八七％で――ルーズベルトのそれを上まわっている。
七月十六日　ニューメキシコの砂漠でのトリニティ爆発実験が成功――最初の原爆実験である。
七月十七日　バーベルスベルクでトルーマンは初めてウィンストン・チャーチルと顔を合わせる。
トルーマン、初めてヨシフ・スターリンと会う。二人は悪化した米ソ関係について話し合う。
ポツダム会談、公式に開始。トルーマン、歴史的会談の議長となる。
七月二十四日　ポツダムでトルーマンは、スターリンにアメリカが原爆を保有していることをつたえる。
七月二十六日　合衆国、英国、中国がポツダム宣言を発表し、日本に無条件降伏を要求する。(3)「日本の他の選択肢は、即時の完全なる破壊である」。
七月二十八日　合衆国上院、国連憲章を批准。
八月二日　ポツダム会談終了。
トルーマン、英国王ジョージ六世と面会、話題の多くは秘密の原子爆弾に費やされる。
八月六日　トルーマンがヴァージニア州ニューポート・ニューズに向かう米艦オーガスタに乗船中、エノラ・ゲイが「リトルボーイ」原爆をヒロシマに投下――人類の最初の核攻撃である。
ホワイトハウスに戻り、トルーマンは国際連合憲章に署名。
八月八日　ソ連、対日宣戦。
八月九日　「ファットマン」原爆、ナガサキに投下。
八月十四日　トルーマン、日本の降伏を発表。第二次大戦終了。

第一部

1945年4月12日

歴史のなかでもっともすばらしい瞬間を残すとすれば、あの部屋、あの夜しかないわ。

——トルーマンのただ一人の子ども、マーガレットが父親の宣誓について

1

ハリー・トルーマンは将来、四月十二日を「[1]月と星のすべての重量がわたしに落ちてきた」日と想い起こすことになる。かれはそのすべてが始まった電話での会話、雨中に車でホワイトハウスへ行ったことを思い出す。絶大な権限の行使に慣れた大勢の人間に取り巻かれてはいたが、閣議室で涙を浮かべながらたった一人で佇んでいたことを思い出す。また思い出すのは、三十五語でなる大統領宣誓文――それはかれにとって「歴史的に比較しようもない……[2]権力の移譲」――だが、復誦には一分もかからないものだった。

とはいえ、その日の始まりには、世界を揺るがす四月十二日となる出来事の予感は何もなかった。その日は、世界大戦からまる四年たち、アメリカの首都にそんなことが起こるとしても、ごく普通の一日として始まった。

トルーマンは、副大統領としての八十二日目の朝、コネティカット通り四七〇一番地の二階建てのアパートで起きた。かれは日の出とともに始まる時間厳守の人間だった。日の出ちょうどに起きるわけではないが、友人で軍事顧問のハリー・ヴォーンは冗談好きだった。「[3]かれは日の出を起こすんだ」。トルーマンはそれまでの四年間というもの、ホテルからホテルへ、汽車から汽車へと移動を続け、ワシントンでも孤独の夜を過ごすことが多かった。生活はこれでもかというほど単身を強いられていた。かれの夢は起きた時に隣に妻が寝ていること（当時は習慣でベッドは別だった）と、娘が隣の部屋にいることだった。

リビングルームを見ると、ピアノの隣の隅にはありふれた椅子があり、蓄音機とお気に入りのレコードがある（「モーツアルト、ベートーベン、バッハ、メンデルスゾーン……美しいハーモニーは夢中にさせてくれる」とその音楽について語る）。[4]読書用スタンド・ランプと愛読書——なかでもマーキス・ジェームズ著の、かれにとってヒーローのアンドリュー・ジャクソンの伝記、プルターク英雄伝という古代史の研究書など——でいっぱいの書棚がある。むきだしの白壁が勝手口を囲む小さなキッチンには、トルーマン夫人がエプロンをかけるフックがついていた。

トルーマンの五部屋あるアパートの家賃は月百二十ドルだった。ハリーと二十五年連れ添う妻、エリザベス・「ベス」・ウォレスは寝室を共にしていた。二十一歳の一人娘のマーガレットは、別の寝室を、ベスの母親、マッジ・ウォレスと共用していた。マッジはハリーをどうしても好きになれなかった。東海岸の経済力に満ち、ピンストライプの高級スーツが行き交う町でトルーマン家を訪れる客は、すぐに一家の資産の乏しさを見抜いた。新聞は、ベス・トルーマンがメイドを雇っていないことを派手な見出しで報じた。副大統領の妻は自ら料理と洗濯をしている、と（その日のトルーマンの銀行口座には四千二百五十一ドル十二セントの記録があるが、うち三千ドル以上は、ワシントンのハミルトン・ナショナル銀行から融資された借財だった）。[5]

トルーマンは襟幅の広いグレイのダブルのスーツに、水玉模様の黒っぽい蝶ネクタイをつけていた。完璧にプレスされたポケット・チーフが三角に折られて胸もとを飾っていた。かれはその日のいでたちの重要性を認識していなかった。生涯でもっとも重要な瞬間の衣服をカメラマンたちが撮影するだろうことを。トルーマンは朝の散歩を好んだ。ペースは一分で百二十歩、自ら言う「[6]兵隊の普通の行進速度」であり、一歩一歩まるでハンマーで釘を打ちこむような調子だった。かれは初めてシークレット・サービス〔ＳＳ＝秘密護衛〕に護られた副大統領となった。「[7]きみは早起きしないといけないよ」と言われたことをＳＳの一人が回想している。「あの人は朝六時か六時一分に出て来るんだ」。その朝は湿度が高く、霧が深かった。温度計は華氏八七度〔摂氏約三〇・五度〕を示していた。トルーマンは、自分の住む中西部の平原の静寂を、初めて自動車のエンジン音が破る前に、もう大人になっていて、朝の散歩で目にする近代の現象に惹きつけられていた。

「[8]あれを見ろよ！」太陽が昇ったばかりのワシントンを歩きながら、上空で轟音を放つ飛行機を指さして、叫んだことがあった。「あんな大きくて重いものが地上から空へ飛んで行くなんて、いまの世の奇跡の一つだ……目のあたりにしても信じられないよ」。

妻はほとんど毎日朝食を用意した（かれはトーストとベーコン、たまに卵をつけ、薬がわりにバーボンを引っかけた。コーヒーは滅多に摂らなかった）。そして、運転手のトム・ハーティーと護衛官が待ち受ける、玄関の黒い公用車、マーキュリーに向かった。車は決まってジョージタウンのジョージ・ワシントン大学に立ち寄り、娘のマーガレット――マジーではなくマギーと呼ばれていた――をおろした。父親似で音楽好きだったが、歴史専攻の一年生だった。哲学史課程の試験日だったので、その日の朝は、彼女はひどくイライラしていた（結果はＢマイナスの成績だった）。そしてトルーマンの車は、連邦議会議事堂の真北にある、コンスティチューション通りにそびえ立つ真っ白な上院ビルディングに向かった。

この十年、トルーマンは上院議員会館の廊下を幸せな気分で歩いていた。ビルディングの示す絶大な権力の象徴――丸天井を覆うコリント式の丸屋根と、二階のコーカス・ルーム［幹部会合室］へ誘う大理石の階段――は、かれの目にはもう当り前に映っていた。コーカス・ルームは、何年か前に、英国客船タイタニック沈没の公聴会が開かれた場所である。観光客は、あちこちからこの建物の回廊めぐりにやってきて、カフェテリアの看板メニューの有名な豆のスープを味わう。

二階では二四〇号室の標札が毎朝トルーマンに挨拶する。「副大統領室」と。

「わたしは七時に執務室に来ていた」[9]とちょうど前日の四月十一日にトルーマンは自分の習慣を記していた。「しかし毎朝、マーガレットを学校まで送らなければならないので、八時半前までは無理になった……。その時間までにわたしは、急き立てられていると思われずに十分に執務室が見学出来るように、見学客一人ひとりと挨拶しなければならなかった」。いつも、「副大統領はどんな顔で、歩き方話し方はどうで、しっかりしているかどうか」を知りたい「野次馬」がいるものである。

副大統領のスタッフには、四人の速記者と、秘書のリーザル・オーダムがいた。四月十二日の朝、秘書は指示を待ち構えていた。トルーマンは義妹のメイ・ウォレスあての、愛犬の健康を訊ねる手紙を口述していた。「スポットは太り過ぎじゃないかな。わたしも九ポンド［約四キロ］太ってしまった……」[10]。それからもう一通、カンザス・シティの旧友、ジェームズ・ペンダーガストあてのもの。ジェームズは戦時生産局に関わる些細な事でトルーマンの助けを求めていた。「かれらは正反対の連中だ」[11]と口述した。「ぼくたちがどうすればうまくやって行けるか、見せてやろうじゃないか」（この二通目の手紙は翌日まで出されなかった。トルーマンは末尾に手書きでつけ加えた。「以後、口述はわたし、合衆国大統領によるもの……。わたしのために祈ってください」）。

トルーマンは、副大統領としてはほとんどすることが無いことに慣れていなかった。またワシントンで色々と策略をめぐらせても政治的攻撃には丸裸の状態だった。かれは政府内で有権者に選出された、上から二番目の地位にあった。とはいえ唯一の公式義務は上院議長の務めである。議事堂内で上院議事録の精査があった。日々の仕事でもっとも重要なのは木槌を叩いて休廷を宣言することだった。稀だが、事案によっては上院の投票が同数となることがある。その場合は副大統領の票が可否を決定する。トルーマンにそれが一回だけ、前々日に起こった。かれはある法案の修正案に反対票を投じた。[12]「死ぬほど退屈した男の熱意の表れ」とその場にいたある記者が回想している。議場演壇の副大統領席には、上院議員が一人座っていればよい慣行があった。したがってトルーマンが決まった時間に、そこに座っている必要はなかった。

その朝、トルーマンの親しい戦友――オマハで保険のセールスをしているエディー・マッキム――が副大統領室に姿を現した。マッキムは商用でワシントンを訪れ、スタトラー・ホテルに滞在していた。トルーマンは昼食のため正午ごろ、マッキムを、アーカンソーの小さな町ピゴット出身の上院秘書官、レスリー・ビッフルの事務所に連れだした。ビッフルの事務所は「ビッフル食堂」の愛称で呼ばれ、バーがしつらえられていて、いつも議会談議が繰り広げられていた。そこでトルーマンとマッキムはその夜の計画を練り上げた。

「[13]今夜ちょっとゲームでもやろうじゃないか？」トルーマンはお気に入りのヒマつぶし、ポーカーを提案した。

「いいよ。どこでやるんだい？」

トルーマンはマッキムのホテルではどうかね、と言った。スタトラーは初期のチェイン・ホテルの一つで、各部屋浴室付きを売りにしていた。トルーマンは、マッキムに集めてほしい仲間のリストをメモに書いた。マッキムはそのときの会話を覚えている。

「ウィスキーはどうするんだい？」副大統領が聞いた。

「いや、ないんだよ」、マッキムが答えた。

「上院ビルに新しいウィスキーが少しあるよ」、トルーマンが言った。「そこへ行って、必要なものをみんな持って行け」。

副大統領は踵を返して上院へ戻った。午後は出なければならなかった。マッキムは飲み物を用意して、ゲームに備えた――決して実現されることのなかったゲームの。

地球をめぐって、四月十二日は、とくに進展した日であった。西部戦線では合衆国第九軍が、ベルリンから五十七マイル［約九十一キロ］のエルベ川に到達した。連合軍は、将来のヨーロッパの形成にエルベがとくべつに重要な役割を演じることに気づくこととなる。ソ連軍はウィーンでナチ軍を包囲し、東側からベルリンを封鎖した。新聞を一読すれば、アメリカ人にはナチ・ドイツの崩壊が間近なことが分かる。ベルリンのヒトラーの防空壕に接近するにつれ、征圧する連合軍は次々と衝撃的な出来事を発見した。

四月十二日朝、フランクフルトの北西八十マイル［約百二十八キロ］の場所で、連合軍最高司令官のドワイト・アイゼンハワー将軍は、オルドゥルフ強制収容所の門をくぐった。そこで初めてナチの「最終決着」の惨状を目の当たりにした。ジョージ・パットンとオマール・ブラッドリー両将軍を従え、十数名の憲兵、陸軍将校とともに、歩兵が捧げ銃をするなか、そのすべてを視察し——目の当たりにした虐殺と拷問の跡に打ちのめされた。

灰色の空の下、オルドゥルフは広い平地で、収容所の周囲には、砲塔と鉄条網に沿って、粗末な木造バラック群が並んでいた。そこは連合軍が解放した、初めて生存者が現場にいた強制収容所だった。多くのアメリカ人と同様、アイゼンハワーもそれら死の収容所のことは読んで知っていた。いまかれはその証拠を自らの目で確かめたのである。収容所を「隅々まで」見届けることが自分の「義務」[14]と感じた。

収容所中央の中庭には、二週間と経っていない、無差別爆撃の犠牲者の遺体が十数体残されていた。アイゼンハワーが後日得た情報では、連合軍の接近にともない、オルドゥルフの約一万二千名の抑留者が、四十五マイル［約七十二キロ］ほど離れたブッヘンヴァルドへの死の行進を強制されていた。アイゼンハワーは収容所の一隅に、黒焦げ死体が山積みになった速成の火葬場を目にした。まだ動ける生存者は五十四歳のテキサス人将軍に、ナチスの責め苦を再現してみせた。顔面筋も動かせないほど疲れ切ったものたちは、押し黙ってアイゼンハワーを見詰めていた。将軍の述懐によれば、この経験が自らの正義感を強化し、仕事に向かう意欲のもととなった、と。

この視察のあと、アイゼンハワーと将軍たちは、近くのパットンの野戦司令部に集まった。アイゼンハワーは、陸軍省の陸軍参謀総長のジョージ・C・マーシャル将軍に電報を打った。

「わたしの見た光景は筆舌につくしがたいものでした」[15]と四月十二日に記した。「視察した事実と、飢餓、狂気、蛮行についての口頭証言は圧倒的で、わたしはいささか気分が悪くなりました」。

かれはワシントンに、ただちにアメリカ人ジャーナリストのグループを組織し、ヨーロッパへ派遣してこの惨劇の記録作業を開始すべき、と要請した。まだ世の中には、「ナチの残忍性の話はプロパガンダに過ぎない」[16]と考えるものがいる、とアイゼンハワーは確信していた。「米英の世論の前に、ただちに証拠をつきつけて、冷笑的な議論の起きる余地を封じなければならないと考える」。

極東では、沖縄——太平洋上のロードアイランド州の半分に足りないほどの環礁——で戦いが始まっていた。イースター・サンデーの十一日前の四月一日に数万の米軍が上陸した。早晩、この戦いには、日本の第三十二軍十一万の兵力に対抗して、合衆国第十軍五十四万一千の兵力が当たることとなる。歴史の鏡に照らすと、沖縄戦は、地上でのこの種の戦闘では最後の肉弾戦だった。四月十二日朝のワシントン・ポスト紙は、「激しい地上戦……太平洋戦線で最大」[17]と報じた。

南太平洋、グアム島の第二十一爆撃機司令部では、カーティス・ルメイ司令官がB29部隊による日本本土の心臓部、東京の焼夷弾空爆を準備中だった。前夜（ワシントンでは四月十一日、南太平洋では四月十二日）、ルメイの六十三機が東京の中島飛行機工場を廃墟にしていた。ルメイの公式報告によれば、「半壊ないし全壊家屋は約八八万六六九〇〇平方フィート［約八万二四〇〇平米］。全家屋の四八・二％にのぼった」[18]。この部隊は通常爆弾を用いた。しかし四月十三日（ワシントン時間、四月十二日）の部隊は焼夷弾を用いることにした。

ルメイは近年、米軍の中でもっとも毀誉褒貶の激しい人物となる。その一九四五年三月の焼夷弾空爆は——消火不能の火焔で日本の市街を嘗め尽くしたからである。かれは不可能と思われる任務を兵士に命じることで知られていた。「わたしの考えは人間なら可能である」[19]とのちにかれは記した。「時には他人と意見が違うこともあるが」。その夜、翼下のB29、空の要塞——焼夷弾を抱えた四エンジンの三百二十七機——は、グアム時間午後六時頃飛び立った。ハリー・トルーマンが、四月十二日のその日を迎えているとき、カーティス・ルメイは東京を大々的に焼き尽くす計画を立てていたのである。

その日、四月十二日朝、ワシントンDCでは、数多くの連邦政府建物のあちこちで一群の軍関係労働者たちが騒いでいた。それはかれらなりの戦争だった。「不思議の国のワシントン」――首都は、仕事は簡単に見つかっても、アパート探しがほぼ困難な、戦時ブームの街だった。

街[20]は戦時中の数年で劇的に変化した。仕事を求めて、二十八万人以上のアメリカ人が特別区に流入した。たしかにその半分以上が事務職やタイピストを求める女性たちだったが、テキサスやカリフォルニアを除けば、彼女たちの故郷で給料を得るのは難しかった。戦時中の一年間で、二十七の新しいオフィス・ビルが首都で建設された。連邦政府は、三百四十万の民間人を雇用し、議会年鑑の優に十七頁を埋め尽くす数の委員会と組織が立ち上げられた。ワシントンは、官僚的な狂気、無情な野望、真正な愛国主義の巷と化した――残業、過剰人口、睡眠不足、人種対立など、あらゆる種類のストレスが際限なく拡がる都市となった。

[21]「ワシントンで友だちが欲しければ」、ハリー・トルーマンがかつて言った。「犬を飼うんだな」。

この街は、ほかの戦時都市、ロンドン、ベルリン、東京とは違っていた。ワシントンに空襲はなかった。息子や夫を亡くした男女の落ちこんだ表情、車椅子や松葉杖の傷痍軍人の懸命な姿を除けば、戦争の傷跡はなかった。

ワシントンは独特な米国の首都で、その最初の煉瓦が置かれるまでは、机上の街だった。建国の父たちは、合衆国憲法第一条第八節で、[22]「特別区《ディストリクト》（十平方マイル［約二十六平方キロ］以内）は……合衆国政府の所在地」と謳った。

「連邦都市」はジョージ・ワシントン政権の発足時にポトマック川の田園地帯を発祥地として、古代ローマの荘厳さをつたえる建物群（最高裁判所、合衆国議事堂）とともに発足したが、実際、古代の歴史などはまったくなかった。「おかしなものには事欠かない」、ワシントンについて、ホワイトハウス報道官のジョナサン・ダニエルズが書いた。[23]「黒人のメッセンジャー、アイルランド人の警官、ユダヤ人の弁護士、政治家と見間違う扇動家、扇動家のように行動する政治家……。フラストレーションがあるのが普通だ。野心は当り前。だれもが他人の給料を知り得る街で、羨望は禁物だ」。

何にもまして、連邦政府の戦時中の仕事の熱狂ぶりを示すのに、新しいペンタゴン〔当時陸軍省、現国防総省の建物〕以上のものはない。ポトマック川のホワイハウスの対岸、アーリントン墓地に隣接する、地上最大のオフィス・ビルである。完成は一九四二年、五階建てで、六百五十万平方フィート〔約六十万四千平米〕の事務室がある。用務員の一団がワックスをかけるのに一年中かかりきりの広さである。しかし、ワシントン最大の象徴は、史上初「四期目」の現大統領だった。著述家のW・M・キップリンガーは記す。[24]「このルーズベルトほど、どこにでも影響をおよぼす大統領は知らない」。

アメリカ人の多くと同じ様に、ハリー・トルーマンはルーズベルト政権のナンバー・ツー昇進に戸惑った。ほとんどのアメリカ人は副大統領のことを知らない。何らかの知識のあるものは、アメリカ人の通念からして、かなりいかがわしさを感じる。トルーマンは、一九三四年、カンザス・シティの悪評高い政治組織の後援で上院議員に選出、といういささか怪しげな環境からワシントンに初めてやって来た。トルーマンは、まだ一年と経たない、一九四四年のシカゴの民主党全国大会でとつぜん国民注目の舞台に——アメリカにとっても、かれ自身にとっても、完全なサプライズとして登場するまで、ほとんどの期間、無名の上院議員としての日々を送っていた。大会で、かれはニューヨークのトマス・デューイとオマハのジョン・ブリッカーのコンビに対抗する民主党のルーズベルトの伴走者《ランニング・メイト》［＝副大統領候補］に選ばれたのである。

どんな政治通にも、どうしても納得がいかなかった。シカゴ大会の仕掛人の一人、民主党全国委員会書記長のジョージ・アレンによれば、「それは、未来の学者を困惑させるアメリカ史の一つのエピソードである」[25]。帳尻は全く合っておらず、むしろ拡がっているからである。

一九四四年七月、シカゴ大会開幕早々に発表された世論調査では、ルーズベルトのランニング・メイトとしてトルーマンを望む民主党有権者はたった二％だった。ほかの五名の候補がかれを上回っていた。トルーマン選出の直前でも、このミズーリ州選出上院議員についてルーズベルトは、「トルーマンのことはほとんど知らないんだよ」と言っていた。

ＦＤＲの参謀長、ウィリアム・リーヒ提督はトルーマンについて、「わたしはほとんど何も知らない」[26]と語っていた。一九四四年の選挙戦真っ只中の、副大統領指名獲得の全国遊説中でも、ワシントン・ポストは「鳴り物入りにもかかわらず、トルーマンはまだ数百万人に知られていない」[27]と書いていた。世論調査によれば、五五％のアメリカ人しかルーズベルトの副大統領候補の名前をあげられなかった。

アメリカ人は、一九四四年の選挙運動期間中の新聞で、トルーマンは生活の大半をひっそりと農業をしていたとか、一時はカンザス・シティで服飾洋品店を営み、金持ち相手に帽子やソックスを売っていたが、訴訟に負けて破産し、経営再建に数年かかったこと、などを知った。かれは第一次世界大戦のヨーロッパ戦線で部隊の指揮官だった。かれのミドル・ネームのイニシャル――S.――には、まったく意味はない。ミズーリの片田舎でかれが生まれたとき、両親は、ミドル・ネームが気に入らず、イニシャルのSだけを残した（トルーマンの二人の祖父、ソロモン・ヤングとアンダーソン・シップ・トルーマンの名を参考にしたという）。またアメリカ人は、トルーマンの政治的パトロンで、ミズーリ人トルーマンの立身に大きな責任がある、「ボス」・トム・ペンダーガストが詐欺罪で収監され、現在カンザス州のレーヴェンワースの連邦刑務所に服役中であることをよく知っていた。

一九四四年の選挙でトルーマンは小さな役割を果たした。「アメリカ政治の枠組みの中で、副大統領候補にくらべて副大統領ほど重要でない役職はない」[28]、とトルーマンの選挙演説の原稿を多く書いたジョージ・アレンが記した。「かれはだれにも愛されていない」。選挙の焦点は、共和党のトマス・デューイに打ち克ち前例のない四選を果たした超大物、フランクリン・ルーズベルトにあった。そしてハリー・トルーマンは副大統領となった。

この仕事はワシントン用語によれば「政治的墓場」[29]で、伝統的にその住人はさげすまれるのである。トルーマンの前の副大統領、ヘンリー・ウォレスは、好きなテニスをあまり出来なかったと自慢していた。「副大統領はあまりすることがない」[30]、トルーマンは自身を「政治的な宦官」[31]にたとえて言った。「暇なとき」には何をしたいか、と聞かれて、「歴史の研究」[32]と答えた。

しかしかれはそれ以上のことをした。いつも多忙にするため、野球観戦、茶会、宴会に顔を出した。マディソン・スクエア・ガーデンでロッキー・グラツィアーノがフィラデルフィアのビリー・アーノルドを第三ラウンドでノックアウトしたとき、トルーマンはリングサイドにいた。ワシントンの全国記者クラブで副大統領が得意のピアノで参会者を喜ばせたときは、当時の花形スターのローレン・バコールがピアノの上に座って、思い入れたっぷりの視線をかれに送った。傍にいた兵士の一人が、自分の目が信じられず、「[33]この国で何かが起こるぞ！」と呟いた。

副大統領の取り巻き連中だけは、トルーマンの心配事を知っていた。かれはルーズベルトが信頼する相談仲間に食い込めなかった。事実、大統領執務室《オーヴァルオフィス》での出来事を何も知らなかった。一九四五年四月十二日までの副大統領としての八十二日間、トルーマンが大統領を公式訪問したのは二回だけで、いずれも三月のことだった。そこで見た光景には背筋が凍った。ワシントンの消息筋によれば、ルーズベルトは、不整脈、心臓発作、前立腺がん、神経衰弱――毎日のように――に襲われているという。トルーマンは大統領をほとんど見かけなかったが、ＦＤＲの不調の噂は本当だ、と思うに十分だった。あるリポーターがトルーマンに、あなたはホワイトハウス［大統領の座］にあと一息ですね、と話しかけると、「[34]それを言わないでくれ。考えたくないんだよ」と答えた。

一九四五年一月、副大統領就任直後のある日、トルーマンはホワイトハウスの茶会に出た。友人のエディ・マッキムも誘っていた。帰るとき、マッキムはホワイトハウスの出口でトルーマンを引き止めた。「わたしはかれに、振り返ってあそこを見てみろよと言ったんだ」、マッキムは回想する。「きみはこれからあそこで暮らすんだ」。

トルーマンはその荘厳な建物を見詰めた。そこには世界権力のまさに核心があった。「[35]きみの言うとおりだろうな、エディ」と答えた。「本当に恐ろしいよ」。

「[36]かれは知っていた……任期終了前に自分が大統領になるだろうと」、親友で政治指南役のハリー・イーズリーが想い起こす。「友達の助けが必要、と言っていた……。かれは合衆国大統領になると分かっていたが、それで恐れていたと思う。考えただけで震えていたんじゃないかな」。

四月十二日午後三時頃、トルーマンは上院議場に入って来た。一八五九年以来、上院議員はここでアメリカの立法議論をして来た。四年前にひび割れた天井を支えるために、粗末な鋼鉄製の梁が取り付けられ、戦時下ということで、そのままになっていた。部屋には、九十六名の上院議員のための九十六の机が、四十八席ずつ二つに分かれて、議長（副大統領）の演壇に向かって並んでいた。マサチューセッツの新人議員、レブレット・サルトンストールも演壇を向いて座っていた。

現場のリポーターは、その午後、トルーマンの入場を見ていた。「ハリー・トルーマンが入って来た。共和党席を横切り、アレグザンダー・ウィリー（ウィスコンシン州選出上院議員）とケン・ウェリー（同ネブラスカ州）と親しげにお喋りを交わした。しばらく、いつものようにかれが皆を楽しませ、皆もかれを楽しませる雰囲気に包まれた……。トルーマンは良い仲間だった。きちんとして、有能で、見てのとおりのビジネスマンらしい素早い采配ぶりで、こざっぱりとして、分厚いメガネ、そして賢く、上機謙な微笑があった」[37]。

上院は、メキシコの水資源の条約問題を審議していた。ウィリー議員が発言した。「わたしは、この条約の上院での審議にやや躊躇します」[38]とかれは長々と続く一連の発言の前置きを述べた。演説は、議場に立ちこめるタバコの煙の中に漂い、灰皿に落ちる灰となって消えて行った。

演壇に座っているトルーマンは、その機会に母と妹に手紙を書いた。

「愛するママとメリーへ」[39]で始めた。「いま上院議長のデスクで、ウィスコンシンのお喋り議員が、自分でもよく知らない問題について演説するのを聞きながらこれを書いてます……。素晴らしい一週間のあと、今日は雨がふり霧がかかっています……」。

ユナイテッド・プレス記者のアレン・ドゥルーリーが、上院の回廊に座って眺めていた。かれは、アソシエイテッド・プレスの僚友、トニー・ヴァカロに寄りかかった。

「ねえ」[40]、ドゥルーリーが言った。「トルーマンの上院のあしらい方を見ろよ、これだけのことで選んだのなら、ルーズベルトも大したヤツだよな」。

「だけど、ルーズベルトはうまく使っていないよ」、答えが返って来た。「トルーマンは何が起こっているのか知らないんだ。ルーズベルトは何も教えていないんだよ」。

2

四月十二日朝九時三〇分、フランクリン・ルーズベルトは、ジョージア州の田園、ウォーム・スプリングスのセカンドハウスで、朝食の盆と地元紙のアトランタ・コンスティチューションを前に、ベッドで過ごしていた。いつも読む新聞――ニューヨーク・タイムズ、ニューヨーク・ヘラルド・トリビューン、ボルチモア・サン、ワシントン・ポストはワシントンからの郵袋で遅れて届けられる。そこでアトランタの新聞を念入りに読んでいたところ、寝室の外側から大きな笑い声が聞こえた。ルーズベルトはその声の主がメイドのリジー・マクダフィーと気付き、本人を呼んだ。入口でリジーは恥かしそうに、大声を上げたことを謝った。

[1]「いやそうじゃないんだ」、大統領は言った。「いったい何がそんなにおかしかったんだい?」背中を枕で支え、首をかしげてルーズベルトは丸眼鏡ごしに見下ろした。いつもの問いかけの目つきである。

「はい、ルーズベルト様」、リジーは言った。「死後の再生を信じておられますか?」

「何を信じるかって?」

「死後の再生です」。

大統領は一瞬、静かに死後のことを考えた。そしてかれは記者会見で始終やっていることをした。「うん、ちょっと教えてくれよ、きみは再生を信じているのかね？」

「自分でもよく分からないのです」、メイドは答えた。「だけど、もしそんなことがあるなら、わたしはカナリアになって戻りたいんです」。

マクダフィーはこのときのことを鮮明に覚えている。「大統領はわたしを頭の天辺から爪先まで見ました――そのときわたしの体重は二百ポンド［約九十・七キログラム］あったのです――そして大統領は爆笑されました……。わたしがどんなに太っているかを見ておっしゃいました。『カナリアだって！』」

リジーには、四月十二日朝の大統領はいつもより健康そうに見えた。しかし、リジーは思った。かれはいつも朝の調子が一番良いのだ。かれの体内時計が進みすぎているらしく、日ごとに老化が早まるのは仕方のないことのようなのだ。

ルーズベルトがウォーム・スプリングスに着いたのは二週間前の三月二十九日だった。長期休暇を取るつもりだった。別荘は、小児麻痺などの病気の快癒を願う患者が昔から癒しを求めて来る自然湧水の水場近くにあり、近くには患者が治療を受ける病院もあった。この病院は、ルーズベルトが車椅子姿の公開を許す数少ない場所の一つだった。日頃、自分の障害を隠しているカーテンから飛び出すことで同病の患者たちを勇気づけられる、と信じていたからである。かれが最初にウォーム・スプリングスに来たのは一九二四年である。自らの小児麻痺が治る奇跡が起こらないかと――決してその奇跡は起こらなかったが――望んでのことだった。しかしルーズベルトはこの場所を好んだ。一九三三年（最初に大統領となった年）にかれは、正面に四本の円柱を備えた、六室ある、白塗りのこの別荘を建てた。仕事のストレスを癒すため、愛犬ファラを連れてしばしばここを訪れた。車椅子で自在に移動できるように、全室がワン・フロアにあった。白い塗装と、正面の円柱のため、別荘はリトル・ホワイトハウスとして知られるようになった。

六十三歳のいま、ルーズベルトは大恐慌と第二次世界大戦の時代を通じて国家を指導し、大統領としての新しい偶像の対象となった。かれはアメリカの大衆にとって、ほとんど父親のような存在になりかかっていた。長く大統領をつとめていたので、戦っている兵士の多くは、人生でほかの大統領を知らなかった。「ときどき」とホワイトハウスの参謀長、ウィリアム・リーヒ提督は書き残している。「アメリカ人が何を望んでいるかを、ルーズベルト以外に知るものがいるだろうか、と考えると、それだけで素晴らしいと思う」。

大統領の責務は過酷だった。就任後四千四百二十二日を経て、ルーズベルトは自分のエネルギーを維持できなくなった。持病の副鼻腔炎は言うまでもなく、高血圧と心臓病に見舞われていた。体重は激減した。ひそかに大統領の主治医、ロス・マッキンタイア海軍・軍医総監は、かれの病状を「とてもひどい」[2]と記していた。メイドのリジーと死後再生の話をする前の晩、ルーズベルトはリトル・ホワイトハウスで、財務長官のヘンリー・モーゲンソーと食事をした。モーゲンソーとルーズベルトは長年の友だちだった。

「かれを見たときは本当に驚いた」[3]とモーゲンソーはその夕食の様子を書いている。「恐ろしく老けていて、げっそりしていた。手は震えていてグラスを倒しそうになった。カクテルを注ぐときには、ぼくはグラスを支えていた……。車椅子から普通の椅子に座り直すのに、あんなに手間取ったのを見たのは初めてだった。見ていて痛ましかったよ」。

ＦＤＲが、大統領のマルティニ——かれの自慢の魔薬——で甦り、嬉しそうにキャビアを取り分けるのをモーゲンソーは眺めた。

翌朝には、ルーズベルトはベッドでホワイトハウスからの郵袋が届くのを待っていた。そう、いつもの毎日が始まろうとしていた。午後は、かれは地元とワシントンの記者たちが招待したウォーム・スプリングスでのバーベキューに出席するつもりだった。現場では、すでに子豚が炎で焼き上げられていて、秘密護衛《ＳＳ》たちが監視していた。大統領の気分回復に絶好の機会のように見えた。

[4]「ああ、今朝は気分があまり良くないよ、リジー」、ルーズベルトはメイドに声をかけた。頭のうしろに手をやって頭痛を訴えた。

ウォーム・スプリングスに滞在中、紛糾した世界情勢がかれを直撃していた——まだアメリカ国民には秘匿されていた。ソ連邦と合衆国の関係が急速に悪化していたのである。

この四年間、ソビエトの独裁者、ヨシフ・スターリン、英国のウィンストン・チャーチル首相とルーズベルトは、枢軸国との戦いに、考えられないほど提携関係を強化していた。チャーチルはこの関係を、「大同盟《グランドアライアンス》」とうまく名づけた。政治イデオロギーが正反対のソビエトとアメリカが同盟を結んでいるところに意義がある。合衆国とソ連邦の関係が複雑なだけに、国務省のファイルの戸棚は、意見を異にするさまざまな政策文書で満杯になっていた。

合衆国は、ルーズベルトの指示のもとで最初のモスクワ大使館を一九三四年に開設し、ソビエト連邦との外交関係を開始した。その後数年で、モスクワの国務省スタッフは大粛清――スターリンの指令による、いわゆる異分子の奇妙な失踪と大虐殺を目撃した。これらの犠牲者は、どんな罪状であっても、実際は無実の人たちだった。独裁者は政治的な反抗のちょっとした萌芽も根絶する意思を持っており、一億七千万国民は、恐怖に支配されていた。モスクワ大使館のチャールズ・ボーレンは、「粛清はどこでも起こった」[5]と回想する。「逮捕者、追放者、処刑者の総数は、九百万から一千万に達するだろう――この数字は、いま一般に認められている……。通常の感覚でスターリンが精神のバランスを欠いている、という結論は証明されないが、明らかに数百万人を無意味な死に追いやる人間は、たしかに何か間違っているはずである」。

モスクワ大使館の先陣のもう一人、ジョージ・ケナンは次のような結論に達した。「決して[6]――当時もその後も――ソ連はアメリカにとって、現実にも可能性としても適切な同盟国ないし友好国ではない、とわたしは考える」*。

しかし、合衆国が第二次大戦に参戦したとき、連合国は、実際にアメリカやイギリスよりはるかに多い、数百万の赤軍兵士がナチス攻略に投入されたことで、スターリンとの提携を承認した。合衆国国務省の、これに関する最初の公式記録が問題の核心を衝いている。「本政府の意見によれば[7]……ヒトラー主義に対する防衛、ヒトラー主義への対抗勢力への加担は、それら兵力の源泉が何であろうと、現在のドイツ指導者の最終的崩壊を促進し、それゆえ、わが国自身の国益と安全保障に貢献するだろう」。またチャーチルは、「もしヒトラーが地獄を侵略するなら[8]、わたしは下院で、悪魔について好意的な意見を開陳するよ」と言った。

モスクワへの初代大使、ウィリアム・ビュリットは、スターリンの意思は最終的にアメリカ側と衝突するだろう、と警告した。[9]「スターリンの目的は、世界の隅々に共産主義を拡大することです」と一九四三年八月、ビュリットはルーズベルトに電報を打った。「スターリンはヒトラーと同じで、自分で停まることはない。停めなければなりません」。

ルーズベルトは、合衆国とソ連は戦争で親密な同盟国になるだろう、と信じていた。[10]「わたしには、スターリンはそんな男ではないという予感がする……。かれは自分で何か分捕ろうなんて思っていない、世界の民主主義と平和のために働いてくれるよ」。ルーズベルトはビュリットに伝えた。「これはぼくの責任だ、きみのではない。ぼくは自分の予感でやって行くよ」。

さて、一九四五年の四月、ヨーロッパ戦の勝利を目前にして、米ソの意見不一致は潜在的な亀裂を生みだしていた。ここへきて、ルーズベルトはスターリンの考えが誤っていると思っていたようだ。大西洋上の往復電報は、両指導者、両国間の初めての戦時での衝突につながった。

問題は最新のビッグ・スリー会談――一九四五年二月のヤルタにおけるルーズベルト、チャーチル、スターリンによる――の直後に始まった。この会談で三人のリーダーはナチの抵抗にとどめを刺す戦略と、戦後世界の構想を描いていた。FDRは戻ってきて、とても上機嫌だった。[11]「ヤルタでは考えられないほどの決定が出来ました」と

＊　ソビエト政府は、一九三九年、ナチ＝ソビエト協定を締結し、米国幹部をさらに怒らせていた。一九四一年のナチのソ連奇襲によってこの協定は無論破棄された。

スターリンに打電した。「それは勝利を早め、永続的平和の堅い基盤を形作るでしょう」。しかしヤルタ会談直後、新任の駐ソ大使、アヴェレル・ハリマンが外交声明で危険信号を送った。モスクワの雰囲気は突如変わり、スイッチが切られたように暗くなっていた。

最緊急課題はポーランドの運命であった。ソ連は、最近赤軍がナチ軍から解放したポーランドに傀儡《かいらい》政権を作った。ソビエトはヤルタでは、ポーランドが「おおむね一カ月以内に」(12)自由選挙を行って、国民を代表する民主政府を樹立することに同意していた――ヤルタで取り決めた「解放ヨーロッパ宣言」にヨシフ・スターリンは署名していたのである。こうした選挙は全く行われなかった。事実上ポーランドは、スターリン自らが管理する薄いベールに覆われたソビエト体制のもとにあった。モスクワ大使のハリマンは、アメリカ人戦争捕虜の、千人ではなくとも数百人が、いまだポーランドに残されていると確信していたが、合衆国官憲が状況視察に内部を訪れることは禁じられていた。ソ連がそれを許さなかった。

ルーズベルトがウォーム・スプリングスのリトル・ホワイトハウスに入る二週間前、一九四五年三月十四日、「わたしは怒っています」(13)とハリマンはルーズベルトに発電した。

二日後、チャーチルが大統領に打電した。「現在、わが国の代表がポーランドに入国することは禁じられています……。見通せないベールが眼前に引かれています……。ポーランドでの出来事を見られるのをソ連人が恐れているに違いない、とわたしは考えます」(14)。

スターリンはヤルタで、合衆国がハンガリーに軍事基地を設けることに同意した。いまかれは約束に背き、アメリカの代表が自分の領域に入ることを拒絶した。そしてスターリンの代理人二人がルーマニアに入り、ルーマニアのリーダーを追放したニュースが飛び込んできた。ミハエル国王は二時間五分与えられ、国の政治指導者、ラデスク将軍を、ロシア政府に対してより友好的なペトル・グローザに交代する、とルーマニア国民に通告するよう強要された。その間、ソビエト影響下の地域上空にある米国の航空機はすべて着陸させられた。

東欧諸国におけるソビエト支配は、この五年間、そのために戦い、犠牲となった米英兵士のイデオロギーを脅かすものとなった。「こういった事実について何らかの行動を起こさないかぎり」とハリマン大使はルーズベルトに電信を送った。「ソビエト政府はあらゆる問題についてかれらの意思の受け入れを強制してくるに違いありません、そしてその侵略政策をとどめることはどんどん難しくなります」。[15]

三月二十九日、ウォーム・スプリングスに着いた日、ルーズベルトはスターリンに打電した。「ヤルタでの実り多かった会談以来の、お互いの関心事について、わたしは懸念を隠せません」とルーズベルトは文面を綴った。[16]「いままで継続されてきたものがやや偽装された形となっているワルシャワ政権の形成過程には同意し難く、合衆国国民もヤルタ会談は失敗に終わったと見るだろうことを率直にお伝えしなければなりません」。

ソビエト独裁者は何ら妥協しなかった。ポーランドの傀儡政権は存続する。「ポーランドの諸問題は、」[17]とスターリンはルーズベルトに返電した、「まったく行き詰まった」。そしてスターリンは、英米軍はソ連を参加させずに、ナチの降伏交渉をしている、と申し立てた。スイスのベルンで会合が行われている、というのだ。東部戦線でナチにソビエト軍との戦闘と殺戮を継続させていれば、英米軍は西部戦線でナチ占領地域を損害なく進軍できる。スターリンは、アメリカはロシアとの同盟を裏切った、と考えた。

ルーズベルトはそんな交渉はしていないと説得したが、スターリンは納得しなかった。*「あなたは全部を知らさ[18]

れていないのだ」、四月三日、スターリンはルーズベルトに打電した。「その結果、いま西部戦線のドイツ軍は対英米戦を停止している。同時に対ソ戦は継続している」（この主張は全くの虚偽だった）。この状況は米ソ間に、「不安と不信感を生みだした」とスターリンは記載している。

二日後、大統領は怒りの電文でこれに応えた。「四月三日付の驚くべきあなたのメッセージを受け取りました」[19]と書いた。「わたしは……ベルンでの交渉はない、とお話ししました……。まずあなた方との完全な合意なく、わたしが敵方との交渉に入ったとの考えがソビエト政府におありのようで、まったく驚きます……。率直にいってその情報提供者には強い憤懣を覚えます。わたしとわたしの信頼する部下たちの行動を歪曲して伝えるものは、だれであっても」。

数日経つと、感情は少しおさまった。ルーズベルトは寛容を以て確執をおさめる気になった。「とにかく将来……この種の互いの不信やつまらない誤解があってはなりません」[20]とかれはスターリンに書いた。個人的にかれは重大な結論に達した。「アヴェレル（ハリマン）は正しい」[21]、モスクワ大使についてそう語った。「スターリンとビジネスはやれないよ。かれはヤルタの約束をみんな破っている」。

二度とこんなことがあってはならない――ソ連と合衆国の指導者たちとの関係で何と率直できびしい言葉だろうか。そして驚くほどの速度で大事件が次々に起こった。二カ月前にヤルタ会談が終わると、とくに米ソ関係について、アメリカでは楽観的な見方が高まった。「これは長いことわれわれが祈り、話し合ってきた新しい時代の夜明けである」[22]と心から信じる」と、ルーズベルトのもっとも親しい友人らしい補佐官のハリー・ホプキンスは述懐した。「平和の大勝利をわれわれが獲得したことは絶対確実だ――そして『われわれ』とはわれわれ『みんな』のことだ。文明社会の人類みんなのことだ」。

それからちょうど二カ月、ソビエトに関して米英の高官の構想した安全保障は消滅した。東部戦線におけるスターリンの対ナチ勝利は、前例のない権力をかれに与えた。チャーチルは一九四五年四月の空気を描写する。「あれ（ヤルタ）からの二カ月、考えをすっかり変えてしまう恐ろしいほどの変化が起こった……。西側同盟国とソ連の関係はすっかり変わった。未来の諸問題はわれわれの間で未解決となっている。ヤルタにおける取り決めと了解事項の元の形のものは、勝利に溺れたクレムリンによってすでに破壊され無視されている。新しい危険が、すでに克服してきたものと同じような危険が、分裂、困惑している世界にぎらぎらと浮びあがってきている」。[23]

アメリカ人にはこの変化が分かっていたが、新聞には表面的なこととしか報道されなかった。大多数は、長いこと、その難問を大統領が解決してくれることを疑わなかった。将来の歴史家の多くは、世界的出来事の決定的な転換を副大統領に引き継いでいなかったことを、ルーズベルト最大の過ちと認めることだろう。ルーズベルトはこの筋書の実現を見るまで生きていなかったからである。

四月十二日正午少し前、無愛想で、眼鏡をかけた、ルーズベルトの通信担当秘書のビル・ハセットが、ホワイトハウスから郵袋を持って別荘に到着した。このときルーズベルトはもう車椅子に座って燃えさかる暖炉の傍にいた。

＊　事実、イタリアにおけるドイツ軍の降伏については、ベルンで交渉が行われた。しかし交渉は、政治問題ではなく、純粋に軍事問題として行われており、現地のアメリカ人高官たちは、合衆国大統領の権限を代行する立場にはなかった。

その朝はジョージアの春の前触れのように異常に暖かったが、ルーズベルトは風邪を引いていた。かれは赤いハーヴァード大学のネクタイにベストをつけ、グレイのブレザーを着て、三人の女性を引き連れていた。従妹たち、マーガレット・「デイジー」・サックリーとローラ・デラノがいた。三人目は、未亡人でＦＤＲの昔の恋人のルーシー・マーサー・ラザファード夫人である（ルーズベルト夫人は別荘にラザファードがいることを知らなかった）。

ハセットは書類を袋から取り出し、大統領に手渡し始めた。そこには大統領の署名を求める書類があった。[24]「典型的な国務省の書類だよ」、ルーズベルトは茶化した。「なかみはないんだ」。ハセットがかれに上院法案第二九八号（商品金融公社の借入限度額拡大法案）を渡したとき、ルーズベルトは女性客に微笑んだ。[25]「こうやって法律を作るんだ」。かれは書類をカード遊び用のテーブルの上に置き、「承認」と書いて、日付と署名を付した。

署名が済むと、ハセットはインクを乾かすため、書類をテーブルの上に拡げた。ルーズベルトの移動担当秘書のデューイ・ロングが、次のサンフランシスコ会議の旅行準備の相談のために入ってきた。国際連合という新しい世界平和の組織を創る協定の締結のために、世界中の首脳が集う会議はルーズベルトにとって頂点を画する瞬間となる。かれ自身がこの平和組織の立案主だった。開会は十三日のちの四月二十五日に予定されており、ルーズベルトは、そこでのスピーチ原稿作りをすでに始めていた。ＦＤＲにとって旅行準備はどうでもよく、自分が目を通す必要のある書類の山の方に関心を向けていた。

書類の中に、モスクワ大使、アヴェレル・ハリマンからの最高機密電である、スターリンあての昨日の自身の文面に関するものがあった。ハリマンはスターリンあての電文を止め、修正を勧告していた。かれは次の文章の、大したことでない、という言葉に反対していた。「とにかく将来……この種の互いの不信や大したことでない誤解があってはなりません」。

「大変申し訳ありませんが、『誤解』[26]の形容詞に『大したことでない』を使うのは避けるべきと考えます」とハリマンはルーズベルトに書いた。「誤解はわたしにとっては重要な事柄で、『大したことでない』という言葉は誤って解釈される可能性がある、と申し上げなければなりません」。

ハリマンの電信には、ホワイトハウス参謀長のウィリアム・リーヒ提督の返電案がついていた。その手続きは正常である。長年の親密な奉仕と友人関係で、リーヒは熟達したルーズベルトの代弁人に成長していた。かれの勧める回答は、「わたしは『大したことでない』という言葉は削除[27]したくない。わたしは、大した問題でない、と誤解させたいのだ」とあった。ルーズベルトは、「承認」とスターリンあて返電案に書いて、打電に回した。

十二時三十分ころ、肖像画家が玄関に姿を現した。ウクライナ生まれの五十六歳、印象的な褐色の瞳と髪の毛のエリザベス・シューマトフはＦＤＲの肖像画を描くために招ばれていた。大統領は、自身で車椅子から後背部の高い皮椅子に移動した。シューマトフは画架を据えた。スケッチを始めて彼女は大統領に少し話しかけた。大統領の動く顔の輪郭をとらえるためである。使用人が何人か、大統領の昼食を傍のテーブルに整えていた。ルーズベルトがシューマトフに言った（彼女の回想）、「さて[28]、あと十五分くらい待ってくれないか」。画家は仕事を休むように言われた。

ルーズベルトの目は書類に注がれていた。隣の椅子で従妹のデイジー・サックリーがかぎ針編みをしていた。もう一人の従妹、ローラ・デラノは花を活けていた。画家は大統領を近くから観察した。「何を見ているのか聞くのも憚られるような雰囲気で、かれは眼の前の書類に集中していた」。ＦＤＲはシガレット・ホルダーから一本タバコを取りだして火をつけた。そして左手を持ち上げてこめかみをおさえてから、額をこすり始めた。かれは静かに何かつぶやいたが、サックリー嬢以外に聞いたものはいない、六フィート〔約一・八メートル〕ほどのところにいた画家のシューマトフにも聞こえなかった。

「頭[29]がすっごく痛いんだ」とかれは言った。

そしてかれは意識を失い、生気なく頭が前方に傾いた。サックリーはうろたえてシューマトフに叫んだ、「護[30]衛の人に言ってお医者さまをすぐに呼んでちょうだい」。

3

ルーズベルトのリトル・ホワイトハウスの戸外で、シークレット・サービスがウォーム・スプリングスの担当医、ハロルド・ブルーエン博士の車が玄関に滑り込んだのを見とどけた。ブルーエン博士が別荘に飛び込むと、ルーズベルトは椅子の上で首を左に傾け、意識を失っていた。大統領のメイド、秘書たち、従妹たちの、全員がそこにいた。「それは立ちすくみ、緊張した少人数だった」[1]、とＳＳの班長、マイク・レイリーは回想する。使用人とルーズベルトのマッサージ師の手を借りてブルーエンはルーズベルトを寝室に運び、入念に診察した。

脈拍は一〇四。血圧は測定計の限度三〇〇を超えていた。左眼は大きく見開かれたままだった。ブルーエンはただちに脳出血の診断をくだした。かれは大統領にニトログリセリンを注射した。そしてワシントンに電話した。

ＦＤＲの主治医、ロス・マッキンタイアはワシントン時間午後三時五分（ウォーム・スプリングス時間午後二時五分）*に電話を取った。ここ数カ月、マッキンタイアは大統領を定期健診しており、ホワイトハウスの職員はルーズベルトの寝室の外の廊下で、毎朝、医療用の設備を見ることに慣れていた。この電話でマッキンタイアはそんなに驚かなかった。マッキンタイアは回顧している、[2]「ブルーエン博士は非常に深刻な事態だ、とわたしに伝えた――明らかに脳出血である、と」。かれはアトランタの定評ある心臓医、ジェームズ・ポーリンにすぐ電話し、大統領の別荘に駆けつけるよう要請した。マッキンタイアの次の電話はルーズベルトの長年の秘書で、個人的な親友でもあるスティーヴン・アーリーだった。これからどうすれば良いか、二人は沈鬱な気分で相談した、そしてすぐファースト・レディを見つけることで一致した。エレノア・ルーズベルトは、ホワイトハウスから北方へ一マイルも離れていないデュポン・サークルのサルグレイブ・クラブで講演しているのがすぐにわかった。二人はそのときすぐに連絡することは避け、少し様子をみることにした。

　ウォーム・スプリングスでは、戦時の速度制限、時速三十五マイル［約五十六キロ］を無視して、アトランタの心臓専門医、ポーリン博士が猛スピードでやってくることを知らされたSSたちが、道路のパトロールを開始していた。かれらはこの違反車を地元の警察に妨害されたくなかった。ポーリンはリトル・ホワイトハウスに到着し、最悪の事態を認識した。

「わたしが着いたとき、[3]大統領は臨終を迎えていた」とポーリンの報告書にある。「冷たい汗が浮かんだ顔面は蒼白で、呼吸は困難だった……。脈拍はほとんどなかった」。

　ウォーム・スプリングス時間の三時三十分、ブルーエン博士は再度ワシントンのマッキンタイアに電話した。[4]「ブルーエン博士は状況は変わらない、とつたえてくれた」。そして「自分はいま呼び出されたので、電話はつないでおいてください、と言った」とマッキンタイアは回想する。電話の向こうで大声が聞こえ、そして静かになった。ウォーム・スプリングスの別荘では、同じころ、ポーリンとブルーエンが大統領の身体のそばにいた。ルーズベルトの死亡が宣告された。午後三時三十五分（ワシントン時間、四時三十五分）だった。

ホワイトハウスでは長年大統領秘書官を務めたスティーヴン・アーリーと主治医のマッキンタイアが物事を決めねばならなかった。極めて絶望的状況で、なすべきことが多かった。またすべてに慎重さが必要だった。個人的に嘆く余裕はなかった。

アーリーはサルグレイブ・クラブのルーズベルト夫人を訪ねた。「[5]なるべく早くホワイトハウスに来てください、と頼んだ」と回想する。彼女の記憶では、「[6]わたしは車に乗り、ホワイトハウスに着くまでこぶしをずっと握りしめていました。心の底で、何が起こったかを知っていました」。アーリーは夫人を二階の居間に連れて行き、夫の死を告げた。アーリーの回顧によれば、エレノアの反応はこの言葉だった。「わたしたちより、この国と世界の人々にとって残念に思います」。

そしてアーリーは副大統領を探さなければならなかった――大急ぎで。

ルーズベルトが死亡したとき、トルーマンは上院の議長席にいた。二十二分後の午後四時五十七分、上院は休会となった。トルーマンが「[7]金めっき部屋」と称する――別室に向かった。議事堂の上院議場傍の代々の副大統領室（トルーマンは滅多に使わなかった）のことである。部屋に入ると、下院議長サム・レイバーンからの電話が待っていた。

＊　一九四一年、ジョージア議会は夏時間の導入を否決した。したがってジョージア時間はワシントン時間より一時間遅れていた。

後日トルーマンは記した。「サムはぼくに、議事堂の下院側に来て、政策と手順を話し合おう、と言った」[8]。つまり、一緒に飲もうということだった。トルーマンは上院ビルの自室に連絡し、ステイター・ホテルにいる相棒、エディ・マッキムに自分の居場所を伝えた。そのときマッキムは、夜のポーカー・ゲーム用のスイート・ルームを準備していた。

トルーマンは議事堂の長い廊下を歩いていた。八フィート［約二・四メートル］のベンジャミン・フランクリン像を通って、ユーモアで「教育委員会」の綽名《あだな》のあるレイバーンの部屋に向かって大理石の階段を降りた。午後五時五分ころトルーマンは到着した。下院議長室で、「サム氏」は二、三人の仲間と語らっていた。ここに国会議員たちは「自由のために尽力しよう」――ウィスキーを飲もうと集まるのである。この部屋が教育委員会と呼ばれる理由を聞かれると、レイバーンは、「ここで田舎者が教育されるからだと思うよ」[9]と答えたがった。

レイバーンはトルーマンに、かれの好む飲み物――バーボンの水割り――を手渡し、ホワイトハウスのスティーヴン・アーリーから電話があったことを伝えた。トルーマンは電話器をとってダイヤルした。「副大統領です」[10]と言った。

緊張した声でアーリーは、出来るだけ「早く、目立たぬように」[11]ホワイトハウスに来るよう、それにペンシルベニア・アベニューの正面口を使うように言った。レイバーンはこのときのトルーマンを見ていた。「かれはもともと青白かったが……、もっと蒼ざめていた」[12]。

トルーマンは受話器を置いた。「大変だ！」[13]かれはサム・レイバーンに向かって、「スティーヴン・アーリーがホワイトハウスにすぐ来い、だって」と言った。トルーマンはドアに向かい、ノブに手をかけて、振り返って言った、

「この部屋では分からない。何か起こったに違いない」。

　副大統領はドアを出ると――走りだした。この時間、議事堂の回廊には誰もおらず、トルーマンの足音が大理石の通路に響いた。上院ビルの自室に息を切らして戻った。帽子を掴んだ。「[14]わたしは事務所の連中にホワイトハウスに呼ばれたことを告げて、ほかには何も言わなかった」と後日記録している。

　外では雨がまた降りだした。トルーマンは運転手のトム・ハーティーを見つけると公用車のマーキュリーに護衛なしで乗った。ホワイトハウスに「[15]あっという間に」到着し、北西門に車を回した、とトルーマンは回顧する。入口で門衛たちが副大統領に挨拶し、お辞儀をし帽子を取った。かれはエレベーターで二階のファースト・レディの書斎に案内された。そこにはルーズベルト夫人、娘と婿のアンナとジョン・ボッティンガー夫妻、そしてスティーヴン・アーリーがひっそり座っていた。ファースト・レディはトルーマンに近づくと、かれの肩に腕を回した。

「[16]ハリー」と彼女は言った。「大統領が亡くなったの」。

「落雷」の二文字がトルーマンの胸をよぎった。

「[17]わたしは涙をこらえた」、後日かれは振り返る。「[18]人生で、初めて本当の衝撃を知った気がした。大統領に会おうとホワイトハウスに駆けつけ、ついたとき、わたしが大統領だった。わが国の歴史でこんなことが起こったものは他にいない」。

　かれは気を引き締めた。「何かわたしにできることはありませんか？」とファースト・レディに訊ねた。

「[19]わたしたちがあなたにできることがないかしら？」エレノア・ルーズベルトが答えた。「だって、いまお困りになっているのはあなたでしょう」。

ニュースはウォーム・スプリングスからの噂話や緊急電話で広がり始めた。ＳＳ班長のマイク・レイリーは、その午後、大統領が出席予定の地元のバーベキュー会場の下見をしていた部下のジェームズ・ローリーに電話した。「きみと相談したい」[20]。レイリーは言った、「別荘に来てくれ」。ローリーは車ですぐにやって来た。「こっちへ、ついてきてくれ」、レイリーが言った。二人は別荘を出た。「何も言うなよ、大統領が逝っちゃったんだ」。

「逝っちゃったって、どういうことですか？」

「死んだんだ」。

「何だって？」

街の野外広場には、大統領も来るらしいバーベキューに、ジョージアのバイオリン弾きや新聞記者など、みんなが集まって来た──大統領自身を除いて。話をかぎつけて、記者の何人かが車に飛び乗り、リトル・ホワイトハウスに向かった。「車に乗っている間、だれも一言もしゃべらなかった、みな考えていたから」[21]とホワイトハウスの担当記者、ロバート・ニクソンは思い返す。「変な話だが、ルーズベルトが死んだ可能性が心に浮かんだ」。

到着した記者たちは、大統領の個人秘書、グレース・タリーがポーチに座って泣いているのを見た。別荘に入ると記者担当の秘書、ビル・ハセットが居間の暖炉の横にいた。気まずさのあと、ハセットは簡単で沈鬱な言葉を述べた。「わたしの悲しい義務ですので、お伝えします。大統領は発作を起こして亡くなりました」[22]。

ホワイトハウスには、国務長官のエドワード・ステテニアス──ワシントンの多くが「エド兄貴」と呼ぶ──が閣僚の中で最初に到着した。午後五時十分、スティーヴン・アーリーから、「気付かれぬよう、すぐ来てくれ」と連絡を受けたとき、かれは道を隔てた国務省ビルで会議をしていた。アーリーは、それは「命令」だ、と言った。

門衛がステテニアスを二階のルーズベルト夫人の書斎に案内した。彼女はトルーマンとアーリーと一緒だった。ステテニアスは鮮やかな象牙色の白髪と輝く黒い眉毛があり、その顔つきはピアノの鍵盤を思わせた。ファースト・レディがニュースを知らせると、かれは啞然とした。手続きの話になった。何をすべきなのか？「全くまとまっておらず、どうすべきかだれも知らなかった」とステテニアスは回顧する。[23]

かれは、他の全閣僚をすぐにホワイトハウスに召集しましょう、と助言した。トルーマンが賛成した。トルーマンは、それに、上院秘書官、レス・ビッフル、上院与党院内総務、アルベン・バークリー、野党院内総務、ウォレス・ホワイト、下院議長、サム・レイバーン、司法長官、フランシス・ビドル、その他四、五名を呼びたい、と言った。トルーマンはステテニアスにすべてを任せ、ただちに全命令の執行権限を国務長官に委ねた。閣議の開催時刻が決まった――午後六時十五分、もう一時間もない。

ファースト・レディとアーリーは、その夜ウォーム・スプリングスへ飛ぶ計画をしはじめた。ルーズベルト夫人はトルーマンに、政府専用機を使うのに「問題ない」かを訊ねた。「わたしは就任宣誓後、ただちに、あらゆる政府機関が、葬式終了まであなたのご自由になるよう、命令しますと彼女に伝えた」とトルーマンは回想している。[24]

アーリーは部屋を出て、ウェスト・ウィング・ロビー近くのホワイトハウス報道官のジョナサン・ダニエルズの事務室へ向かった（アーリーは長年報道官を務めていて、辞めていたが、ホワイトハウスの居候のようにルーズベルトに近侍していた）。アーリーは新聞記者席にだれか残っているかと訊ねた。だれもいなかった。その日ホワイトハウスのニュースはない、と言われていなくなっていた。アーリーは三つの通信社に電話をかけ始めた。アソシエイテッド・プレス［AP］、ユナイテッド・プレス［UP］、インターナショナル・ニュース・サービスである。三社揃ったところでアーリーは電話口で話した。「特報です……。本日午後、大統領が急逝しました……」[25]。「その瞬間から、休止がなくなった」[26]、報道官補、イーベン・エイヤーズは日記に書いた。「時間に意味がなくなった」。

午後六時ころ、コネティカット通り四七〇一番地のトルーマンの自宅の電話が鳴った。マーガレット・トルーマンが受話器を取った。マーガレットはデートを前に新しいパーティドレスを着込み、白手袋とダンスシューズを身に着けたところだった。電話は父親からだった。「ちょっと硬い声音で」[27]と回想する。「パパはママに話したいって。わたしがいつものようにふざけようとしても取り合わず、母に代わるよう命じられました」。

トルーマン夫人が電話を取った。「ベス」、ハリーは言った。「ぼくはいまホワイトハウスだ。ウォーム・スプリングスでルーズベルト大統領が二時間前に亡くなった。きみとマーガレットに車を出す。就任宣誓に立ち会ってくれ」。

ベス・トルーマンは取り乱した。これは夫と家族にとって――もっとも恐れていた事態だった。だれも――だれよりも自分がそれを望んでいなかった。彼女は短い廊下を、母親のウォレス夫人と娘のマーガレットとの共同寝室へ向かった。マーガレットは母親に抱きついた。「お母さん」、彼女が言った。「どうかしたの、何かあったの？」

「ルーズベルト大統領が亡くなったの」。

「亡くなった？」

マーガレットは母親が背筋を伸ばし、居住まいを正すのを見た。それ以降、母親の同様な仕草を見ることはなかった。

「着替えた方がいいわ」、ベスはマーガレットに言った。「何か黒っぽいものを着て。もうすぐホワイトハウスへのお迎えの車が来るわ」。

トルーマンが妻と電話をしていた丁度そのとき、大統領死去のニュースが電波に乗った。ＣＢＳラジオのニューヨーク本部のジョン・チャールズ・ダリー──「ザ・ワールド・トゥデイ」の三十一歳のリポーター──は、六時十五分の全国の茶の間にとどける子供向けニュース番組「ウィルダネスロード」の準備で放送室にいた。ダリーのアシスタントがテレタイプのニュース速報を手渡した。「ワシントンソクホウ──ＦＤＲシス」。

息を呑んでダリーは確認を待ち、それはすぐ続いた。かれは放送室の技術者に向かって叫んだ、「カット！ネットワークにつないでくれ」。そしてマイクに向かってはっきり語った。その言葉は全国に伝わった。「番組を中断し、ＣＢＳワールドの臨時ニュースをお伝えします。新聞協会はルーズベルト大統領が死去されたことを発表しました。いまのところ短い発表があっただけです。まだ詳しいことはわかりませんが、ＣＢＳワールドでは、ニューヨーク本部から後続情報が入り次第すぐにお伝えします。それでは通常の番組に戻ります」。

二分後ＮＢＣが、その数秒後ＡＢＣが同じような放送を行った。

午後六時を数分過ぎた頃、トルーマンは、ルーズベルト夫人の書斎のあるホワイトハウスの居住区域から行政区域につながる回廊を歩いていた。かれは一番乗りで西棟の閣議室に入った。前に来たことはあるが数えるほどだった。ルーズベルト夫人はまだ書斎の二階にこもっていた。彼女は午後七時にウォーム・スプリングスへ向けて発つ予定だった。

労働長官のフランシス・パーキンスが二番目に閣議室に現れた。パーキンスは史上初の女性閣僚で、アメリカ婦人の神話的存在だった。一九三三年から、その職にある。労働長官をパーキンス以上に長くつとめたものはいなかった。彼女は呼び出された理由がわからなかったが、部屋に入るとすぐに悲劇の気配を感じた。

まもなくほかの閣僚たちも到着した。アイオワ州選出商務長官、ヘンリー・ウォレスは、歯医者の椅子でＦＤＲの死を知った。ホワイトハウス参謀長のウィリアム・リーヒ提督はフロリダ・アベニューの自宅の寝室にいてラジオで聞いた。陸軍長官のヘンリー・スティムソン、海軍長官のジェームズ・フォレスタル、財務長官のヘンリー・モーゲンソー、下院議長のレイバーン、そして司法長官のフランセス・ビドル——が次々にやって来た。そんななかで、スティーヴン・アーリーが唇を噛みしめ涙を流していた。その場にいたある人が、ルーズベルトの娘のアンナ・ボッティンガーの様子を覚えていた。「沈思黙考していた。頑張って辛うじて自分を支えていた」(28)。

ハリー・トルーマンは会議机に向かっていた。「長細い閣議室で」と報道担当官、ジョナサン・ダニエルズは想い起こす。「巨大な革椅子に座るトルーマンが小さく見えた」(29)。

市内にいた閣僚のほとんどが六時十分には集まった。新聞記者も数えきれなかった。「内閣は結集したものの」、国務省高官、ジョセフ・デイヴィスが回想する。「混乱をきわめていた……。悲劇の衝撃は明らかだった。だれもがおよそ呆然としていた。きわめて印象的だったのは、日頃仮借のない新聞記者や放送記者たちですら悲しんでいたことだった。顔がこわばっていた。明らかに抑制していながらも、ときに涙が流れ出ていた」(30)。

トルーマンは立ち上がって静粛を求めた。「[31]わたしの悲しい義務ですが、午後五時四十八分大統領が亡くなったことをご報告いたします」と口を開いた。「ルーズベルト夫人からこのことを伺いました。『兵士のように斃《たお》れられた』と仰っていました」。かれは続けた。「[32]みなさんお一人お一人、どうかこのままお仕事を続けてください。ルーズベルト大統領が望んでおられたのと同じやり方で仕事をなさってください」。

だれも無言だった。トルーマンは国務長官に向かってうなずいた。ステテニアスはつかえながらもステートメントを読みあげた。全閣僚はトルーマンに従うこととなる、と。ヘンリー・モーゲンソー財務長官が口を開いた。「[33]ミスター・トルーマン、わたしはあなたのお手伝いを何でもいたします、しかし、わたしの更迭はあなたのご自由です」。農務長官のクロード・レイモンド・ウィッカードがモーゲンソーに続いた。

司法長官は最高裁判所長官、ハーラン・F・ストーンをすでに呼びだしていた。しかしストーン判事はまだ来ていなかった。建国の父たちは憲法第二章第一条に三十五語の宣誓文を起草していた。これらの言葉が唱えられると、新大統領はその責務を負うこととなる。聖書を探してホワイトハウス中を駆けまわる中、気まずい時間が過ぎて行った。トルーマンは祖父に貰った聖書を使いたかった。その聖書は上院の自分の部屋においていたが取りに行く余裕はなかった。安価なギデオン版の聖書がホワイトハウスの門衛主任、ハウエル・クリムの机の引き出しから見つかった。一同が主任判事のストーンを待っているなか、トルーマンは陸軍長官のヘンリー・スティムソンに近寄り、翌朝の会議でホワイトハウスに諸報告が出来るよう、軍首脳への指示を依頼した。「[34]われわれの仕事に非常に温かく接してくれた」とスティムソンは記録した。

主任判事は六時三十分頃に到着した。数分後、ベスとマーガレット・トルーマンが姿を見せた。ここまで来るのに奇妙な体験をした。コネティカット通りのアパートを出ようとすると玄関前に群衆が集まっていた。ＳＳは裏口に案内したが、そこでも記者たちがカメラのフラッシュを浴びせて妨げた。ベスが閣議室に現れたとき、「悲しみといささかの恐怖」がないまぜになって見えた、とダニエルズ報道官が述懐している。[35]

みなが集うなか、トルーマンはステテニアス国務長官を引き寄せて、宣誓の瞬間をカメラマンが捉えても良いと思うか、と訊ねた。トルーマンの九十二歳の母親はミズーリ州グランドビューの実家にいた。トルーマンは母親にこの場にいて欲しかったのだ。ステテニアスはそれはいいと同意した。トルーマンは戸惑いを自認しており、ステテニアスはトルーマンを悲しげに見やった。長官は日記に記した。「あなたは世界のだれよりも偉大な責任ある仕事をするのですよ、とかれに伝えた……とにかく人にはどんなことにも立ち向かえる内なる力があり、アメリカ国民が集まりわれわれを見守ってくれることを確信している、と言った」。[36]

トルーマンはベストを尽くす、と応えた。

ホワイトハウスの入口には群衆が集まりだした。多くの者はこのときの情景を、黒人、白人が共に悲しみに浸った瞬間と記憶している。肌の色はとつぜん無関係になった。雨雲が去り、暗くなっても爽快な夜になった。ホワイトハウスの入口のうしろから、室内のシャンデリアが正面玄関ホールの窓に輝いているのがよく見えた。なかではどんなドラマが進行しているのだろう、と群衆は訝《いぶか》しんだ。ルーズベルトが戦争前に巨大クリスマス・ツリーに灯をともした、ホワイトハウスの向かいのラファイエット広場には、二千人以上が集っていた。群衆のなかを小魚のように飛び回り、新聞配達の少年たちが号外を配っていた。人々は記事を読もうと街灯の下で押し合っていた。

午後七時八分、ホワイトハウスのなかでは、閣議室の時を刻む時計の下の暖炉際に、ストーン主任判事とトルーマンが向き合っていた。壁の肖像画から、第二十八代合衆国大統領ウッドロウ・ウィルソンが見下ろしていた。トルーマンは、建国の父たちが記したとおりの三十五語を正確に唱えようと宣誓文を印刷したカードを手にしていた。ほかのものたちは副大統領と主任判事のうしろを半円で囲んでいた。トルーマンの数インチ左には妻のベスが立っていた。彼女はまるで、大統領府にではなく、絞首台に昇る夫を見送る妻のように見えた。彼女のすぐうしろにはマーガレットがいた。労働長官を含め、その場の女性は三人だけだった。トルーマンは左手に聖書を持ち、右手をその上に置いた。カードは聖書の上にあり、トルーマンには見えた。沈黙が部屋にみなぎり、主任判事から始めた。

[37]「わたし、ハリー・シップ・トルーマンは」と言った。ミドルネームのSを、トルーマンの母親の旧姓だと思い違えていたのだが、そうではなかった。

「わたし、ハリー・S・トルーマンは」と副大統領は判事の言葉を正した。

「合衆国大統領の職務を誠実に遂行することを厳粛に誓います……」。

トルーマンの宣誓をみなが観ていた。[38]「実際に承継が行われた僅かな時間、トルーマンはほとんど罰当りなくらい小さく見えた」とダニエルズはかれの様子を描写した。カメラマンがこのシーンを撮ったが、主任判事がトルーマンは聖書を持ちながら右手を挙げなかったと伝えた。宣誓はやり直された。トルーマンは最後の言葉を、「しっかり、はっきり」述べた、と出席者の一人が憶えていた。

「そして神のご加護を」、ストーン判事が言った。

「そして神のご加護を」、トルーマンが応えた。

かれは聖書にキスをした。そしてベスとマーガレットを振り返り、二人にキスをした。かれはもうハリーではなくなった。もうただのハリーではなくなったのだ。

お祝いの握手攻めのあと、トルーマンは腕を強く引っ張られた。「大統領閣下、こちらへどうぞ」[39]。それは面識のないホワイトハウスの補佐官（副報道官、イーベン・エイヤーズ）で、スティーヴン・アーリーも傍にいた。トルーマンは閣議室を出た。妻と娘が国務長官とともに続いた。ホワイトハウスの赤の間の静かな領域でトルーマンは考えをまとめてみた。ステテニアスはサンフランシスコ会議の中止を進言した。ルーズベルトの構想による新しい連合国平和組織の憲章採択のため、世界中の政府代表が集まる国際会議が、あと二週間足らずにせまっていた。トルーマンは実行を決意していた。これが、大統領としての最初の決断だった。そのすぐあと、大統領としての最初の声明を発表し、午後八時十分、新聞各社に手渡した。「世界は、わが国が、東西両戦線で、その総力を以て最終的勝利に向かって戦い抜くと信じている」[40]。

ベスとマーガレットはSSの車で自宅に向かい、トルーマンは残った。陸軍長官のヘンリー・スティムソンが、「非常に切迫している問題」[41]を二人だけで相談したい、と申し出たのはそのときだった、と後日トルーマンは回顧している。

スティムソンはワシントンの傑出した人材だった。七十七歳のもとウォール街の弁護士で、FDRの閣僚中唯一の共和党員だった。東部エスタブリッシュメントの資産家の一員で、まるでヘンリー・ジェームズ〔一八四三〜一九一六、アメリカ生まれのイギリスで活躍した作家、十九世紀から二十世紀にかけての英米文学を代表する一人〕の小説の登場人物のような話し方をするヴィクトリア時代の遺物だった。一つ大変重要で、絶対の機密を要する問題がある、とかれはトルーマンに告げた。「かれはわたしに、当時進行中の巨大プロジェクトのことを知っていて欲しい、と言った」と後日トルーマンは語る。「それは、ほとんど信じられない破壊力のある、新爆弾の開発プロジェクトだった」[42]。トルーマンは、納税者に数百万ドルの負担を強いる軍の奇妙な計画を噂話で聞いたことがあった。しかし詳細は全く知らなかった。

実は極秘事項で、いまもそれ以上のことは言えない、とスティムソンは説明した。「スティムソンが喋れることは、当時、それがすべてだった」とトルーマンは振り返った。「かれの話はわたしを困惑させただけだった」[43]。

スティムソンとの短い会話が終わると、トルーマンは一人で瞑想した。かれはこのときのことを日記につけた。

大変なショックだ……。実際に尊重すべき人類の死に対して、国がどう対応すべきかは分からない。軍の対応も心配だ。その状況がわが国の戦争努力、価格統制、戦時産業および現下の非常時におけるあらゆることにどんな影響を及ぼすかは分からない。大統領はチャーチルとスターリンに何遍も会うことになる。こうしたことには不慣れだが、とにかく何か考えなければならない。いま一番にすることは、家に帰って休み、音楽に接すること、と決めた。[44]

トルーマンがホワイトハウスを出て自分を待つ車列へ向かったとき、かれは初めて伝統的な受付係のかけ声を聞いた。「大統領閣下のお帰り」。車列は南門を通って大統領官邸をあとにした。[45]

4

その夜は世界中で世界の指導者や一市民に至るまで、そのニュースへの対応に努めた——全人類が尊崇した人物が死んだのだ。

[1]「ついにそれが、かれを圧し潰した」とFDRのスピーチライターの首席で、劇作家のロバート・シャーウッドが記した。「『それ』とは、何年も積み重なり続けた恐ろしいほどの責任である。世界中の数億の人類の恐怖や希望が一人の人間にのしかかっていたのだ」。

ショックの一部はFDRの後継者にもあった。[2]「何だと！」の言葉を、酒場やバスの中、茶の間など全国至るところで耳にした。「トルーマンが大統領だって！」

すでに数百のラジオ局が故大統領の追悼を放送していた。トルーマンの地元、ミズーリでは、親友のトム・エヴァンスがマイクに立った。「わたしには」と聴取者に語り始めた、「トルーマンのつつましいスタートのせいで……、この国の将来にある種の憂慮が拡[3]がっています。わたしはそういう憂慮をされている方々に個人的にお伝えします。ご心配は無用です！」

上院議員や政治家たちは、強い酒を飲みながら、世界中の不安を文字に残そうと日記に向かった。「アメリカ人の心に宿る[4]最大の疑問符は、トルーマンのことだ」、ミシガン州選出上院議員、アーサー・ヴァンデンバーグはその夜書いた。「仕事がうまくできるだろうか？」

モスクワで午前一時、ハリマン大使がクレムリンのスターリンのナンバー・ツー、ビャチェスラフ・モロトフに電話を入れた。内容に驚いたモロトフは、大使と個人的に相談するため、すぐにも米国大使館を訪れたいとせがんだ。「[5]かれはすっかり動揺し、取り乱していた」とハリマンは翌朝のワシントンあて電信に記している。「モロトフはまだしばらくの間、ルーズベルト大統領の戦争で果たした役割、平和計画などについて話し続けていた……。モロトフがそれほど熱意を込めて話すのを聞くのは初めてだった」。

モロトフはアメリカ新大統領に戸惑いを示した。「トルーマン新大統領をご存知ですか？」かれはハリマン大使に不安げに聞いた。「どんな人ですか？」

ベルリンの秘密地下壕では、ヒトラーが絶望的な苦境のもと、焦った日々を過ごしていた。連合国によりナチ帝国は壊滅寸前で、ヒトラーの神経も崩壊の瀬戸際にあった。かれの手は激しく震え、公式書類への署名も困難になった。ルーズベルト死亡のニュースを聞くと、すぐに軍需相のアルバート・シュペーアのもとに向かった。「わたしがい[6]つも予言していた奇跡が起こった！」総統《フューラー》は怒鳴った。「戦争には負けない……。ルーズベルトが死んだ！」

チャーチル首相がニュースを受け取ったとき、かれは、「[7]ぶん殴られたように感じた」。「たしかに」、後日かれは記録した。「ルーズベルトは戦争の最高潮で死去した。合衆国の政策指導にかれの手腕がもっとも求められていた時に」。

ドイツでは、連合国派遣軍最高司令官、ドワイト・アイゼンハワー将軍はその夜、パットンの第九軍野戦本部で、ジョージ・パットン、オマール・ブラッドリーの両将軍と同席し、タバコを探していた。「みな、大統領の死が将来の平和にどう響くのか考えていた」とアイゼンハワーは回想した。「国際的な観点からは、指導者たちの交替の時期が来た、と思った」。ブラッドリー将軍が回想した。「みなで（夜中に）三時間ほど話し合った。とてつもない損失になりそうだ……。われわれの中でだれもトルーマンとその人柄を知らなかった。かれはわたしと同郷のミズーリ出身だが、ほとんどまったく知らないことを告白する」。

パットンはもっとはっきりと、数百万のアメリカ人が大統領としてのトルーマンに抱いたのと同じ嫌悪感を日記に記した。「党も神も大統領にするつもりのなかった副大統領が、政治選択の必要から選ばれるとは、何と不幸なことだろうか」。

母と妹の住むミズーリ州グランドビューのトルーマンの実家には、闇の中を新聞記者たちが押し寄せた。これが多分ハリー・トルーマンのもっとも懸念した事だった。家族は自分の昇進の結果で迷惑するに違いない。かれはいつも十分に家族の世話をしていた。「かれは生涯、わたしのことがとくに気がかりのようでした」と妹のメリー・ジェーンはあるとき語った。「どんなに忙しくても、わたしには言葉をかけてくれました」。しかしその夜、妹と母親を取材攻勢から守るハリーはそこにいなかった。

「母は本当に、本当に疲れていました」、メリー・ジェーン・トルーマンは語った、「ニュースはそれほど衝撃的でした。わたしたちではどうしようもありませんでした」。

一方、ニューメキシコの砂漠の無人の地にある、極秘のロスアラモスという研究所では、世界の錚錚《そうそう》たる科学者の一団の間に話が拡がっていた。かれらは——いまや合衆国大統領となったトルーマンですら詳細を知らない、極秘計画に従事していた。この秘密研究所の主任科学者、Ｊ・ロバート・オッペンハイマーは、管理棟脇の国旗掲揚台のところに科学者たちを集めた。特有の高い声でオッペンハイマーはフランクリン・ルーズベルトの死を告げた。かれもまた新大統領の能力に不安を抱いていた。「ルーズベルトは偉大な設計者だった」とオッペンハイマーは評した。「多分トルーマンは有能な大工なのだろう」。[13]

その夜、トルーマンが自宅アパートへ戻ったのは九時過ぎだった。群衆が新大統領を一目見ようと門前に屯《たむろ》していた。かれは街路樹が並んだこの質素な街に住んでいた。トルーマンは、再度、自分の静かな居場所で個人の時間が見つけられた。地球の地軸が引っくり返ったように思えても、ここ、コネティカット通り四七〇一番地では、すべてが、朝仕事に出たときのままだった——読書用の椅子、ランプ、蓄音器、レコードも。

近所のデイヴィス夫妻が、ケーキと七面鳥を少し持ってきてくれた。「あまりお喋りをしなかった」、マーガレットは父について語った。「アパートではデイヴィスさんたちともう気軽に口を利けそうになかったの」。[14]トルーマンはおなかが空いたと言った。昼から何も口に入れてなかったのである。そこで隣人のデイヴィス夫人が合衆国大統領のために七面鳥のサンドイッチを作ってくれた。トルーマンはそれを食べて寝室に引き上げ、まだ起きていた母親に電話をかけた。これからしばらくは猛烈に忙しくなるので、しばらくはあまり電話できなくなる。

「[15]頑張ってね、ハリー」、九十二歳のママ・トルーマンは言った。「でも元気でね」。

数分後、トルーマンは眠りに落ちた。この辺はかれの特異な才能だった。必要なときは、大きな精神的緊張があっても眠れた。しかし真夜中、[16]自分の横で妻がすすり泣いているのに気付いて目が覚めた。かれは慰めようとしたが無理だった。何と言えばいいのか。そこでまた眠ることにした。起きると世界中の数百万人が一つの単純な質問を口にすることが分かっていた。それは九カ月弱前、ＦＤＲの参謀長、ウィリアム・リーヒが放った質問とまったく同じものだった。一九四四年の大統領選挙の際、副大統領としてトルーマンの名前がルーズベルトの横にとつぜん、どういうわけか現れた。

「[17]一体全体、ハリー・トルーマンって何者なんだ？」

第二部

ハリー・S・トルーマンの政治修行

わたしはいつも、何か大きなことをいつかやって見せると密かに思っていたが、どうもほかのことと同じようにできそうもない。

ハリー・トルーマン　農夫　27歳　1911年

5

ハリー・トルーマンは一八八四年五月八日、ミズーリ州ラマールで、ジョン・アンダーソン・トルーマンとマルタ・エレン・トルーマンの最初の子供として生まれた。アメリカ農村地帯で開拓のすさまじい現実と戦ってきて、両親はもうあまり若くなかった。乳児を取り上げた医者は十五ドルの報酬を貰った。ハリーが生まれた世界は、一九四五年を、最高の黙示録的哲学者のもっとも野蛮な空想にしたようだ。一八八四年に機械――飛行機、自動車はなかった。ハリーが子供の時分に耳にした最大音響は、ときどき落ちた雷鳴とまさかりの伐採の音だった。

アメリカはまだ農業時代だった。国家は三十八州（六つの州が増えたのはハリーが六歳のときだった）の緩い連合体だった。ハリーが生まれたときニューヨーク市の人口は百万を超えたばかりで、シカゴとフィラデルフィアがすぐに追いついた。ほかの五千万強（現在は三億二千五百万）の人口は、トルーマンと同じように農村に住んでいた。

トルーマンの記憶では、一家はグランドビューの数百エーカーの農場に引越した。そこは母親のマルタ・エレン・トルーマンが育った土地だった。ハリーには弟（一八八六年四月二十五日生まれのジョン・ヴィヴィアン）と妹（一八八九年八月十二日生まれのメリー・ジェーン）がいた。農場はそれだけで一つの世界だった。子供たちは存分に跳びまわり、マルタ猫のボブと犬のタンディがあとを追いかけた。「[1]草原の丈の高い草でできた鳥の巣を探したり」とトルーマンは回想した。「ひな菊や野草、野苺を取ったりした」。

　必要な物は馬に乗って手に入れた。馬で行けば、遠いところも、想像だけで見たことのない幻想の世界に変えてくれるようだった。生活は季節どおりに流れた。秋は収穫の季節で、作業に終わりはなかった。冬は「豚処分の季節」を意味し、厚切り肉を川床から切り出した氷で冷凍保存した。農家には電気も、水道もなく、料理は薪ストーブでしていた。ジャクソン・カウンティの田舎ではどの家も同じことをしていた。

　一家は金持ちとは縁遠かった。「[2]あのね」、グランドビューの隣人、スティーヴン・スローターは言う。「どこも貯金なんてなかった。トルーマンのところはいつも金欠だった」。家族には――あまり信仰心はなく、ハリーに言わせれば「[3]気軽なバプテスト派」だった。トルーマン家は「[4]反抗的民主党員」を自認していた。党との関係はおおむね南北戦争当時からのものだった。ミズーリは分離主義者の暴力の温床で、一家は両方を支援していた。ときに隣人同士で対立し、死者が出ることもあった。ハリーの両親はどちらも奴隷所有の家系で南軍側に立ち、アブラハム・リンカーンの共和党とその連邦軍を憎悪した。反抗的民主党員として、政治的には、自らを南軍兵と考えていた。それは単に党に対する愛情によるものではなく、敗戦の挫折から生じた熱情によるものだった。

　ハリーの父親、ジョン・アンダーソン・トルーマンは、危険な気質のある無口な小男で、田舎の小学校しか出ていなかった。かれの子供たちの教育方法はただ一つ、身を以て示すことだった。まず、女性は神聖な存在だった。「父親の前で、深刻なトラブルを招かずに、伯母たちや母親の批判は[5]だれも出来なかった」と後日トルーマンは記した。そして仕事と誇り。父について、「この世に生まれたもののなかで、[6]もっとも厳しく働いたものの一人」と語った。「弟とわたしに金銭よりも誇りに価値がある、と信じさせる教育をした。わが家がずっと貧乏だった理由はそこにある」。

ハリーの場合、ママ・トルーマンの影響の方がはるかに大きかった。彼女は並みのジャクソン郡の女性とは違っていた。五フィート六インチ［約一六七・六センチ］と夫よりも背が高く、射撃に熟達していた。彼女は二年間レキシントン・バプテスト女子大学に通い、詩とピアノを修め、農家の女性としては圧倒的に教養があった。ハリーがこまかい文字に難渋しているのを見て、彼女はカンザス・シティ（馬車で往復まる一日の旅程）の中国人医師のところに連れて行った。医者は[7]「扁平眼球」と診断し、眼鏡で調節してくれた。眼鏡は高価だったので、ハリーはスポーツを禁じられた。

「当時眼鏡をかけた子供は[8]非常に珍しかった」、ハリーの同級生、マイズ・ピータースが回想した。「子供たちは眼鏡の子をよくからかった。ハリーは、四つ目と呼ばれた。しかしそう呼ばれても平気そうだった」。

またマルタ・エレンは、一家が農場を出て街に引っ越すことに熱心だった――おかげで、いちばん年上のハリーは良い教育が受けられた。一八九〇年十二月、ハリーが六歳のとき、家族はミズーリ州インデペンデンスのサウス・クライスラー街の一軒家に再度転居した。家の裏の、二、三百ヤード［一八二～二七四メートル］先にミズーリ・パシフィック鉄道の停車場があった。蒸気機関車が音を立てて通り過ぎるたびに、床もがたがた揺れた。

インデペンデンスは異なる世界で、不思議な場所だった。カンザス・シティから十マイル［約十六キロ］離れた街は、「トレイル［街道］の女王の街」として知られており、サンタフェ、オレゴン、カリフォルニア・トレイル方面への始発駅だった。十九世紀中のほとんどで、西部をめざす開拓者たちは、春にインデペンデンスに集まり旅の準備を始めた。みな、荒れた土地での、より良い暮らしを望んでいた。小説「開拓者たちよ！」でウィラ・キャザー［一八七三〜一九四七、二十世紀のアメリカを代表する女流作家］が書いたように、西部は「国家の新たな自覚」[9]の機会を提供した。インデペンデンスは「跳躍」前の最後の踏み台だった。街の名前に、若きアメリカ精神を具現していた。

トルーマン一家が来るまでに、インデペンデンスは、繁栄した南部気質の街になっていた。電気はその三年前に来ていた。木製の街灯が商店街の歩道を取りまいていた。商店街には、H・W・ランメル馬具店、ホテル・メトロポリタン、ブンズチュー衣料店、ウェスターン・ユニオン鉄道事務所、銀行、酒場などが軒をつらねていた（「酒場[10]はあまりなかった」とハリーの妹、メリー・ジェーンは記憶している）。ハリーの父親は馬と騾馬の店を開業した。「作業用[11]騾馬販売中！」とその広告にはあった。「チーム作りのご一行様！　二十頭あり！　作業用騾馬。ケンタッキー通りのホワイト納屋へどうぞ、ミズーリ・パシフィック停車場そば、在庫をご覧のうえ、お値段の検討を」。

ある朝、母親はハリーを新しい教区小学校に連れて行った。「六つか七つのとき」[12]、と後日かれは日記に書いた、「ママが日曜学校に連れて行ってくれた。そこでいままで見たこともない可愛い女の子をみつけた……。日焼けした肌、金髪で陽光のような黄金色《こがね》、そして最高に美しいブルーの瞳をしていた」。

彼女の名はエリザベス・「ベス」・ウォレス。家族は北デラウェア六〇八番地の、丸屋根と広いポーチのある瀟洒な家に住んでいた。ウォレス家は、農家のトルーマン家とは違っていた。ベス・ウォレスの父親デイヴィッドは、街の有力者だった。ハリーとベスの同級生だったヘンリー・チャイルズによれば、「当時、[13]郡でもっとも有名な人物だった」。デイヴィッド・ウォレスには隠された秘密があった。それは最大に恐ろしい形でまもなく知られることになる。しかし当時、かれは町の尊敬を集めていた。

ベス・ウォレスは何でもできたが、ハリーは違った。彼女はお洒落でスポーツ万能、人気があった。ハリーは、自身の言葉で「まったく無名だった。人気者とは試合がうまくて腕っ節の強いやつのことだ。ぼくはそんなんじゃない。眼鏡がなければ、こうもりのように盲目で、本当のことを言えば意気地なしだったんだ。喧嘩になりそうになると、ぼくはいつも逃げまくっていた」[14]。

ハリーは教区学校でベスの隣の席だった。そのころすでに、自分が人生のすべてをこの一人に捧げるのではないか、と何となくわかっていた。ハローと声をかける勇気が出て来るまで、それから五年かかった。

一年生のとき、ハリーは高熱を出した。「一時は」[15]と従妹のエセル・ノーランドによれば、「あまりにも弱っていて、みなこの子は長くないのではないかと思った」。ホーム・ドクターのG・T・トゥイマンは、感染性ジフテリアと診断した。アスピリンのなかった時代、高熱を発した子供は氷で冷やすしかなかった。しかし家族には氷がなかった。季節は冬である。そこで母親はハリーを雪で包みこんだ。「ハリーは治ったが[16]一年ほど麻痺が残っていた」と妹のメリー・ジェーンが回想した。「猛烈に読書を始めたのがそのときだった。ほかは何も出来ず、起き上がるにも人手が必要だった。ハリーは床に寝転がって本をいっぱい前にして読みふけっていた」。

ハリーは知らないうちに政治教育を受けていたのである。

母は歴史の英雄たちの全集を買ってきた。かれは聖書、とくに出エジプト記、マタイ福音書を好んで読んだ。モーゼ、大キュロス〔紀元前六百年頃～紀元前五二九、アケメネス朝初代皇帝〕、キンキンナトゥス〔紀元前五一九～紀元前四三〇、ローマの伝説的軍人、政治家」、ハンニバルの物語を自分のものにした。ウェリントン公爵、ユリシーズ・S・グラントの伝記もあった。偉大な男女の物語は、伸び盛りの少年の心にきざす疑問の数々に答えを用意してくれた。偉人の成功と失敗そのものが、歴史を形作る、と学ぶことも出来た。「偉人の生き方を読むと」[17]、のちに日記に記した。「最初の勝利がかれらの人生を決めたことが分かった……。だれにも、最初は自己鍛錬があった」。別の機会に、かれはその少年期の読書について書きとめた。

歴史は、ミズーリ州ほど大きくもなかったギリシャが人々がともに暮らし、自治のための政府という考え方を不朽の、基本的なものとする考え方をわたしに遺してくれた[18]。一七七六年のフィラデルフィアでの出来事は、ヘブライの時代に端を発していることを教えてくれた。つまり、世界史は繰り返され、政治の状況で新しいと思われていることも、過去六千年の色々な時代にほとんど同じ形で現れていたのだということがわかり始めた。

ハリーはジフテリアが治ると、遅れを取り戻そうと夏には学校に戻った。インデペンデンスの町にはコロンビアンという――学校は分離政策がとられていたので、白人児童のための――学校が新設されていた。ハリーはここで学業を終えることとなる。かれは生まれつき左利きで、訓練して右手で文字を書いた。かれは良い子だったが、飛び切りではなかった。隣の席のベス・ウォレスに心を奪われ、勉学がしばしばおろそかになった。「彼女の本を学校の行き返りに持ってあげられたりすると、その日は素晴らしい一日となった」[19]と記録した。

一八九八年八月二十三日[20]、ママ・トルーマンの勧めで父親がピアノの最初の五十ドルを支払った。カンザス・シティの楽器店から月賦で買ったW・W・キンボールである。インデペンデンスまで運ぶのは一苦労だった。ハリーはこの楽器に魅せられた。かれは週二回、カンザス・シティまでレッスンに通い始めた。大体毎日、夜明け前にハリーが立てるピアノのキーの音で、弟妹たちは目を覚まさせられた。

分厚い眼鏡、そして女の子はみな自分に興味を持ってくれない、という妄想、将来音楽で人々を楽しませるという夢で、かれは十代の少年としてはいささか偏屈に育った。孤独感を漂わせてはいたが、先生たちはかれに人懐こさも感じていた。「あんな重たい眼鏡をしていたから、ほかの子たちと遊んだりスポーツをしたりはしなかった[21]が」と先生の一人、W・L・C・パーマーは回顧する。「図書館へ行くと、ハリーが本を読んでいるのをよく見かけた」。かれは、「とてもとても躾けが良く、丁寧な人柄だった」と一家の友人、パンジー・パーキンスは想い起こす。「かれは会えば気楽につき合えるタイプだった。非常に地味だが、当時ですら何かを持っていた[22]」。

世紀の変わり目にハリーは高校を卒業した。かれは経済の苦境（一八九三年の恐慌）と戦争（勝利した米西戦争）を生き抜いた。しかし世界の出来事は新聞紙の文字の形でしか存在しないようだった。インデペンデンスの市民は近くのカンザス・シティから近代の息吹きを感じてはいたが、多くの住民は日々の商売に一生懸命だった。十九世紀は楽天ムード――金ピカ時代（ミズーリ自体が生んだマーク・トウェインが皮肉っぽく呼んだ）の頂点を、終えつつあった。国はまだ若く百五十年を迎えておらず、自給自足ができて将来性がいっぱいあった。

インデペンデンス高校の卒業式当日、ハリーの同級生のチャーリー・ロスが卒業生総代に選ばれた。ロスは文才に恵まれ、将来はジャーナリストになると宣言していた。卒業式でハリーは、英語教師のマチルダ・ブラウンがチャーリー・ロスにおめでとうのキスをしたところを見た。チャーリーの隣にいたハリーは、教師に「先生、ぼく[23]

にも?」と頼んだ。

「駄目よ、何かそれにふさわしいことをするまでは」と彼女は答えた。

数十年後ホワイトハウスで、トルーマンは同級生のチャーリー・ロスと同席し愉快そうにこのことを思い出すことになった。

インデペンデンス高校の一九〇一年度卒業クラスの写真には、二十四名の女子と九名の男子が校舎の入口の前で段になって写っている。この生徒たちの中には、将来の大統領、ファースト・レディ、大統領報道官がいた。一同のうしろのステンドグラスには、うっすらとラテン語の有名な言葉が見えた。ユヴェントゥス・スペス・ムンディ:「若者たち、世界の希望」。

6

　ハリーの卒業直後に、経済破局がトルーマン家を襲った。「父の資金繰りが行き詰まった」[1]のである。ジョン・アンダーソン・トルーマンは小麦の先物取引に手を出し、市場がかれを直撃した。五十一歳で破産した。ハリーは蔵書の英雄のように、職業軍人を夢見てウェスト・ポイントを目指していたが、目が悪いので士官学校は受け入れないだろう。しかし普通の大学に行く余裕はなかった。同級生の多くはミズーリ大学に進学したが、かれは十七歳で働き始め、色々な仕事を経験した。「貰ったものはすべて家族の生活費になった」[2]とかれはのちに書いた。「そして弟妹の学資にも」。

　かれはサンタフェ鉄道の計時係として働き、夜は鉄道を利用する行商人と一緒に、線路脇の仮眠所で寝た。「わたしは浮浪者とその事情にとても詳しくなった」[3]と回顧する。「一日に十時間、一ドル五十セントで働くことの意味が、理解できるようになった」。次にカンザス・シティ・スター紙の郵便係の職に就き、そしてカンザス・シティ銀行の事務員に転じた。一九〇六年、父親の要望でグランドビューの農場へ戻った。かれは二十二歳になっていた。家族はかれがどれ位いられるか、賭けをした。グランドビューの六百エーカー〔約二百四十ヘクタール〕の区画は「J[4]・A・トルーマン&サン農場」になり、ハリーは長く居続け、数週間から数カ月となり、そして数年となった。

　農場の価値はちょっとしたもの――一家の一[5]九一〇年の税務申告によれば五万八千ドル――だったが、まるまる担保に取られていた。農場には、家畜として乳牛約五十頭、豚約五十頭、馬十四頭、鶏六十五羽、四十エーカー〔約十六ヘクタール〕のカラスムギ畑、百エーカー〔約四十ヘクタール〕のとうもろこし畑、六十エーカー〔約二十四ヘクタール〕の小麦畑、四十エーカー〔約十六ヘクタール〕のクローバー畑、三エーカー〔約一・二ヘクタール〕のアルアルファ〔豆科の牧草〕の畑、一エーカー〔約〇・四ヘクタール〕のじゃがいも畑があった。しばしばきびしい寒さの中で夜明け前に働き始め、日没とともに終えたが、夏は灼熱に焼かれた。ハリーは農場での孤独の日々を手紙に、「四[6]十エーカーを耕やしながら、わたしは本を丸々一冊暗記した」と書いた。「考えたくなくなると、耕運機の車輪の回転数をかぞえ、残るエーカー数を測った」。一方で一家は悪戦苦闘していた。「われ[7]われはパンにベーコンとおまけに貰った缶詰で生活していた」とハリーは書いた。農場は、「一〇〇%失敗だった」。一流ピアニストになることは夢と消えた。ほかに将来やりたいものはなくなった――ケーキ皿事件の起こるまで。

　一九一〇年のある日、二十六歳のハリーは、従妹たちのエセルとネリー・ノーランドを訪ねた。その向かいにはベス・ウォレスが母親のマッジ・ウォレス夫人と住んでいた（ベスと母親は、北デラウェア二一九番地のその家に引っ越していた――一八六七年にベスの母方の祖母の家族が買い戻した家である）。その日、ノーランド家からウォレス家へ、ケーキ皿一枚を、返す用事があった。ハリーにはチャンスだった。かれは皿を持って道を横切りドアをノックすると、現れたのがベス・ウォレスだった。

彼女は当年二十五歳――ウォレス家のいちばん上の子供である。母親は独り身だった。そのためベスは母親の介護で、将来婚期を逃すのを心配していた。ハリーがベスに最後に会って以来、ウォレス家は散々な目に遭っていた。街のだれもがベスの父親、デイヴィッド・ウォレスが自殺し、自宅の浴槽に横たわっていたことを知っていた。かれがアルコール中毒と金銭問題を抱えていたのは確かだが、自殺の原因は誰も知らなかった。ベスは家にいて銃声を聞いた。数分後、ベスが自宅の裏を、こぶしを握り締めてゆっくりと歩いてところが発見された。ウォレス家は人目を避けて傷を癒すため、インデペンデンスを離れて数年間コロラドで暮らした。いま、父の死から七年経ち、ベスは戸口でハリー・トルーマンを見た――陽に焼けて、小柄だが懸命に働いている農夫の姿を。

「エラ伯母さん[8]（ハリーの伯母、エラ・ノーランド）がケーキ有難うと、お母さんに言っといてって」、ハリーは言った。

「ぼくも言わないと。大きいの貰ったんだ」。

ベスは微笑んだ。「お上がんなさい」。

六十二年後のハリーの死まで終わることのなかったハリーとベスの関係は、その夜、始まった。

ベスは簡単には獲得できなかった。ハリーは彼女のために懸命に働かねばならなかった。車時代の到来以前は、グランドビューの農場からインデペンデンスに汽車で行くには何時間もかかった。わくわくさせる新技術――電話――は、宣伝ほどの機能はなかった。それでハリーの求愛は、もっぱら何百通もの手紙で示された。その中でかれは自信喪失を垣間見せながらも、深い愛情を吐露している。

自分で認めているが、かれは社交べただった。「たぶん」[9]と手紙に書いた。「適切なところで適切な言葉を使えないのです」。かれははっきりしない家計の見通しを正直に伝えた。「金儲けが下手なのは先祖譲りなんです」[10]。一九一一年のレイバー・デイ〔労働者の日、米国の多くの州で九月の第一月曜日〕にグランドビューに招ぼうと、かれは農場にテニスコートを作ると彼女に約束した。ベスは一流のプレイヤーだった。何時間もかけてかれはコートをローラーで均《なら》した。母親はとくべつのご馳走の用意に鶏を絞め、恰好良くしようと部屋の壁紙までいくつか張り替えた。しかし彼女は現れなかった、お天気のせいと彼女は言い訳をした。ハリーが結婚を申し込んだときの返事はノーだった。

トルーマンの農場生活は六年近くなった。父親を除けば、かれの人生に重要な役割を果たすのは女性だった。毎日の生活の中心は依然としてママだった。仲良しの友達は従妹のエセルとネリー・ノーランドだった。それに「ベッシー」もいた。

ハリーと父のジョン・アンダーソンは仕事上のパートナーだったが、同じ仕事をしていたわけではない。「父はぼくのことをやや保守的、と見ていた」[11]とハリーは振り返った。「ぼくは父もそうだったと思う」。農場の仕事を離れると、二人には共通の話題があった。政治である。

何年間も、父のジョン・アンダーソンは、地元政治家の演説を聞きに、ジャクソン郡の町のピクニックに家族を連れて行った。ハリーはベスあての手紙に書いた。「農業を止めて政治をやれ、と父は始終ぼくに勧めている」[12]。ハリーはアメリカの全大統領の生涯を研究した。かれのヒーローは第七代合衆国大統領（一八二九～一八三七）で民主党創設者のアンドリュー・ジャクソンだった。ミズーリ州のジャクソン郡は、その名からとられた。ジャクソンの戦争と政治のわくわくする人生物語は、冒険小説のようだった。「わたしは幸運の波浪の中に投げ込まれたのだ」[13]は有名なジャクソンの言葉だ。かれは、トルーマン家のような——普通の人々の中から現れた、初めての大統領だった。[14]「アンドリュー・ジャクソンが大統領になれるのなら、だれでもなれるんだ！」はジャクソン時代の決まり文句だった。

一九一二年の秋、大統領選挙の話題が何週間もトルーマン家の夕餉《ゆうげ》のテーブルで交わされた。トルーマンの生涯で、そのときほど激烈な選挙戦があったことはない。共和党の不和は分裂を招いた。現職大統領のウィリアム・ハワード・タフトが、共和党の対立候補、セオドア・ルーズベルトを抑えて指名を獲得した。セオドア・ルーズベルトは共和党を離れた。新設した革新党で、自らの威光と弁論術によって、セオドア・ルーズベルトは、アメリカ人を釘づけにした。民主党のウッドロウ・ウィルソンには、政治経験が二年しかなく、国政の経験もなかった。選挙にあと一カ月足らずの時期に、自称暗殺者の銃がルーズベルトの胸を狙った。弾丸は、かれが始めようとしたスピーチの原稿を貫いた。心臓をわずか一インチ［約二・五センチ］それた。かれは演説を終えて病院に赴き、そして生き残った。二週間後、副大統領のジェームズ・シャーマンが死去し、共和党のタフトはランニング・メイト［伴走者＝副大統領候補］を失った。

「だれも選挙戦以外のことは口にしなくなった」[15]と選挙の翌日の十一月六日にハリーはベスに手紙を書いた。選挙はウィルソンが勝利し、第二十八代合衆国大統領となった。このすさまじい選挙戦は、トルーマンの、自分の将来と政治そのものへの見方を冷静に考える契機となった。また、父親が地元の道路監察委員に立候補して当選したことも大きかった。

「政治はたしかに多くの善人を破滅させる」[16]、ハリーはベスあてに記した。「大風呂敷と汚職は、人格だけでなく、財産も友人も失うのが普通だ。とはいえ、もしぼくが金持ちだったら、ぼくはすぐにヨットや自動車を買うみたいに、票と事務所を買うよ。成功はどのみち、ものの見方次第だとしか言えないようだ……」。「経済的に成功するには」とハリーは結論づけた。「心を持ってはいけない。政治的に成功するには、エゴイストか、馬鹿か、政治指導者の使い走りになる必要がある」。

トルーマンが三十歳のころ、アメリカは世界初の超大国を目指し、猛スピードで突進していた。近代文明の源泉となるすべての資源がアメリカにはあった。石炭、石油、金、肥沃な国土、無数の有能な人材、それにその人材を生かす政治的自由。一九一四年、アメリカの映画産業は初めてのブームを迎えた。チャーリー・チャップリンが主演したハリウッド映画の最初の三十本はその年の作品である。ウォール街は世界で最重要な金融センターとなり、デトロイトの自動車産業は、史上だれもなし得なかった人間生活の革命をせまった。ヘンリー・フォードのT型は、その赴くところすべてに福音とアメリカニズムを拡散し、前例のない消費者行動を誘発した。海外で自動車は、まだ金持ちの玩具だった。アメリカでは、車が新しい中間層の興隆をあと押ししていた。

一九一四年のヨーロッパはまったく様相が違っていた。ヨーロッパ社会は数世紀も古く、ここ数年緊張感が漂っていた。帝国主義的敵対関係と資源の争奪が暴力沙汰になりかねない状態だった。一九一四年六月二十八日、白昼のサラエボでフランツ・フェルディナンド大公――オーストリア゠ハンガリー帝国の皇太子――が暗殺者の銃弾に斃れたとき、アメリカ人はあまり関心を示さなかった。産業革命以前には考えられなかった膨大な数の兵士が動員され、実戦に配備されても、合衆国には危機感がなかった。八月の最初の二週間のうちに、ドイツはロシア、フランスとベルギーに宣戦した。オーストリア＝ハンガリーはロシアに宣戦した。イギリスとフランスは、オーストリア＝ハンガリーとドイツに宣戦した。それでもアメリカ人は大西洋が、巨大な濠《ほり》のように自分たちを守ってくれるものと信じていた。

　トルーマンは一九一四年をぼんやりと農家で過ごしたが、生涯の恋は追求していた。その状況を大きく変える出来事が二つ、この年に起こった。母親は、長男が、一家初の自動車を買えるようにと貯め込んだ札束を見せて驚かせた。ハリーは、カンザス・シティの当地で製造された中古のスタッフォード九一一型を六百五十ドルで買った。車は、とくにベス・ウォレスに関連して、かれの野心を動かした（一九一四年、時速六十マイル［約九十六キロ］の自動車ほど女性に言い寄るのに有効なものはなかった）。ハリーはウォレス家の日曜日の常連客となった。ベスの兄弟、ジョージとフランクはハリーの気のおけない人柄に魅せられていたが、母親のウォレス夫人はまだ冷たい態度だった。[17]「ウォレス夫人はもう一つハリーを気に入っていなかったわ」とノーランド家の一人は回想した。「そして言ってたわ、『あなた、あの農場の子と結婚したいと思っちゃ駄目よ、あの子はどうにもならないわ』」。

　そして一九一四年、トルーマンの父親が亡くなった。ジョン・アンダーソン・トルーマンは腸の大手術後、息子を傍に置いて、農家で養生していた。[18]「ぼくはベッドの横でずっと気を付けていた」と振り返った。「ぼくはうとうとした。目覚めたとき、父は死んでいた」。ハリーは呆然とした。農場のすべての責任がのしかかってきた――膨大な負債を抱えた農場の。

　かれは死に物狂いで金儲けに走った。でなければ結婚も出来ない、退屈な農場から逃れるすべもない。そこでかれは、一攫千金の投資に手を染め始めた。

一九一六年、かれはテキサスに行った。かれが書きとめたように、「[19]そこへ行けば、そこそこ儲かると信じていたから」だった。しかしそうはならなかった。その年の後半、かれは、ミズーリ州境を越えたオクラホマ州にある亜鉛・銅鉱山の商品取引に、負ければ取り返しのつかない額を投資した。「[20]ぼくの金《かね》はあそこにある。毎分毎分が楽しみです」とベスに書き送った。「来週以降、お金は戻り始める……。花が咲かなければぼくは落胆で死ぬかも知れない」。鉱山が利益を出すことは、やはりなかった。ハリーは大物になったときの夢を描いた。「[21]ぼくの船はまだ迎えに来ないんだ」とベスに書いた。「一目見たときから、きみに夢中になったんだ……。ぼくはいつかモンタナの州知事閣下になるかも知れないよ（アハハハハ）。[22]きみも知事夫人なんてどうだい?」

一九一六年、かれは石油掘削事業に目を向けた。何人かのパートナーとのちにモルガン石油となる、会社を作った。会社は三つの州にまたがる油井のリースを行い、リース事業の株主を募った。うまく黒い金《ゴールド》［石油］を掘り当てれば良い。かれは人生の方向を変えるつもりだった。しかし、海外情勢がかれの運命を変えようとしていた。

一九一五年五月七日、ドイツ潜水艦U20が、リバプールに向かってアイルランド沖を航行中の英国客船ルシタニア号に魚雷を二発お見舞いした。ルシタニア号は世界最大の客船だった。以前のタイタニック号（一九一二年沈没）と同じように、ルシタニア号は進水のとき、世界中の夢を掻きたてた。ワシントン・ポストは「[23]波浪の女王」、「海の世界の驚異」と称した。ドイツ海軍は、千百九十八名の乗客を道連れにこの船を海の藻屑にした。兵士は一人もいなかったが、百二十八名のアメリカ民間人が乗っていた。船はニューヨークからイギリス軍への弾薬を積載していたので、殺傷は国際法上認められる、とドイツ高官は主張した（イギリスはその主張を否定したが、近年の証明資料はドイツ側が正しかったことを示唆している――ルシタニア号は明らかに弾薬を運んでいた）。

アメリカ人は反駁した。[24]「あの国は恐ろしい」、マサチューセッツ選出上院議員、ヘンリー・カボット・ロッジが述懐した。ウィルソン大統領が参戦を呼びかければ、「自分はかれを支援するだろう……アメリカ人全員の熱烈な支持を受ける筈だ」。ドイツ指導部が無制限海上戦――米国商船を撃沈する権限――を通告したとき、反独熱は合衆国をあまねく覆うこととなった。無数にある昼食店では、ザワークラウトが、自由《リバティ》のキャベツに、フランクフルターソーセージ――ドイツの都市フランクフルトに因んだ名称――はホットドッグに名称が変わった。

新米の石油投機師のトルーマンは絶好のチャンスと見た。戦争は石油価格をうなぎ上りにしていた。かれのモルガン石油が掘り当てさえすれば……。[25]「ぼくはいま剣ヶ峰に立っている」とベスに書いた。かれはベスにモルガン石油への投資をくどいた、そして自分の母親にも。井戸の掘り当てが失敗に終わったとき、投資資金は露と消えた。ベスは財産を失い、ママ・トルーマンは農場に新しい担保設定を余儀なくされた。そしてハリーは、首の皮一枚でつながった、ほとんど無価値の会社の株式を握らされていた。

かれは鬱病状態に陥っていた。[26]「ぼくの運は必ず好転する」、と一九一七年一月二十三日付でかれはベスに手紙を書いた。「いつか必ず勝つ。ぼくはそのまま頑張った。働いた、本当に働いた、十年というもの、あの古農場を稔り多いものにするために鬼神のように働いた。形は出来たが、毎年収穫できなかった。運を変えようと鉱山を買った。その結果はご承知のとおりだ。そこで今度は、すぐには結果の出ないチャンスの石油を狙った」。

「これで勝てなければ」、ハリーは結論をくだした。「ぼくは負け続けになる」。

一九一七年三月、ドイツの潜水艦は三隻の非武装の米国商船を沈めた――ヴィジランシア号、シティ・オブ・メンフィス号、それにイリノイ号である。乗客の多くが死亡した。アメリカの反応はすさまじかった。[27]「ドイツはわが国の船舶を撃沈した。船を海の藻屑とし、米国市民の生命を危険に曝《さら》し、また奪った」とニューヨーク・タイムズが応戦した。「これは戦争そのものだ」。閣議でウィルソン大統領が諮ったとき、十名全員が、うち数人は目に涙を浮かべながら、開戦に賛成した。四月六日、ウィルソンは合衆国議会に対して対独宣戦布告を提案した。

　ウィルソンのこのときの演説は二十世紀の一里塚を刻む一つとして記憶されることとなる。「わたしは、昨今のドイツ帝国の行動は、合衆国政府ならびに国民に対する戦争行為にほかならないと議会[28]が宣言することを勧奨するものであります」とウィルソンは述べた。それは「あらゆる戦争を終わらせるための戦争となろう」とかれは宣言した。「世界の民主主義の安全のために」。

[29]「わたしの心と魂はウッドロウ・ウィルソンの戦争メッセージに揺れ動かされた」、のちにハリーは述懐する。「わたしも行かなければ」。かれは石油の投資も諦めた（数カ月あと、かれがヨーロッパで戦闘に参加しようとしているとき、かれの持っていた油井のすぐ横にあった、ティーター・オイル・プールという油井が石油を掘り当てた。将来のハリーの友人で政治相談役の一人となるジョージ・アレンは、これを評して、「大実業家と、おめでたい人との差は、紙[30]巻タバコの紙ほどの厚みしかない」と言った）。三十三歳になり、ハリーは徴兵年齢を大幅に超えていた。しかしかれは、カンザス・シティの国民防衛隊に応募して入隊した。一九一七年六月二十二日、かれは第一二九野戦砲兵連隊中尉の任務を引き受ける書類に署名した。応募書類の職業欄には、「[31]農業、石油業」と記入した。眼の検査では詐術を使った。眼鏡を外す前に予め検査表を暗記することで通過したのである。一九一七年七月四日、かれは新しい軍服を着込んでベスの家に現れた。

彼女はかれの肩を撫でて、結婚を申し込んだ。ここ数年の求愛にも関わらず、かれはこれを拒否した。「将来の身体障害者にきみを嫁がせたいとは思わない、ぼくはそれが正しいとは思わない――感情にも任せられない」。[32]

南北戦争以来、国の最初の徴募には数百万の男子が応じた。トルーマンは妹のメリー・ジェーンに家族の農場を任せた。一九一七年、かれはスタッフォードに飛び乗って、オクラホマの陸軍兵営めざして街をあとにした。戦いは、普通の人間を英雄にする一つの道だった。トルーマンにとって、戦争はまた、失敗続きの人生から抜け出す道でもあった。

7

スタッフォードでオクラホマの平原を横切ったトルーマンは、フロントガラス越しにドニファン基地を見つけた。それは、ロートン郊外、コマンチ原住民保護区域の数百エーカーに拡がるテント設営地で、まるで草刈り鎌でなぎ倒したように平坦な土地だった。あらゆるところから集まった兵士たちはドニファンで基礎訓練を受ける。一九一七年から一八年にかけての冬、トルーマンはそこで過酷な五週間を過ごした。

干ばつがオクラホマを襲っていた。風がいたるところで砂埃を巻き上げた。[1]「歯、目、髪、鼻、首は砂埃だらけになった」とかれは兵営生活を記した。冬の到来では猛烈な暴風雪となった。「その年は中西部[2]で史上最低温度の寒い冬となった」とドニファンでのハリーの戦友の一人、フロイド・リケッツは回想した。「われわれはテントにこもったままだった。そしてシブリー・ストーブ〔南北戦争時に、南軍のヘンリー・ホプキンス・シブリーが発明した薪ストーブ〕を焚いた。一晩中真っ赤に燃えていた」。ドニファンの各部隊にはそれぞれ酒保（物品販売所）があった。ハリーは自分の砲兵隊の酒保担当となった。かれはカンザス・シティからやって来たエディ・ヤコブソン——[3]「ユダヤ人のいい男」とトルーマンは呼んだ――と組んだ。エディは商人出身で金銭の扱いに慣れていた。かれらの仲間には、洋服屋、床屋、洗濯屋がおり、その酒保はたちまち繁昌した。一方でハリーは兵士になる勉強をしつつあった。イギリス軍、ドイツ軍は双方とも化学兵器――塩素ガス弾――をヨーロッパ戦線で使用していた。ドニファンで訓練兵たちはガス処理所を恐れた。ガスが撒かれたなかで、かれらと軍馬にガスマスクをつける訓練をした。ガス処理所での戦慄によって、兵士たちは実際の戦場の恐怖を想像出来た。

　酒保での大成功で、トルーマンの上官は大尉昇進テストの受験を勧めた――かれは合格した。ハリーは部隊に先んじて、フランスにある海外特務学校に入学するため海を渡るよう命じられた。かれは酒保をたたみ、スタッフォードを二百ドルで売却した。一九一八年三月二十日、汽車に乗った。ニューヨークでかれは眼鏡を六個仕込んだが、すべて鼻眼鏡である――これはつるがなく、鼻をはさむ形の眼鏡で、つるがあると戦場でガスマスクをつけるとき邪魔になった。三月二十八日、かれは乗船前の最後の手紙をベスに書いた。「[4]いま十一時です」と書いた。「そして三時に起きて船に乗るための身のまわり品と手荷物を取りに行きます。ここでの最後の日に、ぼくは最後の手紙を書いていています……。いつもきみを愛していて、何があろうと愛し続けます、忘れないで」。

　一九一八年のイースター・サンデー〔復活祭日〕の前日、ニューヨーク港の波間から蒸気を上げて出発するジョージ・ワシントン号のデッキに立っていた。まもなく三十四歳となるかれは、ほとんどが自分より若い、多くは十五歳くらい年下のアメリカの兵士たちと肩を並べていた。かれは右のポケットに母親と妹の写真を、左にはベスの写真を入れていた。ベスは写真に、「[5]ディア・ハリー、この写真があなたを無事にフランスから戻してくださいますよう」と書いていた。

七千人の兵士がジョージ・ワシントン号に乗り込んだ。「ニューヨークの地平線が沈むのを見ています」とハリーは書いた。「ぼくたちは英雄になるのか死体になるのか」。[6]

ミズーリの農夫の息子にとって戦時下のパリは荒っぽいところだった。酒場やホテルからアメリカの新米兵士たちが街に繰り出した。生まれ故郷から外へ出たものはほとんどいなかった。ポケットは軍人俸給でいっぱいだった。フランスにはワインやコニャックが無尽蔵にあり、アメリカ兵は「そこにあるものを飲み尽くそうとしていた」[7]とハリーはベスに書いた。かれはオペラ座に行き、シャンゼリゼを散策した。「この国はとても美しい」[8]と綴った。「フランス人がこの国を守りたい気持ちを非難出来ない」。

ハリーがフランスで過ごした最初の日々、パーシング将軍麾下《きか》の十万の米兵が前線に向かった。そこでかれらは「フレンチ75」――第一次大戦中の最新鋭の大砲、の操作を習得した。それは口径七十五ミリ、射程四・二五マイル［六・八キロ］、一分間に十五発発射できた。重量は三千ポンド［約一三六〇キロ］以上あり、ゴムタイヤ装着なので、車か馬で、戦場間を移動できた。その操作には弾道理論とメカニズムの理解が必要だった。ハリーは短期間、砲術学校で学び、まもなくそのミズーリ部隊は、フランスのブリタニーのコエキダン基地に所属した。

七月十日は、かれの人生でもっとも記憶に残る一日となった。かれは大佐に呼ばれ、何か悪いことをしでかしたと思った。実際にはその反対だった。上官たちはかれに、本人の気付かない指導力を認めていた。大佐の部屋に入ると、かれは敬礼して気をつけの姿勢を取った。

「ハリー」、大佐は言った、「きみ、砲兵中隊の指揮をしたいと思わないかね？」

「はい大佐殿」、かれは答えた。「いつか出来れば、と思っております」。

「了解、早朝からD中隊の指揮を命じる」。

トルーマンは敬礼して回れ右をし、歩調をととのえて部屋を出た。外へ出て、かれはある少佐に、フランスでの軍務は短いものになるだろう、と伝えた。軍隊のなかでも、もっと荒くれ者の揃うD中隊の指揮を任されたのであった。

「D中隊はAEH（アメリカ派遣軍）すべての中でもっとも悪たれ揃いの気まぐれで、統制の難しい部隊だった」とD中隊隊員の一人、ハリー・マーフィーが回顧した。[9]「若い連中のほとんどは、何かのスポーツ選手だった」とD中隊兵士のフロイド・リケッツも想い起こした。[10]「ぼくはカンザス・シティの野球のセミプロだった。ボクサーもいたし、アメリカンフットボール選手、バスケットボールの選手もいた」。ハリーは何もスポーツをやっていなかった。D中隊の兵士は、アイルランド系とドイツ系のカソリックが多かったが、ハリーはカソリックではなかった。かれはこれまで四人の指揮官がD中隊を威圧して従わせようとしたが、全員、失敗したと聞いていた。

翌朝、六時三十分、かれは百九十四名のD中隊隊員の前に立った。これまでこれほど緊張したことはなかった。

「コエキダン基地の寒く凍える朝、かれは中隊の指揮を執った」とのちにトルーマンの生涯の友となった、D中隊のエディ・マッキムが回顧した。[11]「かれの両膝がふるえていたのを覚えている……。そう、かれは死ぬほど怖がっていたのだ……。わたしはかれのことをあまり気にしなかった。『女々しい』男と一緒に戦おうとは考えなかった」。

「かれはどちらかといえば小男の類だった――こぢんまりして、生真面目で、眼鏡をかけていた」と別のD中隊の兵士、ヴェア・リーは述懐した。

ハリーは単刀直入に問題点を指摘した。命令をくだしたら、遂行してくれ。「みんな、[12]わたしはきみたちと仲良くしたいとは思わない」、かれは怒鳴った。「きみたちがわたしと仲良くしてくれ。それが出来ないヤツは、いますぐ言ってくれ、わたしが一発お見舞いする」。

「[13]かれは自分がボスだ！　ということをみなに教えたんだ」とマッキムは締めくくった。「トルーマンが指揮をしたときは、何もトラブルは起きなかった」。

「[14]ぼくはいま中隊指揮官だ」と一九一八年七月十四日、トルーマンはベスに書いた。「ぼくがいま経験していることは君には分からないだろう……。ぼくは一つの目標、中隊指揮官になることを達成した。こいつをうまくやり通せば、これからすることに、とにかく自信が持てるようになるよ」。

八月十七日、第一二九野戦砲兵隊は前線へ移動した。D中隊の兵士たちは、装備品のすべて、百五頭の馬、フレンチ75砲六基とともに貨物列車に乗った。前線への旅は二日かかった。列車がレールの上でがたがた揺れるたびに、トルーマン大尉は、ほかの兵士のみなが感じた同じ思いに捉われた。「砲弾が炸裂し、ガス攻撃が始まったとき、[15]果たして自分の勇気はどうなるのか」とかれは記した。部隊はボージュ山系を目指していた。西部戦線唯一の山岳地帯の前線だった。

　前線の後方では、混迷が待っていた。「（前線へ向かう）[16]道路は文字通り封鎖されていた。兵士、弾薬箱、砲車、トラック、野砲、重火器、自動車、二輪車、炊事場、何千頭もの馬や騾馬がひしめき合い、詰め込まれていて、兵士たちは悪戦苦闘していた」とD中隊の兵士、ヴァーン・チャニーは想い起こした。「それに加えて二、三千台の戦車、黄泉の国のような夜の暗闇のいたるところで霧雨が降り、これまで見たこともない泥穴ができた」。

トルーマンは中隊の兵士をボージュ山脈の奥深くに送り込んだ。九月六日の朝、「われわれは山の峯を越え、布陣を見渡した」[17]とチャニーは振り返った。この地面にフレンチ75を水平に置くには、巨大な塹壕を掘らなければならなかった。トルーマンには、丘の向こうの敵の陣地から立ち昇る煙が見えた。午後七時四十五分、陽が沈むと、かれは不休の兵士たちに発砲を命じた。「それはわが部隊が最初に味わった戦いだった」[18]とD中隊兵士、フロイド・リケッツが回顧した。馬上からトルーマンは命令を放った。

「大混乱が起きた」[19]とチャニーは想い起こした。「われわれの居る場所だけでなく、まわりの（ほかのアメリカ砲兵部隊のいる）森林すべての中で」

砲手はフレンチ75からガス爆弾を可能な速射、三分間に四十発の速さで撃った。

砲撃の合間に、冷却のため兵士が砲身にバケツの水を浴びせた。四十五分で砲撃は終わった。しばらく沈黙が支配した。とつぜん砲弾、銃弾がひゅーっという音とともに林の中から飛んできた――反撃の敵の砲火だった。「わが中隊はパニックに陥った」[20]とトルーマンは回想した。兵士たちは塹壕に飛び込んだ。あるものは森の中へ走り込んだ。脅えた馬たちは四方八方へ散らばった。「曹長は恐怖のあまり」[21]とD中隊のウォルター・メネフィーが回想した。「部隊の後方八マイル〔約十二・八キロ〕まで走り戻り、その後行方不明となった」。トルーマンは馬にまたがったままだったが、砲弾が十五フィート〔約四・六メートル〕ほど横で破裂した。かれは馬から転げ落ち、真下で動けなくなった。兵士の一人は、かれが何とか立ち上がろうと、「なまずが水の中から這い出ようとすように」[22]もがいていたことを記憶していた。

後刻、トルーマンが中隊の兵士をまとめ、撤収しようとしたとき、かれはD中隊の兵士の中に一人として戦死者が出なかったことを確認した。砲撃で四頭の馬が死に、負傷した二頭をやむなく射殺した。D中隊はこの夜の戦闘を、だれかさんの逃げた戦い、と称した。最初の敵の砲撃で逃げだしたものがいたからだ。トルーマンはそうではなかった。

それからの二カ月、D中隊は西部戦線のあちこちへ移動しながらドイツ軍に弾幕を張り巡らせた。夜の行軍は疲労と栄養不良で軍馬たちに死ぬ思いをさせ、兵士たちは疲労困憊し歩きながら眠った。また生命維持のために腐った肉を口にしなければならないこともあった。ある兵士は徹夜の行軍で、疲労のあまり幻覚症状を呈し、「わたしは何か前方にあるものを見ようとした、それは高層のオフィス・ビルで広い住居も備えていた。やがてそれが目の錯覚と気づいた」と述懐した。[23]

九月半ば、中隊はアルゴンヌの森に入った。何日もかかって米軍兵力はドイツ軍を追い詰める準備をした。これはのちに、ムーズ＝アルゴンヌ掃討戦――それまでのアメリカにとって最大の軍事作戦、として知られることとなった。

九月二十六日の朝、掃討戦が始まった。午前四時、トルーマン中隊は、七十五ミリ砲弾をおよそ三千発撃ち込んだ。「花火大会が始まった」とD中隊兵士のマッキンリー・ウッドンは回想した。「それは、当時の史上最大の砲撃戦だった。だれも見たことがない。本当なんだ、七日経っても砲身がまだ熱かったんだ、ずっと」。午前八時、砲撃開始の四時間後、十四万のアメリカ軍が霧と小雨の中を突撃した。多くが敵の砲火に斃れた。「首のない遺体が転がっていた」と兵士の一人が回想した。「あるものは腕とか脚が吹っ飛んでいた。腰のところで真っ二つにされ、[24][25]

何フィートか離れたところに身体の一部が散っていた」。掃討戦は続き、ドイツ軍の防衛線は崩壊した。

そのときにはトルーマンは、自分が言葉遣いに注意しながら育てた指揮下の兵士たちに愛情を感じるようになっていて、それはとくに、戦友としての敬愛でもあった。隊員についての気持ちは「もう首っ丈だ」[26]とかれは言った。かれらのトルーマンに対する気持ちも同じだった。終生、隊員はかれのことを、大尉と呼んだ。トルーマンはまだ部下を一人も失っていなかった。奇妙でみんな気づいていたが、トルーマンはいつも小ざっぱりしていて、長い行軍のあともきちんとしていた。「われわれはみな、泥だらけで物乞いみたいだったが」[27]と別の兵士、ハリー・ヴォーンは思い出した。「指揮官はいつも清潔だった。わけが分からなかった」。

トルーマンにやっとベスに手紙を書く時間が出来たが、ムーズ＝アルゴンヌ掃討戦はほぼ二週間経っていた。「大規模掃討戦が起こった」[28]と一九一八年十月六日にかれは書いた。「ぼくも参加した。役割は小さかったが、役は役だ。その経験は忘れられない。神のご意思でもないかぎりもうやりたくないが、とにかく失敗はしていないよ。いま街で新聞が、同盟国側の講和の申し入れを伝えている。まさにそこにぼくはいたんだ！」

十一月十一日、トルーマンはテントの野戦電話で起こされた。午前五時だった。午前一一時限りを以って戦闘を停止する命令が下された。かれは兵士を集め、配置につかせた。その朝百六十四発を発射させ、午前十時四十五分に停止させた。D中隊の最後の砲撃はヴェルダン北西の農村だった。同じ日――ミズーリ州インデペンデンス市街で――その音は、ほとんどの者が忘れられないものとなった。轟き渡る教会の鐘、戸外へ繰り出す熱狂した人々の群れ。トルーマンにとって、アメリカ勝利の象徴は静寂だった。「あとからの静寂で頭が痛くなった」[29]とかれは回想した。その夜、かれは眠りたかった。しかしフランス兵の一隊――ほとんど酔っ払っていた――が、一人ずつ、かれに敬礼したいと押しかけた。かれらは一斉に叫んだ、「[30]ヴィヴ、プレジダン・ウィルソン！　ヴィヴ、ル・キャピテヌ・ダルティルリー・アメリケーヌ！〔ウィルソン大統領万歳！　アメリカ砲兵隊大尉万歳！〕」

帰国便待ちで、何週間もトルーマンはヨーロッパにとどまった。胸は期待で張り裂けそうだった。ベスはかれに手紙を書いた、「[31]お望みならば第三十五師団全員を結婚式に招んだら。あなたのお客様はわたしのお客様にもなると思うわ」。

「[32]あれほど輝いて幸せそうな男性の顔は見たことがなかった」、トルーマンの従妹、エセルが回想した。インデペンデンスのトリニティ・エピスコパル教会の祭壇に立ったトルーマンは、花嫁が回廊をこちらへ向かってくるところを見ていた。ベスの父親は死去していたので弟のフランクが腕を取っていた。トルーマンの結婚式の日にも、運命は働いていた。この同じ日――一九一九年六月二十八日、ウィルソン大統領はフランスでヴェルサイユ条約に署名した。条約は永続平和を謳っていたが、実際には不備があり、失敗が運命づけられていた。

結婚式当日、ベスは象牙色のシフォンのガウン、白い絹の帽子、ルイ十五世風の踵で、爪先のとがった白い皮の靴を身に着けていた。花婿は、クリーム色と黒の格子縞で仕立て上がりのシングルを着ていた。仕立屋は新郎付添役、第一二九野戦砲兵隊の仲間の大尉、テッド・マークスで、カンザス・シティでテーラーを開業したばかりだった。ハリーのスーツは六十五ドルだった。付添役はこれを月賦にしてくれた。ヨーロッパから帰国途中、ニューヨークで結婚指輪にトルーマンは有り金をはたいてしまっていた。披露宴はベスの家で行われた。問題は、母親たちだった。ベスの母親、ウォレス夫人は、グランドビューの「農場の子」を決して好きになれなかった。ママ・トルーマンの方では、最後に彼女を慰めたのは付添役のテッド・マークスだった。「さて、ねえ、トルーマンさん」、マークスは語りかけた。「ハリーはいなくなりましたね」。彼女は藍色の熱い視線をかれに送った（「いまでも彼女の顔は忘れていない」、数十年後にマークスは述懐した）。「ええ、もういないわ」とママ・トルーマンは言った。[33]

ハリーとベスはシカゴへ向かった。ここから新婚旅行が始まった。帰ってきて、トルーマンは北デラウェア二一九番地のウォレス家に引っ越した。そこは居心地が悪かった。ベスの祖母、ゲイツ夫人は一階の部屋で寝ていた。ベスの母は二階の主寝室を占領した。ハリーとベスの新婚生活は、そこから数フィートしか離れていない、ベッドが別々の小部屋から始まった。ハリーは自分の物を運んできた――といっても本の束を少々と、衣類と軍隊の記念品だけであった。ベスの母親はハリーの存在を我慢した。「ウォレス一家は……トルーマン氏をむしろ無視していた」と友人で、のちにハリーの秘書となる一人が語った。「露骨ではないが、無作法に。だけどそうだったんだ」。[34]

トルーマンは金策を始めた。「最終的に農場設備のすべてと、豚、馬、乳牛、馬具その他もろもろを売り払うことにした」と日記に書いた。「今後、ユダヤ人の友人で酒保の曹長のエドワード・ヤコブソンと商売をやる」。[35]

こうしてハリー・トルーマンの商売大失敗の第二幕が始まった。

8

一九一九年十一月二十八日、トルーマン&ヤコブソン商会が開業式を行った。それはカンザス・シティ下町の心臓部、十二番街ボルチモアに構えた服飾洋品店だった。店内に入ると客は、ネクタイから絹製の下着まで様々な贅沢品の陳列を目にした。またカウンターのうしろにいる三十五歳のハリー・トルーマンも目に入った。トルーマン&ヤコブソン商会は二十フィート〔約六・一メートル〕の間口で広い窓があり、(1)シャツ、カラー、靴下、手袋、ベルト、帽子を宣伝する看板を出していた。

エディ・ヤコブソンはドニファン基地の酒保の運営でトルーマンのパートナーをつとめ、D中隊でも一緒だった。二人はヨーロッパからの帰りの船で、ポーカーに興じ、船酔いに苦しみながら洋品店の計画を練った、との伝説があった。ハリーは、農場を売った金の自分の取り分すべてと、ほかに数千ドルの借金の全額を投じた。二人は店を改装し、五年間月額三百五十ドルの店舗リース契約をした。(2)これらは、のちに裁判沙汰となったときの訴訟記録にある。そこは常に人通りの絶えない場所だった。「その頃は十二番街の全盛期だった」(3)とヤコブソンは回想した。

「アメリカでも最先端だった。店の周りを賭博場が取り囲んでいた。ホテルは四つ、気晴らしにやってくる大衆でいっぱいのナイトクラブも沢山あった」。

一九二〇年一月（禁酒法《プロヒビション》がこの月施行された）、急激な不況が経済界を襲った。続く十八カ月、景気後退が居座り、一九二二年の春には洋品店は閉店した。ヤコブソンは法的破産を宣告せざるを得なくなったが、トルーマンはそれを避けた。リース契約はまだまだ数カ月残っており、銀行融資を返せなくなっていた。ハリーのあらゆる金銭的挫折の中で、このときがもっとも厳しかった。「[4]まだ金を返している」と十二年後の日記にも記しているほどだった。

ベスとその母、ウォレス夫人と囲む夜ごとの食卓もその分ぎごちないものになって行った。ハリーは傷ついた。洋品店の無期限閉店を決める少し前のある日、かれは大金を投じた店内のタイルの上を行ったりきたりしていた。記憶では、かれがとくべつに憂鬱になっていたとき、古い友人が店のドアから突入してきた――マイク・ペンダーガスト、ジャクソン郡でかなり政治力のある一人だった。ハリーはマイクの息子のジムと軍隊で一緒に過ごし、マイクもハリーを気に入っていた。

「[5]どうだい、郡の判事になりたくないか?」マイク・ペンダーガストが訊いてきた。

最初ハリーは笑い飛ばすつもりだった。「分かりません」とかれは答えた。

「やる気があれば」とペンダーガストは言った、「なれるよ」。

ジャクソン郡で判事は法務の審判員ではなく、むしろ郡の監督官だった。物事を管理し、二年ごとに再選に臨む。洋品店の無期限閉店を待たずに、ハリーはマイク・ペンダーガストの提案を真剣に考えるようになった。妻はそれをとんでもない考え方と思い、友人たちは雲を摑むような風変わりな考えと受け取った。トルーマンは政治史の熱心な読者として知られていたが、自分が実際に政治家になるなどとは夢想すらしていなかった。「[6]おかしな話だ」、エディ・ヤコブソンはトルーマン&ヤコブソンの数カ月を想い出した。「ハリーは政治の話など一回もしなかった」。

一九二二年春、地元のインデペンデンス・エグザミナーに、ハリー・S・トルーマンの郡東部判事への立候補を伝える小さな公告が掲載された。トルーマンは、インデペンデンスの真南にある農業の町、リーズ・サミットの米国在郷軍人会支部で生まれて初めて政治演説を行った。かれは、無料の葉巻目当てに集まった地元の三百六十名ほどの聴衆の中にD中隊の戦友たちを呼び入れ、ベスを前列に座らせた。「[7]わたしはあの最初の演説を一生忘れないだろう」と戦友エドガー・ヒンドは回想した。「やれやれ、これまで聞いた中でもっともお粗末なスピーチだった。辛抱したよ」。「[8]何度も口ごもったり、言い淀んだりしていた」と別のインデペンデンスの住人、ヘンリー・チャイルズが言った。「しかしやり通したよ」。

ジャクソン郡判事は、約七百名の公務員の給与を管理していた。伝統的に、不法なリベートで、郡収入の一部は判事のポケットに入っていた。道路、石油、セメントの業者は、しばしば、最高の仕事の請け負いや最低の価格の提示ではなく、判事に袖の下を渡す約束で仕事を獲得していた。それはちょろい詐欺だった。ジャクソン郡の有力紙の編集者が、その辺のところを記して曰く、「[9]郡の財布の紐がご褒美です」。

郡は選出判事を三名雇用していた。カンザス・シティを扱う西部判事、街の東部、農村地帯を扱う東部判事、そして統轄する郡の主任判事であった。ハリーが立候補したのは東部判事だった。一九二二年五月、かれは自分のダッジで郡のすべてを回って戸別訪問した。かれの公約にはセールス・ポイントが二つあった。(1)正直。トルーマンは、過去の習慣となった、郡の財布をくすねることはしない、と約束した。家族は長年地域の農村で暮らしてきた。トルーマンが信頼できて、約束を守ることはみなが知っていた。（2）道路。ヘンリー・フォードのT型自動車はジャクソン郡を席捲していた。トルーマンは、舗装道路の新しい幹線システムが郡の将来を牽引すると確信していた。

トルーマンには陸軍と州兵勤務の軍歴を除けば何の資格もなかった。しかしかれには、東部判事への道を最初に教えてくれたマイク・ペンダーガストの支持があった。マイク兄弟の「親分」のトム・ペンダーガストは一九〇八年にカンザス・シティの大通りに酒場を開き、その上階から街の民主党政治組織を運営した。一方マイク・ペンダーガストは農村地帯、ジャクソン郡の党派組織《マシーン》を運営していた。とくにトム・ペンダーガストは州一番の有力者にのし上がり、もっとも単純な意味での党派政治を具現していた。

「やろうと思えば簡単なんだよ」、トム親分は言った。[10]「何かを望む連中が大勢いる、それでそれを叶えてあげようと面倒を見る。カンザス・シティの南大通り事務所には、朝七時に顔を出す。それで街にいるときは夜の六時までそこにいるんだ。その間には二百人、いや三百人に会うかな。あるものは石炭を半トン欲しいという。ある女は息子を就職させたいという。それを叶えてやる。面倒見なきゃいけないことは何でもある」。

かれは、党派政治の鍵を握る情報を一つ手つかずにしておく。好意の見返りに、人々はペンダーガストに借りをつくる。それが、かれの投票方法を教えることにつながった。こうしてかれはジャクソン郡すべての選挙を仕切った。郡の財布の紐を実際に握っていたのは――競馬賭博師、酒場《サルーン》のオーナー、カンザス・シティの「大親分《ビッグフェロウ》」と「民主党の皇帝《ツァーリ》」――トム親分だった。

ペンダーガスト兄弟は、ライバルであるジョー・シャノンという民主党の政治家の挑戦を受けていた。民主党のペンダーガストの組織は山羊と呼ばれ、シャノンは兎を統轄していた。一九二二年のジャクソン郡東部判事の選挙戦はこの二派の争いとなり、選挙未経験のハリー・トルーマンにとって、自分は組織同士の熾烈な戦いの歯車に過ぎないと自覚するものとなった。一九二二年八月一日、ペンダーガスト対シャノンの対決とあって、投票者は前例のないほど多数となった。トルーマンは三百票弱の差で勝った（兎派の最高得票数、三九五一票に対して四二三〇票を獲得）。こうして、三十八歳でトルーマンは地方政治家としての新しい道を歩み始めた。

この勝利にペンダーガスト兄弟が一役買ったことはほぼ間違いない。トルーマンの研究者のロバート・フェレルはかつてこのように記した。「マイクとトムのペンダーガストが、同じ投票者に繰り返し投票させていた（二重投票）ことはたしかである。かれらは不在者の票を利用しただけでなく、死人の票すら使った――選挙当日の軽口がある、『さてさてお墓のみなさん、パーティのお手伝いに行こうぜ』」。[11]

とにかく、トルーマンは勝ったし、痛手も受けなかった。裏では何が起こっていようと、かれ自身は新品種――正直な政治家――であることを証明した。父親が存命であれば誇りに思うような選挙活動だった。そのとき、かれは従弟のラルフ・トルーマンに手紙を書いた。「ぼくはジャクソン郡東部の選挙戦で、金銭や口約束なしに、汚らわしく、すさまじい戦いを勝ち抜いた」。[12]

インデペンデンスでは毎朝、インデペンデンス広場の石畳を歩きながら、愛想良く近隣の人々に挨拶するトルーマンの姿が見受けられた。二語――「おはよう、判事」[13]――は、かれの決まりごととなり、個性となった。いまやバッジを、ジャクソン郡のバッジをつけていた。同時にかれはカンザス・シティ法律学校に入学した（学位を取ることはなかったが）。

一九二四年、かれは再選に敗れた（それはかれの唯一の選挙戦敗北となる）。しかし一九二六年には返り咲いた――それは東部判事としてではなく、郡の最高行政職である主任判事の座を獲得した勝利だった。ボスのトム・ペンダーガストはこの頃までには、ミズーリ政治のキング・メーカーになっていた。そのカンザス・シティ組織は腐敗で有名だった。それだけに、ジャクソン郡でトルーマンの顔は重宝がられた。ペンダーガスト親爺は何か毒消しが必要だったんだ」とトルーマンの旧友、ハリー・ヴォーンは語る。「トルーマンは本当にトムの毒消しになったんだ。『うん、ぼくのところにはトルーマンくんがいるよ。トルーマンには文句あるまい。みんなかれなら大丈夫、と言っているんだ』と言えるからね」。(14)

一九二四年二月十七日、ハリーとベスに、女児メリー・マーガレットが授かった。トルーマン夫妻は晩婚だった。ベスは二回流産したので、マーガレットの誕生は、二人の人生にとって極めて重要な事だった。誕生日は、ベスの三十九回目の誕生日の四日後にあたった。一家の家計の困窮はまだ続いていた。ハリーは、トルーマン&ヤコブソン洋品店の家賃の残り二千九百五十ドルの未払いをめぐって家主から訴訟を起こされていた。銀行の債務もまだ残っていた。かれの六千ドルの給与は一家にとって大助かりだったが、債務の完済には足りなかった。

判事の職は、政治の実地訓練の場となった。一九二〇年代、経済は狂騒《ロアリング》の時代を迎えており――トルーマンの背中にも強風が吹いていた。ジャクソン郡の大部分はまだ農村だった。六百十平方マイル［約千五百六十平方キロ］に約四十七万の住民がいた（うち四十万がカンザス・シティに住んでいた）。郡判事のもとには保安官、警察、保健士、技術者、刑務官、会計官、検視官が雇用されていた。トルーマンは郡の財務を取り仕切るにあたって、「まるで中小企業の社長になったようだ」と語った。また、「お母さんに教わったとおりにやるんだ」とも言った。[15][16]

最初の選挙戦の公約であった道路整備は任期中の仕事の中心になった。郡の道路は、みなが言うように「パイ皮」のようなもので、油に汚れた公道は、春の雨では泥水がたまり、冬にはそれが凍結した。トルーマンは、どの農家も舗装道路の二・五マイル〔約四キロ〕以内におさまるようにし、ジャクソン郡の当時の自動車台数十万台が将来急増しても道路が十分捌けることを望んだ。つまり二百五十マイル〔約四百キロ〕の新設舗装道路ということで——納税者には多額の負担となる。「だれもがトルーマン氏は精神異常と考えた」と地元住民のマイズ・ピータースは振り返った。「かれは舗装道路推進の信者だったから」。[17]

トルーマンは郡の役人と住民に、六百五十万ドルの地方債の発行を認めさせ（激しく競り合う住民投票でトルーマンは勝った）、建設作業が開始された。しかしこの計画はかれにとって苦い経験となった。政治の世界では、善が必ずしも悪に勝つわけではない。ときに政治家は二つの悪から、より悪くない方を選ばなければならない場面に遭遇する。トルーマンは部下の二人の判事のうち一人が、道路建設業者からリベートを受け取っている事実を摑んだ。かれにはもっと悪いことが起こらぬよう防ぐとともに、自らの立身を助けてくれたペンダーガスト親分との関係を良好に保つ必要があった。

ハリーはこの不正をした判事について、苦々しげに日記に記した。「このぼくの友人で、支援者らしい、大甘の同僚は、ボスの友だちの請負業者と取引をした……。住民投票までした道路を完成させるには妥協が必要……。郡の一般会計の中から、親分の友人が一万ドルばかり猫ばばするのを、良き同僚のためには放置しなければならない、[18]

そして地方債から、悪徳業者が百万ドルばかり持って行くことも。これが正しいのか？　重罪を犯しているのか？　よく分からない……」。

　住民の知るかぎり、トルーマンは公約どおりのことをしていた――六百五十万ドルは全額約束通りに使った。「工事全体を通じて、[19]不正行為をする必要はまったくなかった」と道路計画の技術主任の一人、トム・ヴィーチは回想した。「これまでの人生でそんなことは奇跡の一つといえる」。

　トルーマンは別の野心的計画を視野に入れた。カンザス・シティ裁判所の新設とインデペンデンス裁判所の改築である。優秀な建築家を見つけるためにかれは旅に出て、各地の裁判所を数日かけて視察した。自費でオクラホマ、アーカンソー、テキサス、ルイジアナの州境も越えた。この旅のほとんどは、フレッド・カンフィルという男が運転した。カンフィルの第一印象がトルーマンとのつき合いを長続きさせた。カンフィルはトム・ペンダーガストの仲間で筋肉隆々の特大頭、トルーマンを英雄視して仕えた。強烈なにんにく臭を発しつつ、その異様な外貌もあって、あるインデペンデンスの住人は、「いままでの知り合いの中から、[20]五人か十人、もっとも記憶に残る人間を選べと言われれば、カンフィルはその一人だろう」と述べた。トルーマンとカンフィルは、ルイジアナ州のシュレブポートで自分たちのモデルとなる裁判所を見つけ、すぐにカンザス・シティで建築を始めた。トルーマンは建物正面に据える銅像の彫刻家を雇った――自分のヒーローでジャクソン郡名由来のアンドリュー・ジャクソンの乗馬姿の像であった。

　トルーマンの主任判事在任は驚くほどうまく行った。[21]「トルーマン氏には、街角に佇む人々を、自然に、人間的に理解する本能が備わっている」とのちにワシントンでトルーマンに仕えることとなるオスカー・チャップマンが語った。「かれは人々の抱える問題を解釈する天与の才能がある……そして人々とうまくやって行く方法が分かっているようだ」。カンザス・シティ・スターはかれを、「格別に有能」[22]と評し、「汚職の疑惑はまったくなしに」計画を進めている、と書いた。

一九二九年は、ジャクソン郡のいたるところで、繁栄の徴候が見られていた。

一九二九年八月、ニューヨーク株式市場は史上最高値を更新していた。八月一日、市場は初めて三五〇を突破した。十六日には三六〇、一週間後に三七〇を超え、三十一日にはもう一山を越えて三八〇・三三を記録した。一般市民の少額の貯蓄が過熱した市場に火を点けた。新しい中産階級の荒っぽい稼ぎ方だった。大衆にとって資金を投資し、それが育つのを見守る――まるでドルが土壌に植えられた種子であるかのような、まったく新しい考え方だった。株買いの狂騒の多くは信用取引だった。小都市の投資家たちは価格の四分の一を負担し、残額はブローカー（十年前の二万九千六百九社から、一九二九年には七万九百五十社となった）[23]が銀行借り入れで調達した。市場の伸展に伴い、楽な金儲けへの渇望が伝染病のように拡がった。ウォール街の投資行動について、ある金融コラムニストが書いた。「だれでも金持ちになれる、というより金持ちになるべきと確信している」[24]。うなぎ上りの利益拡大には限りがないように思われた――相場の急落が地球上をパニックが襲う一九二九年十月が来るまで。

十月二十四日、取引一日で五十億ドルが株式市場から消えた。ハーバート・フーヴァー大統領は、翌朝声明を出してこれを鎮静させようとした。「わが国の経済の基本は、商品製造と流通であり、健全かつ繁栄の基盤の上にある」[25]。この的外れの声明の翌週、本物のパニックが訪れた。クリスチャン・サイエンス・モニターは、「スポンジで拭ったように、数十億ドルの上場価値が消え」るという「ニューヨーク証券取引所が初めて経験した、[26]制御不能な売りの嵐」と形容した。

　ジャクソン郡でトルーマンは、一九三〇年の再選を目前にしていた。トム・ペンダーガストの支持もあって、道路計画はなんとかこなしていた。しかしいまや、主任判事の職は悪夢と化していた。一九三一年、失業の急増に伴い、ジャクソン郡の歳入は数万ドル減収となった。同じ年、インデペンデンス・ジャクソン・カウンティ銀行が、カンザス・シティの他の二行とともに倒産した。トルーマンの故郷の繁栄の表象が消滅した。郡の財布の紐を握るものとして、かれは自分の知り合いで、その妻子も懇意な連中の免職、給与カットを命じざるを得なくなった。ジャクソン郡は職員を多数解雇し、残留者の給与を削減し、精神疾患施設から患者二百人を自宅へ戻した。

　それらすべては「[27]頭と神経に堪《こた》えた」とトルーマンは記し、不眠症と頭痛に悩まされ始めた。一九三一年二月、一息入れるためにあえてそうしたアーカンソー州のリトルロックへの短期出張中に、かれはベスに手紙を書いた。「（前任の主任判事）マイルス・バルガー以来、[28]郡の財政がこんなになったことはない。ぼくの幼少からの知り合いのだれもが、ぼくに、憐れと思って郡のお金を、何ら見返りなしで少し融通してくれ、という。その先頭にいるのが実家（ハリーの母親と妹が住むグランドビューのトルーマン農場）で、資金の借り換えは難しくなるばかりだ……。もうお手上げだ、夜逃げか大酒食って酔っ払いたい気分だよ」。

　ジャクソン郡が大恐慌に深く落ち込んでいた頃、カンザス・シティでは二つの衝撃的な事件が世の耳目を集めた。一九三三年六月十七日、フランク・ナッシュという有罪判決の殺人犯をユニオン・ステーション経由で移送中に、チャールズ・「いい男《プリティボーイ》」・フロイドのギャング一味が機関銃で警護担当官に発砲した。「カンザス・シティの虐殺」

といわれる凶行で、郡職員六名が銃殺され、ナッシュとギャングは逃亡した（一味全員は後日、捕まるか殺されたようだ。プリティボーイ・フロイドは、一九三四年十月二十二日、オハイオ州でＦＢＩの一斉射撃で射殺された）。

二つ目の事件はトルーマンの家の近くで起こった。一九三四年三月二十七日、市の選挙が行われ、トム・ペンダーガストは、カンザス・シティのトムの組織壊滅を挑む改革派に対抗して候補者を立てた。ペンダーガストは大差で勝利したが、選挙は暴力沙汰の巷と化した。選挙運動員二人が射殺され、多勢が負傷した。ペンダーガスト派運動員たちの「二重投票者」（繰り返して投票する）疑惑を調査中の記者たちは、どの選挙区でもならず者たちに襲撃された。ワシントン・ポストは、「銃撃事件、誘拐、発砲、殴り合いが発生……トム・ペンダーガストの民主党組織が今宵、強引に制圧さる」と伝えた。[29]

ジャクソン郡の政治には常に不正があり、今回はさらに酷くなった。こんな不安な日々の中で、トルーマンは新たな儀式を開始した。かれはカンザス・シティ、マクギー通りにあるピクウィック・ホテルの一室に泊まった。そこで考えをまとめるため――バーボン・ウィスキーを一本持ち込み――一夜を過ごすことにした。「支配人は宿帳をつけずに泊めてくれた」[30]、トルーマンはベスに手紙を書いた。だれも自分に「面会も電話も」出来ないようにした。かれはもう四十九歳になっていて、郡判事を十年もつとめていた。真夜中、かれは座ってホテルの便箋に万年筆でその後の人生の指針となる自分の政治信条を書きなぐった。

倫理については、「母の膝にいた幼少のころから、自分は、名誉、道徳、そしてその反映である正しい生き方を信じてきた。この点に同意するものは非常に少ないことが分かった」[31]。

金銭と清廉の価値については、「わたしは債券発行による七百万ドルと歳入の七百万ドルで歳出をまかなった。[32]

わたしには百五十万ドルあるはずなのに、百五十ドルもない」。

政治的妥協の多義性については、「政治力を維持するために大勢のろくでなしに給料を払い、ほかのろくでなしにはその成果物以上を支払うことが[33]果たして良いのか迷うが、三百五十万ドル節約出来るなら、それは良いことと信じる」。

かれは戦争体験についてもページを割き――戦争は、政治と違って成否が判然としている、と考えた。恋についてて記し――それは目の前に理由があることで、戦争と同じに常に良いことであった。書かれたことのほとんどは政治の体質に対する困惑である。「[34]不正がまったく割に合わないと、郡を指導できるだろうか」、とかれは書いた。「出来るかどうかが頭痛のタネだ。仕事は止めていたし、すべてを終えたら、貧乏人よりもっとひどい状態になりかねない」。

ピクウィック・ホテルで書き物をしている間にも、世界を揺るがす色々の事件が起こっていて、この無名の郡判事に、これからの年月の頂点に集中するいろんなあらすじが用意され出した。一九三三年三月四日、フランクリン・ルーズベルトが第三十二代合衆国大統領に就任した。有名な「[35]恐れるべきは恐怖そのものである」の言葉はその日に発せられた。アドルフ・ヒトラーも権力を掌握し、二万五千のナチ信奉者が行進し敬礼する中、ベルリンのドイツ公邸の窓からヒトラーが手を振る姿が写真に残された。「地上のいかなる権力も、[36]生きたままわたしをここから追放することはできない」とヒトラーは言ったそうだ。地球の反対側では、一九三一年九月十八日の夜、日本軍が国境を越えて満洲に進撃したが、これは東洋での武力紛争の始まりで、一九四五年八月まで終わらなかった。ローマ大学物理学研究所の二階の小さな研究室でエンリコ・フェルミという三十二歳の才気煥発な科学者が驚くべき発見をした。中性子が原子に衝撃を与えると元素を変換出来る――これは結果的に核分裂の発見と、最終的には原爆につながる重大な知見だった。

カンザス・シティではもっと切迫した状況がトルーマンを襲っていた。大通り一九〇八番地のペンダーガストの酒場の二階、トム・ペンダーガスト親分の事務所では、一九三四年夏の来るべき合衆国上院議員選挙に話題が移った。ペンダーガストは可能性のある三人に立候補を打診していたが、いずれも事情があって駄目だった。

親分はその影響力の頂点に近づいていた。大恐慌はかれの力を強めた。有権者がかれの助けを求めていたからである。トムは格別に裕福となり、自分とプラチナブロンドの妻のために十七万五千ドルの大邸宅を建てた。一九三四年にワシントン・ポストが形容したように、かれは「ミズーリのムソリーニ」、「最後の政治ボス」だった。[37]「カンザス・シティの街のどこにでも、組織のために面倒を厭わない住民がいる」。かれは感謝祭の七面鳥を刑務所の服役者に贈り、野球見物のチケットの束をばら撒いた。そして売春、賭博などの――買収した警察の保護のもと、カンザス・シティで繁昌した非合法営業で巨万の富を築いた。ペンダーガストは名演奏家のごとく、あらゆる弦を鳴り響かせた。[38]「かれは明晰な思索家で、政治状況を分析し、わたしの知るだれよりもうまくそれら状況を利用していた」とペンダーガストについてトルーマンは語っていた。

一九三四年の春、ジャクソン郡民主党委員会の委員長、ジェームズ・P・アイルワードとの話し合いで、上院議員の候補者名にざっと目を通したペンダーガストは、どうも適当な人間がいないと思った。期限が迫り、状況は悪化していた。大物としてペンダーガストは、いま危うい立場にいることに気づいた。ミズーリ選出の先任の上院議員、ベネット・「チャンプ」・クラークはセント・ルイスに地盤があり、二番手の議員として、もう一人のセント・

ルイスの候補者を支持していた。セント・ルイスが二つの上院議員席を占めてしまえば、カンザス・シティの組織は壊滅する。「上院議員候補が見つからなければ」とアイルワードがペンダーガストに警告した。「きみは州政界から追放されるよ。きみは終わりだ」。[39]

アイルワードは一つの提案をした、「さて、上院議員にハリー・S・トルーマンなんてどうかな？　あいつは元兵士だよ……。フリーメーソンの会員だし、バプテスト派の信者だ。このあたりでは活動的だよな」。

「知名度が全然ないよ」とペンダーガストが答えた。「奴さんは普通の郡判事だ。ジャクソン郡以外ではだれも知らない」。少し考えてから、ペンダーガストは疑うように質問した。「実際にトルーマンが指名を受けて、合衆国上院議員に選出されるなんて、きみは本気で信じていると言うのかい？」

9

一九三四年五月初旬、トルーマンが仕事でミズーリ州のワルソウに出張していたとき、ホテルに電話がかかってきた。ジャクソン郡民主党委員会の委員長、ジェームズ・アイルワードからの電話だった。アイルワードの記憶によれば、次のような会話があった。

「判事さん(1)」、アイルワードが言った。「ジム・ペンダーガストとわたしは、いまジェファーソン・シティにいるのだが、とても重要で緊急なことであんたにすぐにでも会いたいんだ」。

トルーマンはそこにトラブルの匂いを嗅いだ。「何でわたしに会いたいのですか?」

「電話じゃ話せないんだ」。

トルーマン、アイルワード、そしてジム・ペンダーガスト——トム・ペンダーガストの甥でハリーの戦友——の三人は、その夜、田園の小都市、セダリアのテリー・ホテルのロビーで会った。ペンダーガストが電話をかけてきた。親分はトルーマンに上院議員に立候補して欲しいと言った。

「上院議員選挙には勝てませんよ」、トルーマンは反論した。「だれもわたしのことは知らないし、お金もありません。選挙運動の準備なんか出来ません」。

アイルワードは言った。「金は何とかする……。われわれは政治家のためなら何でも出来るんだ——ミズーリ中、民主党のことならどんなことでも——あんたを応援するためなら。しかしいますぐやらないといけないことがある。選挙運動を始めないと」。

上院議員の選挙運動が、自分の生活を壊すことはわかっていた。そして、ペンダーガストがうしろについていれば、自分がどんなに無名でも、ワシントンでの備えがなくとも、選挙戦に勝ち味があることも知っていた。実際、一九三四年の上院議員選挙の経緯《いきさつ》は、トム・ペンダーガストの伝記を書いたライル・W・ドーセットの言葉を借りれば、「[2]ミズーリ州政界の年代記の中で、もっとも興味あるものの一つ」となった。

一九三四年五月十四日の夜、トルーマンはピクウィック・ホテルの馴染みの部屋を予約した。机に向かって、午前四時、かれはホテルの便箋に書き記した。「[3]明日、ぼくは人生でもっとも記念すべき宣言を行う。ぼくの年頃ではみなが頑張って行きたがるところまで来てしまった。二週間前は、ちっぽけな郡の役人の年金を貰って余生を過ごすのがすべて、と考えていたが……。いまは合衆国上院議員の立候補者なのだ。全能の神がそこへ行けとお決めになれば、その仕事の知恵を授かるよう、ソロモン王と同じようなお祈りをしようではないか」。

数時間のち、睡眠不足のハリー・トルーマンは、ミズーリ州コロンビアのブーン郡裁判所の前に四千の群衆とともにいた。ピクウィック・ホテルからは百二十五マイル〔約二百キロ〕のドライブだった。組織はその実力を見せつけていた。州の労働者——ペンダーガストの支持者たち——で満員のバス群がコロンビアを目指して来ていた。アメリカ在郷軍人の一団が、ハリー・トルーマンの宣伝カーに調子を合わせて、受け狙いで警笛を鳴らしていた。登壇者が次々に現れ雰囲気を盛り上げ、トルーマンが壇上に現れ、短い演説をした。カリスマ性のある短さだった。かれは自分の活動目標を二つの言葉に要約した。「ルーズベルトを支える（Back Roosevelt）」。「上院であれ、下院であれ、民主党の候補者すべてに必要なものは二つの言葉であります」[4]とトルーマンは述べた。フランクリン・ルーズベルトは大統領としてまだ二年足らずであり、そのニューディール政策は、民主党支持の有権者に対して、不況の嵐の標識となっていた。自分が上院議員になったら、ルーズベルトの提案に賛成すると約束した。

翌朝トルーマンは、闘志をみなぎらせていた。予備選挙のライバル、ジェイコブ・「タック」・ミリガンも、同じ日に立候補を宣言した。ミリガンは、ミズーリ州選出の合衆国下院議員として十年以上もワシントン生活を経験していた。かれは州の長老上院議員、チャンプ・クラークの庇護を受けていた。クラークはタック・ミリガンを支援するセント・ルイスの新聞をいくつか押さえていた。こうして上院議員席はカンザス・シティ対、より大都会のセント・ルイスの取り組みとなった。つまりハリー・トルーマンは、極めて有能な候補者を相手にすることとなる。問題を複雑にしたのは、そこに第三の候補者ジョン・J・コクランが参戦したことである――コクランはセント・ルイスの弁護士で、下院議員としてワシントンに九年の経験があった。この民主党候補のだれが予備選で勝っても、一般投票でも勝つことがほぼ確実となった。

トルーマンはミズーリ州遊説の旅に出た。一日に六回から十六回の演説をこなした。腹心のフレッド・カンフィルがほとんど運転した。一九三四年の夏は歴史的な熱波がミズーリを襲った。水銀柱は二十一日連続して華氏百度

［摂氏三十七・八度］を超え、旱魃で中西部は干上がった。トルーマンとカンフィルは黄塵地帯を町から町へ移動し、大恐慌で大打撃を蒙り希望を求める有権者たちに会った。一九三四年七月、ハリーの選挙運動がピークを迎えたころ、ミズーリ州の六つの銀行がさらに破綻した。

敵方はトルーマンをこきおろした。相手にとっては容易かった。[5]「こんなペンダーガストの使い走りが、無名の郡判事から上院に飛び出るなんて、まったく前例のない話だ」とコクラン陣営の運動員が言った。「過去のミズーリ代表の大物たちのことを考えれば、いまの光景はグロテスクというよりか、道化芝居に見える」。ニューヨーク・タイムズすら、[6]「トルーマンは無名で、唯一の強味はカンザス・シティのペンダーガストから貰った力だけだ」と読者に知らせた。

資金は厳しかった。[7]「勝負を続けるためには、問題がたくさんあった」とジェームズ・アイルワードは述懐した。しかし、組織は有権者をまとめつつあった。

その夏、また別の殺人事件がミズーリを騒がせ、カンザス・シティの政治の荒廃が全国の注目を集めた。イタリア移民一家の息子、「ブラザー・ジョン」・ラッツィアが、地元の民主党組織の権力者として頭角を表していた——[8]「色黒で、トム・ペンダーガストの右腕」とワシントン・ポストは描いた。またラッツィアには、カンザス・シティのホテルから上納される賭博の利益を管理する暴力団員という裏の顔があった。一九三四年七月十日の午前四時、市内へ車で出ようとしたラッツィアは二人の狙撃犯に至近距離から撃たれた。抗争中の暴力団員の一人が犯人として特定された——マイケル・「ジミー・ニードルス」・ラカプラで、のちに報復により殺害された。ラッツィアは殺される前に、[9]「何かあったら、ペンダーガストに知らせてくれ。俺のいちばんの友だちだ、愛しているよ、と言っておいてくれ」と仲間に伝えていた。

選挙当日、緊張した有権者たちがそれぞれの投票所へ向かった。暴力沙汰はなかったようだ。ペンダーガストの推した男は驚異の勝利を収めた。セント・ルイスの反応は予想通りで、セント・ルイス・ポスト＝デスパッチは、トルーマン（二七万六八五〇票）、コクラン（二三万六一〇五票）、ミリガン（一四万七六一四票）の順だった。トルーマンの本拠地の新聞ですら、真実は隠せなかった。カンザス・シティ・スターは、「ペンダーガスト親分の使い走り」[10]と報じた。トルーマン郡判事の民主党指名候補は、ペンダーガストが望んだから」[11]と書いた。

十一月、トルーマンは一般投票でも勝ち、共和党候補は、大恐慌時代のミズーリでトム・ペンダーガスト相手に勝ち目はなかった。選挙活動を通じてトルーマンの知名度が上がり、かれの道路計画は信用を得て、「ジャクソン郡の道路は何マイルにもわたって舗装されることになった。「かれはジャクソン郡を文字通り泥沼から救い上げた」[12]とハリーの小学校時代の老恩師が語った。そしてトルーマンの道路は、郡をあとに、ワシントンＤＣへと本人を導く道となった。


一家が首都へ引っ越す話を聞いたとき、「上院議員ってなあに？」[13]と幼いマギーは父親に訊いた。ベスと十歳のマーガレットは、友達や家族、それにインデペンデンスの家から離れることになると知って、二人とも混乱していた。マーガレットは、「大泣きに泣いた」[14]ことを憶えていた。

トルーマンはワシントン目指して、家族を乗せ、東へ一直線に千マイル［約千六百キロ］運転した。「そのときわたしは五十一歳になっていたが、大きな大学のキャンパスへ放り込まれた一年生のように臆病だった」と後日記した。ベスは、トルーマンの事務所となるところから五マイル〔約八キロ〕ほどのティルデン街三〇一六番地にある赤煉瓦の建物で、家具付きのアパートを見つけた。四部屋のアパートは、インデペンデンスの家のガレージよりさほど広くはなかった。百五十ドルの家賃には目の玉が飛び出た。かれは地元の銀行から借金して小さな家をととのえた。新しい仕事は給与を一万ドルに上げたが、それでもまだ自称「ワシントンで疑[15]いもなく最貧の上院議員」に変わりがなかった。マギーへの慰めとして、かれは地元の店からピアノを賃借した。

一九三五年一月三日、トルーマンは宣誓式に備えて、初めて上院の議場に入った。儀式の前、かれは階下にある、テネシー出身の副大統領、ジョン・ナンス・（カクタス・ジャック）・ガーナーのいる副大統領室に呼ばれた。新人議員がほかにもいたが、トルーマンには初顔ばかりだった。「[16]みなさん」とガーナー副大統領が声をかけた。「宣誓式の前に、自由のために一つみんなでやりましょう」。ガーナーは、そこにいた一人がいうところの「コーン・ウィスキーのような」ボトルを引っ張りだし、一杯やって見せた。数分後、すっかり元気になったハリーは上院議場に戻った。聴衆席には妻と娘、それにジム・ペンダーガストが座っていた。カクタス・ジャック・ガーナーが象牙の小槌を鳴らし、「大劇場の開幕のように[17]満場が静まりかえった」とある記者がこの情景を描写した。ほかの新人議員に続いてトルーマンは宣誓した。

就任第一期の中間にあって、第七十四議会はルーズベルトにとって上げ潮の機会だった。一九三四年の中間選挙は歴史的地滑り現象の一つだった。国民は圧倒的に民主党に投票し、それはＦＤＲのニューディール政策を大衆が支持する、明白な委任を意味していた。トルーマンは上院議員会館の二四八号室を割り当てられた。ミズーリ州ミスター・トルーマンの文字がドアに描かれていた。議場では後列の九十四番席で、インディアナのシャーマン・ミントンを右に、ウェスト・ヴァージニアのラッシュ・ホルトを左にして座ることとなった。上院は、「世界でもっとも排他的なクラブ」として有名だった。女性議員が一人だけいた、「アーカンソーの民主党議員、ハッティ・キャラウェイである。トルーマンは、いかがわしい環境から現れただけに、ただちにワシントンでは好奇の目で見られた。かれは「[18]ペンダーガストの上院議員」と呼ばれ、同僚の多くがかれには話しかけなかった。
「[19]上院の新人席に並んでいるハリー・トルーマンを見てごらん……とてもじゃないが、将来リーダーとなる器《うつわ》には見えなかったね」とトルーマン伝記の作者は初期の頃のことを書いた。「かれの出現は、よくある目立たない政界の出来事の一つと思われ――本人は、政治組織が仕事上引っ張り出した善人なんだ」。ワシントン・ポストの寸評によれば（新人上院議員に関する平凡な記事）、トルーマンは、「雄弁家でもなく、学者でもない、[20]輝きのない人間」となっていた。

　多くのものに無視されている中で、かれはイリノイ州の民主党員、J・ハミルトン・ルイスから一つ、有益な忠告を貰った。
「[21]最初から劣等感を持たないこと」、ルイスは言った。「最初の六カ月は、どうして自分がここにいるんだろうと考える。そのあとで、自分以外がどうしてここにいるのかを考えるんだ」。

　一九三五年二月十四日、ハリー・トルーマンは生まれて初めてホワイトハウスの玄関をくぐった。かれは正面入口から入って廊下をくだり、退屈そうな新聞記者たちがタバコを吸っているところを通り抜けた。フランクリン・ルーズベルトのスケジュール管理の秘書は、大統領の予定表に「[22]トマス・トルーマン上院議員」と書いていて、トマスを二重線で消していた。ハリーの大統領との約束時間は午前十一時十五分だった。

「大統領執務室《オーヴァルルーム》に入り、豪華な机の向こうのフランクリン・ルーズベルトを見たとき、それ[23]がどういうことかを認識しないものはいない」とワシントン通のドナルド・ネルソンが書いたことがあった。「それと全く同じような経験はほかにない」。オーヴァル・オフィスの室内の壁には、帆船の絵の額がところ狭しと並んでいた。ルーズベルトの帆船に対する思い入れと、海軍次官の日々を表象していた。机の上は、外国の指導者たちや野球の名選手たちなどから寄贈された珍奇な品物で溢れていた。大統領は客を迎えながらいつも微笑していたが、黒いシガレットホルダーに挟まれたタバコがあるものの指針となっていた。それが上を向いているときは機嫌の良いときで、下向きだと――機嫌が悪かった。トルーマンはＦＤＲの機嫌については何も覚えていなかった。極度の緊張を記憶していただけであった。

「わ[24]たしは実際口も利けなかった」とのちに語った。かれをそれほど小心にさせたものは大統領ではなく、その地位だった。「わたしは世界でもっとも偉大なる部屋にいたのだ」。

会見は短く、さして重要なものではなく、新米上院議員の一つの儀式に過ぎなかった。

トルーマンはいまや政治修行の真最中の辛苦を味わっていた。かれは毎朝五時に起き、七時には事務所にいた。「だ[25]れよりも早くそこにいた」と秘書の一人、エドガー・ファリスは振り返った。「かれが午前二時に寝ていても構わない。とにかく五時に起きてそのまま事務所に来ていた。本当によく働いた」。トルーマンは議会の仕組みを勉強した。それは基本的に、法律製造機だった。議員たちは新法を創出するか、既存の法律を修正していた。かれらの考え方は紙に書かれ、熟慮され、議論され、書き換えられて大統領に提出され、ときには拒否されたり、ときにはそうでなく、しかしおおむね、法案に名前のついた議員の野心とともに、歴史の屑篭に投げ込まれる運命をたどった。商業から外交に至る重要問題には各種委員会が取り組んだ。九十六名が集う上院は、頭脳集団が議論し、考え方、胆力、ときには不可解なイデオロギーを、朦々たるタバコの煙の中でたがいにぶつけ合うボクシング・リンクだった。

トルーマンは全員の経歴を読んでいたが、いまやかれらは生身の人間としてそこにいた。ミシガンの頑固で短気な堅物、アーサー・ヴァンデンバーグ。白髪で威風堂々とした魅惑的政治家、アイオワのガイ・ジレット。まもなく銃弾に斃れることとなる、大言壮語と急進的政策で著名なルイジアナのヒューイ・ロング。議員の中でトルーマンは、穏健派の一員で、政府機構の学習に充足感を覚えつつ、法案の成立段階では賛成票を投じていた。

かれはほとんどすべての問題で、大統領を支持するニューディール派民主党員と自らを位置づけていた。そして農民、労働者、それにかれの言う「より幸せで、豊かな生活を求める普通の人間」[26]――すなわちかれ自身、またほとんどのミズーリ人――のような人々を支援した。広く尊敬を集めていたモンタナ州選出のバートン・ウィーラー上院議員がかれを翼下に招き、州際商業委員会の委員に任命した。そこでトルーマンはその任期中でもっとも重要な仕事をなしとげることとなった。大恐慌で壊滅した鉄道会社（約百万の鉄道員が失業し、およそ一万マイル［約一万六千キロ］の鉄路が廃線となった）救済の新法を創ることである。

トム・ペンダーガストの意向に沿った投票行動を、新聞と仲間の上院議員が、非難することには驚かなかった。カンザス・シティの親分は、ハリーにあれこれ投票を指図していた。どうでもいいような問題ではトルーマンはそれに従った。しかし議院でのかれの賛否の記録では大部分が――一九三七年、ニューディール政策を押し通すため、最高裁判所を「抱き込む」ための最高裁判事増員問題で侃々諤々の論議が展開されたときですら、ＦＤＲに賛成していた。この問題は歴史家によって、FDRの行動の中で、もっとも困惑させられる誤りの一つとされている。

一方で、トルーマンは「ワシントン・メリー・ゴーラウンド〔ワシントンの天手古舞＝首都における政治裏面の雑然たる動き〕」にどっぷりと漬かりだした。かれは、上院の仕事は多く議場で遂行されるものの、それ以上に事務所相互のカクテル・パーティやワシントンの酒場で行われることを学んだ。「この町で酒抜きの昼食に出るのは……[27]かなり難しいよ」とハリーはベスに語った。マーガレットは地元の女学校に入学したが、午後、一人で路面電車に乗って父親の議員事務所を訪問できる年齢になっていた。「マーガレットは[28]ペーパークリップをネックレスにしてわたしの首にかけた」とトルーマンの秘書だったリーザル・オーダムは想い起こした。「事務所の腰掛にはキャスターがついていたので、彼女はわたしを乗せてぐるぐる部屋の中を回った」。夏休みに一家はインデペンデンスで過ごした。

だんだんとトルーマンは、「クラブ」の序列の底から上がってきた。かれは仕事熱心と清潔な考え方で評判になってきた。ベスには、[29]「自分の中から活力が沸き出て、物事に向かわせる」と話した。しかしまだ大統領の秘書たちに、大統領の折返し電話をさせるところまでは行かなかった。

トルーマンはその第一期に最重要の一九三九年トルーマン＝ウィーラー法を提出した。しかし、上院でその法案審議が開始されたとき、かれの名声に少なからぬ打撃が加えられた。一九三九年早々、事務所にいたある日、電話がかかってきた。自分の恩師、あるものはかれの「親分」とすら呼ぶ人物が連邦法によって起訴された、と告げられた。ペンダーガストは刑務所行きになった。トルーマンは、――一九四〇年の改選を控え――まずい事態になったと思った。

当時六十七歳のペンダーガストは、保険取引詐欺で、不法な「和解を演出」[30]して得た三十万ドル超の金銭の所得税逃れで有罪とされた。ペンダーガストのほかの子分たちも、カンザス・シティでの選挙違反で服役中だった。ハリー・トルーマンが勝った選挙での違反の有無には、いっさい証拠がなかった。

五月二十九日、ペンダーガストは、甥でハリー・トルーマンの親友、戦友のジム・ペンダーガストの運転でレーヴェンワース連邦刑務所に到着した。二十年間に亘ってカンザス・シティの民主党組織を操ってきた男は、昼食前に、刑務所の鉄扉が閉まる、心を破壊するような金属音を聞いた。一九三九年四月、新聞記者とカメラマンたちがコメントを求めてトルーマンの部屋に押し寄せた。トルーマンは述べた。「必要なときにはペンダーガストはわたしの良い友人だった。わたしは沈み出した船を見捨てるような人間ではない」[31]。ベスに対してハリーはもっと正直だった、「K・C［カンザス・シティ］のお偉方の酷いやり方は、今後の自分に重くのしかかって来るだろう」[32]。

任期の終わり近くに、トルーマンは面倒に巻き込まれた。「あとにも先にも」とのちに娘が記した。「トム・ペンダーガストが刑務所に入ってからの一九三九年の後半ほど、お父さんが落ち込んでいるところは思い出せない」[33]。トルーマン＝ウィーラー法――それまでのかれの人生でもっとも重要な仕事――は上院で塩漬けにされたままだった。「わたしの四年半の労苦は実際問題、無駄だったように感じた」[34]とかれは友人の一人に書き送った。かれには金がほとんど無く、一九四〇年の再選に負ければ先の仕事の見通しはつかなかったし、ペンダーガストの汚点を考えれば、トルーマンにはだれも何も呉れないだろう。あるワシントン通が、首都について語った。「『もと』の肩書ほど、この町で憐れなものはない。兵隊も地位もない将軍とか、選挙に敗れた上院議員とか」[35]。

ある日、ミズーリ州知事のロイド・スタークがワシントンのトルーマンを表敬訪問した。スタークもトルーマンと同じように任期を終えようとしていた。ハリーより二歳若い知事はアナポリス［海軍兵学校］の卒業生で、かれも第一次大戦で砲兵部隊を指揮していた。かれは家族経営の企業――スターク農園――で富を築いていた。ミズーリの食料品店ではスタークのリンゴがたくさん売られていた。知事はペンダーガスト組織叩きに協力し、そのことを手柄にしていた。トルーマンは腹が立った。ミズーリの政治消息通なら知っていることだが、スタークはその履歴の初期に、ペンダーガストの便宜供与を必要に応じて利用していたのだ。

トルーマンの部屋で寛いだスタークは、「みんながぼくに、上院議員に立つべきだと言ってるんだよ」[36]。知事はほくそ笑んだ。「だけどハリー、心配しないでいいよ。きみに対抗するなんて考えたこともないからね」と言った。

スタークは別れを告げたが、トルーマンは考えさせられた。かれは秘書の一人、ヴィクター・メッサルに言った。「あの野郎、対抗して立候補するつもりでいるぞ」。

10

一九四〇年の選挙にアメリカ中が熱狂し始めたころ、国民は戦争恐怖症にも取り付かれていた。国内の話題は、新聞の第一面を大西洋の向こう側からの緊急事態に譲った。一九四〇年五月十日、ナチスは、ベルギー、オランダ、ルクセンブルク、そしてフランス東部に侵攻した。ヒトラーの機甲部隊がその一つずつを敵として掃討して行った。フランスには欧州連合軍の最精鋭部隊があったが、六週間で降伏した。イギリス軍は次は自分たちだと覚悟していた。ゼネラル・モーターズ（世界最大の企業）の社長、ウィリアム・クヌードセンは、会社の業績確認のためにロンドンを訪れたとき、市民の「[1]恐れおののき」を見た。

「[2]飛行機だ！　飛行機だ！　飛行機だ！」とクヌードセンは米国の社員に伝えた。「これがかれらの考えのすべてだった。爆弾を抱えてやってくるんだから」。英国では都市から児童たちが疎開していた。ガスマスクが数千個配布されていた。「事態は深刻だ」とクヌードセンは続けた。「みんなヒステリー状態だった」。

ヒトラーのブリッツクリーク――電撃戦――はこれまで世界に知られていない代物だった。ナチ指揮系統のナンバー・ツー、ヘルマン・ゲーリングは、あるインタビューでブリックリークをこう定義した。「大量破壊効果を齎《もたら》す空爆、奇襲、テロ、破壊活動、内部者暗殺、指導者殺害、敵国防衛の全弱点への猛攻、奇襲、仮借ない、犠牲を厭わぬこれらの同時遂行……」[3]。

合衆国では、「戦争準備」が国民の標語になった。そして介入主義と孤立主義との論争が政治状況を二分した。市民はみなこの問題を口にした。海外の戦争に、米国はどんな必要な役割を果たすべきか？

一九四〇年のある土曜日、トルーマンは、セント・ルイスのスタトラー・ホテルのロビーに親しい友人たちを集めて、自分の政治の今後について話し合っていた。かれには切迫した個人的事情が前途に待ち構えていた。友人たちは正直に話してくれた。きみはもうおしまいかもね。スターク知事がトルーマンの後釜候補に名乗りを上げていた。再度、民主党の予備選を戦うこととなるが、いずれが勝とうと、リベラル寄りのミズーリでは共和党の出番はなかった。新聞記事はすでに、トルーマンの「再指名に勝ち目なし」[4]と報じていた。トルーマンはワシントン・ポストにスタークについて思うところを語った。「ぼくはとことんやっつけるよ」[5]。いまかれは友だちを集め、だれが助けてくれるのかを見定めようとしていた。ペンダーガストのチームはもう解散していた。トルーマンはここに一団のミズーリ人――おおむねポーカー仲間――を集めていた。実際の国政に携わったものはだれもいなかった。

「ハリー、ぼくはきみが勝てるとは思わないよ」[6]、市長をつとめたインデペンデンスの食料品店のロジャー・サーモンが言った。「ぼくだけの意見じゃない、周りのみなの意見も聞いたんだ」。

「その会合で、支持や励ましはほとんどなかった」[7]とセント・ルイスの銀行家、ジョン・スナイダーが述べていた。「覚えているかぎり、二期目に挑戦すべきと言ったのは二、三人だった」。

トルーマンは言った、「ぼくは出るよ。家庭にもどって、やめるくらいならもう仲間には会わないよ」[8]。スタトラー・ホテルでかれは選挙運動の概要を練った。会合の議事録は次のとおりである。

・問題のある話題（たとえばペンダーガスト）には立ち入らないこと。トルーマン本人――判事、上院議員、軍人としての履歴に限ること。

・当人は人柄の問題を扱わず、友人にもそのことを徹底すること。どのような形でも、政敵について語らぬこと。[9]

・ほかの候補者が、予備選の争点以外の問題を論じても、個々の労働者は落とし穴を慎重に避けるだろう。

・新聞は自由主義制度の機関である。その方向が間違っていたら、正しい方向に誘導すること。いかなる状況にあっても新聞を攻撃してはならない。

・政党はわが共和国、わが国民にとって基本的に重要であり、攻撃してはならない。わが党の目指すところを行動で示すべきである。より豊かな生活と幸せで安全な社会をつくるために基本となる法体系を整備せよ。

トルーマンの友人たちの意気は上がらなかった。「われわれはかれにチャンスを与えなかった」とその場にいたカンザス・シティの弁護士、A・J・グラノフは振り返った。「かれが木端微塵になりそうだったから」[10]。

六月十五日午後七時三十分、トルーマンは自らの選挙運動を開始するため、ミズーリ州セダリアのペティス郡裁判所の正面に現れた。かれは上院議員秘書の一人、ヴィクター・メッサルを選対委員長にした。会計責任者はハリー・ヴォーン、もとネクタイのセールスマンで財政的にまったく頼りにならない男だった（[11]「銀行口座に、三ドル二十五セントあるよ」と言った人物）。セダリアでの運動開始パーティ前に、メッサルは「会報第一号」をトルーマンの友人全員に送付して、その立候補を知らせた。

[12]「その夜はなるべく多くの車にセダリアに来て貰えるように努めること。全部の車に米国旗、紅白の吹き流し、そして『トルーマンのような政治家で政府を人間的にしよう』といったキャッチ・フレーズを、綺麗に飾るんだ」。

選挙戦開始の朝、八十七歳のママ・トルーマンは息子を励まそうと最前列に座った。ベスとマーガレットは演壇に座った。マーガレットの記憶では、[13]「十六歳でわたしは初めてアメリカ政治の真骨頂を感じとった」。演説はFDRのニューディールを称えるもので、トルーマンの別の面を見せた。[14]「わたしは人間の友愛を信じます」と言った。「白人の友愛だけでなく法の前の全人類の友愛であります」。すぐそのあと、トルーマンとフレッド・カンフィルはふたたび遊説に出た。トルーマンの焦点は、ニューディールと、アメリカにおける農民の重要性、ヨーロッパの緊急事態、それに軍備増強だった。

かれは、演壇で強調したい箇所に来ると、両手を叩く癖があった。これはスピーカーを通じて強烈な音を出した。選対委員の一人が、注意することになった。「マイクの前で手を叩くのは止めてください」。途方もなく裕福な対立候補のロイド・スタークとは逆に、トルーマンはいつものように選挙資金問題と戦っていた。[15]「上院議員選ではつねに金の苦労がつきまとった」と会計責任者のヴォーンは述懐した。トルーマンは経費捻出のため生命保険を解約して三千ドルを手にした。あるときはホテル代節約のため車中で寝た。

新聞はかれのことを[16]「闘鶏場の死んだ鶏」と呼んだ。[17]「ジャクソン郡の欺瞞投票がなければ」とトルーマンの地元紙、カンザス・シティ・スターは、最初の判事の選挙で「本来かれは当選していなかった」と主張した。セント・ルイス・ポスト・デスパッチは、「トルーマンはミズーリを離れている。かれは破産しかねないし、やりようによっては金になる連邦職のどれかにありつける――しかしそうなったら民主主義の悲劇だ」と書いた。[18]

トルーマンはルーズベルトの支持を求めた。それはFDRの新聞担当秘書官のスティーヴン・アーリーからで、予備選一週間前の一九四〇年七月三十日付で馬鹿丁寧な電報を受け取った。しかし選挙事務所は、「大統領はわたしにトルーマン上院議員は古き、信頼すべき友人ではありますが、大統領の不動の信念として、予備選挙へは加担しないことにしておりますので、その点個人的に貴殿によく説明しておくよう指示がありました」とあった。[19]他方でスタークは、新聞記者に、大統領との親密な関係を語っていた。かれは一九四〇年四月にルーズベルトを訪ねて、ペンダーガストを獄中に送ったときの自分の個人的役割を自慢していた。スタークは己の勝利を信じて疑わず、美味しいスタークのリンゴを群衆にばら撒きながら、一九四〇年のシカゴの民主党全国大会における副大統領候補に名乗りを上げた。

時が過ぎ、トルーマンは唯一の自らの力の源泉である上院の友人たちを訪ねた。一九四〇年六月二十八日、モンタナのバートン・ウィーラーは支持を約束してくれた。二日後に、テキサスのトム・コナリーが続いた。ケンタッキーのアルベン・バークリーはセント・ルイスまで来てくれて、市政会館オペラ・ハウスでトルーマンのために応援演説をしてくれた。三千席の定員に三百席しか埋まらず、バークリーは後日、悪名高いペンダーガスト組織に頼っている候補者に力を貸したことで批判された。[20]

一九四〇年八月六日、ハリーとベスはインデペンデンスで投票を済ませた。そのときにはトルーマンの選対チームは全員、疲労困憊だった。委員長のメッサルは潰瘍を患い、神経を休めるためのウィスキーを胃の中に流し込むことさえ出来なくなっていた。選挙運動期間中、戦争の危機がせまっているため、トルーマンはワシントンを行き来していたが、予備選の当日夜は、インデペンデンスの家にいた。友人や隣人たちが挨拶に立ち寄った。日が暮れて、一家はラジオの周りに集まった。当初の報道では落選しそうな気配だった。ハリーはベスに言った、「もう寝るよ」[21]。ベスは驚いたがラジオの前で頑張ることにした。マーガレットの回想によれば、真夜中、ベスとマーガレットは、「落ち込んで泣きそうになって」引き揚げることにした。

午前三時三十分、ベスは電話のベルで起こされた。受話器の向こうで知らない声がした。「こちらセント・ルイスのデイヴ・バーンスタインと申しますが」と男は言った。「ミズーリ州上院議員の奥様にお祝いを申し上げたいのです」[22]。

「冗談はやめて」、ベスは叫んで電話を切った。ベッドに戻りかけて、デイヴ・バーンスタインがだれだか思い出した――セント・ルイスのハリーの運動員の一人だった。

ミズーリ州はトルーマンに対して、選挙行動についてのいかなる専門家よりも誠実だった。しかし競争が激しく、勝利宣言は翌日午前十一時まで待たなければならなかった。かれはその時間までに飛行機を掴まえて、急ぎワシントンに戻っていた。

翌日、カリフォルニアのハイラム・ジョンソンの演説中に、トルーマンは裏のドアから上院議場にすべり込んだ。トルーマンの姿を見て、上院は静まり返った。

一人の議員が立ち上がって拍手をすると、だれかが続き、そして上院全体がハリー・トルーマンへの湧くような拍手の嵐となった。ハリーは背中を叩かれた気がして振り返ると、滅多に感情を表さない男たちの満面の笑みがあった。「ウィーラーとジム・バーンズがぼくにキスしようとしていたんだ」[23]とベスに書いた。

またもや選挙活動はトルーマンをさらなる債務の虜《とりこ》にし、予備選後、日ならずして銀行がグランドビューの一家の農場を差し押えた。ママ・トルーマンと妹のメリー・ジェーンは、これまでの、ほとんどの年月を過ごした家から出て行かざるを得なくなった。トルーマン夫婦の友人たちは、かれがそれほど怒っているところを見たことがない、と言っていた。この差し押えは背後に政治的な嫌がらせがある、とトルーマンは信じていたからだった。とはいえ、民主党寄りのミズーリ州で、かれは十一月の一般選挙で共和党候補を楽々と破り、勝利をおさめた。ハリー・トルーマンは、もう、ペンダーガストの上院議員ではなくなった。

一九四一年冬、トルーマンは自動車旅行に出た。かれは疲れ切っており、高速道路がかれを呼んでいた。ドライブは気分転換にもってこいだった。新しい陸軍基地の視察を目的に、かれは自分の古いダッジで数千マイルを走った。旅行鞄のなかみだけで生活しながら、フロリダへ、北のミシガンへ、そしてミズーリの平地を横断した。かれの見たものは心をかき乱すものだった。そのため一九四一年二月十日、かれは上院で演説をした。娘のマーガレットは、後日、この演説を「運命的なもの」[24]で、「わたしたち全員の生活を一変させるもの」だったと語った。

「わたしは一つ、議案を提出いたします」[25]とその月曜日の朝、トルーマンは演説を始めた。「わたしは、国防計画とその契約の取り扱いについての調査を要望いたします。同時にわたしは、わたしの手元にある、ある種の情報を上院でご披露することはわたしの義務であると考え、そのことが国防計画を成功へ導く重要な要素であると確信する次第です」。

五週間足らず前、ルーズベルトが、ラジオの最高聴取率番組である自身の炉辺談話で「民主主義の武器庫」の話をしたばかりだった。ルーズベルトは前代未聞の歳出要請をしていた。「銃砲、飛行機、軍艦、その他多くの軍需品をアメリカの工場と造兵廠で生産する必要がある」とルーズベルトは大衆に訴えた。侵略的なヒトラーの軍隊のことを考慮すれば、と大統領は語った。「われわれは、ジェームズタウン〔一六〇七年、イングランド人がアメリカで最初に定住したところ〕とプリマスロック〔一六二〇年、メイフラワー号の巡礼始祖がアメリカで最初に踏んだとされる石〕以来、今日に至るまで前例のないアメリカ文明の危機にある」[26]。大恐慌と一九三〇年代に大統領署名で発効した中立法のため、アメリカ軍は弱体化していた。一九四〇年の初めには、米軍の規模は、兵員数が二十万弱で、世界の第十八位だった（ベルギー、ポルトガルよりも、さらにスイスよりも小さかった）。これと比較するに、熟練のナチ兵は約七百万だった。ルーズベルトは最先端技術で装備された近代軍を望んでいた。緊急防衛計画として、ルーズベルトはついこの前、百五億ドルの歳出を認められていた。

トルーマンは同僚上院議員に、この歳出は「多分、これまでとは全く異なる運命の道にわが国を導くことになる」と語った[27]。

新工場の建設は進行中である――「サンディエゴ、コロンバス、セント・ルイス、バッファロー、ダラスの飛行機工場」とトルーマンは述べた[28]。そして「オークランド、ホートン（ワシントン州）の造船所、シカゴ、オマハの武器弾薬工場、シンシナティ、パターソンのエンジン工場」も。これら連邦政府管轄のどの計画にも、非効率と不当利得の機会が十分にある、とトルーマンは説明した。自身のジャクソン郡判事としての日々を参考に、トルーマンは「わたしには公共事業の契約関係についてはかなりの経験があります」と言った。「そしてわたしはこれまで、どこであろうとも、政府と契約して手ぶらで戻った業者を見たことがありません」。

このトルーマンの発案で、国防計画の政府歳出を監督する上院委員会が開設されることとなった。一九四一年三月一日、第七十一号決議を以て、上院は、予算一万五千ドルで国防計画調査特別委員会を創設した。それは辛うじて秘書と速記者がまかなえるだけの費用だった。トルーマンの最初の動きは、二党提携――民主党五名、共和党四名から成る――のチーム作りだった。したがって党派政治特有の非難はどこからも出なかった。調査員として、かれは軍などと無関係のものを望んだ。最初の職員として、トルーマンは、身ぎれいな三十三歳のアイルランド系アメリカ人で、議会の歳出委員会での経験があるスタッフ、マシュー・J・コネリーに目をつけた。コネリーは議会内で物事の動きを熟知していた。上院議員会館二四八号室に面接に訪れたとき、コネリーは一目でトルーマンの仕事のやり方を会得した。

「こっちへどうぞ」[29]、トルーマンは言った。「ここではぼくたちはちょっと特殊な立場にあるんだ」。かれはコネリーに委員会の問題点を伝えた。「きみにいくら払えるか分からないが」と言った。「これだけは言える、ぼくと一緒にやっていれば決して後悔しないよ」。

コネリーは答えた。「先生、わたしはお断りするつもりで来ました。しかしワシントンでは新鮮なおっしゃり方をされたのであなたの大勝ちです」。

トルーマンは弁護士団を雇用した――中でもヒュー・フルトンはブルドッグのような検察官役で、トルーマンは、「ぎゃーぎゃー声のおデブさん」[30]と表現した。そしてＦＢＩ調査官のＨ・Ｇ・ロビンソンは――委員会のあるスタッフが「うさんくさい冷たい視線で、嫌いな人間を見つめられる」[31]と評した。トルーマンはフレッド・カンフィルと、しばらくしてハリー・ヴォーンなどの古い友だちを使い走りとしてメンバーに入れた。また、一部の委員には、余裕資金のある他の部局から給与を払わせるようにして自身の予算を拡大した（これはコネリーのアイディアである）。スタッフは議員会館内の空き机に散らばった。本部は四四九号室に置かれ、ここで審問を行うことにした。委員会の最重要場所は「犬小屋」として知られるようになった――トルーマンの部屋の続き小部屋で、ここで秘密会議を行い、酒も常時用意していた。トルーマンのモットーは、「事実に代わりはない。事実が明らかになれば、理性ある人間がそれに反論することはない」[32]、であった。

委員会はさっそく、陸軍基地の建設現場で一連の調査に取り掛かり、すぐに驚くべき無駄遣いを見つけた。ある建設現場では当初見積もりの十倍の費用が連邦政府に請求されていた。テキサスのある基地の費用は五十万ドル以下と見積もられていたが、最終的な請求額は二百五十四万ドルとなっていた。「軍事作戦のための委員会の計画が拡大せずに建設が先に進むとすれば」[33]とトルーマンは結論づけた。「まことに憂慮すべき状態に陥る」。

一九四一年四月十五日、委員会が開設されてから二カ月も経たない頃、トルーマンは、国家防衛の最高位の二人、陸軍長官のヘンリー・スティムソンと参謀総長のジョージ・C・マーシャル将軍とともに公聴会を主催した。委員会ではスティムソンとマーシャルを記者席の正面に据え、審議委員主任のヒュー・フルトンがほとんどの説明をした（のちに委員会スタッフのロバート・アーヴィンが「ヒューは傑出した弁護士だ」[34]と評した。「かれは大きな絵を描く、とてもとても素晴らしい才能がある。そしてそれぞれの部分のまとめ方が分かっている」）。

翌日ニューヨーク・タイムズはトルーマンとスティムソンの写真を大きく掲げ、証言の詳細を大々的に報じた。

れはニュースになるんだ、と」。

「新聞に大きく取り上げられた」[35]とコネリーは記録した。「新聞はこの問題はまだまだ続くとみているのだ……。これはニュースになるんだ、と」。

一九四一年十二月七日午後、ミズーリ州コロンビアのシンクレア・ペナント・ホテルの一室で、トルーマンは一人で休息していた。前夜は十二時間の睡眠を取り、午前八時に朝食も済ませたが、日曜日とあってまたベッドに戻った。仕事のし過ぎで疲労困憊していた。電話が鳴り受話器を取ると副保安官からだった。

「ロイ・ウェッブです」[36]、副保安官は息を切らしながら言った。「ラジオを聞かれましたか?」

「いや」、トルーマンは答えた。

「ジャップがホノルルを爆撃しています」。

「きみは何を喋っているか分かっているよね、ロイ?」

「ラジオで言っているんです」。

「分かったよ、きみ」とトルーマンは言った。「ワシントンに行く」。

トルーマンは電話を取ってセント・ルイスのT・W・A航空営業所にかけた。自分は、どうしても翌朝までに首都に行かなければならないと説明した。受話器を置くとすぐに、また電話があった。ベスがワシントンのアパートからかけたもので、国務省が、翌日——十二月八日月曜日の午後、合同議会が開催されると伝えてくれとの連絡があった、とのことだった。短時間でトルーマンは空港にいた。午前三時三十分にピッツバーグに着き、午前五時三十分にはワシントンに到着した。友人で秘書のハリー・ヴォーンが車で迎えに来ていた。午前六時、アパートに戻り、ベスが朝食を用意した。そしてかれは合同議会に間に合い、ルーズベルトの、アメリカ史に残る名演説を聴くことが出来た。

何年も大統領の施政方針演説が行われてきた満場がこれほど期待の緊張にみなぎっていたことはない。国際情勢はここ数カ月、曖昧に推移していたが、振り返ってみると、いま物事がはっきりしてきた。六カ月前の五月、ルーズベルトは、ナチの世界制覇の脅威に対して「無制限非常事態」を要請した。七月、日本のインドシナ侵攻に対して、日本の在米資産を凍結すると同時に石油禁輸で日本に打撃を与えた。日本は石油輸入の八八％をアメリカに依存していた。禁輸が実行段階に入ったことで、トルーマンを含むワシントンの多くは、日本は攻撃以外の手段がない状況に置かれた、と考えた。そしていま、真珠湾の奇襲が起こった。およそ二千五百のアメリカ人の生命が奪われ、二十隻近くの艦艇、三百機以上の航空機が損壊ないし破壊された――太平洋艦隊にとって甚大な潰滅率だった。

正午数分過ぎ、ルーズベルトの車列が議事堂の丘へ昇って行った。ルーズベルトの脚は鋼鉄製の装具で固定されていたので、演壇に立ったままで、ひしめき合う聴衆に向き合えた。壇上のルーズベルトのうしろには副大統領のヘンリー・ウォレスと下院議長のサム・レイバーンが座っていた。ルーズベルトは始めた。

「副大統領……下院議長閣下……上院議員諸君……下院議員諸君……。昨日、一九四一年十二月七日、今後汚辱の日として記憶される日……、アメリカ合衆国は不当かつ卑劣な攻撃を受けました……」。[37]

ルーズベルトが議事堂を去ると、上院議員は全会一致で開戦賛成に票を投じた。下院では、三百八十八票対一票だった。反対したのは平和主義者の下院初の女性議員でモンタナ州選出のジャネット・ランキンだった。彼女の一票は民衆の憤激を招き、警察が無事に自分の事務所に送ってくれるまで、電話ボックスに潜んで身を守らねばならなかった。三国同盟――枢軸国の連帯を謳う――によりドイツとイタリアは、十二月十一日、合衆国に宣戦した〔三国同盟の条約上は、枢軸国の一国が開戦した場合の、他の枢軸国の参戦「義務」はなかった〕。同日、合衆国も枢軸国に対して宣戦した。この段階でほとんどの欧州諸国が旗幟《きし》を鮮明にした。イギリスはブルガリアに、オランダはイタリアに、ベルギーは日本にそれぞれ宣戦した。

トルーマンはとくべつの立場にいることを自覚した。かれはナチスと日本を同時に相手とするには、軍備が不足していることを知っていた。かれの委員会の調査は全国に及んでおり、不当利得者と国防努力の非効率性に結論を出そうとしていた――その国防努力が、いまや大変な重要性を帯びてきていた。

真珠湾攻撃の直後に、委員会は最初の戦時報告を発表した――防衛関係諸契約の非効率性調査の十カ月分に相当する内容だった。報告書はワシントン中の新聞社に大反響を巻き起こした。「大衆にとって」とワシントン・ポストが記事にした。「トルーマン報告でショックを受けたあとの最初の質問は、『トルーマンって一体だれなの?』となる」[38]。

上院の国防計画特別調査委員会はトルーマン委員会と呼ばれるようになり、そしてトルーマンの労働時間は無限大となった。「この六十日でわたしの委員会は有名になったので、以前のように効率的ではなくなった」と真珠湾の二カ月後、旅先から娘に手紙を書いた[39]。「ちょっとしたミスが深刻な事態を招く状況にある」。一九四二年の年末までに、トルーマン委員会は七十回ほどの公聴会を開催し、アルミニウム、銅、鉛、亜鉛、鉄鋼の不足と、航空機製造、造船の障害と、労働、運輸、住宅問題などについて、三千頁を超える報告書に集約した。各報告書は、民主、共和両党上院議員七人全員の一致した意見を反映していた。委員会報告はたまにルーズベルト政権に対して極めて批判的だった。あるとき大統領は、委員会の問題でトルーマンに会うのを拒んだ。「大統領は権力と栄光のすべてを失うことを極度に怖れていたので、自分の友だちにも当然頼める助力すら求めなかった」とトルーマンはベスに書いた。大統領が自分に会おうとしないのならば、とベスに語った。ルーズベルトは「地獄行きとなる」。[40]

生涯で初めてトルーマンはペンダーガストと関係のない、全国的な関心を獲得した。スタッフは何ら幻想を抱かずトルーマンを尊崇した。「かれには素晴らしい個人的魅力がある。思わせぶりのところがない」と委員会調査員のロバート・アーヴィンが振り返った。「かれのことを天才とか秀才というものがいたとは思わない……。しかしみなはかれのことを、とてもとても有能で、とても正直で、とても献身的な人間だと思っていた。かれは、みなと同じ愛国者だった」。[41]

一九四三年三月八日、トルーマンはタイムの表紙を飾った。記事によれば委員会は「銃後の経済の番犬であり、良心であり、点火器」だった。それは「第二次大戦のもっとも有益な政府機関の一つ」であった。トルーマン自身は「十億ドルの番犬」であるが、それは一種の椿事である。なぜならトルーマンの上院議員の席は、いまレーヴェンワースの連邦刑務所に服役中のパトロンを加えた奇妙な環境の成果だからである、とタイムは記述した。「トルーマンが上院にいるということそのものが」とタイムは続けた。「民主主義の不可思議な偶発事なのである」。[42]

とはいえ、戦争との関連で言えば、トルーマンは日々のニュースの発信源となる多くの政治家の一人に過ぎなかった。かれはまだ上院の中では存在感の薄い人物だった。

過重労働と出張がトルーマンの健康を損なっていた。一九四三年四月、委員会は一連の苛烈な公聴会を開催した。

航空機不足について（四月一〜三日）、食糧の浪費（四月五日）、再度、航空機問題（四月八日）、ゴムタイヤ不足（四月九日）、さらに航空機問題（四月十三〜十四日）、造船問題（四月十六日）、荷役など石油船積みの遅延（四月十七日）。この最後の公聴会の二日後、トルーマンは神経衰弱の初期症状を感じたためアーカンソー州ホットスプリングスの合衆国陸海軍総合病院に、自らの意思で検査入院した。

11

病床でトルーマンはこのまま死ぬのではないかと脅えた。ベスはアーカンソーへ急行して夫に寄り添った。トルーマンは心臓の「鼓動が早い」[1]と医師に訴えた。また嘔吐で何度も手洗いを往復した。医師たちは心臓と肺の検査をした。不快なバリウム液を飲ませて腹部のレントゲン写真を撮った。血圧は年齢相応の一二六／八六と悪くはなかった。

「かれはほとんどの時間、強いプレッシャーのもとで働いていた」[2]と医者はトルーマンのカルテに書き込んだ。

「このことが神経に緊張と重圧を強いて、いまの病状になったようだ」。

トルーマンは五十九歳の誕生日を迎えようとしており、病院では考える時間があった。世の動きはめまぐるしく、追いかけるのは一苦労だった。一生のうちにこれほど技術革新の成果が次々に生まれる時代はこれまでになかった。電話の普及、トーキー映画、自動車の轟音に溢れた舗装道路、ポスト・トースティーズのシリアルやヘルマンのブルー・リボン・マヨネーズなどのブランド商品を並べたスーパーマーケットの誕生など――三十年前にはどれひとつながった。戦争は近代化のスピードを加速した。トルーマンはまだ若い十九歳の時にライト兄弟が最初の飛行実験をした記事を読んだことを思い出していた。いま米国陸軍航空隊は、数千機もの重量五万六千ポンド［約二万五千四百キロ］のB24爆撃機を、レーダーと爆弾投下目標を正確に定められるジャイロスコープを搭載して飛ばしている。人種差別の廃止、女性の組立ラインへの雇用――は、まるでH・G・ウェルズの小説のようだ。

この十八カ月で国家は経済的のみならず精神的にも再生した。この戦争中に「アメリカは成熟した」とよく言われた。アメリカ人――とくにワシントンにおいて――は、自国が世界の道義の審判者になったという運命の力を感じていた。

トルーマンの日々は劇的に改善したが、一つだけ変わらない点があった。かれが誇らしげに呼ぶ「ボス」こと、妻のベスに頭が上がらないところであった[3]（「印象的だったのは、いつも奥様第一で、夫人の幸せがトルーマンの極めて重要な要素だった」とトルーマン委員会スタッフの一人は述懐した。上院の先生方すべてがそうだとは言えない）。

完全健康証明書を手にトルーマンは退院した。ベスはマーガレットに手紙を書いた。[4]「パパは政府専用診療所の検査を全部受けましたが、悪いところは見つかりませんでした。今後、しっかり休息を取ることとのアドバイスを貰いました」。しかしトルーマンに休む暇はなかった。かれは委員会の仕事にまた飛び込んだ。

一九四三年夏、かれは旧友のフレッド・カンフィルから謎めいた書簡を受け取った。ワシントン州パスコ郊外の秘密工場で巨額の予算が使われているとの噂があると伝えていた。カンフィルはパスコからトルーマン委員会を訪ねてきた。[5]「何かやってるみたいなんです」とかれは言った。「何をやっているのか見に行ってきたところです」。その直後、トルーマンにヘンリー・スティムソン陸軍長官から電話がかかってきた。この電話の内容は現存している。

陸軍長官[6]　もしもし、トルーマン上院議員ですか？

トルーマン　はいそうです。

陸軍長官　先生、お電話したのは問題が二つありましてね。

（二人は道徳再武装《モラル・リアーマメント》運動［MRA＝国際的な道徳と精神を標榜する運動］グループについて会話を交わした）。

陸軍長官　もう一つは非常に難しい問題です。ワシントン州パスコにある工場に関係するのですが。

トルーマン　いいですよ。

陸軍長官　これからお話しすることは全部、わたしが個人的に知っていることなのです。そのことについて知るものは世界でも二、三人で、わたしはそのうちの一人です。

トルーマン　はい。

陸軍長官　それは極秘事項の一部なのです。

トルーマン　はい、了解しました。

陸軍長官　それでわたしは、ですね――

トルーマン　状況は分かりました、長官。そこから先はいいですよ。あなたがわたしに話したくなったらそうしてください……。あなたはそれがとくべつの目的を持ち、そしてそれは良いことだとおっしゃる。わたしはそれだけ知っていれば充分です。

陸軍長官　とくべつな目的だけではなく、独特な目的なのです。

トルーマン　了解です。

カンフィルは、その問題は放っておけ、と言われた。トルーマンがこのパスコ郊外の秘密計画の真相を知るのにそれから二年かかった。そしてそのとき、かれは合衆国大統領になっていた。それは世界初の本格的なプルトニウム製造用、完全装備の原子炉だった。

一九四四年七月中旬のある朝、トルーマンがインデペンデンスの自宅にいるとき、電話が鳴った。時刻はミズーリ時間の八時頃でトルーマンは一九四四年民主党全国大会が開催されるシカゴへ出かける準備をしていた。かれは受話器を取った。

「ハリー」と呼びかけられた。その南部訛りですぐにジェームズ・F・バーンズだと分かった。バーンズはもとサウスカロライナ州選出の上院議員で、当時、ルーズベルトの戦時の国内部局でもっとも力を持つ、戦時動員局の局長をつとめていた。バーンズは言った。「大統領がぼくに副大統領になってくれと言っているんだ。ぼくに指名投票して欲しいと思って電話したんだ」。

それは大きなニュースだったが、バーンズはワシントンの大物なので、あり得ないことではなかった。バーンズはしばしば「大統領代理」と呼ばれていた。トルーマンはシカゴでバーンズの指名演説をすることを引き受けた。

しかしその朝、与党院内総務のアルベン・バークリーがインデペンデンスのトルーマンを訪ねてきた。バークリーは、シカゴで自分の副大統領立候補演説をして欲しいと頼んできた。たしかに、バークリーはルーズベルトがナンバー・ツーとしてかれを選ぶとの自信を持っていた。トルーマンはすでにバーンズに約束してしまったので、それは出来ないと説明した。

暑熱の七月、トルーマンは家の裏のガレージから一九四一年型クライスラーのロイヤル・クラブ・クーペを出した。ベスとマギーは、ベスの弟を訪ねてデンバーにいるので、二人は大会でトルーマンと会うことにしていた。スーツケースを乗せて、かれは自分のものと言ってもよい自動車道路を風の町［シカゴのこと］へ向かった。

副大統領選びはワシントンのもっとも熱い噂話の焦点となった。ヘンリー・ウォレス現副大統領はルーズベルトの不興を買ったとの噂があった。ウォレスにはこれまでに左寄りの姿勢が強まり、民主党幹部はその支持者を「常[7]軌を逸した過激派」と形容した。問題は、だれがウォレスに代わるのか？　だった。トルーマンにはその座を狙うつもりはまったくなかった。国民にもそんな意図はなかった。一九四四年七月のギャラップ世論調査では、一九四四年大統領選の民主党副大統領についてのトルーマン支持者は民主党有権者五十のうちわずか一票だった。大多数の関心は、ほかの二人、ヘンリー・ウォレス（六五％）とケンタッキーのアルベン・バークリー（一七％）に集中していた。バーンズ、ヴァージニアのハリー・バード上院議員、下院議長のサム・レイバーンがそれぞれ三％ずつの支持を得ていた。

ルーズベルトは党幹部に、戦時緊急事態ゆえに、史上前例のない四期目の立候補をするが、そのことは全国民主党大会の副大統領候補を選出する代表たちに委ねる、と表明していた。そのとくべつな理由はまもなく明らかになった。大統領自身は、戦争関連の業務で超多忙につき全国大会に出席できないと告げた。しかし、真相はかれの深刻な健康状態にあるとの噂がかけめぐっていた。大会前、人々の口にのぼったスローガンは「副大統領ではなく、大統領を指名しよう」[8]、だった。大会は、地元ホッケー・チームの本拠地の屋内競技場、シカゴ・スタディアムで行われた。スタディアム側はホットドッグ三万個、ソフトドリンク十二万五千本、びんビール九万六千本、そして大量のバーボン・ウィスキーとラム酒を用意した。共和党は三週間前、同じ場所で全国大会を行い――ニューヨークのトマス・デューイを大統領候補に選出していた。

ジェームズ・バーンズはシカゴのスティーヴンス・ホテルのロイヤル・スカイウェイ・スィートに入室した。副大統領候補への指名を期待したバーンズは、記者会見用に広い場所が必要だろうと、とくべつ大きな部屋を予約していた。ルーズベルトはバーンズの面前で、かれ、バーンズがいちばん賢明な選択である、と告げていた。バーンズはテキサスのトム・コナリー上院議員に、「トルーマンはぼくの指名演説をするよ」[9]と言った。

現副大統領のヘンリー・ウォレスはシェラトン・ホテルに泊まった。ウォレスはナンバー・ツーとしてFDRが自分を選ぶものと信じていた。かれは大統領がそのことを書面にしたものを持っていた。そして適当な機会にそれを公表しようと構えていた。

ケンタッキー選出上院議員のアルベン・バークリーは目を輝かせてシカゴに乗り込んだ。数日前、「『ホワイトハウス』はバークリーに決めた」[10]との噂がワシントン中に広まった、と上院担当記者のアレン・ドゥルーリーが日記に書いた。バークリーは一九四四年の民主党公認候補獲得に勝ち目があると確信していた。

七月十五日日曜日、トルーマンはミシガン通りのスティーヴンス・ホテルの混雑したロビーを通り抜けた。部屋は十七階で、瑠璃色のミシガン湖が眼前いっぱいに拡がっていた。かれはバーンズ推薦演説の作業に取りかかった。このミズーリ選出の後発上院議員を、副大統領の地位へと押し出す色々の力がうごめいていたことを本人はそのとき、知る由もなかった。

シカゴの民主党全国大会が開始される八日前の七月十一日、ルーズベルトはホワイトハウスで党幹部と一九四四年の後任候補について協議していた。夜の会は午後七時半、大統領手造りのカクテルから始まった。ワシントンは日中、太陽に照りつけられており、FDRは物憂げで疲れた様子で、話に取りとめがなかった。晩餐が終わると、一同はコーヒーと飲み物のために二階の大統領書斎に移り、副大統領候補の話に変わった。一同の中には、カリフォルニアの石油業富豪で、民主党全国委員のエドウィン・ポーリーや、委員長のロバート・ハネガンがいた。

色々な名前が部屋の中で飛び交ったが、可能性ある候補者それぞれに問題があった。現副大統領のヘンリー・ウォレスを除外することには一同が賛成した。下院議長のサム・レイバーンは出身地のテキサス以外では知られていなかった。どの候補もとにかく地元での必勝が保証されていなければならなかった。ケンタッキー選出のバークリー上院議員は大衆的な選択肢になり得るが、大統領は最近、政策をめぐってかれと衝突しており、敵対関係にあった。ジミー・バーンズ――人格、識見で最上と思われる――は南部の出身で、黒人票離れが心配だった。さらにかれはプロテスタントと結婚してカソリック教会を棄てたので、カソリックの票は取れないだろう。大統領は、最高裁判事のウィリアム・O・ダグラスを推したが、ダグラス判事には政治経験がなく、酒に弱いとの噂もあり不利だった。

たまたまミズーリ出身だったロバート・ハネガンがトルーマンの名を出した。ハネガンの意見はこの部屋の大多数を支配した。かれは民主党全国委員長であるだけではなく、その鋭い政治感覚で知られていた（のちにかれは野球チーム、セント・ルイス・カージナルスの会長となった）。

ルーズベルトは、このミズーリ選出上院議員《トルーマン》のことをあまりよくは知らないことを認めた。大統領は、トルーマンは「[11]戦時調査委員会を担当する」ことは知っていた。あるときルーズベルトは、「[12]トルーマンってよく知らないんだよ」と言ったことがあった。「ここへもよく来るんだが、どうも印象が薄くてね」。

トルーマンの話が進むにつれ、そのことがはっきりして来た。トルーマンは有力候補ではなかった——実際、バーンズやバークリーのような連中に比べて知名度は低かった。年齢にも年寄りで心配があった。しかしトルーマンには敵がいなかった。有権者のどのグループからも嫌われていなかった。過去にペンダーガストとの関係があったとしても、かれはもっとも問題の少ない人選のように思われた。ルーズベルトは車椅子でロバート・ハネガンに近づき、その脚に手を触れた。

「[13]ねえ、ボブ」、「きみはトルーマンがいいんだね」。

「はい」、返事が戻ってきた。「そうです」。

ルーズベルトは委員会の財務責任者、エドウィン・ポーリーの方を向いた。

「エド、きみは？」

「イエスです」。

「ほかのみんなは？」ルーズベルトが訊いた。

全員が賛成した。

このときルーズベルトが口にした正確な言葉が、論議の的になっている。しかしこの会議の出席者を出所とする話の多くは、ほぼ同じ言葉を残している。「[14]諸君、ぼくはトルーマンで行くよ」。「[15]トルーマンがぴったりと当てはまった」、その場にいたブロンクスの民主党大物、エド・フリンが回想した。「トルーマンが副大統領としていちばん無難である、と一同が納得した」とフリンは言った。

とはいえ、ルーズベルトは確約まではしなかった。党幹部は、大統領はほかの党員に不満を持たせずには候補を選べないことがわかった。確約に代えて、ルーズベルトは野心を持つ連中全員に仕向けてなだめることにし、その問題はシカゴの全国大会にまかせて、最終選択をしないことにした。後日ポーリーに振り返る。「[16]ルーズベルトは逃げたんだ」。

大会開催の二日前、トルーマンがスティーヴンス・ホテルの部屋で休んでいると、ドアがノックされた。それはロバート・ハネガンだった。二人はたがいによく知り合っていた。ハネガンはセント・ルイス出身で、トルーマンはかれの民主党全国委員長就任に助力した。ハネガンはトルーマンを説得しに来たのだった。トルーマンは副大統領となるための活動を始めろ、と。

「[17]ハリー」、ハネガンは言った。「大統領はきみに副大統領候補《ランニングメイト》になってくれと言っているよ」。

「とんでもない、と言ってくれ」とトルーマンは答えた。「ぼくはジミー・バーンズに決めているんだ」。そして続けた、「ボブ、ぼくは副大統領にはなりたくない。町に出て、最初に出合った十人に訊いてみるとして、合衆国の直近十代の副大統領の名前を言える人なんて全くいないよ。賭けてもいい。きみ、マッキンリーのときの副大統領の名前を言えないだろう、賭けてもいい」。

ハネガンは言えなかった。

しかしその日、時が経つにつれ、トルーマンにはこの問題が見かけより容易でないことがわかった。色々な事情が絡んでいた。翌日かれは、アンバサダー・イーストに滞在しているシドニー・ヒルマンの部屋を訪ねた。ヒルマンは強力な労働組合のリーダーで、ルーズベルトの相談役であった。トルーマンはヒルマンに副大統領としてバーンズを応援するよう頼んだ。ヒルマンは、自分はヘンリー・ウォレス支持だ、と言った。ウォレスが無理なら、民主党の組合はほかの候補に回る、と答えた。トルーマンはそれはだれかと訊いた。

「[18]もう一人の方だ」、ヒルマンは答えた。

次の仕掛人はロイ・ロバーツ、カンザス・シティ・スターの主幹編集人だった。ロバーツは、三百五十ポンド〔約百五十八キロ〕の身体で一日にスコッチ・ウィスキーを一瓶〔五分の一ガロン＝約〇・七五七リットル〕か二瓶空けるという評判で、ステーキを食べてすぐに、ステーキ・ディナーを注文するので有名だった。ロバーツはホテルのトルーマンの部屋で、副大統領を狙うよう説得に全力を尽くしたが、うまく行かなかった。

まただれかがドアをノックした。ドアを開けるとミズーリの旧友、カンザス・シティ・ラジオの経営者で実業家のトム・エヴァンスが廊下に立っていた。

「[19]ロイ、きみはここで何してるんだい？」エヴァンスはロバーツに聞いた。

「うん、ぼくはね、ハリーを副大統領にする運動のマネージャーなんだ」、ロバーツは冗談をとばした。

「きみはクビだよ」とエヴァンスが言った。

ロバーツはエヴァンスに聞き返した。

「うん、クビだ。出て行けよ」。

ロバーツは部屋を出た。親友のエヴァンスと二人になるとトルーマンは本心を打ち明けた。選挙運動にはカネがかかる、と話し始めた。「ぼくは本当に余裕がないんだ」。

「友だちが面倒見てくれるよ」とエヴァンスは答えた。

「あのね、ぼくは色んな個人的なことを暴露されるのは嫌なんだ」。[20]

かれは説明を始めた――話をすればするほど心配になって来た。まずトルーマンは、妻に議員事務所の給料を出していたことを認めた。ベスは四千五百ドルの給料をとっており、大した仕事はしていなかった。トルーマンの評判は、正直で清廉にあった。その理想主義がトルーマン委員会の推進力になっており、同僚や有権者の目に移るかれのすべてだった。トルーマンが名乗りを上げれば、間違いなく共和党は、妻の給料への税の不正支出を攻撃してくることになる。「いちばん悪いのは、ぼくがボス（トルーマン夫人）の給料を上院事務所から出していたことなんだ」とトルーマンは友人のトム・エヴァンスに告げた。「だから妻の名前が新聞の見出しに載ったり、ラジオで言われるのは勘弁して貰いたいんだ」。

「さて、先生」とエヴァンスは答えた。「そんなことは大したことじゃない。奥さんに給与を出している議員はいっぱいいる筈だよ」。

「わかってるよ、でも妻の名前は出させたくないんだ。それだけはいやなんだ」。その上に、とトルーマンは言った。自分はもう六十歳で隠退の年頃なのだ、と。「ぼくは上院議員で充分、それで良い仕事をしたと思っているよ。お国のためにずい分尽くしているよ（トルーマン委員会で）。このままでいたいし、一人にしておいてくれないか」。

いちばん重要なことは、トルーマンは合衆国大統領になりたくないのだ。ＦＤＲの健康状態については噂が飛び交っていた。

「ぼくはいまのままで充分」、トルーマンは言った。「これっぽっちの至近距離なんだ」、指でジェスチャーをしてつけ加えた。「大統領と副大統領を分けているのは」。

エヴァンスははっきり理解した、トルーマンは脅えていたのだ。

七月十五日――トルーマンがシカゴ入りした日、全国大会開催の四日前――正午少し過ぎに、市の四十一番街にある鉄道操車場に、点検のため一列車が引き込まれた。客車の一つがフェルディナンド・マゼラン号だった。外見は、ふつうの古い客車だが、よく見れば並みの車両ではないことが分かる。ありきたりの客車と違って、重量は約二十八・五万ポンド〔百二十九トン〕で、窓には防弾ガラスがはめ込まれ、車輪の上部は厚さ八分の五インチ〔約一・五九センチ〕のニッケル鋼板で覆われていた。それは、ダイナマイトで爆破されても脱線しないだけの重量であえて作られた客車だった。この特別列車に乗っていたのは合衆国大統領だった。

ルーズベルトはサンディエゴから巡洋艦でハワイへ行き、太平洋戦線についてダグラス・マッカーサー将軍およびチェスター・ニミッツ提督と秘密会談を行う途次だった。シカゴでは、ロバート・ハネガンが市長のエドウィン・ケリーとフェルディナンド・マゼラン号に乗り込んだが、大統領は、エレノア・ルーズベルトとスピーチ・ライターでありホワイトハウスの相談役でのサム・ローゼンマン判事と何やら話していた。大統領のSSたちはとくに神経過敏の状態だった。操車場には安全措置が施されていなかったからだった。だれも大統領がシカゴにいることを知らなかった。

客車での会談は五十二分続いた。ハネガンが客車を降りるとき、かれは一通の手紙を手にしていた——それは大騒動を巻き起こすことになる文書だった。日付は七月十九日（大会初日、この会談の四日のち）になっていた。手紙の内容は次の通り。

ボブ[21]（ハネガン）様

あなたはハリー・トルーマンとビル・ダグラス（最高裁判事）の二人についてわたしに意見を寄せてくれました。もちろん、わたしはこの二人のどちらとでも組むことは嬉しいことだし、二人のどちらも公認に相応しいと考えております。

敬具

フランクリン・ルーズベルト

ルーズベルト秘書のグレース・タリーによれば、客車内の執務室からハネガンが、一枚の手書きのメモを手に出て来て、彼女にタイプしてくれ、と頼んだそうだ。同時にハネガンは、元のメモにあったトルーマンとダグラスの名前の順序を入れ変えて、トルーマンを先にタイプするよう依頼したとのことだ。こうすることで、トルーマンの方が候補者として優先されているように見えた。のちにハネガンは一連の話のこの部分は嘘だと語った。ともかく、大統領を乗せたまま、フェルディナンド・マゼラン号を伴った列車はシカゴを出て行った。ハネガンはこの手紙を極秘扱いにした。

全国大会開催の前々夜、大会議長のインディアナ選出上院議員、サミュエル・ジャクソンは、違う書類を記者に発表した――これもまた、どうやら一九四四年の選挙をめぐる謎を形成するフランクリン・ルーズベルトの一つの書簡である。これがいわゆる「ウォレス書簡」であった。[22]「わたしは、ここ四年間、ヘンリー・ウォレスを副大統領として一緒に仕事をしてきました……。わたしはかれが好きだし、尊敬しています。そして個人的に友人関係にあります。こうした理由により、わたしが今大会の代表の一人であれば、わたしは個人的には、かれの再指名投票をするでしょう。同時に、わたしはいかなる形にせよ、大会を指図する意思はありません。大会が決定権を持たなければならないことは明白であると考えます」。

この書簡は混乱を招いた。ウォレスはこれでトップに立ったように見えた。とはいえ、有力な党幹部たちは、ルーズベルトはバーンズを推している、と主張した。かれらはすでに印刷屋に、ルーズベルトとバーンズ連名の看板すら注文していた。

トルーマンはバーンズのために必死に動いた。

ワシントン・ポスト[23]はウォレスで決まり、と書いた。

ロサンゼルス・タイムズは、ウォレスは[24]「外れた」と報じた。

ポストによれば、ほかの二人、アルベン・バークリーとインディアナのシャーマン・ミントン上院議員が依然として「とくべつ先走った憶測を流している」と報じた。[25]
最後の頼みの綱は、大統領自身の決断を得ることだった。民主党シカゴのフランク・ウォーカーという委員長が、専用客車で旅行中の大統領に連絡を取ろうと電話を試みた。ルーズベルトは電話口で「フランク、全力挙げてトルーマンに決めろ」と大声を出したと伝えられている。[26]

12

一九四四年七月十九日午後十二時四分、民主党委員会書記の「大会を開始します」の声でシカゴ・スタディアムの満場は静まりかえった。国旗、党旗がポールを上がって行った。淀んだ空気に葉巻の煙が立ち込めた。各州代表は立て棹で仕切られた区域ごとに一団となって座っていて、それぞれ州名を記したボードを掲げていた。トルーマンはミズーリの代表と一緒だった。ベスとマーガレットもシカゴに着き、トルーマンと同席していた。温度が着実に上昇して行く中、大会は何時間も、うんざりするような演説漬けになっていた。

この日のある時、大会開催後の午後のことのようだが、トルーマンは、ブラックストーン・ホテルのロバート・ハネガンの部屋での会合に呼び出された。かれは友人のカンザス・シティのトム・エヴァンスと二人で現れた。「その部屋には多勢がいた」(1)とエヴァンスは振り返った。「十二、三人から十五人くらい」。ハネガンは明らかに緊張していた。眼は充血しているようで、着ているオープンカラーのシャツは汗ばんでいた。かれは、そのときサンディエゴにいる大統領に電話した。「ルーズベルトの電話はいつも」(2)とトルーマンは想い起こした。「大きな声で話すので、難聴にならないように受話器を耳から離さなければならなかった。なので、話は両側から耳に入った」。

「ボブ」[3]、ルーズベルトはハネガンに言う。「あいつはまだ納得しないのか?」

「まだなんです」、ハネガンは言った。「かれはミズーリの、わたしがこれまでつき合った中ではいちばん分からず屋の頑固者です」。

「わかった、きみ、戦争の真最中に民主党を分裂させるつもりなら、かれの責任だよ、と言ってやりたまえ」。

トム・エヴァンスによれば、トルーマンは電話を取って、ルーズベルトと話をしたそうだ。エヴァンスはトルーマンがこう言ったことを覚えていた。「はい大統領閣下、わたしはいま良い仕事をしていると思っていて、それでわたしは幸せなのです。このままでいさせてください。はい、閣下が総司令官だということは存じております。はい、確かに、はい、それが閣下のお望みであれば、わたしはそうさせていただきます。総司令官のご命令とあれば従います」[4]。

とうとうトルーマンは電話で答えた。「やらせていただきます」[5]。

受話器を置いてかれは室内の十数名に向き合った。「いま大統領に、わたしは候補になる、と申しました。となれば負けるわけには行きません」[6]と言った。「さあ部屋を出て、仕事に向かいましょう」。

この会話のあとまもなく、ロバート・ハネガンが、数日前にフェルディナンド・マゼラン号でルーズベルトに書いて貰った手紙を公表して大会に衝撃を与えた（「あなたはハリー・トルーマンと最高裁判事のビル・ダグラスについて、わたしに手紙をくれましたね……」）。手紙は新聞各社を興奮の坩堝に置いた。ダグラス判事は大会を欠席していた。かれはオレゴンのワロワ山系のハイキングに行っていて、シカゴで起こっていることを知らなかった。もっと重要なことは、ウォレス陣営が手紙の信憑性についてすぐに反応したことである。かれらはまず、書簡の日付を問題にした（ハネガンは大統領から十五日に貰ったことを認めていたが、手紙の日付は大会開始日の十九日付になっていた）。このときには、ジミー・バーンズとアルベン・バークリーには大統領のトルーマン支持が伝えられていた。二人とも呆然としてから怒りだした。かれらはルーズベルトに裏切られ、ホワイトハウスへの狙いは潰されてしまった。

勝負はいまやトルーマン対現職副大統領、ウォレスの一騎打ちとなった。そしてウォレスは負けると思っていなかった。

代表たちによる副大統領候補の指名投票は大会二日目に予定されていた。汗ばむ会場でトルーマンはベスの隣に座っていた。友人たちは、四十八州の各代表の信任を得て、トルーマンに投票してもらおうと狂奔していた。かれは民主党全国委員会の支持を得ており、ウォレス打倒にはそれで充分と信じていた。

午後遅く、すがすがしい白のスーツに身を包んだアルベン・バークリーは演壇に上り、米国史上初の三期をつとめている大統領の、四期目を狙う指名演説を行った。[7]「トマス・ジェファーソンの知的胆力、アンドリュー・ジャクソンの不屈の勇気、アブラハム・リンカーンの信義と忍耐を兼ね備えた人物」とルーズベルトを称揚した。点呼が執られて投票が始まったとき、代表たちは予定の結論どおりにＦＤＲを支持した。一〇八六票がＦＤＲに、対するその他が九〇票だった。秘密の場所からルーズベルトが短いラジオ演説を行い、会場のスピーカーから流された。それが済むとただちに、待望の副大統領指名に移り、満場が揺らいだ。トルーマンは満面に笑みを浮かべていた。

[8]「ご機嫌のようですね」、ニューヨーク・タイムズの記者がかれに話しかけた。

「うん、ぼくは副大統領に指名されるんだ」とトルーマンが答えた。

「なんかもう決まってるみたいですね」。

「自分の過去の発言を憶えていれば、受諾演説をする筈はないと思っているんだね」。

しかし聴衆は、とつぜんウォレス支持の声に湧いた。会場の遠くの隅から唱和が聞こえ、瞬く間にそれは大きくなった。

「ウィー・ウォント・ウォレス（ウォレスにしろ）！」[9]

「ピープル・ウォント・ウォレス（ウォレスがいい）！」

ヘンリー・ウォレスも自らアイオワ代表の中で手を振っていた。長身の身体の頂点にトレードマークの銀髪がなびいていた。トルーマンは会場がとつぜん群衆であふれたことに気づいた。「会場が混雑状態になった、という言い方はまだ穏当だった」[10]、と民主党全国委員会のエド・ポーリーは回想した。「それは世界の破局のようだった」。ポーリーは自分の補佐たちが事態を確かめる様子を記憶していた。この連中はいったいどこから来たのか？　ウォレス支持者たちは偽造入場券で乱入したことが分かった。「座る場所もなかった」とポーリーは語った。「ウォレスの支持者たちがすべてを乗っ取った」。

投票が始まるころ、場内は耐えがたい温度となった。舞台上から主催者が州名を次々に呼んだ。そのたびにウォレス・コールで盛り上がった。アイオワ代表が地元生まれの秘蔵っ子に投票すると、「狂気がシカゴ・スタディアム全体を支配した」[11]と大会の委員補佐、ニール・ローチは回顧した。「ウォレス支持者たちはデモに徹するつもりで計画しており、最大音量でオルガン奏者と楽隊がアイオワ・コーン・ソング〔正規の州歌ではないが同州でもっとも広く歌い継がれているポピュラー・ソング〕を奏でていた」。

ウォレスが投票を攫《さら》って行きそうな現実を見て、民主党全国委員たちはパニックに襲われた。まだオルガン奏者はアイオワ・コーン・ソングを弾いていた。ポーリーはニール・ローチに言った。「オルガンを止めろ！」かれは防火用の斧を指差した。「ニール」、かれは言った。「オルガンの上のあの斧が見えるか？　あそこへ上がって、あの斧でめんどうなケーブルを切ってしまえ、全部だよ、全部。オルガンを止めるにはそれしかない。今夜中に大会を終わらせるんだ」。(12)

しばらくして、オルガンがとつぜん止まった。民主党幹部が何とか大会を終わらせようと集まった。知恵を絞って、定員過剰で火災の危険があることにした。市長のケリーが舞台に上がり発言した。「シカゴ市長の権限に基づき宣言します。ただちに会場から全員立ち退かれますよう」。(13)

翌日正午――副大統領決定の七月二十一日――スタディアムはまた混雑した。大会議長が静粛を呼びかけても（十二時十二分宣言）、会場は「興奮の坩堝だった」、とニューヨーク・タイムズの記者が報告した。「副大統領の指名が迫っていた」。(14)

トルーマンはもうミズーリ代表の席にはいなかった。ベスとマーガレットとともにステージのうしろに移動していた。もう候補者であり、いつの時点かで壇上に上がることになるからである。会場のいたるところにくずになった新聞紙が散乱しており躓《つまず》きそうだった。その午後、人々の話題はもっぱらドイツでの驚嘆の事実の展開に集中していた。ヒトラー爆殺事件が発生し、ヒトラーは重傷を負い、報復措置を取った。ヒトラー、陰謀団を処刑！　とシカゴ・トリビューンの一面トップに見出しが躍った。(15)

自分の席からトルーマンには人の波、そして無数のウォレスとトルーマンの旗が見えた。かれは夜通し、各州代表をウォレスからトルーマンへ鞍替えさせようと努力した。午前六時三十分、かれはドレーク・ホテルの一室に現れ、ミズーリの先任上院議員、チャンプ・クラークに自分のための指名演説を頼んだ。クラークは酔っていたので、無理やりコーヒーを飲ませて尻を叩いた。午後一時頃、クラークは、ある記者によれば、「即興の」[16]トルーマン支持の演説をした。トルーマンは「この運命的な年」に仕事をする「充分な素質と充分な資格を備えている」[17]。

午後四時五十二分、集計が始まった。時間がかかり、最終的にウォレスの四二九・五票に対し、トルーマンの獲得票は三一九・五票となった。ほかの候補者十五名もそれぞれ得票しており、過半数を獲得した候補者はいなかった。二つのことが明瞭になった。決選投票が必要であることと、ウォレスまたはトルーマンに投票したもの以外が、どちらかに投票して過半数——五八九票——を獲得させなければならないことである。

民主党委員会のメンバーたちは、トルーマン票をかき集めた。決選投票は午後七時頃に開始された。半分ほどが終わったところで、まだ雌雄は決していなかった——呼び出しがメリーランド州に来るまでは。初回投票で自身が同州の十八票を取った知事のハーバート・オコナーは、同州代表全員の票をトルーマンに投じた。メリーランドの選択は連鎖反応を起こした。次から次に、他州の代表が続いた。オクラホマ、テキサス、ヴァージニア。トルーマンへの雪崩現象が明らかに起こった。

自分たちの席で、ハリーと娘はこの光景に畏怖を感じた。「狂騒状態にしびれてしまった」[18]とマーガレットは回想した。ベスにとってまったく望んでいないことだった。「ママはやっと無理して笑みを浮かべただけだった」[19]。七時三十七分、アイオワ代表団——ウォレスの出身州——は、ハリー・トルーマンの指名で全員一致した。八時十三分、大会議長、サミュエル・ジャクソンが群衆をかき分けて舞台に上がった。このときトルーマンは場内の売店カウンターでホットドッグとコカコーラを注文していた。ジャクソンは公式発表した。「ハリー・トルーマン上院議員が、過半数を超える一一七六の有効投票を獲得しました。よって、本職は同氏が、副大統領の民主党候補であり、次期合衆国副大統領であることを宣言します」[20]。

満場のどよめきでトルーマンにはこれが聞こえなかった。ジャクソンがマイクに向かって喋っている間、トルーマンはホットドッグとコカコーラを手にして、舞台のうしろにいた。「合衆国次期副大統領、演壇にご登壇ねがえませんか？……次期副大統領、演壇にご登壇ねがえませんか？」[21] やっとトルーマンにその声が聞こえた。「あ、はい」[22]、大きな声を出した。「ここにいます！」

護衛警官に両腕を取られて群衆の中を通り抜けた。かれはマイクの束の前に立ち、これまで同じ演壇に立った政治家のだれよりも短い受諾演説を行った。それはおよそ一分で済んだ。しかしながら歴史の鏡を通して眺めると、その言葉は不思議な先見性を帯びていた。かれは「戦争を早く終わらせ、平和を取り戻す手助けするため」[23]、献身的に働きたい、と述べた。

「何を申し上げるべきか、わたしには分かりません」[24] とトルーマンは演説を締めくくった。「この大いなる光栄を謙虚にお受けする、とお伝えすること以外に。ご清聴ありがとうございました」。

トルーマンの受諾が済むと、大会議長が急いでお定まりの決議を行い、群衆は出口に向かった。数千人が熱い夏の夜のシカゴに溢れた。トルーマン一家は祝辞を述べ、握手を求める人々の総攻撃を受けた。「無数のカメラマンのフラッシュで、わたしたちは目が見えなくなった」[25]、とマーガレットが振り返った。「女性たちが泣きながら腕をわたしたちに突きだしてくるので背骨が折れそうだった」。

トルーマンは妻が騒ぎを喜んでいないのがわかった。かれは警察の幹部になるべく早く群衆を退出させてくれと頼んだ。リムジンの後部座席にやっと乗り込むと、ベスはハリーの耳元に囁いた。「わたしたち、残りの人生はずっとこうなるのかしら？」[26]

シカゴ大会のニュースは、ワシントンDC中に、衝撃波を送った。民主党員は分裂、混乱した。上院担当記者のアレン・ドゥルーリーは、大会後の日記に、「一部の民主党員ほど、心底から、お互いを嫌悪していた者はいない」[27]と記した。一方、共和党員は攻撃態勢にあった。ペンダーガストの汚名を背負って、トルーマンは無限の攻撃手段を提供していた。

シカゴ大会が終わった夜、トルーマン一家は、モリソン・ホテルのベスの部屋で友人たちを迎えた。フレッド・カンフィルが受付をして、家族と親しいものたちだけが入室を許された。翌朝、ハリーは短い記者会見をした。「副大統領の気分はいかがですか？」[28]と聞かれた。

かれは笑った。まだ本選挙が控えていたのである。かれは言った。「選挙に勝ったら答えて上げるよ」。

ベスはいやいやながら、人生初の記者会見に応じた。政治紙の女性記者陣の番になって質問攻めにされ、ベスが不機嫌に身をよじる様子が観察された。年齢を訊ねられるとベスは、二十歳以上の女性はその質問に答える義務はありません、と答えた。公的な役割をつとめるつもりがあるか、との問いには、「わたしは演説をしたことがないし、これからもするつもりはありません」[29]、と答えた。

一家がハリーのクライスラーに乗ってインデペンデンスに向かっているとき、車内の空気は氷のように冷え切っていた。ハリーはベスの思いを理解していた。かれは指名を拒絶するべきだったのだ。

13

一九四四年八月八日朝、トルーマンは国防委員会の全体会合を開いた。場所はほぼスタッフの全員の机がある上院議員会館一六〇室である。かれはトルーマン委員会の委員長を辞めると説明した。一九四四年の選挙は激しい消耗戦になるだろうし、副大統領指名候補としてトルーマン委員会の仕事は政治的に解釈されかねない、だから自分は委員会を降りる。かれは委員会の仕事を誇りにしていた。その努力は納税者に推計百五十億ドルを節約させた。「それは明らかに掛け値なしだった」[1]、と委員会監査人のウォルター・ヘーメイヤーは回顧した。「かれの話が終わると、部屋は一種の沈黙が支配し、全員がそれぞれの机の脇に立ちつくしていた」。トルーマンは部屋を回って、個人的な謝意を述べながら一人一人と握手した。「トルーマンはそういう人柄だった」[2]、とヘーメイヤーは言った。「明らかに票狙いではなかった。事実、そこには群衆も、新聞記者もいなかった」。

予想どおり、トルーマンが一九四四年選挙の候補になったことは党員の関心を集めた。新聞はかれのことを「ミズーリの妥協の産物」[3]と呼んだ。クリスチャン・サイエンス・モニターの政治記者は、「かれは相手としてあまり強くなく、輝くような人材ではない」と書いた。[5]「可哀相なハリー・トルーマン。そして可哀相な合衆国国民」、とルーズベルトの健康の噂と絡めて、ザ・ニュー・リパブリックの政治コラムニスト、リチャード・ストラウトが書いた。「トルーマンは副大統領としてはまずまずだろう。しかし、こんな時代の合衆国大統領としては？」

ママ・トルーマンですら何やら呟いていた。[6]「上院にそのままいれば良いのに」、と九十一歳が言った。[7]「好きでもないのに。みんなが押し込んだのね」。

委員会を辞めてから十日のち、トルーマンは副大統領指名候補として初めてホワイトハウスを訪れた。前夜、インデペンデンスのベスからの電話で、友人二人の息子たちが海外で戦死したことを伝えられ、かれはいささか落ち込んでいた。とにかく、ホワイトハウスは訪問者に対して威圧感がある。大統領はトルーマンを大歓迎した。[8]「長く会っていない兄みたいだったよ」、とベスに書いた。

南側の芝生へ出て、何年も前にアンドリュー・ジャクソンが植えたマグノリアの木の下に二人は座った。使用人が、お茶とサーディン［いわし］の乗ったトーストを運んできた。その日は暑く、二人はシャツ姿だった。トルーマンはネクタイ、ルーズベルトは蝶ネクタイを絞めていた。ルーズベルトがティーポットを取り上げるところを見て、トルーマンは目を丸くした。大統領の手は異常に震えていて、お茶がカップに溢れそうになった。会話は戦争の話に移った。中国での困難、そしてきたるべき選挙問題。ルーズベルトが言うには、自分は戦争のことで超多忙である、選挙の重責はトルーマンに担って欲しい、頼りにしている。トルーマンは旅を楽にするために飛行機を勧めたが、ルーズベルトの好みではなかった。

[9]「ぼくらのどちらかは生き残らなければ」、とかれは言った。

二人はカメラマンに向かって微笑んだ――トルーマンはカメラマンたちを「フラッシュライトの新聞写真少年」[10]、と呼んだ。そして副大統領指名候補トルーマンは上院議員会館の自分の事務室に戻った。そこでは友人のハリー・ヴォーンが待ちくたびれていた。

「ねえ」[11]、トルーマンは真面目な面持ちで言った。「ぼくは大統領の健康が気になるんだよ。あんな状態で大丈夫なのかな。お茶にクリームを入れると、カップの中より、受け皿の方に多く入るんだよ。手は震えているし、言葉もかなり不自由だ。頭の方は全く大丈夫そうなんだが、身体がね。バラバラになりそうだ」。

それでも、トルーマンは選挙対策を考えた。それは一八六四年、リンカーンがジョージ・マクレランを破って以来の戦時中の大統領選だった。

一九四四年十月初旬、トルーマンは妻と娘に別れのキスをして、七千五百マイル［一万二千キロ］の全国遊説に旅立った。列車に同乗したのは、演説を起草するマシュー・コネリー（「政治のことは全く知らないのですが？」[12]と出発前に質問したことに対して、トルーマンは、「心配しなくていいよ、良いお手本がいるから」と答えた）と、安全担当のエディー・マッキムだった。マッキムは演説と会合の間中、トルーマンの側に立つこととなった。かれは銃の所持を装っていた。「自分がSS要員かどうかはだれも知らない」[13]、とマッキムは述べた。トルーマンは以前ミズーリの選挙で激戦を勝ち抜いた。しかし今回は全国区の選挙戦である。民主党全国委員会が命令し、経費を負担した。委員会書記のジョージ・アレンが「露払い」だった。町から町へ鳴り物入りで群衆を呼び集めて、トルーマンが列車を降りてプラットフォームを踏む背景とする。ラウドスピーカーも準備されていた。トルーマンは演説をひとくさりして——数百人の時も、十数人の時もある——次へ向かった。

マディソン・スクエア・ガーデンでは、フランク・シナトラという若い流行歌手がトルーマンを紹介した。ピッツバーグでは、トルーマンの取り巻きたちが、演説会場まで二十六台の護衛オートバイ警官隊の行列を楽しんだ。会場には映画俳優、オースン・ウェルズが選挙応援に姿を見せた。トルーマンの演説はまだぎごちなく、カリスマ性を欠いていた。「声は良いのだが、話し振りが……早過ぎて」[14]、とその夏、ある記者がトルーマンを評した。「話の最中は『ええと、いつ終わりましょうか』と言うように、締めの言葉は『やれやれ、これで終わります』と言ったように聞こえた」。

トルーマン候補の魅力は、その普通人の人柄だった。かれは、たまたま副大統領候補となった隣人か、薬局で順番待ちをするその辺の人であった。トルーマンの話は「アメリカ民主主義のもっとも驚くべき物語の一つである」[15]とボストン・グローブの一記者は書いた。「それは本人の意思に反して目も眩む高所に上った、一人の平凡な男の物語であり、本当に真実なのか、少々世の中を惑わせる話だった」。かれの発するメッセージは単純だった。世界戦争の絶頂にある今は、行政の最高執行者が交替するときではなかった。

「新大統領が物事を学ぶ時間はない」[16]、ミズーリ州ラマールの三千の聴衆に向かってトルーマンは語った——この言葉からは、当時のとくべつな皮肉は感じられない。「そして間違いを冒したらもとに戻らない……。外国のリーダーとその問題をルーズベルトほど知り尽くしている大統領は、歴史上いない」。

かれはペンダーガストとの関連で攻撃を受けるのは分かっており、その嵐は切り抜けた。予想どおり、妻の給料の話は大問題となった。著名作家で女性下院議員のクレア・ブース・ルースはトルーマン夫人のことを「お給料の[17]

ベス」と呼んで侮辱した。シカゴ・トリビューンは、もっとも痛烈な反トルーマンのコラムを何度も書いた。タイトルはたとえば「ペンダーガストの給油車、トルーマンに会う」[18]、「壮大な浪費村をトルーマンが統治」[19]などだった。

イリノイ州ペオリアでのある夜、トルーマンが列車内で眠っていると、記者たちがとつぜん客車の中に乱入した。ハースト系新聞社が、トルーマンが若いころの一時期、ジャクソン郡のクー・クラックス・クラン〔KKK＝南北戦争後南部で結成された白人至上主義の秘密結社〕の一員であったことを物語仕立てで掲載しようとしているのを知らされた。真夜中、ホワイトハウスの新聞担当、ジョナサン・ダニエルズは、ペオリアのホテルにいた民主党全国委員会の書記、ジョージ・アレンを呼び出した。

「ジョナサンは困っていた」[20]とアレンは振り返った。「わたしもそうだった」。

翌朝早く、アレンはトルーマンの列車に乗った。かれはトルーマンを浴室に押し込んだ——唯一、内緒話が出来る場所だった。その話が本当なら、ルーズベルトの立候補に大打撃となる。そうでなければ、ハーストを訴えるとアレンは言った。トルーマンは、この話は嘘だと断言したが、訴訟はしたくなかった。かれは話を否定して、あとは成り行きに任せた。仲間たちは、トルーマンの沈着さが忘れられなかった。「それは一人の男以外の全世界を揺るがせた」[21]、とトム・エヴァンスは回想した。トルーマンの故郷の友、エヴァンスは、そのとき列車に乗り組んでいた。「トルーマン氏はいささかも心配していなかった」。

KKKの件は全国の新聞が報道した。トルーマンは穏やかに否定声明を出した。そして智恵の働く調査屋が、一九二六年のジャクソン州選挙で、KKKがトルーマンに反対したというカンザス・シティ・スターの記事を見つけ出すことに成功した（「われわれはハリー・トルーマンに変わらず反対する」[22]というKKK幹部の発言を記事は引用していた）。トルーマンが言ったとおり、醜聞は消えた。

十一月初め、列車はカンザス・シティに到着した。故郷の群衆を前にしてトルーマンは、生涯でもっとも比喩的となる言葉を口にした。「みなさん、何の経験もない男が、チャーチル、スターリン、蔣介石と講和のテーブルに着くところを見たいと思いませんか?」[23] これは当時、明らかに、だれに向けられた言葉でもなかった。


選挙日当日——一九四四年十一月七日火曜日——トルーマン一族はグランドビューのママ・トルーマンの回りに集まっていたが、ハリー、ベスとマーガレットはカンザス・シティのメーレバック最上階のスイートに滞在していた。かつてトルーマン&ヤコブソン洋品店があった場所からそれほど遠くないところにあった。トルーマンは群衆をかき分けて歩きながら、「ここのみんなは緊張しているけれど、ぼくは違うよ」[24]、と言った。かれはバーボン・ウィスキーを好んだが、ちびりちびりやるのが得意で、ほかのものはかれほど上手にやれなかった。ベスとマーガレットはその夜のかれの飲み過ぎに呆れた。いっとき、ラジオのアナウンサーが、トルーマンの出身地、ミズーリ州は共和党を撃退しそう、と報じた。

「ワーオ」[25]、トルーマンは言った。「これはコンサートをしなさいということかね」。トルーマンがピアノの前に座り、パデレフスキーのト長調のメヌエットで客を喜ばせると、新聞社のカメラマンたちがスナップ写真を撮った。

一晩中、レースは抜きつ抜かれつを繰り返した。ワシントン時間午前三時四十五分、デューイは敗北を認めた。フランクリン・ルーズベルトは史上初の四期目大統領となり、ハリー・トルーマンはそのナンバー・ツーとなった。その夜来客が帰ると、トルーマンは、メーレバック・ホテルの部屋のベッドで寛いだ。これから起ころうとしていることについて、かれがどれほどの衝撃を受けているか、世間は知る由もない。ハリー・イーズリーという友人が一緒にいた。「(トルーマンは、)[26]自分が最後にルーズベルト氏を見たとき、その顔色は蒼く死相を浮かべており、任期終了前に自分が大統領になるだろう、と覚悟している、と述べた」、とイーズリーは振り返った。「かれは友人たちを頼りにせざるを得なくなるだろう、と言った」。

思えば、アンドリュー・ジャクソンの冒険を空想し、グランドビューの畑を耕していたのは、ついこの間のことのようだった。これまでの二十年、かれの政治生命は永続きしないだろう、と思われる出来事が次々に起こっていた。いまかれは、ミズーリ州初の副大統領となった。翌朝、ルーズベルトはトルーマンに、直接、電報を打った。

[27]ハリー・S・トルーマン殿
ホテル・メー《マ》ルバッ《マ》ク
ミズーリ州カンザス・シティ

万事良好ご同慶の至りなり
貴殿の旺盛なる活動に謝意ならびに祝意を表す
ワシントンにて近々の会見を期す

ルーズベルト

一九四五年一月二十日、大統領の四期目就任式を見ようと、数千人が薄く雪が掃かれたホワイトハウスの園庭に集った。宣誓式はいつもの議事堂ではなく、ホワイトハウスの南玄関で開催された。国外の戦場で戦う兵士たちに敬意を表して、史上最小の規模で簡素に行われることとなった。[28]海兵隊軍楽隊が「大統領万歳」を演奏、監督教会ワシントン主教のアンガス・ダン師による祈禱に続いて最高裁判所長官のハーラン・ストーンが演壇に上った。聴衆の中には、トルーマンのかつての洋品店のパートナーだったエディー・ヤコブソン、結婚式の付添人だったテッド・マークスがいた。そしてトム・ペンダーガストの甥、ジム・ペンダーガストの顔もあった。

新参の副大統領が最初に宣誓し、ベスとマーガレットが傍らで見守った。側面を国旗で固められ、かれは歴史的に承継された言葉を述べた。気温は低く、かれの吐く息が遠くからでも白く見えた。短時間でそれは終わり、かれは席に戻った。

次がルーズベルトだった。両足を装具に固定させて、ルーズベルトは、肌を刺すような風の中、コートも帽子も着けずに立っていた。スピーチは短かった——リンカーンのゲティスバーグの演説よりは少し長かった。世界情勢は、近時、激変している、とかれは聴衆に訴えた。[29]「われわれは世界市民になる方法を学びました。われわれは単純な真理を学びました。エマーソンの言う『友を得る唯一の方法は、その一人になることである』、であります」。このときのルーズベルトは極めてよわよわしく見え、顎は引き締めるのに疲れ切ったように、だらりと垂れさがっていた。大勢がその外見に衝撃を受けた。マーガレットは回想した。「生涯の絶頂の一つとなると思っていた日の天辺で、[30]自分が落ち込んでいることに、とつぜん気づいた」。

トルーマンが外で祝ってくれる人々に挨拶しているとき、ホワイトハウスの内部では劇的な光景が繰り広げられていた。大統領が休憩のためにグリーン・ルームに行こうとしたとき、かれはとつぜん突き刺すような胸痛に襲われた。そして息子のジェームズの腕を摑まえて言った「ジミー、何か強い飲み物を頼む、でないとしのげない。ストレートがいい」[31]。すぐにルーズベルトはウィスキーを口に注ぎ、元気づけてから宴会へ向かった。

トルーマンは行事終了の四十分前にその場を離れた。友人を一人連れて車に乗り、上院議員会館に戻った。執務室に着くと（同じ二四〇号室をそのまま使うことを希望し最近戻って来た）、管理人がドアに新しい標識を書いているところだった。副大統領室。かれは機会を見つけて母親に電話した。

「やっとお前らしいことをしてくれたね！」とママ・トルーマンが言った[32]。

机に積まれた書類で、トルーマンは自分の新しい仕事をし始めた――何とも少ない書類だ。

就任式の二日後、トルーマンは初めて上院議長をつとめた。かれは拍手で迎えられ、定刻に議事開始の木槌を鳴らした。木槌は、ジョージ・ワシントンが議会の敷地に植えた木をくり抜いて作ったもの、と伝えられていた。一日後――一月二十三日――ルーズベルトは取り巻きを連れてヤルタへ旅立った。一行は、その後、もっとも論議を呼び起こすこととなる連合国の秘密会談で、ソビエト人、イギリス人と会うのである。ルーズベルトが信頼する相談役の全員、ジミー・バーンズからハリー・ホプキンス、リーヒ提督からジョージ・C・マーシャルまで、が出席した。トルーマンはワシントンに止まった。

ルーズベルトがヤルタに発った同じ週のある朝、トルーマンが執務室に来ると、マシュー・コネリー――いまやトルーマンの隠れ秘書役となっていた――が、緊張した面持ちで近づいてきた。コネリーの記憶していた会話は次のようなものだった。

[33]「ちょっと悪いニュースがあるんですが」とコネリーが言った。

「何だい？」

「トム・ペンダーガストが死にました」。

トルーマンは理解した。それは大問題だった。かれが、もしその葬式に出たら轟々たる非難を浴びる。出なければ、自分の心が傷つく。悪党であろうが、なかろうが、ペンダーガストはトルーマンに、ほかのだれよりも多く、政治活動の機会を作ってくれた。

「トムが死んだって？」とトルーマンは言った。「どうすればいいと思う？」

「あなたは行く筈ですよ」とコネリーが言った。「あなたはトムの葬式に出ます」。

「そのとおりだ」。

コネリーの手配でトルーマンは軍用機を利用し、出発した。ペンダーガストの葬式にかれが出たことはワシントンの町の話題となった。トルーマンの政敵も認めざるを得なかった。それは男らしい行動だった。コネリーは「そのことはこれまでトルーマンが大衆の心に政治的影響力を及ぼした最大のものの一つだ」、と語った。「それはたいへんな評判となった」。

秘密だった歴史的なヤルタ会談のニュースが世界中に公表されたとき、ルーズベルトはヤルタからの帰路のクインシー号に乗船中だった。敗戦後のドイツの共同占領、ポーランドなどナチ占領下にあった諸国の将来、国際連合の設立などの諸計画が、いま討議の場にあった。戦いはクライマックスを迎えており、計画通りの軍事作戦が地球上のあらゆる場所で進行していた。ヨーロッパでは、連合軍がノルマンディ沿岸に大挙上陸し、バルジの戦闘でナチ軍を敗走させていた。ロシアの赤軍は、東方からベルリンに大規模攻勢をかける準備をしていた。太平洋では、マッカーサー将軍とニミッツ提督翼下の米軍が、環礁を次々に前進し、無人のジャングルの島々に航空基地を建設し、日本本土を破壊する爆撃機を発進させていた。日本軍は狂信的な抵抗を示していた。サイパン島の激闘では日本の民間人が集団自殺を遂げた——子供連れの母親たちが崖から飛び込んだ。タイム誌は読者に予見的な問いかけをした。「自殺とは、全日本民族が降伏前に死を選ぶという意味なのだろうか？」[34]

その後の数週間を通じて、ルーズベルトは公務から身を隠し、大西洋経由の電信で、スターリンとの秘密交渉に没頭した。ソビエト連邦と合衆国の外交関係が驚くほど変化していたからだ。モスクワからのアヴェレル・ハリマンの報告が注意を喚起した。モスクワの雰囲気は偏執狂的邪悪に満ちていた。「われわれはいま、ソ連政府がすべての問題について、自身のわがままな国益の立場からのみで判断しているという、幅広い証拠を握っている」[35]、とハリマンは、四月初旬の、死の数日前のFDRに打電した。「ソビエトの計画は、われわれが奉じ、随っているところの個人の自由と民主主義を、抹殺する全体主義の確立にほかならない」。

トルーマンの国際情勢の知識は、新聞を読む平均的なアメリカ人のものとほとんど同じだった。個人的に、大統領はトルーマンを見下していた。「かれは新副大統領を、自分の機能の一つとは見ていなかった」[36]、とワシントンの戦時動員・産業転換局のトマス・ブレースデルは語った。「わたしは大統領の戦時中の秘密ファイルを管理していた」[37]とホワイトハウスの海軍補佐官代理のウィリアム・リグドンは述べた。「しかし、一度として副大統領あてに何か書類を提示させる指示を受けたことはなかった。トルーマンは、ルーズベルト政権内部の仕事は全くしていなかった」。

そして四月十二日になった。ルーズベルト死去の日であり、トルーマンの大統領としての冒険が開始された日であった。大統領宣誓を終わって、四月十二日の夜、眠りについてまどろみながらトルーマンは、翌日はこれまでにない厳しい一日になると思った。それは四年近く残った政権任期の一日に過ぎなかった。

トマス・ジェファーソン——アメリカの二代目副大統領で三代目大統領——がかつて言った。[38]「この政府の二番目の席には名誉があり、仕事も容易い。先頭の席は、素晴らしく憐れなものに過ぎない」。

第三部

1945年 4 ～ 5 月

ロケットに乗った人間のようにかれは飛んで来た。

——ジョナサン・ダニエルズ、ホワイトハウス新聞担当秘書官

わたしはロシアの状況に危険を察し、懸念した。急速に悪化しているので恐怖を感じた。

——国務省幹部、ジョセフ・デイヴィス

14

四月十三日の朝、トルーマンはいつもどおり早起きした。大統領初日はトマス・ジェファーソンの誕生日だったので、良い前兆だとの思いがよぎった。このときの自分自身を何らかの政治思想と結びつけるとすれば、かれはジェファーソン流民主党員だった。ハリーは一日のペースをきちんと守る主義で、その朝も散歩に行こうと部屋のドアを開けた。しかし外側は、今までとはまるきり違う世界に見えた。警官たちがアパートの廊下と戸外をパトロールしていた。数の増えたＳＳ要員がうしろをつきまとった。あちこちにいる鳩たちさえも、かれのことを新奇な目で見ているようだった。トルーマンはグレイのダブルのスーツに黒いネクタイ、黒靴姿で、胸元からきちんと折った白いハンケチを覗かせていた。手早く朝食を済ませて、建物後方に駐車している車列に向かったとき、かれは、ＡＰの政治記者、トニー・ヴァカロが傍にいるのに気づいた。ヴァカロはスクープを狙っていて、大統領はそれに応えた。

「トニー、こっちへ来いよ」とトルーマンは装甲リムジン車の後部座席に乗り込みながら言った。「一緒に行こう」。(1)

少し驚いて、ヴァカロは乗った。運転手がペンシルベニア通り一六〇〇番地を目指して走り出すと、トルーマンはヴァカロに頼みごとをした。かれは人々に自分が以前と同じ、ハリー小父さんと思って貰いたかったのだ。かれは友だち、とくに一二九連隊の戦友とこれから会えなくなることを嘆いていた。

「[2]ねえ、出来ることなら、連中にノックなしに来て貰いたいんだ」とトルーマンは言った。戦友が「自由のために急襲する「一杯やる」ために」立ち寄る日々は過ぎ去った。「本当に淋しいよ」。

ちょうど午前九時前に、大統領の車は朝の交通混雑を縫って、ホワイトハウスの行政執務棟《エグゼクティブ・ウィング》正面に着いた。トルーマンが足を踏み出すと二十名以上の記者たちが前方に突進し、カメラのフラッシュが焚かれた。

「[3]おいおい」、トルーマンは笑いながら言った、「今朝は人気者になったみたいだね」。

記者の一人が、何か声明を出しますかと訊いた。

「[4]ないない、昨日言ったこと以外には何もないよ」。

ホワイトハウスはこんな早い時間には異常なほど混雑していた。ルーズベルトが午前九時半前に起きることはまれだった。「[5]行政執務室の広いロビーには人が溢れていた」と新聞担当秘書官のジョナサン・ダニエルズが記録していた。廊下を新しい執務室に向かって、兵隊のような歩調で歩くトルーマンにみなの目が注がれた。「[6]その日は呆然とさせられた」とダニエルズは回想した。「ハイドパークの貴公子から、ルーズベルト時代を過ごしたみながそう思う、カンザス・シティの小男への移行を目の当たりにして」。

大統領の椅子に初めて腰かけて、トルーマンは、目にするものすべてにFDRが宿っていると思った――、ルーズベルトの集めた壁いっぱいの帆船の絵の数々、変色した灰皿、机のあちこちに置かれた小さな犬の彫像。トルーマンは「試すように」[7]椅子を回転させた、とダニエルズは想い起こした。「わたしはちょっと気の毒に思った……。それは依然としてルーズベルトの机であり、ルーズベルトの部屋のように思われた。わたしには本当に、広い南側から差し込み、トルーマンの分厚い眼鏡に反射する日光も、ほとんどルーズベルトのもののように思われた」。

トルーマンはその日の仕事を始めることにした。かれは補佐官に机にあるFDRの所有物をすべて片づけて、ルーズベルト夫人のために保管するよう指示した。間近に、隠れ秘書役としてマシュー・コネリーがいた。オーヴァル・オフィスの外では、スタッフが緊張の面持ちで、それぞれの権能の迷路を動き回っていた。かれらの多くは十二年間、ルーズベルトに仕えていたのだ。「みな混乱し、[8]衝撃を受け、呆然としていた」、コネリーが回想した。「だれもトルーマンのことを知らず、トルーマンも、だれも知らなかった」。報道官補のイーベン・エイヤーズは、その朝のホワイトハウス職員全員の様子について、「わたしも、古手スタッフのだれも、次に起こることが分から[9]なかった」と日記に記した。

トルーマンの特徴は、家族思いで、中でもベスへの思いやりだった。彼女はかつてアメリカの知る、もっとも影響力あるファースト・レディを引き継ぐことになった。ベスはいま何とかしてエレノア・ルーズベルトに代わらなければならなかった。トルーマンは上院議員事務所にいる秘書のリーザル・オーダムを電話でホワイトハウスに呼んだ。オーダムが到着すると（「もう[10]死ぬほど怖かった」と彼女は想い起こしている）、トルーマンは、コネティカット通りのアパートに行って、「ボス」を助けるよう頼んだ。オーダムの新しい仕事はファースト・レディの秘書だった。

午前九時三十分、のっぽのビル・シモンズ――オーヴァル・オフィス入口の受付を担当――が、大統領との会見を求める客を案内してきた。トルーマンの副大統領としての選挙運動のときの放送を手助けしたラジオ局幹部のレイオナード・レンシュとオマハの保険業者エディ・マッキムだった。マッキムは前夜、スタトラー・ホテルでポーカーの準備をしてトルーマンを待っていたときに、ラジオでルーズベルトの死を知った。トルーマンは立ち上がって机を離れ、マッキムに近づき謝罪した。親友の一人として、ホワイトハウスの就任現場に招くべきだったのだ。数十年もマッキムは友をハリー、またときには大尉と呼んだ。今日は違った。

「[11]さて、大統領閣下《ミスター・プレジデント》」、マッキムは言った。「昔のことはどうでもいいですよ。いま起こっていることが大事なんです」。

トルーマンは椅子に戻った。マッキムはその前に佇み、何を言ってよいか分からなかった。

「そこに立っていないといけないのかい?」トルーマンが訊ねた。

「はい、大統領閣下、いまとつぜん合衆国大統領の前にいることに気づいて、どうしたらよいのか分からなくなりました」。

何かを物語る瞬間だった。これからはこういう風になって行くのだ。

あらゆる街で、報道記者たちは、一つの時代の終焉を告げ、新政権について不安の新時代の幕開けと謳った。

「[12]ハリー・S・トルーマンほど困難な状況で合衆国大統領に就任したものはいない」とロサンゼルス・タイムズのコラムニストは書いた。ウォールストリート・ジャーナル朝刊は、トルーマンの仕事を「[13]超人的仕事」と呼んだ。

「[14]今朝、仕事に就いてみて」とミシガンのヴァンデンバーグ上院議員は日記に記した、「国家も自分と同じくらい、不安と困惑に捉われているのではないか、との疑問を感じた」。

六十一歳の誕生日まで一カ月弱のトルーマンは、ジェームズ・ブキャナン（在任一八五七～六一）に次ぐ高齢の大統領であり、ミシシッピ河以西出身の二人目の大統領だった（先任はアイオワ州生まれのハーバート・フーヴァー）。現職大統領の死によって副大統領から昇格したものでは七人目だった。その嚆矢《こうし》は一八四一年のジョン・タイラーで、かれには「まぐれ当たり閣下」と綽名がつけられた［原文はHis AccidencyでHis Excellency＝「閣下」のもじりである］。一今回の就任にあたって、新大統領は、これまでの大統領以上の権力を、史上最大の戦争の真っ只中で承継した。一九四五年四月十三日、最高裁判事のロバート・H・ジャクソンがルーズベルトの死に際して称《たた》えたように、「アレグザンダーも、シーザーも、ハンニバルも、ナポレオンも、ヒトラーも、これほどの物量による力の総体を指揮したことはなかった」[15]。

合衆国は人口一億四千万ほどの国だった。陸軍省の最新の数字によれば、総兵員数は、一二〇九万六六五一名（陸軍、陸軍航空隊、海軍、海兵隊、沿岸警備隊の合計）で――うち、五四〇万三九三一名が、現に海外に派遣されていた。三月三十一日現在で、陸軍の犠牲者数（戦死、戦傷、虜囚となったもの）は八〇万二六八五名、海軍は九万三三九二名だった[16]。

トルーマンがホワイトハウスに持ち込んだ強味が一つあるとすれば、それは、合衆国がいかに猛烈な物資製造機械になったかという銃後の事情を熟知している点にあった。戦争の勃発に際してルーズベルトは、連合国すべてに兵器を供給する「民主主義の兵器廠」を標榜し、アメリカ特有の大量生産原理に基づく組立ラインを建設した。ルーズベルトは真珠湾攻撃の二日後「ただ一人といえども、すべての男性、女性、子供の一人ひとりが、米国史上、もっとも巨大な事業のパートナーである」と言明した[17]。いま、一九四五年四月十三日、その夢は実現した。戦時生産は完全にピークに達した。国内の至るところで、工業の奇跡が起こっていた。

五年前は広大な畑と果樹園だった場所でフォード自動車は一時間に一機のB24爆撃機を量産していた。最高破壊力を誇るこのアメリカ最大の爆撃機は、開戦時から大量生産された史上最多の軍用機となった（現在もその記録は破られていない）。クリネックス社は機関銃架を作っていた。飛行機を製造する棺桶工場や数百万個もの弾丸を製造しているオレンジ・ジュースの圧搾会社もあった。ニューオリンズでは、一人の男――アンドリュー・ヒギンズ――が、たくさんの軍艦を設計、製造していて、ヒトラーが「現代のノア」と呼ぶようになった。合衆国は、世界の軍需品の四五％、商品の五〇％近くを生産していた。工場群で、多数の航空機、ジープ、戦車、船舶、潜水艦、水陸両用車を作っており、ヨシフ・スターリンは、アメリカのことを「機械だらけの国」と呼んだ。[18]

トルーマンはいまや、この生産、軍事国の最高指揮官だった。その力は、オーヴァル・オフィスでかれを取り巻く国家の表象を見ればわかる。アメリカ国旗が高く掲げられ、机のうしろの窓のカーテンには白頭鷲［アメリカン・イーグル、米国の国章］が織り込まれていた。かれが高校卒業以降に受けた正規教育はわずかだが、ワシントンの官僚たちがすぐに気付いたように、かれはたいへんに博識だった。生涯を通じての読書傾向が、数え切れない世界の英雄たちの勝利と敗北の物語だったことはよく知られていた。いまかれはその一人となったのである。

午前十時十五分、ステテニアス国務長官が、統合参謀本部と戦時内閣の面々を連れて到着した。トルーマンはかれら――いずれもアメリカ軍の錚々たるメンバー――と面識はあったが、表面的なものに過ぎなかった。

ジョージ・C・マーシャル将軍、六十五歳、は陸軍参謀総長でありながら、その軍事決断力は、ウィンストン・チャーチルやヨシフ・スターリンの大物たちも、しばしば及ばぬところがあった。陸軍長官のヘンリー・スティムソンはその夏、マーシャルに「わたしは生涯で軍人を多数見てきたが、閣下、あなたほど立派な軍人は見たことがありません」と言った。[19]その朝マーシャルは忙しかった。ペンタゴン［陸軍省］のあらゆる資材を投入して、ルーズベルトの国葬準備に没頭していた。国葬はほぼ二十四時間後に迫っていた（すでにルーズベルトの遺体はウォーム・スプリングスから鉄道移送中で、経路はフォート・ベニング基地の二千名の兵士が警備していた）。

トルーマンの前に座っていたもう一人、海軍長官のジェームズ・フォレスタル、五十三歳、は卓越した情熱と繊細なエネルギーの持ち主だった。もとアマチュアのボクサーで、鼻は潰れていたが、ユーモアの完璧な欠如で知られていた（四年後、かれは鬱病になり、病院の窓から飛び降り自殺をした）。また七十七歳の陸軍長官、ヘンリー・スティムソンも同席していて、眼がかすみ不眠症になっていたが、一同の中では尊敬を集める政界長老だった。そしてウィリアム・リーヒ海軍元帥は、大統領の参謀長で最高級将官だった。軍人は制服で、文民（海軍、陸軍、国務の各長官）はスーツ姿だった。

トルーマンを除き全員が富裕階級に属し、エール大学、プリンストン大学や合衆国海軍兵学校などの優秀校出身だった。出席者は室内に張り詰めた空気を感じた。リーヒは、「対外問題にまったく無経験な新大統領が、複雑で致命的になりかねない戦争と平和の仕事をどう捌いて行くのか、まだだれも見当がつかなかった」[20]と記録した。

国務長官は、話を聞いてください、と切り出した。「好きなだけどうぞ」[21]とトルーマンは答えた。ステテニアスはサンフランシスコでの国連会議について喋った。会議開催までに二週間を切っていた。

「ぼくはサンフランシスコには行かないと決めた」[22]とトルーマンは言った。ルーズベルトは、国務長官自身をリーダーとする代表団を指名していた。「サンフランシスコにはあなたに行って欲しい。大成功となるように、うまくまとめて下さい」とトルーマンはステテニアスに言った。「何か大統領のメッセージが必要ならば、喜んでそうする」。ステテニアスはそれは適切なことだと同意した。また国務長官は、トルーマンが出来るだけ早くチャーチル首相と個人的に会うべきである、と提案した。

「この件については、わたしが話を詰めて行きましょうか?」とステテニアスは言った。[23]「ウィンストン・チャーチルに早くこちらへ来て貰うよう、どんな段取りでも進めてくれれば有難い」、トルーマンは言外に、訪米がイギリスの指導者の義務であり、それ以外にはあり得ない、と示唆しながら返事をした。

そして、マーシャルとリーヒが現状の軍事情勢の概況を説明した。「簡潔で要点を衝いていた」とトルーマンは回想した。[24]ドイツ打倒には、少なくともあと半年はかかる、と二人は信じていた。一方太平洋の作戦はもう少し長くなるだろう。統合参謀本部は、日本の降伏までには一年半ほど必要だろうと考えていた。まだまだ多くの戦闘が残っていた。軍上層部全員が、対日作戦には地上軍の投入が不可欠という点で一致していた。オーバーロード作戦、D＝デイのヨーロッパ侵攻の成功がこの議論の支えになっていた。日本侵攻――暗号名、ダウンフォール作戦――計画が、ペンタゴン内部で着々と進行していた。

トルーマンは議会に対し声明を発表したい、と述べた。世界に向かって、自分がルーズベルトの政策を継承し、連合軍のあらゆる資源を使用して、ドイツと日本に無条件降伏を強いる戦闘を継続することを確約することにした。みな、それは良い考えだと同意した。トルーマンの議会に対する最初の声明は、三日後の月曜日に行うことが決まった。室内の全員が、新大統領の世界舞台へのデビューとして、トルーマン声明が大いに期待されていることを理解していた。

長官たちと幕僚たちは退出した。マーシャル将軍とスティムソン長官はホワイトハウスを一緒に出た。スティムソンは、トルーマンの印象を一言[25]「好きになれる」と表現した。

「どんな人かはまだ分からないね」とマーシャルは答えた。「プレッシャーが自分にかかって来るまでは」。

トルーマンの部屋では、リーヒ提督が残り、差しでの話をしていた。ルーズベルトの軍事顧問トップとして、この日は一日中辛かった。かれは長年ルーズベルトとのとくべつな関係を築いてきた。ヨットと海への愛情が二人の共通語だった。名うての堅物で、偏屈なリーヒは、海軍制服組の核心的存在だった。かれの履歴は、ナチ占領下のヴィシー政権のフランス大使、そして大統領の参謀長をつとめており、この戦争の最先端の職務ばかりを歩んだ。六十九歳とトルーマンよりかなり年長のリーヒは、いつでも、だれよりも直近の軍事情報を握っていた。軍人として、リーヒは命令系統を理解していたが、[26]「二流選手」と見なしている最高行政職の下に就くことの失望を隠しきれなかった。真珠湾攻撃直後から、わたしは毎朝ルーズベルトに会って戦況を伝えていた、とリーヒは述べた。

[27]「ぼくにも同じことを頼むよ」とトルーマンは言った。「戦争という仕事の機微はきみが詳しくてぼくは知らない。そいつを拾い出すにはきみが必要だ。ずっといてくれると有難い」。

仕事の仕方を一つしか知らないリーヒは、トルーマンに述べた。「あなたの参謀長として居続けるとしても」、リーヒは言った。「わたしは変われません。あなたが間違っていると思ったら、そう申し上げます」。

「それはね」とトルーマンが言った。「まさに、きみにして欲しいところなんだ。ぼくがミスをしたら言ってくれ。もちろん決定するのはぼくだ。いったん決定された事柄については忠実にしたがって欲しい」。

午後十二時十五分きっかり、SSはホワイトハウスからのトルーマンの退出を記録した。[28]どんなときでも、どの方向に行くか大統領の決裁を待っている、山のような仕事に慣れるにはまだまだ時間がかかるだろう。かれは国会議事堂《キャピトル・ヒル》に向かった。武装護衛に囲まれて、議事堂の回廊を歩いたが、これまでの十年間は、ここを一人で歩いていた。

驚いた面々がかれを振り返り、トルーマンはぎこちない微笑を返して、懐かしいレス・ビッフルの事務所に入った――「ビッフル酒場」[29]のことである。室内では上院議員や下院議員たちから挨拶を受けた――上院与党の院内総務、ケンタッキーのアルベン・バークリー、下院の与党院内総務、マサチューセッツのジョン・W・マコーマック、上院野党院内総務、メインのウォレス・H・ホワイト、下院野党院内総務、マサチューセッツのジョセフ・マーチン、下院議長のサム・レイバーンの他十数名の上院議員たちである。トルーマンは一度に二人ずつ握手をした。かれらはトルーマンが来るとは思っていなかった。やって来ると告げられたのはぎりぎりの瞬間だった。「まったく[30]型破りだった」とヴァンデンバーグ上院議員は日記に書いた。「しかしそれは賢明で、味のあるやり方だった」。

ここ数年、ルーズベルトは意思決定に戦時裁量権を利用して議会を排除してきた。そのため行政府と立法府の反目が絶えなかった。議員たちは、いまトルーマン――上院からの偉大な友人――が、この傾向を反転し、かれらの手に力を取り戻してくれると信じていた。「ということは行政による議会に対する侮蔑の日々が終わる、ということだ」[31]とヴァンデンバーグは日記に書いた。「議会が正当な場所に位置する政府に戻るんだ」。

一方、トルーマンは別の視点から情況を見ていた。かれは大統領としての立場が、キャピトル・ヒルの友人たちと衝突せざるを得なくなるだろう、と分かっていた。のちにかれが述懐したように、「議会と戦わなかった大統領[32]

はとにかく良くない」。大統領の意思の基礎固めをするのは、いまだった（この日遅く、トルーマンは上院議員時代の事務所にあった葉巻の最後の一箱を、使いの者に持たせてヴァンデンバーグ――九十六名の中でもっとも力のある――にメモをつけて贈った。「[33]わたしたちの白鳥の歌［最後の置土産］です」）。

昼食が出た――サーモン、とうもろこしパン、えんどう豆。トルーマンは飲み物を手にして、当惑しきっていた。かれは、三日後に開催される上下両院合同議会で、声明を発表するつもりだ、と言った。室内の一部の連中は、良くないことだと思った――ルーズベルトの死から早過ぎた。トルーマンは腹をくくった。「[34]わたしはここへ来て準備しているんです」と言った。そしてかれらの助力を頼んだ。みな、トルーマンが正直でこつこつと働くのを知っていた。またかれが合衆国大統領就任にまったく備えておらず、その「[35]すさまじい仕事」への野望もなかったことを知っていた。党派を超えてかれは支持を必要としている。

「[36]わたしは大物ではない」とトルーマンはその日、ヴァーモント選出上院議員のジョージ・エイケンに言った。「この仕事をするほどの大物ではない」。

レス・ビッフルの事務所を出ると、新聞記者の一団が押し寄せた。トルーマンのよく知る連中だった。かれらは、インタビューお断りを告げられた。しかしかれらはとにかく、敬意を表すために来たのだった。

「[37]これはいい気持ちだね」とトルーマンは、また同時に二人と握手しながら口にした。「本当にいい気分だ」。

「ご成功を祈り《グッドラック》ます、大統領閣下《ミスター・プレジデント》」と一人の記者が叫んだ。

それを聞いたトルーマンの目に涙が浮かんだ。「頼むからそう呼ばないでくれよ」と言った。

ＡＰ通信のジャック・ベルはこの場面をありありと記憶していた。「[38]われわれはずっとかれをハリーと呼んでいた。もうそれは出来ない。『ハリー』とは呼べないし、『大統領閣下』も言いかけては飲み込まないといけない、だから単に『あなた』とだけ呼んだ」。

トルーマンの言ったことは、これら記者たちを驚かせた。ワシントンの海千山千のジャーナリストたちも、これほど率直に物事を政治家が語るのを聞いたことがなかった。「[39]きみたちはだれも、干し草の山や牛が頭の上に倒れて来た経験はないでしょう。昨晩は、月と星の全重量がぼくの頭上に落ちてきた気分だった」。かれは一息いれた。「[40]新聞記者諸君、もしお祈りをするのなら、ぼくのために祈ってください」。

トルーマンの執務初日、午後二時三十分にジェームズ・F・バーンズがホワイトハウスに現れた。碧眼のジミー・バーンズ、六十二歳、サウスカロライナ育ちのニューディール信奉民主党員は、ワシントンの伝説的人物で、高校を出ておらず、キャピトル・ヒルの選良になる前は弁護士の地位に登りつめていた。出世こそがバーンズの命だった。子供はおらず、野心満々で息抜きをする暇もなかった。九カ月足らず前、バーンズはシカゴの民主党全国大会に出席して副大統領の指名を期待したが、ルーズベルトに鼻であしらわれて終わった。かれは期待を大きく裏切られて戦時動員局委員長の仕事を投げ出し、ワシントンを離れて故郷のサウスカロライナに戻り、そこで今度は知事の座を狙った。

もうFDRは世を去った。四月十三日となった真夜中十分過ぎ、バーンズはトルーマンに電報を打った。「[41]何か手伝えることがあれば言ってほしい」。トルーマンが後日知るところとなったが、バーンズは、ハリーよりもずっと上手に大統領をやれると確信していたようだ。大統領には自分がなるべきだった、とバーンズは思っていた。

二人は「太陽のもとで、あらゆる話をした」[42]とトルーマンは回想した。かれはチャーチル、スターリン、ルーズベルトのヤルタ秘密会談で、バーンズが速記でメモを取った、と聞いていた。バーンズはそれらのメモをトルーマンに引き渡すことに同意した。そしてトルーマンはバーンズを次の国務長官として考えている、と伝えた。国務省のトップは次期大統領の位置にいるが、現職のステテニアス国務長官は私企業出身だった。トルーマンが死ぬか、執務不能になったら、トルーマンは、公務経験があってアメリカ国民に選ばれたものに後継者になって欲しかった。議会で二十五年近い経験のあるバーンズをトルーマンは信頼していた。それに、バーンズはトルーマンと同じように低い身分から成り上がっていた。

バーンズは、その仕事を「勢い込んで引き受けた」[43]とトルーマンは振り返った。現職の国務長官は、サンフランシスコの国連会議に出発しようとしていた。バーンズの任命は既成事実同然だったが、当面は秘匿することにした。この秘密はまもなくワシントンで、最悪の隠蔽事項となった。

トルーマンの部屋を出る前に、バーンズは禁断の話題を持ち出した。「いかめしい表情で」[44]とトルーマンは回想した。「バーンズは、わが国は全世界を破壊するだけの充分な爆弾を完成させた、と言った」。トルーマンは、その凄い計画があることは気づいていたが詳細はほとんど知らなかった。バーンズは、その新発明は、軍事的兵器にとどまらず、政治的兵器となり得ると信じていた。――トルーマンはバーンズの言葉を覚えていた。「その爆弾は、わが国に、終戦時に諸条件を支配する力を与えてくれる」[45]。

説明の時間は短く、再び、トルーマンはマンハッタン計画について、情報がないままの状態におかれた。また、ジェームズ・Ｆ・バーンズがもっとも信頼できる相談役の一人になるに違いない、という確信が残った。

バーンズが帰ると、国務長官のステテニアスが、その日最後の面会をするために、トルーマンの部屋に戻って来た。ステテニアスは今度はモスクワ問題を持ち出した。かれは、ヤルタ会談以来「悪化した」[46]対ソ関係についてトルーマンに説明した。トルーマンは理解し、その理由を訊ねた。簡単に答えられる問題ではない。ステテニアスは、チャールズ・ボーレンに話す機会を与えたらどうか、と問い返した。ボーレンはルーズベルトのロシア語通訳で、国務省での米ソ関係の権威だった。ボーレンが現れた。「わたしは大統領になったトルーマンに会っていなかった」[47]とボーレンは振り返った。「かれは目立たない副大統領で、ルーズベルトに会う機会がわたしよりも少なく、合衆国の対外政策についてわたしより知識がなかった」。

ボーレンは、スターリンとルーズベルトとの交信の内容を、ルーズベルトが意識を失う前日のものまで説明した。スターリンはヤルタで行った確約の多くに背反しているようで、問題の核心にポーランドがあった。ボーレンは一九三四年のモスクワ大使館開設時の国務省高官の第一陣に入っており、状況を鋭く把握していた。ソ連はポーランドを支配しようとして、ヤルタで明確に合意したにもかかわらず、ポーランド獲得を企んでいた。「ソ連にとって」[48]と後日ボーレンは備忘録に記した。「ポーランドは、三十年間で二度、（ドイツによるソ連攻撃の）侵略の通り路となったので、面子だけでなく、死活問題である」。

スターリンへの対応の決断は、いまやトルーマン次第であり、新大統領は、ロシア人に対して強硬路線で行くことにした。「印象としては」[49]と国務長官は面会後、日記に書き留めた。「かれは、われわれがやつらに甘過ぎた、と思っていたようだ」。

ステテニアスは、モスクワからの特別電を手にしていた。駐ソ大使のアヴェレル・ハリマンからのものだった。ハリマンは電信でトルーマンに、自らがいかに「スターリン元帥と極めて真剣に親密な会話」を交わしたかを説明していた。ソ連指導者《スターリン》はルーズベルトの死に衝撃を受けて、そのことが明らかに次の行動を取らせている。[50]「ルーズベルトと貴殿については」とハリマンは書いていた。「スターリンは……ルーズベルト大統領は亡くなったが、その大義は生きており、われわれの総力と意思を以て、トルーマン大統領を支える、と申されました」。

　ハリマンの報告によれば、トルーマンへの外交辞令として、スターリンは十二日後に始まるサンフランシスコ国際連合会議に、ナンバー・ツーのビャチェスラフ・モロトフの出席に同意したという。これまでは、二国間の不安定な関係から、ロシアはルーズベルトに、モロトフは出席しないと伝えていた。ロシアがサンフランシスコ会議に欠席すれば、国連計画は挫折するに違いない。そのロシアが代表派遣に同意したのだ。国連の存亡そのものがその決断にかかっていた。すなわち、トルーマンの初日を終えないうちに、歴史が動き出したとも言えよう。

　モロトフが合衆国に来るなら、ワシントンにも立ち寄るべき、とトルーマンは考えた。モスクワのハリマン大使に一通の電報が打たれた。トルーマン初のソビエト要人との会談設定の指示だった。

　トルーマンが初日の仕事を終える前に、リーヒ参謀長は大統領に協力して、ウィンストン・チャーチルあてに世界の緊急案件であるポーランドの孤立問題に関する、最初の電文を作成した。[51]「眼の前に……貴国とわが国が共同で取り組むべき緊急事案があります」とトルーマンはチャーチルに書いた。「ポーランドとソ連の危険極まりない問題は、わたしに解決をせまっています……。われわれの次なる一歩は非常に重要なものと考えます」。

15

夕暮れどき、コネティカット通り四七〇一番地の建物は警察とSSが警備していた。トルーマンは建物の二階にある自宅に入ることが出来た。この建物がこんなに小さく感じられたことはなかった。マーガレットは自分の日記に、その日は一日中家にいた、と書いた。[1]「建物はSSの一団に取り囲まれて、行く先々にもいた」。「今日は一日動かなかった」。トルーマンは、「今後、プライバシーと個人の自由が大きく制限されるという事実から逃れるすべはない」[2]と書いた。

家族の夕食での会話の記録はない。しかし、ハリー、ベス、マーガレットとウォレス夫人は、早めに荷造りすべきことを知っていた筈だ。当分家具はそのままで、出ることとなる。ルーズベルト夫人がまだホワイトハウスに暮らしていた。トルーマンは、エレノア・ルーズベルトが十二年以上夫とともに過ごした家を引き払うまで、家族を公式の高級幹部用宿泊施設のブレア・ハウスに移転させることにした。

トルーマンはこれまでいっぱい読書する夢を見てきたが、その日はそれ以上の書き物を読んだ。その夜、かれは新たな日常業務に取り組んだ。夜遅くまで書類を読むことになり、疲れた目が一ページ、また一ページと情報を追って行った。その日の早い時間に、国務長官がマシュー・コネリーの机に分厚い文書を置いて行った。「重要な国際情勢の最新情報をトルーマンに知らせる」ことを目的としたもので、世界中の国別の戦場を羅列し、国際関係を簡便に要約していた。その夜だれにも邪魔されず、トルーマンは文書を読み通した。(3)

英国――合衆国の最重要な同盟国――がリストの最初にあった。イギリスは深刻な自己喪失の危機に陥っていた。「イギリスは安全保障を求めているが、ビッグ・スリー〔米英ソ〕の新参者に指導的地位を奪われたことを深刻に認識している」と国務省文書は記していた。チャーチルはロシアに対して、根深い敵意と怖れを抱いていた。「英国政府は、ロシアとその意図に懸念を増大しつつある」ことが文書から読み取れた。チャーチルは信頼し得る友人であるが、忘れてならないのは、かれは同盟国がどんなに犠牲を払おうと、イギリスの国益を第一に考えていることだった。(4)

リストの次はフランスだった。ナチスからの解放後、フランスは新政府の発足を必要としていた。シャルル・ド・ゴール将軍が政権を握ったが、かれは奇矯な人物で、フランスと自分自身の威厳の確立にとらわれていた。それゆえフランスは、「現状の自らの国力に見合わない要求を次から次へと繰り出し、あるときは……アメリカの狙いと動機について根拠のない疑惑を示していた」。(5)

ドイツに対する国策の優先順位は、ナチ体制の撲滅、戦争犯罪人の処罰、ヒトラー軍国政府の消滅、全軍需生産の停止、であった。米英ソの各政府は、ナチ降伏後のドイツ分割に合意していた。三国が各分割地域を統治し、フランスはその後四番目の地域を得ることとなった。こうしてナチ体制後の占領メカニズムの大枠が出来上がった。

その点を別としても、ドイツの将来はまだワシントンと海外の論議の対象となっていた。ドイツの今後は、ヒトラーのあとはどうなるのか?

国務省文書は、イタリアについて深刻な問題提起をしていた。とくにトリエステの周囲の同国北東部重要地域のユーゴスラビアの占領が問題だった。オーストリアなどには一層問題があった。「合衆国にとって喫緊の課題は敵国の占領から解放された地域への物資供給問題だった」と文書は指摘していた。「飢餓、失業、そしてインフレーションがもたらすことになるこれらの国々の混迷と崩壊は、基本的には適切な生活物資の供給によって回避できる」。焼野原になったヨーロッパの人々に食料、燃料を与えられなければ、かれらは「過激派」の絶好の餌食となりかねない——共産革命である。[6]

もっとも切迫した問題は、明らかにロシアと、その支配下にあるポーランドである、と文書は指摘していた。トルーマンは、のちに説明した。「簡単な話なのだ。アメリカとイギリスは、国民を本当に代表する政府の樹立をポーランドに求めていた」。悲劇につながったのは、ロシアの同盟国にもかかわらず、われわれがポーランドに監査人を送れなかったことだ。ロシアは完全に軍事占領し……そしていわゆるルブリン政府を全面支持していた——ロシアが作った傀儡政権《かいらいせいけん》である」。[7]

ヤルタでは二月、ヨーロッパ解放宣言に、スターリンがルーズベルトとチャーチルの次に署名していた。スターリンは、ナチからの解放後、ポーランドの「自らの選択による民主的機構の創設」に盟約上の合意をしていた。[8] いまになってロシアは大胆にポーランドの民主主義を足蹴にしている。トルーマンは上院議員の頃から、議会がポーランド問題に敏感だったことを知っていた。人々が自らの政府を選ぶ自由こそ、この戦争で戦い、そして死んでいった米英兵士の思想の核心だった。コネティカット州選出上院議員のジョン・ダナハーが、先日上院で発言したように、「文字通り、数千のポーランドの青年たちが続々と……戦前の親たちの祖国の国境を取り戻すとの確信のもと、世界中で戦っている」[9]。ミシガン州選出下院議員のジョン・ディンゲルが言った。「われわれアメリカ人は、ロシア共産主義政府の永続、強化のため、とか、ヨシフ・スターリンをヨーロッパ解放諸国の独裁者にするために、犠牲となり、戦い、死んだのではない」[10]。

スターリンがポーランドでの傀儡政府造りに成功するとすれば、ヒトラーのくびきから解放された東欧諸国のすべてで、かれがそれと同じことをするのをどうすれば止められるのだろうか？

ルーズベルトの棺は、四月十四日の朝ワシントンに到着する予定だった。トルーマンの就任二日目である。トルーマンはユニオン駅で出迎えることにしていた。それまでに日程は、早朝の面会約束で立て込んでいた。政権の統治力を示す努力の一環であった。かれは二日後にせまった上下両院合同議会での演説の多岐にわたる問題の概要をまとめていた。ホワイトハウス会議室に演説草稿作成チームを集め、顔を出し、進行具合を確認していた。

ホワイトハウスのあちらこちらで混乱が起こった。「ハリー・トルーマンの部下となった権力の保持者たちが右往左往する姿は、米国史上これほど劇的な混迷はなかっただろうと思わせた」[11]と報道担当のジョナサン・ダニエルズは書いた。「ホワイトハウスには、マッキムという妙な人物がいた。わたしはそのとき……高貴な民主主義が消え去り、ペンダーガスト流政治が入り込んだような感覚に捉われた」。この感覚はウェスト・ウィング〔ホワイトハウス西棟、官邸機能が置かれている〕全体に充満していた。「『ギャング一味』[12]の乗っ取りのようだった」と報道担当補佐のイーベン・エイヤーズは日記に書いた。「ミズーリ人たちの跋扈《ばっこ》が目立った……。だれかが言うように民主党の『ハーディング政権』となるようだったらおさらばしよう」（ウォーレン・G・ハーディング大統領はペンダーガスト流のスキャンダルで記憶されていた。とくに一九二〇年代のティーポット・ドーム醜聞事件［油田に絡む汚職事件で、ニクソン大統領のウォーターゲート事件以前のアメリカ政治史上最大のスキャンダルと言われていた］が有名）。四月十四日に公式として大統領と初めて会ったのは、ジョン・スナイダーだった。セント・ルイスの銀行家で、トルーマンの個人的親友の一人でポーカー仲間だった。トルーマンは新しい連邦金融行政官を任命する必要があり、スナイダーにやって見ないかと伝えた。

[13]「ぼくを任命しようと思うことはないよ」とスナイダーは大統領室で居心地悪そうに座りながら答えた。「ぼくが適任かどうかはわからない」。

「きみは適任だよ」とトルーマンが言った。「上院にきみの名前を伝えておく」。

ジミー・バーンズが部屋にいて、言った。[14]「ハリー、きみは自分がだれだか忘れているよ。きみは合衆国大統領だ。スナイダーに命令しなさい」。

後刻トルーマンは、最近まで商務長官をつとめた有力なニューディール推進者、ジェス・ジョーンズを呼んだ。トルーマンは、「大統領」が、スナイダーを連邦金融行政官に任命すると告げた。

[15]「あの方が亡くなる前に決めておられたのですか？」とジョーンズはルーズベルトのことだと思って言った。

「違うよ」、信じられない思いでトルーマンは答えた。「大統領がいま決めたんだよ」。

すぐさまモーゲンソー財務長官との会談が設定された。ここ数年、モーゲンソーはルーズベルトのもっとも信頼する相談役の一人としてルーズベルトに仕えており、実際ニューヨーク州ハイドパークの隣人だった。ルーズベルトと同じように、モーゲンソーは東部エスタブリッシュメントの出身で、裕福な外交官の家庭で育ち、一流校（マンハッタンのドワイト校からコーネル大学）の卒業生だった。降伏後のナチ・ドイツをどのように扱うかの問題――いわゆるモーゲンソー・プランをめぐって、最近、かれは集中攻撃されていた。同プランはドイツから工業資産をすべて剝ぎとり、軍需その他の工業生産が出来ない農業国家にする、という計画だった。これはワシントンで熱い論議の的となっていた。財務長官は内閣で唯一のユダヤ人閣僚であり、多くのものがモーゲンソー・プランは適切な政策というより報復ではないかと疑った。とはいえモーゲンソーは、四月十四日の朝、神妙な表情でトルーマンに会った。

トルーマンは口を開いた。「ぼくはきみと同じくらい、ルーズベルトを尊敬していたと思っています」[16]。

「そうでしょうか」とモーゲンソーはぎごちなく答えた。「わたしはこの戦争には格別の思いがあります。わたしの息子の一人はパットン将軍の部隊におり、もう一人は太平洋です。乗艦は二度目の魚雷攻撃で撃沈しました。まずわたしの願いは戦争に勝つことです、そして次に平和を勝ちとります」。

「まさにぼくと同じだ」とトルーマンは言った。

話題は現下の情勢に移った。モーゲンソーはおそらく、現存するだれよりも、世界の金融市場の機微を知り尽くすという巨大な力を備えていた。トルーマンは戦争と自国の金融のすべての報告を求めた。モーゲンソーが出口へ向かうと、トルーマンは、「きみ、残って一緒に仕事をしてくれないか」と言った。

「お手伝いできると思える間は残ります」とモーゲンソーは答えた。

「それが出来なくなったときは、ぼくから直接きみに伝える」とトルーマンは言った(17)（「トルーマンは自分の考えを持っている」とモーゲンソーは日記にその朝のことを記した。「かれは凄い精神力の持ち主で、決断も早いようだ」）。

大統領は午前九時四十五分、ユニオン駅に急いで到着した。折り目のついた制服に身を包んだ水兵が、ルーズベルトの柩を七頭の白馬が引く弾薬馬車に乗せるところだった。柩はアメリカ国旗で覆われていた。葬列は街並みを進んでコンスティチューション通りに向かって西へ曲り、議事堂を過ぎた。柩は数十台のハーレーダヴィッドソンを連ねた警官隊に囲まれていた。道の両側には剣付きライフルを捧げた兵士が整列し、そのうしろで、群衆がひしめいていた。大統領の車列が柩の後に続いた。トルーマンは、ジミー・バーンズと元副大統領で現商務長官のヘンリー・ウォレスとの間に座っていた。ルーズベルト夫人は別の車両に乗っており、群衆は彼女を一目見ようと、首を傾げていた。経路で行列を見ようとする人々は推定三十万にのぼった。トルーマンは、滂沱《ぼうだ》の涙を浮かべて悲嘆に暮れる人々の情景を忘れられなくなった。上空ではB24、リベレーター爆撃機が二十四機、白い飛行機雲を残しながら、唸りを上げて青空を飛び去った。

葬儀は午後四時ころ、ホワイトハウスのイースト・ルームで始まることになっていた。イースト・ルームは歴史的事実を色々と目撃していた。数十年にわたって大統領一家の結婚式も行われた。ウィリアム・ヘンリー・ハリソン、ザカリー・テイラー、アブラハム・リンカーンの葬儀はここで行われた。セオドア・ルーズベルトはボクシングの試合をここで主催した。いまや、フランクリン・ルーズベルトのホワイトハウス葬儀が行われた場所として記憶されることとなる。

ベスとマーガレットをしたがえて、トルーマンが入ってきたとき、部屋はすでに会葬者でいっぱいだった。慣例では、合衆国大統領の入室で全員が起立する。今回はだれもそうしなかった。「この控えめな人物は、この非礼を見とがめなかったようだ」と現場にいたFDRのスピーチライター、ロバート・シャーウッドは述懐した[18]。しかし、ルーズベルト夫人が入ってくると、みな立ち上がった。部屋の隅々は床から天井まで花で埋まっていた。正式な礼装の会葬者は暑熱で玉の汗が溢れていた。儀式は、ルーズベルトの好んだ聖歌、「先祖の信仰」に始まり、故大統領のもっとも有名な演説である、最初の就任式の一節、「怖れなければならないことはただ一つ、恐怖そのものである」との言葉で締めくくられた。

遅くなって午後十時、葬送列車は、ユニオン駅を出てハイドパークのルーズベルトの家を目指す十時間の旅に出発した。かれはそこに埋葬される。十七台編成の列車は政府高官でいっぱいだった。トルーマンはルーズベルトの専用客車、フェルディナンド・マゼラン号に乗車した。午前九時三十分、列車はハイドパークに到着した。ハリー、ベス、マーガレットは、緋色の外衣姿のウエスト・ポイントの士官候補生たちが、柩をルーズベルトの永眠の地に移動させるところを眺めやった。兵士たちが墓に、シャベルで土を掛けた。ハドソン川沿いのルーズベルト邸のばら園で、エレノア・ルーズベルトの頭を下げたままの姿を忘れられるものはいないだろう。

昼までに、トルーマン一家は再び、ワシントンへ戻るフェルディナンド・マゼラン号の乗客となった。トルーマンは窓外に、行き過ぎる列車を見ようと、線路沿いに集まったアメリカの群衆を目の当たりにした。「老いも若きも町なかで泣いていた」と日記に記した[19]。「年老いた黒人女性がエプロンを口に当てて座っているところが見えた。まるで息子を失って泣いているようだった。女性のほとんど、男性の半分が涙を浮かべていた」。

トルーマンは、帰路のほとんどを演説の準備に費やしていたが、始終邪魔が入った。「本当の政治が始まったの[20]

ね」とマーガレットは振り返った。「列車に乗っていた下院議員、上院議員が大統領に挨拶に来た」。トルーマンは、弁説の才を楽しんだことはなかった。二十四時間後には、議会の大統領演説でデビューしなければならなかった。そこで新政権への信頼を得たいと望んでいた。それまでの人生でこれほどのプレッシャーがかかったことはなかった。その夜、ベッドに横たわり、[21]うまく行くようにとお祈りをした。

　ＦＤＲ埋葬の翌四月十六日、トルーマンが議事堂の下院に姿を現すと、ワシントンの目はかれに注がれた。総立ちの拍手がかれを迎えた。トルーマンへの喝采の音は、百五十年の歴史を刻んできた室内に大きくこだました。午後一時二分、トルーマンは演壇にのぼり、議場を見渡した。回廊にはベスとマーガレットがいた。一瞥しただけだったので、[22]ベスの目に浮かんだ涙には気づかなかった。「演壇のパパはとても不安そうだった」とマーガレットは振り返った。「[23]パパはいつも演説前は神経質になっていた。今度はたいへんに大事な演説だったので、緊張も倍になったのだと思う」。かれは口をマイクに近づけて話し出そうとしたが、下院議長のサム・レイバーンが遮《さえぎ》った。「[24]ちょっと待って、ハリー」とレイバーンが囁いた。大統領としてトルーマンを紹介することを忘れていたのだ。「紹介させて」。レイバーンは向き直って大声を出した、「合衆国大統領です！」またもや場内はどよめいた――上院議員、下院議員、軍高官、最高裁判事たちでいっぱいの。

　この演壇にこれまで、これほどの小者《こもの》が立ったことがあっただろうか？　拍手はトルーマンに対すると同じく、ルーズベルトにも向けられていたのだ。しかし、アメリカ国民は、ハリー・トルーマンの成功も願っていた。

　かれは演説を始めた。「[25]下院議長……、議員諸君……、合衆国議会の、友人であり同僚であるみなさん。わたしは重大な決意でみなさんの前に立っています。つい昨日、わたしたちは、愛してやまないフランクリン・デラノ・ルーズベルトのご遺体を永眠の地にお移ししました。そのようなときに、言葉を使うことは不適切です。哀悼の意を表す最大の言葉は、敬虔な沈黙であります。しかしながら、世界の出来事がこれほど速く動いて行くこの非常時において、沈黙は誤解を招き、わたしたちの敵に利用されかねません」。トルーマンはルーズベルト（「その高貴な魂によって遺された空白はだれにも埋められない」）、戦争（「勝利のための激しい戦いは一瞬の休息も許されない」）、そして暴力、死、悪の所業に巻き込まれた世界における合衆国の役割について語った。

「今日、全世界は、平和と進歩のため、アメリカが明確な指導力を発揮するよう望んでいます」とトルーマンは続けた。「わたしたち全員で、速やかな勝利を祈りましょう」とかれは聴衆に語った。「平和が遅れる日ごとに犠牲は増えて行きます……。わたしたちの要求は、敵の無条件降伏であり……今後もそうあり続けます」。

演説の締めくくりは、ソロモン王を引用した祈りの言葉だった。「善悪を判断してあなたの民をさばくために聞き分ける心をしもべに与えてください。さもなければ、だれに、このおびただしいあなたの民をさばくことができるでしょうか〔列王記第一・3・9〕」。トルーマンには、FDRの雄弁術のかけら程しかなかったが、その声はしっかり、安定していた。十二年間、この演壇から世界に発せられた大統領の演説は、富裕な東部エスタブリッシュメントの抑揚で話されていた。今度の声は違った。それは神の加護を求める一般人の声だった。その返事はトルーマンにとっては聞き慣れた大声の肯定だった。

SS[26]は大統領のホワイトハウスへ戻った時間を午後二時三十七分と記録したが、すでに午後の会議に遅れていた。外出は二時間ちょっとだった。午後の時間のほとんどはロシアに対する懸念に充てられた。

この日、トルーマンは初めてイギリスの高官、とくにチャーチルの外務大臣、アンソニー・イーデンに会い、ヨシフ・スターリンに伝える通告の最終案を共同作業で固めた——ポーランドの状況に関する、トルーマンの「鉄の男《スターリン》」に対する初めての公式表明である。電文のタイトルは「大統領および首相からのスターリン元帥あて親展・機密」とされており、ソビエト指導者側の譲歩を求める内容だった。「英国ならびに合衆国政府は、その政策がもっとも建設的であり、公平を期すよう最高の熱意を以て取り組んでおり、今後もそれを継続いたします」と文章にあった。電文はＴＲＵＭＡＮと全部大文字で署名されていた。[27]

しかしソ連との摩擦は過熱する一方だった。トルーマンは議会演説を行った日に、クレムリンにおけるモスクワ大使ハリマンとスターリンの会談の報告を受け取った。会談の雰囲気は極めてとげとげしいもので、列席していたアメリカのある高官は、ハリマンとスターリンが取っ組み合いを始めそうな状況を目撃した。スターリンは、アメリカは陸軍の航空機を利用して、ソ連に対する蜂起を計画しているポーランドの地下組織を支援している、と非難した。ハリマンは、スターリンの情報は誤りであり、スターリンはアメリカを裏切りと告発することで、合衆国陸軍司令官、ジョージ・マーシャル将軍の人格を傷つけている、と怒鳴り返した。[28]「あなたは米軍最高司令部の誠意を踏みにじっている、それを許すことは出来ない」とハリマンはソビエト独裁者に大声を出した。「あなたはマーシャル将軍の誠意を現に踏みにじっている」。

一方でハリマンは、ビャチェスラフ・モロトフがトルーマンに会うとの固い約束を取り付けた。ソビエトのナンバー・ツーは、翌日（四月十七日）、モスクワを発つ予定である。安全を考慮して、飛行経路は、ヨーロッパ経由より長いロシア上空を飛ぶ。サンフランシスコ会議への途中、モロトフは五日後の二十一日にワシントンに立ち寄ることとなった。

その夜、トルーマンは、ロビーの受付の叫ぶ声にも馴染んでホワイトハウスをあとにした。[29]「大統領閣下のお帰り」。その日のうちに、ベス、マーガレット、ウォレス夫人はコネティカット通りの自宅を出て、豪華家具付きのブレア・ハウスに入った。ここはペンシルベニア通りをはさんでホワイトハウスの斜め向かいにあり、トルーマンは新居に歩いて帰ることにした。これは、SS要員に二重の警備体制を強いることになった。四階建てで黄色の漆喰塗りのブレア・ハウスは一八一三年に建てられ、戦時中、ユーゴスラビアのペータル二世国王からフランスのド・ゴール将軍まで、多くの貴賓客が宿泊したが、一時的にせよ、合衆国大統領が使用したことはなかった。

その夜トルーマンは、新しい書斎で、たまっていた手紙類の整理が出来た。ミズーリの友だちからの手紙がホワイトハウスの郵便室に来始め、その後これらの来信が続々来ることになった。[30]「きみがジャクソン郡の東部判事に初当選した頃は、きみも、街の仲間も、きみが合衆国の大統領になるなんて、これっぽちも考えたことがない」とジャクソン郡の弁護士、ルーファス・バラスが書いて来た。[31]「きみはいいやつだよ、ハリー」と書いたのはセントルイスの鉄道設備製造業のC・D・ヒックスであった。「神様のお導きがありますように」。ミズーリ中の友人から受け取った手紙の中で、エディ・ヤコブソンのものほど心を動かされたものはなかろう。[32]「ぼくがお祈りをするタイプの人間でないことはご存知の通りだ」と洋品店のかつてのパートナーは書いた。「そのぼくがお祈りしたなら、それは四月十二日の夜だ……。きみの引き継いだ仕事は、世界の歴史にも例のないものだ」。

四月十六日の夜、トルーマンはブレア・ハウスから母親と妹に手紙を書いた。「ぼくは、四月十二日木曜日以来、人間が経験しなければならない、もっとも重要な苦難のときを迎えました」と書いた。「最大の試練は本日の議会演説でした。すべてうまく行ったようです……。あまりうまく行くと、木曜日にルーズベルト夫人から話を聞いたときのように怖ろしくなります。まあ心配することもなさそうですが」。トルーマンは最後に署名した。「あなた方の悩める息子で兄、ハリーより」。[33]

16

大統領の日常のスケジュールは容赦なしの一語で言える。トルーマンは回想録に記した。「大統領であることは、虎に乗ることに似ている。乗り続けるか、喰われてしまうかなのだ」。[1]「一日ほぼ十七時間は働く」と別の機会に述べている。「そして出来る限りの睡眠をとり、次の十七時間を最善の状態で始める。こんなことはだれにも出来ない」。[2]

四月十七日の朝、トルーマンは新たな日常行動を始めた。朝食後ブレア・ハウスを出て、ホワイト・ハウスまで二百ヤード〔約百八十メートル〕ほどの道のりを徒歩で通うことにしたのだ。ペンシルベニア通りとジャクソン広場の信号のある交差点を渡ることになるが、ここへ差しかかると、SSが魔法を使って、大統領が渡れるように交差点の信号をすべて赤に変えてくれた。滑稽なお供のように、新聞記者とSSたちが汗をかきながら、かれの歩調に合わせて跡を追った。ホワイトハウス担当記者のメリマン・スミスは、「このリムジン病に罹っている首都は、初めての風景を見ることとなった――合衆国大統領が働くために歩いている」。[3] たまたま通りかかった女性たちが、目を丸くしてトルーマンに手を振った。通り過ぎるタクシーの運転手たちはクラクションを鳴らして叫んだ、「頑[4]張れ、ハリー！」

朝のホワイトハウスは、リーヒ提督の戦況概要報告から始まった。リーヒは世界中の重要ニュースを報告した。これらの会議はトルーマンの執務室か作戦室《マップルーム》で行われた。マップルームはとくべつに作られた部屋で、これまでの発明品の中でも最先端の技術を誇る暗号解読、通信機器で溢れていた。外国の指導者たちや在外公館とのやりとりに関する極秘電信はすべてこの部屋を経由した。ナショナル・ジオグラフィックの地図が壁に掲げられ、記号化された色別のマークが連合軍と枢軸軍、また船舶の居場所を示していた。大統領は一覧するだけで幅広い軍事の現況を把握出来た。またリーヒの説明で、前日からの動向も頭に入った。ルーズベルトが、真珠湾の直後、地下の婦人控室をこの機密の部屋に改装した。部屋そのものが秘匿事項であり、ファースト・レディといえども入室は許されなかった。ホワイトハウスで知るものもほとんどいなかった。

軍事概況が終わると、午前九時の補佐官会議となり、これは週に六日（土曜日を含む）行われた。トルーマンはこれを「朝会」と呼び、通信担当のビル・ハセット（トルーマン宛書簡のほとんどに回答する役目）、スケジュールを管理するコネリー、新聞担当秘書とその次席、肥満したポーカー仲間のハリー・ヴォーン、など六、七人のスタッフが集まった。ヴォーンは公式の軍事補佐官となると、すぐにホワイトハウスの非公式の道化者となった。これらの内輪の会合は二十分から四十分続き、しばしば脱線した。たとえばウィンストン・チャーチルの真面目な話題が、仰天の「飲酒能力」[5]の話になったり、フランスのリーダー、ド・ゴールにみなが会ったときの、呆れるほどの尊大ぶりが論議になったりした。「あの野郎《サンノブア・ビッチ》[6]は大嫌いだ」とトルーマンは言った。

そしてその日の面会時間となる。時間は分刻みだった。四月十七日火曜日——トルーマンの執務四日目で議会演説の次の日——かれはマシュー・コネリーが作った公式日程表を初めて手渡された。(7) 十七日の午前中は、ほとんど新聞にあてられていた。ニューヨーク・タイムズの画家は、日曜版のためのスケッチ用に三十分貰った（その間に、トルーマンは財布から折り畳んだ紙片を取りだした。「ロックスリー・ホール」の詩の一節が印刷されていて、かれは詩を、「ゆっくりと心をこめて」(8) 読んだ、と画家が回想した。そして大統領が言った。「テニスンはこれを一八四二年に書いたんだ」。トルーマンは子供の頃からこの詩をどこにでも持ち歩いていた）。

十時三十分、数十人が第一回記者会見のためオーヴァル・オフィスに列を作って入ってきた。机のうしろに立って、トルーマンは記者たちに挨拶した。見る見るうちに部屋は押し合いへし合いで混雑してきた。定例記者会見の慣例は、一九一三年三月十五日を嚆矢とし、ウッドロウ・ウィルソンの時代にさかのぼる。ウィルソンは新聞記者たちを歓迎して質問に答えた。ルーズベルトは週二回開催し、会見を芸術作品にまで高めた。かれはオーケストラの指揮者のようにシガレット・ホルダーを振り回して、その科白で客を魅了しつつ、ほとんどの場合、質問には答えていなかった。

オーヴァル・オフィスで催された記者会見で最大の人数——男女三百四十八名の記者——が集まったのは四月十七日で、みな新任の最高行政官の品定めにやって来たのだ。なかには大統領室の外のテラスに立たされたものもいた——でもかれらは幸運で、室内は耐えられないほどの暑さだった。

「お早う」(9)、トルーマンは言った。「お早う」。

「お早うございます、大統領閣下」、人混みの中のだれかが言った。「今日は少しゆっくりお話しいただけますか?」

「もちろん、もちろん」、トルーマンは言った。「何でも。みなさんのためになるなら」。

だれもがルーズベルトと比較したのは仕方なかった。その一例が、この大統領の立ち姿だった。[10]「われわれはみな、ルーズベルトがグロトン校からハーヴァードへ行ったことを知っていた」と、その朝一番手のホワイトハウス担当記者ロバート・ニクソンが振り返った。「あのルーズベルトは至極古い裕福な家系の出身で、一流といわれる環境で生涯を過ごした……。トルーマンは中西部ミズーリの小さな町の農家出身である……。その相違は外観、抑揚のない言葉、服装にも表れていた。ルーズベルト大統領は普段着でも仕立ての良いものを着ていた……。トルーマンは、インデペンデンスの大通りから出て来たばかりみたいな恰好をしていた」。

新大統領は注意を惹いた。「みなさんに対して、わたしが最初に申し上げたいのは、ルールのことです」と言った。[11]みなが承知のこと――自分の発言はすべて、背景素材の提供であり、とくべつに承認のない限り、直接引用は許されない――を述べたあと、かれはルーズベルトのスタッフをほとんど留任させ、マシュー・コネリーを私設秘書に任命したことから話を始めた。トルーマンは、みなのお悔やみに対するルーズベルト夫人の感謝状を声高く読み上げた。「それはわたしたちにとって大きな慰めとなりました」。戦時の紙不足から、ルーズベルト夫人はすべての書状には返事ができなかった。その代わり、彼女はトルーマンに、新聞社への感謝を伝えることを依頼した。

それからトルーマンは、議事を始めた。かれは、対外貿易、人種問題、戦時中競馬の禁止、および八日後開催の歴史的な国連会議についての質問に答えた。

「大統領閣下」、群衆の一人が言った。「トルーマン夫人は記者会見をなさいますか?」

「いまはその質問には答えたくないな」。

時々、トルーマンの当意即妙な答えに室内が笑いに包まれた。このミズーリ人は新聞の相手方を面白がらせるしゃべり方を心得ていた。かれは自分の考えを最小限の言葉で返答した。ルーズベルトとは違って、トルーマンはちゃんと質問に答えた。そして答えたくない場合はそうした。

[12]「かれの最初の記者会見は素晴らしかった」と新聞担当秘書のダニエルズは記した。一回目の終了時、ルーズベルトの記者会見では一度もなかったことが起こった。部屋に自然発生の拍手が巻き起こったのである。

その最初の一週間が終わろうとするころ、トルーマンは期せずして世界最高の魅力的人物となった。記者たちはこの不思議な人物を色々な尺度で測り始めた。身長、体重は？（五フィート九インチ［約一・七五メートル］、百六十五ポンド［約七四・八キロ］）、食べものの好みは？（肉、ポテト、パイ・アラ・モード）、ミドルネームのSは何の略か？（とくに意味はない）。トルーマンはスウィング・ジャズの温床、カンザス・シティに関わりがあるが、本人はいわゆる[13]「現代の騒音」には興味がなく、ベートーベンとバッハを愛していた。かれのお気に入りの暇つぶしはポーカーだ。[14]ロンドンのマダム・タッソーはかれの蠟人形を展示しようと、大統領の正確な寸法と身体的特徴を照会してきた。ホワイトハウスは、目は灰色、靴のサイズは9B、ウェストは三十五・五インチ［約九十センチ］と回答した。

この騒ぎにだれよりも驚いたのはトルーマン自身だった。「合衆国大統領の六日間は」と四月十八日水曜日に、母と妹に手紙を書いた。「信じられない日々でした」。

アンドリュー・ジャクソンとの比較もされた。普通の人から初めて大統領となったジャクソンは、――まぎれもないトルーマンのヒーローであり、嬉しいことだった。「アンドリュー・ジャクソンが大統領になれるなら、だれでもなれる！」の名言が、「[15]ハリー・トルーマンが大統領になれるなら、隣家の男もなれる！」に作り変えられた。あるものはトルーマンをアブラハム・リンカーンと比べた。どちらも中西部の貧困層から出発し、一時、小さな町の郵便局長（トルーマンの場合は非常に短期間だったが）をつとめていた。また両人とも、店舗経営に失敗した（ベリー&リンカーン、トルーマン&ヤコブソン）。

実際、トルーマンは従来の大統領とはまったく違っていた。無名だった家族も一躍脚光を浴びた。それは無から生じたような感じだった。「上院議員時代も[16]トルーマン夫妻は地味な暮らしだったので、夫妻を知るものはまずいなかった」とワシントン・タイムズ＝ヘラルドのコラムニスト、ヘレン・エサリーは記した。「トルーマンは、[17]その背景、個性に今も昔も匹敵するもののいない大統領としてホワイトハウスに乗り込んだ」とルザー・ヒューストンはニューヨーク・タイムズに書いた。

トルーマンに仕える高官たちも第一印象を明らかにした。国務次官のジョセフ・グルーは友人にあてた手紙の中で、自分は「[18]このところトルーマンをよく見かける」が、「好印象ばかりだ……。かれは直面する無数の仕事を鮮やかに片付けようと頑張っているようだ」と書いた。「[19]今日、かれの顔を見たときに」とグルーは、FDRの死後まもなく、トルーマンのことを別の手紙に書いた。「十四項目の問題点を提出し、十五分弱で検討するよう依頼したら、かれはそのすべてに明快な指示を出した。こういう人と仕事が出来るのはどんなに嬉しいことか、想像してみてごらん」。極度に偏屈なリーヒ提督すらも、大統領の愛想の良さに心を開いた。「[20]個人的に」とリーヒは書いた。「かれとは一緒に仕事をしやすいことがわかった。難しい言葉は使わない。これまでに知る最高にいい男の一人だ」。

トルーマンともっとも緊密で四六時中働いている美男子、マシュー・コネリーも好奇の対象となった。コネリーはトルーマンと同じ日に新聞記者と会った。

「お名前の綴りを教えてください」[21]。

「C・O・N・N・E・L・L・Y、上の名はマシュー・Jです」。

「公認秘書のおつもりですか？」

「はい、そうです」。

コネリーはマサチューセッツ州クリントン出身だった。三十七歳、既婚者で娘一人、フォーダム大学卒。ウォール街で働き、議会委員会の調査委員になった。新聞はかれの政治経験の有無を知りたがった。

「政治の実務経験はない、ありません」。

「お酒は飲みますか？　女性の方は？　ほかにそんなことは？」

「わかるじゃないですか（笑）」。

大統領の家族それぞれが興味の対象となった。ＦＤＲ死去のショックが去って、マーガレットがジョージ・ワシントン大学に戻ると、新聞がキャンパスまで追ってきた。「学校へ戻ったらカメラマンがあちこちにいた！」と彼女は日記に書いた[22]。ベス・トルーマンは大衆の憧れの的となったが、彼女はまったく嬉しくなかった。エレノア・ルーズベルトはファースト・レディの役割をがらりと変え、女性記者と週一回の記者会見を行い、自身の紙面コラムを持った。ベスに同じことをさせるプレッシャーが襲った。ルーズベルト夫人はこのことは全米の婦人に有益、との手紙をベスに送った。

大衆の注目を喜んだルーズベルト夫人とは異なり、ベスは謎めいていた。「首都の市民で彼女を見かけたものはほとんどいない」とAPワシントン支局の記者が書いた。[23] ベスを知るものには、この六十歳の小さな町の主婦が、合衆国のファースト・レディで、演説家で、コラムニストであるとは想像できなかった。ベスは四月十七日に記者会見をすると発表したが、悩んだ挙句、中止した。

興味の対象が拡がるなか、トルーマン一家の、初の詳しいインタビューが行われた。「わたしがまず思ったのは、ハリーは大統領になったが、家族は望んでいなかった、ということです」とベスの弟、ジョージ・ウォレスが言った。[24]「ルーズベルト大統領がお亡くなりになったことをお気の毒に思いますので、ハリーが大統領になってもちっとも嬉しくありません」と九十二歳のママ・トルーマンは述べた。「選挙で勝ったのであれば、外へ出て旗を振りますが、いまをとても幸せに感じるとか、旗を振ろうとすることは間違っていると思います」。[25] 彼女は息子の議会演説をラジオで聞いた。「聞いた人たちはみんな……かれが真面目で一生懸命なのが分かるでしょう」と彼女は言った（トルーマンの報道担当顧問は、ママ・トルーマンの談話は完璧だった、とかれに伝えた。それには手慣れた広報係の作文のような感触があった。四月十八日、トルーマンは母親に手紙を書いた。「わたしは報道担当に言っておきました。うちの家族は、全員いつも本当のことを言うし、広報係はいらない」）。[26]

ママ・トルーマンは正しかった。息子の演説は、まさにそれが必要なときに、国民の士気高揚に貢献した。トルーマンの初回の演説でその午後、株式市場は値上がりした。「どこへ行っても『かれはうまくやってるじゃないか』という感想が聞かれた」とある政治コラムニストが記した。[27] トルーマン演説の翌日、上院担当記者のアレン・ドゥルーリーは日記に書いた。「ハリー・トルーマンに贈られたようなみんなの善意と希望の波でスタートを切った大統領は、歴史上あまりいなかった」[28]。

一方で、新政権の力関係をめぐって、熱っぽい憶測が首都の関心を集めた。噂話は、国務長官のエド・ステテニアスが更迭されて、ジミー・バーンズが後任になるだろう、というものだった。モーゲンソー財務長官も辞めそうだ。後任はだれだろう？　共和党員は、ＦＤＲのニューディールは終わり、新大統領の中西部的価値観が、ルーズベルトの左に寄り過ぎた政治の軸を、中央までとは言わないが、右方に戻すものと信じていた。しかし大統領の政治の本質はまだ見えていなかった。

いずれにせよ、トルーマンは輝かしいスタートを切った。とはいえ、その大統領の遍歴は個人的にいささか違う方向へ向かった。かれはポーカー好きだった。だからいつもエースのカードが出るわけがないことは知っていた。将来必ずや論争が起こり、大衆が困惑する事態も起こり得る。かれは時々タイム誌を手に取った。そこにはかれの無能力について書かれていた。「ハリー・トルーマンには、はっきり言って限界がある。とくに高次元の政治経験においては」[29]。妻との個人的会話でも、疑念が生じてきた。

「父と母は、いつも疑念と落胆に満ちていた」[30]とマーガレットはトルーマンの大統領としての初期の頃を振り返った。「その率直さと、母の生来の悲観主義とがあいまって自信喪失に陥っていた」。ベスにはアメリカ人のだれにでもある不安があった。マーガレットによれば「母は、父に仕事が出来ると思っていなかった」[31]のである。

17

トルーマン政権の第一週、容赦ない歴史の動きが加速した。世界中から無秩序と殺戮の判然とした報告が次々に押し寄せた。

沖縄戦では、日本軍が米軍を撃退するため神風航空機、神風艦船などで自爆戦法を開始した。敵に危害を与え、殺害するためどこにでも爆弾を仕掛ける水上特攻隊員まで現れた。東京の軍幹部が声明を発表したのは偶然にもトルーマンの就任式当日で政権発足日だった。特攻機は雨のように空から舞い降りた——海軍の報告によれば、ルーズベルト死去の前日には二百五十六機が襲っていた。太平洋米海軍指揮官のチェスター・ニミッツ提督は、「沖縄地域におけるわが軍に、無数の敵機が体当り攻撃を加えてきた」(1)と報告した。その日だけで、高射砲が数十機の日本軍機を撃墜した。しかし、敵はその過程で駆逐艦一隻を沈め、ほかに多数のアメリカ艦船に損傷を与えた。攻撃は物量のみならず、心理面でも残忍だった。日本軍は過去にも自爆戦術を使ったことがあるが、いま沖縄戦に見るような「広範囲かつ集中的な攻撃は見たことがない」(2)と海兵隊に従軍したニューヨーク・タイムズの記者が述べた。

特攻隊は「この戦争で……ヒステリーの一種のもう一段高いレベル」に達した。[3]

一方米軍は、艦船と航空機に援護された戦闘集団を投入し、数千トンの砲弾を浴びせ、沖縄の日本軍要塞を攻撃し続けた。約十四万人の島民が十字砲火にさらされた。日本兵は迷路のような洞窟に立てこもり、最後の一兵まで戦う構えだった。ペンタゴンに届いた犠牲者数に陸軍省幹部は驚いた――沖縄戦初日、アメリカ陸海軍兵の二千七百名近くに達するものだった。

しかし沖縄は太平洋の戦争の一部に過ぎなかった。東京では区域数マイルにわたって、カーティス・ルメイ司令官率いる第二十一爆撃部隊が投じた焼夷弾の空襲による硝煙がまだくすぶっていた。ルメイは四月十三～十四日、ワシントン時間四月十二～十三日の夜、東京への焼夷弾投下作戦を命じることで、トルーマンの大統領就任宣誓直後に、東京を爆撃による火の海で焦土にしようとした。「われわれの機体よりも高く黒煙の雲が舞い上がるのを見た」[4]と、ミズーリ州カンザス・シティ出身のデイヴィッド・メナー伍長が報告した。「帰投中の、優に百マイル［約百六十キロ］離れた場所でも、爆発音が聞こえた」。この一回の焼夷弾空爆で十七万戸以上の建造物が消失し、約二千五百名の死者（ほとんどが民間人）が出た。これは真珠湾でのアメリカ人の死者数とほぼ同じだった。

この空爆の直後[5]――トルーマン就任のまる三日目――カーティス・ルメイはグアム島の司令部から、本土を焼夷弾攻撃し、国民の戦意が喪失するまで諸都市を焼き尽くし日本を降伏させるという、自らの信念を発表した。

トルーマンが大統領の職務につとめ始めるのと同時に、ペンタゴンではルメイの評判が上がってきた。一カ月前このオハイオ人は、許可なく、単独で太平洋戦線の戦略を変更した。ルメイは太平洋のマリアナ諸島に、陸軍航空隊の新しいB29爆撃機隊を指揮するため欧州戦線から転属した。この新型機は従来の爆撃機の中では最大で、強烈な破壊力のある兵器システムを備えていた。四つの二千二百馬力のライト型エンジンは時速三百五十七マイル［約五百七十五キロ］の出力があった。この空の要塞《スーパー・フォートレス》の翼長はサッカー場の半分くらいの長さで、十トンの爆弾が積載できた。ボーイングは迎撃回避のため高々度飛行での攻撃ができるよう設計され、そのため、アメリカの軍用機では初めて機内に与圧室が設けられた。また遠隔操作の機関銃も初めて装備された。

陸軍航空隊のトップ、H・H・「ハップ」・アーノルド将軍は、三十億ドル——と自らの全履歴——を、B29スーパー・フォートレスの開発に賭けた（B29計画はマンハッタン計画よりも費用がかさんだ）。B29開発の心労からアーノルドは何遍も心臓発作を起こした。一九四四年秋までに、膨大な数の同機が太平洋に到着した。三十九歳の若さでルメイはその指揮を任された。直接の上司、ラリー・ノースタッドがかれに告げた（ルメイの回想による）。[6]「行ってB29の結果を出せ。さもなければきみはクビだ……きみが結果を出せないと、日本侵攻には最終的に大集団による水陸両用作戦が必要になる。それは五十万以上の米兵の犠牲につながる」。

一九四四〜四五年の冬、ルメイのB29乗組員は、以前よりずっと安全な高度から、暗夜を衝いて目標を正確に破壊するため、二〇三七回出撃した。ルメイは結果に満足しなかった。

[7]「夜間の正確な爆弾投下には失敗しています」とかれは陸軍航空隊総司令、アーノルド将軍に報告した。天候と高々度爆撃能力に問題があった。そこでルメイは新しい攻撃計画を樹てた。[8]「従来とは逆に」と第二十一爆撃部隊は報告書を書いた。「三月早々、日本の都市部に、連続して、低空からの夜間焼夷弾攻撃を開始することを決定した」。ルメイの案は、B29のあらゆる過剰積載物を剝ぎとることだった——砲と砲手も——、その代わりに焼夷弾を積み込む。さらに機体は目標を正確に捕えるため低空を飛行する——目標は木造住宅が密集した市街地であり、

それらは火焔の柱となって燃え上がるだろう。

この計画はアメリカの政策と真っ向から対立した。爆撃機は本来、「精密爆撃」――通常のTNT爆弾で、軍事目標を正確に攻撃し、民間の損害を最小限に抑えて敵の継戦能力を奪うために使用するものだった。合衆国は都市爆撃を非難していた。戦争の初期段階で、ルーズベルトは世界に対して、軍事力を「人口が集中した無防備な地域住民への情無用の空爆」[9]への使用は「冷酷野蛮」[10]であり、避けるべきだ、と発言していた。アメリカ空軍はドレスデンの無差別爆撃に参加したが、イギリスが採ったこの戦法に、公式に賛同した軍幹部はいなかった。

ルメイは、低空からの住宅地への焼夷弾攻撃の許可申請は、絶対に承認されないことが分かっていたので、許可を求めなかった。かれの目的は婦女子の殺傷ではなく、日本の継戦能力の終結にあり、第二十一爆撃部隊の秘密報告には、日本は継戦力のほとんどを「主要工業地帯近隣の都市や居住地での家内工業」[11]に依存しているとあった。つまり、民間人の居住する市街ということだ。

最初の爆撃は三月九～十日に実行された。黄燐とナパームが主成分の爆弾を使用した。ナパームはハーヴァード研究所で開発された高温で燃焼する燃料ゼリーである。B29の搭乗員たちは、積載した爆弾を、最大の燃料効果が得られるよう、もっともタイミングよく投下するよう指示されていた。「一機が落とす爆弾群は、戦闘機の来襲以前に、一連の発火が大火災につながるよう、間隔がうまく置かれなければならない……。M69焼夷弾……の満載で、一機が消失させる地上面積は、十六エーカー〔約六万四千平方メートル〕ほどでなければならない」[12]。

最初の空爆隊が飛び立った夜、ルメイは夜明け前に自分の司令部に入った。「こんなに汗をかき放しだったよ」[13]と部下に告げた。「不安はあった……。ぼくの思いどおりに空襲すれば、戦争を早く終わらせられる」。

初の東京大空襲は、これまでの戦争での空爆による最大の死者数を記録した——推定十万以上だった。にわか作りの防空壕に避難した民間人は生きたまま、舞い上がる華氏千八百度［摂氏九百八十二度］もの業火《ごうか》の犠牲となった。河に飛び込んだものは熱湯で煮殺された。ルメイはワシントンの回答を待った。ホワイトハウス（まだルーズベルトの時代だった）は、奇妙なことに沈黙していた。ルメイはこのことを次のように語った。「この鼻をつく瓦礫の中で焦げた無数の日本人の群れに涙を流す気になれない。真珠湾の煙の匂いは、いまだにわれわれの鼻孔に漂っている」。

少将は、第二十一爆撃隊の行動そのものよりも、民間人虐殺の決断を弁明せず、その個人的責任を負うとの大胆さで好奇の耳目を集めた。かれは「鉄のロバ《アイアン・アス》［頑固者］」の綽名で知られていた。[14]「ぼくは機械なんだ」とこのオハイオ人は、自分自身のことを言った。「浴室では、ふつうの人と段取りが違う。洗うのは、ねじとボルトなんだ。ぼくは全部金属製なんだ。アイアン・アス・ルメイだよ」。

ルメイは三月十九日、ある理由から任務を中止した。焼夷弾がなくなったのである。しかし偶然にも、トルーマンの大統領就任の日に、その在庫が供給された。四月十三〜十四日の空襲では、攻撃後二十八時間経っても十五平方マイル［約三十八平方キロ］にわたって、街は鎮火していなかった、と報告されていた。ＦＤＲの葬儀のとき、東京は燃え続けていたのである。アーノルド将軍は、荒廃した街の空撮写真を手に入れて、ルメイに直接書き送った。[15]「地図を一覧すると、東京の約半分が焼失したような印象がある。爆撃のあらゆる歴史の中で東京焼失作戦は最大の効果をあげただろう。今後も頑張るように」。

トルーマンの第一週、ヨーロッパでは連合軍が強制収容所を次々に解放していた。FDRの死から三日のちの、四月十五日、英国第二軍はベルゲン＝ベルゼンに到達した。第二軍指揮官のマイルズ・デンプシー将軍によれば、その目にした光景は筆舌を絶するものだった。「見たものだけですべては分からない」[16]、とかれは記者たちに語った。前線に近い収容所の囚人は昨年からベルゲン＝ベルゼンに送られていた。総数はどんどん膨らみ、生存者は六万に達した。衛生環境から、収容所ではチフス、結核などの伝染病が蔓延していた。死体の山があたりに散らばり、黒っぽい死骸でいっぱいの大きな穴が一つあった。犠牲者は、ユダヤ人、政治犯、「反社会的人間」、エホバの証人信徒、それに同性愛者もいた。

「その中に子供たち――五百人ばかり――もいた」[17]とシカゴ・トリビューンが報じた。「毎日のように赤ん坊も生まれていた」。ここ数カ月で三万人が命を落とした、と推定されており、その後調査が進むと、その数字はさらに増えることとなった。

同じ週に連合軍は、ドーラ＝ミッテルバウ、ブッヘンヴァルト、ヴェステルボルクの強制収容所を解放した。それから数日のうちに、米第九十歩兵師団はフロッセンブルクの収容所に到達して、さらなる恐怖の現場を発見した。

トルーマンの仕事始めに、新聞記事とラジオ放送は、ヒトラーの、戦慄すべき最高機密の詳細を明らかにした。「さてみなさん、わたしはこれから一人称を使ってお話しします」[18]とトルーマン就任の三日目、CBSラジオのエドワード・R・マロウが放送した。マロウはブッヘンヴァルトを訪ねた。ここでナチスは少なくとも五万六千の男性収容者を殺害したが、うちおよそ一万一千名がユダヤ人だった。マロウは、餓死と拷問による数え切れない犠牲者、子供たちの遺体が「薪のように積み上がっていた」と報じた。「過去十二年間でここで何人の大人と子供が死んだのか、神様だけが知っている……。ブッヘンヴァルトで、かれらは、死の直前のルーズベルトを暗示していた。良き墓碑銘があっても、歴史はそれを記録しない」。

ヒトラーとその暴力の一味はまもなく責めを負うこととなるだろう、との確信がトルーマンにはあった。ナチの幹部はベルリンのどこかに隠れている筈だ。かれらはロシア軍より先にアメリカ軍に見つけて貰いたいと願っているに違いない。アメリカの兵士とは異なり、ロシア人は自国をナチに蹂躙されていた。またソ連軍はヨーロッパ戦線でのアメリカ兵が考えるような道徳行為の規範に縛られてはいなかった。

ヨーロッパでの無辜《むこ》の犠牲者は、強制収容所の囚人だけではなかった。ナチ占領下の国々の解放には、アメリカ高官が潜在的に解決不能かも知れないと考えている諸問題があった。とくに飢えと疫病だった。陸軍省は幹部のジョン・J・マックロイを事実調査のためヨーロッパに派遣したが、すでに戻って来ていた。トルーマン新政権発足の第一週、かれの報告が提出された。

「中央ヨーロッパでは、経済、社会、政治の完全な崩壊が進行しています」とマックロイは記した。[19]「その程度は、ローマ帝国崩壊時に匹敵し、ほかの歴史に例を見ません。経済的激変は当時を凌ぐほどの大きさと考えられます。その無秩序の最たる原因は、奴隷状態にあった膨大な人々が解放されたことと、連合軍の勝利が町や村の破壊によって得られたため、ドイツ人も家を失っていることにあります」。

国務省によれば、ドイツとその征服された地域には、行く当てもなく、インフラストラクチャーも失った、七百万の流浪の民が発生していた。食糧も、暖房用石炭も乏しかった。輸送を担う鉄道、運河、道路――経済すべての動脈――は破壊され、ないのも同然だった。欧州大陸を通して、膨大な住民の基本的安逸が失われていた。大統領あての四月十六日付覚書は、「徹底的な行動がない限り」[20]、解放地区の飢餓と疫病は政治的不安定を招き、国際連合創設を破綻させかねない、と指摘していた。「失敗とはいえないまでも、解放された諸国における内部の混乱は、サンフランシスコでの合意計画の成功を危うくしてしまう」。

トルーマンの第一週には、まだほかにも複雑な要素があった。ルーズベルト死去の日、アイゼンハワー軍は、ベルリンから西へ六十マイル［約九十六キロ］のマグデブルク近くのエルベ川に橋頭堡《きょうとうほ》を築いた。アイゼンハワーの軍歴でもっとも論争を呼ぶこととなる決定を、かれはここで行った。総司令官《アイゼンハワー》は、ドイツの首都への突進ではなく、エルベ川での停止を全軍に命じたのである。FDRの死去前の日々、アイゼンハワーとチャーチルは、将軍の英米軍をエルベで停止させる計画をめぐって、激論を交わしていた。ロシア軍は東側からベルリンへ突入する構えを見せていた。チャーチルはほとんど死にもの狂いで、スターリンが到着する前に、アイゼンハワーにエルベ川を越えてベルリンを押さえるよう説得していた。

「わが方はなぜエルベを渡河して、東方へ進もうとしないのか？」[21]とチャーチルはアイゼンハワーに打電した。首相は、万一ロシア軍がオーストリアとベルリンをすべて占領すれば、「先行き重大かつ恐るべき困難が生じる」[22]と懸念を示した。ソ連は同盟国であるが、チャーチルに言わせれば、英米軍と赤軍はナチの敗北により残った空白地帯を占領する競争を展開してた。

アイゼンハワー[23]はエルベ川での停止を選択した。その理由については数世代にわたって歴史家たちの論議の対象となったが、論理的には次のような考え方があった。第一に、戦後の占領区域はすでに決まっていた。アイゼンハワー軍は、すでにアメリカ占領区域を越えてロシア区域に入り込んでいた。とすれば、分かっていながらアメリカ兵の生命を犠牲にして、なぜ更なる領土征服にこだわるのか？　ドイツ降伏時にはソ連にそこを返すことになる。第二に、アイゼンハワーは東西の両戦線がぶつかり、アメリカ軍とソ連軍が対面したときに起こる何かを心配した。それは近日中にも起こり得る。そのときエルベ川は格好な緩衝地帯になる。第三の理由、ベルリンは政治の対象である。アイゼンハワーは陸軍大将なので、自らの決定権は軍事的分野に限られていて——政治的分野にはなかった。

ホワイトハウスでは、トルーマンがアイゼンハワーの決断を支持した。次に何が起こるかは、だれにも分からなかった。ヘンリー・スティムソン陸軍長官は状況を「軍は政策決定者を追い越した」[24]と述べた。欧州に派遣されたマックロイは、事実調査報告において「この混乱と崩壊、残虐行為と無秩序の状況の中で、ロシア軍と実際的な関係を樹立しようとしていた。この目的完遂のためには、高度の技術と忍耐、知恵が必要だった」[25]と結論していた。

四月二十日午前九時四十五分——トルーマン就任八日目——ヘンリー・モーゲンソーがオーヴァル・オフィスに現れた。

「長官、いらっしゃい」[26]、トルーマンが言った。

「あなたが大統領になる前は」とモーゲンソーが答えた。「わたしをヘンリーと呼んでくださっていましたね。それを続けてください」。そして、「大統領閣下、一市民としてのわたしを誤解しないで頂きたいのですが、第一週、あなたは本当に上手にお仕事されたと思いますよ」と言った。

「へい、まもずいぶんやったよ」とトルーマンは答えた。

モーゲンソーは面会に十五分しか貰っていなかった。かれはメモを手渡した——それには全ページにわたって、トルーマンがかれに依頼した事実関係の報告が網羅されていた。それは、国民経済の要点を大統領に説明するための最初の試みで、世界の緊急事態との関わりも記載されていた。これまでの人生で金融上の失敗を繰り返してきたトルーマンは、大恐慌のときのジャクソン郡の判事として最初に覚えた技術で、予算の取り扱いや資本移動の漏洩の発見には慣れていた。いま、数字の桁数こそ天文学的となっているのは、現在の合衆国が、世界史上最大、最強の経済を形成しているからだ。連邦政府は、国内産業製品の半分近くを購入していた。この情況は前例がなかった。トルーマンが軍事予算を議会に提出するまでには六週間しか残っていなかった。かれは極めて困難な意思決定に直面していた。

モーゲンソーのメモによれば、[27]一九四五会計年度の歳出は九百九十億ドルが見込まれていて、うち八百八十億ドルは戦争関連歳出だった。借入金を除く歳入は四百六十億ドルで、全体の約四六%だった。連邦政府の歳入は、税金と戦時国債で構成され、国債のうち八千五百万ドルはアメリカ人が投資していた。一九四六会計年度について、モーゲンソーは八百二十五億ドル、うち六百九十五億ドルが戦争関連と見積もっていた。しかし、いまだ発動されていない軍事作戦の帰趨次第で、軍事歳出がいくらになるのか知るすべはない。

歳出と歳入の差額は前例のない国家債務として顕現し、すでに二千五百億ドルを優に超えて増加の一途にある。一九三三年一月にルーズベルトがホワイトハウス入りをしたとき、かれは前任のフーヴァー大統領が失敗した財政均衡を実現すると約束した。しかしその後FDRは、緊急事態（大恐慌や戦争という）にあっては「通[28]貨当局は、借入ないし紙幣増発で歳出を拡大することで追加的経常収入を創造しなければならない」という英国経済学者、ジョン・メイナード・ケインズの影響を受けることとなった。つまり、ケインズは赤字歳出を提唱したのであった。この過激な理論は、戦争による急激な景気拡大とあいまって、合衆国の不況克服に大きく貢献した。

戦争は経済に電気ショックを与えた。国民総生産は戦争中に二倍以上となった。個人収入は急上昇した。アメリカの週当たり平均賃金は、財務省によれば、一九四〇年の二十四ドル二十セントから一九四五年現在では、必要労働を週四十八時間として、四十四ドル三十九セントとなった。しかしトースターから自動車まで、商品生産は減少または消滅した。この現象――過剰需要、過小供給――は、恐るべき亡霊、暴走インフレーションの結果だった。連邦政府のエコノミストの一群が、インフレーション抑制のため、綿密な価格統制方策を立案した。しかし価格統制は長続きしなかった。一部の評論家は、ＦＤＲとケインズはアメリカ経済を崖の上に誘導している、と批判した。経済学者たちは第一次大戦から多くを学んでいたが、現状は未知の領域にあった。

この金融上の苦境に加え、経済構造の再転換には暗雲が立ち込めていた。いつの日か――そしてその日はまもなく来る筈だ――トルーマンがひたすら望んだように、軍需品を製造する何千もの政府所有工場は操業を停止するだろう。終戦になれば、連邦政府は即座に数十億ドルにのぼる戦時契約を破棄しなければならない。実際、その動きはすでに始まっていた。失業の激増が予測された。数百万の兵士が戦時手当を懐にして海外から帰国する。かれらは金を使いたがり、それがさらなるインフレーションに油を注ぐ。速やかな構造再転換を伴う巨大な財政赤字、価格統制――トルーマンの就任時ほどアメリカ経済が諸問題に直面したことはない。

モーゲンソーとの論議を通じて、トルーマンは、財務長官の忠誠心に対する信頼を失っている、とも判断した。モーゲンソーはわがままで、権力欲にとりつかれていた。すでに新大統領は、財務長官にだれを据えるかを考えていた。

ホワイトハウス閣議室は、ウェスト・ウィングのオーヴァル・オフィスに隣接していた。隔てるものは大統領秘書の部屋だけだった。長年にわたって閣議室は、マホガニーの会議テーブルを囲んだ、落ち着きのない閣僚、高官を相手にした、ルーズベルトの冗長で、時には鋭い指摘も出て来る即興演説の舞台になっていた。ルーズベルトにとって閣議は、長たらしい独演会だった。トルーマンの初閣議は対照的に研究会となっていた。

「一九四〇年に陸軍省入りして以来、最短の閣議だった」と四月二十日の第一回閣議後スティムソンが日記に書いた。[29]「大統領が指揮を執り、敏速に処理をした……一時間ほどの閣議で……」。トルーマンはルーズベルト時代に根付いた文化を変えたかった。かれはテーブルを回って閣僚一人一人の意見を求めた。FDRは閣僚間の競争意識をあおり、しばしば風波を起こして新聞種になった。新大統領は中傷や反目を許さなかった。チームを大事にした。「かれは意見表明に、極めて活発で、決断力があり、妥協を許さなかった」と第二回閣議を終えて、商務長官のヘンリー・ウォレスはその日記に記した。[30]

建国の父たちは憲法第二条で内閣を規定した――行政各長官は、その担当職務について大統領に助言することを任務とする、と。ジョージ・ワシントンはまず、トーマス・ジェファーソン国務長官、アレグザンダー・ハミルトン財務長官、ヘンリー・ノックス陸軍長官、エドモンド・ランドルフ司法長官を指名した。トルーマン就任時、長官は十名おり、一人（スティムソン陸軍長官）を除く全員が民主党員だった。閣僚は大統領が指名し、上院の単純多数で承認される。長官は選挙で選ばれたわけではないので、大統領による更迭が容易な地位にあった。トルーマンは自らのチーム造りを開始しようとしていた。

トルーマンは引き継いだ閣僚たちの人柄について第一印象を固めていた。エドワード・ステテニアス国務長官は「良い男で見かけよし、友好的、協力的だが、斬新にせよ、伝統的にせよ、意見がない」。ヘンリー・モーゲンソー財務長官は、「愚鈍」で「扱いにくい」。ヘンリー・スティムソン陸軍長官は「真の男で——誠実で率直、政治家と言える」。唯一の女性閣僚、フランシス・パーキンス労働長官は「大した女性——だが政治家ではない」。また、海軍長官ジェームズ・フォレスタルは、どうしようもなく決断力が不足で「可哀相なフォレスタル……物事を決めたことがない」。一九四五年の終わりまで職務を全うしたのは十名のうち四名だった。翌月中にトルーマンは内閣改造を推進した。昇進した副大統領が新内閣を作った事例の中ではもっとも速かった。[31]

かれが最初に任命した役職は閣僚ではなかったが、重要な職務——報道官だった。四月十九日の夕暮れ、チャーリー・ロスが大統領に会いに来た。ロスは、インデペンデンス高校の一九〇一年卒業の伝説的なクラスに在籍していた——ハリーとベス・トルーマンの同級生である。ロスは卒業生総代をつとめた。その後セント・ルイス・ポスト・デスパッチの主任政治記者となり、大恐慌の報道でピュリッツアー賞を受賞した。紙上でロスは、必ずしもトルーマンに好意的ではなかった。実際ロスは、ペンダーガストと縁の深かった、かれの初期時代を酷評した。大統領は、自分、ハリー・トルーマンが恰好の餌食だったことを承知していた。優秀な記者は、みなロスの立場にいれば同じことをしただろう。いまトルーマンはロスが報道官に最適、と考えた——賢く、仕事熱心で、顔が広い。一〇〇％忠誠心を貫くとの太鼓判も押せる。ロスがホワイトハウスに現れると、二人は旧友同士の挨拶を交わした。

ひょろ長くて情熱的、鋭い碧眼、油で固めた茶髪のチャーリー・ロスは、誰よりもタバコ好きだった。かれが喋りだすと、煙突が煙を吐くように言葉が飛び出た。かれは、トルーマンのチームに入ると、大幅に賃金カットとなる、三万五千ドルが一万ドルになるし、ジョセフ・ピュリッツアー二世所有のポスト・デスパッチを辞めると、その年金を失うことも恐れている、と大統領に訴えた。

「マット」[32]と大統領はマシュー・コネリーに叫んだ。「その嫌味なピュリッツアーを電話に出してくれ、ぼくがちょっと話したい」。コネリーはピュリッツアーにつないだ。本人は、その夜の大統領からの電話にさぞ驚いたことだろう。ロスを横に座らせてトルーマンは交渉した。ジョセフ・ピュリッツアーはロスに二年間の休暇を与え、年金資格を維持すると約束した。

話は決まった。トルーマンはお祝いのカクテルを注文した。そしてコネリーにもう一つの電話を頼んだ。ミズーリ、インデペンデンスのティリー・ブラウン嬢を呼んでくれ、と。

「ティリー・ブラウン嬢って、どなたですか？」とコネリーが訊いた。

「チャーリーとぼくの知り合いさ。学校の先生だったんだ」。

ホワイトハウスの交換手を通して電話がつながり、インデペンデンスではティリー・ブラウン嬢が受話器を取った。トルーマンは受話器を摑んで言った、「ブラウン先生、だれだか分かりますか？」

「いや、分かりません」と老いた声の返事があった。

「ハリー・トルーマンです」。

「大統領の？」

「ティリー先生、いまだれと一緒か、お分かりですか？」[33]

「だれかしら？」

「チャーリー・ロスです。チャーリーはぼくの報道官になります」。この電話を聞いて、コネリーは涙が出て来たと振り返った。その夜たまたまそこにいたルーズベルトの長年の報道官、スティーヴン・アーリーも同じだった。その夜遅く、アーリーがコネリーに言った（と、コネリーは回想した）。「うーん、何という人だろう。忘れられない。ルーズベルトが好きだったが、この大統領もいい」。[34]

翌日の定例記者会見でトルーマンは、チャーリー・ロスが五月十五日から仕事を始めると披露した。「チャーリーとぼくは同じ高校のクラスを卒業したんです」とトルーマンは混み合った部屋で喋った。[35]

「何年のご卒業ですか、大統領？」と一人の記者が質問した。

「一九〇一年、あとはご想像におまかせする（笑）。これでもういいね？」

続く数日、トルーマンはこれまでより多数の政権幹部の任命人事を発表した。エドウィン・W・ポーリーは大使の資格で、連合国賠償委員会の合衆国代表に任ぜられた。ナチ降伏後の、戦災賠償をドイツに支払わせる方法を案出するのがポーリーの役目となった。セント・ルイスのロバート・ハネガンが閣僚の郵政長官となった。ロバート・H・ジャクソン最高裁判事の仕事はもっとも厳しいものとなった。トルーマンはジャクソンを任命した公式発表の中で、「国際軍事法廷で……残虐行為と戦争犯罪の告発準備において合衆国の首席検事となる」と説明した。[36]ジャクソン判事はナチ戦犯を裁く国際法廷の開設と立件の準備に入った。現最高裁判事の中で唯一法学部卒業資格を有しないジャクソンは――広く秀才と認められており――ニュルンベルク法廷立案の責任者となった。

「ディア・ママ、そしてメリー」、四月二十一日、トルーマンは手紙を書いた、「ぼくが大統領になって九日経ちま[37]

した。九日間ではだれもうまくやれなかったでしょう。そう思います」。トルーマンは宣誓前から、「ぼくは何か決めなければ、と思っていました」と書いた。「それ以来、ぼくはそのつもりでやっています」。

毎朝トルーマンは、執務室へ来ると、積み上がった内外要人との面談スケジュールを確認した。上院、下院の議員たちが、街の知り合いに声をかけるように出入りした。ふつう、訪問客はグループ単位で五分毎に区切られた。当面の問題は無数にあって、複雑なことがよくあり、トルーマンは議論に参加するに当たり予備知識を得るための勉強の時間を強いられた。毎日午後三時、ロベルタ・バロウズ──面会係秘書補助──が来て、彼女のいう「規律表」[38]を提出した。それには当日と翌日に大統領が面会予定の人物の略歴が記されていた。バロウズにはそのための綿密な調査作業が必要だった。「わたしはその人物の素姓と、大統領との話の内容を知る必要があったのです」[39]と彼女は回想した。

「かれの席に届く問題で、小さなものはなかった」とトルーマンの友人で、現行政補佐官のエディ・マッキムは振り返った。「どれも大問題だった……。面談を取り付けたものは、みんな大問題を抱えていた。そうでないものは入れない……。また二つとして同じ問題はなかった。それが大統領職というものなんだ」[40]。

四月十七日、フィリピンのオスメーニャ大統領がホワイトハウスにやって来た。初の外国指導者との面会だった。フィリピンは一八九八年以来、米国の植民地だったが、戦後独立することになっていた。しかしトルーマンは、アメリカの軍事基地を維持することの保証を必要としていた。

翌日、トルーマンは、アメリカ・シオニスト機構の会長で律法学者のスティーヴン・ワイズ師に会い、重要懸案を協議した。ワイズ師の主張は、パレスチナの土地にユダヤ人国家の創設を認め、難民となったヨーロッパのユダヤ人を収容する、というものであった。国務長官は、ワイズとの面談に際して、秘密メモを大統領に用意していた。「われわれはパレスチナに、[41]合衆国にとっての重大な関心を寄せている。この問題の処理に当たっては最大の注意が必要である」。トルーマンは、ワイズ博士に対してノーコメントを通した。

大統領は、連邦捜査局〔FBI〕長官のJ・エドガー・フーヴァーに会った。トルーマンは、戦時の熱狂とともに、フーヴァーの権力が絶大になった、と考えていた。「[42]わが国にはゲシュタポも秘密警察もいらない」とかれは日記に書いた。「FBIはその方向を目指している。かれらはセックス・スキャンダルや単純な恐喝にも手を出している……。これは止めさせないと」と。

またトルーマンは、人種問題を新大統領がどう捉えるかに関心を持つ黒人指導者たちからの批判にさらされた。戦争はこれまでになく差別撤廃を推進した。しかし、約半数のアメリカ企業は依然として黒人の雇用を拒否しており、軍隊では黒人が白人兵士と行動をともにすることを禁じていた。黒人指導者は生産現場で問題の進展を見ることが出来た。戦時経済はこれまで以上にアフリカ系アメリカ人を働かせていた。ある黒人女性が有名な言葉を発した、「[43]ヒトラーがわたしたちを、白人の台所から外へ出した」。一九四四年、総人口に占める黒人の比率は九・八%であったが、同時期、軍需品生産労働の七・五%がアフリカ系アメリカ人によるものだった。シカゴ・ディフェンダーのある黒人記者が、トルーマンに、「このような、いまあなたに希望を託している千三百万のアメリカの仲間たちが安心できる問題で、[44]何かおっしゃりたいことがありますか?」と質問した。記者は、トルーマンが黒人問題をルーズベルトと同様に、好意的にとらえていることに満足してホワイトハウスを離れた。

大統領としての業務がどんなに忙しくてもトルーマンは毎晩家族のもとに帰り、日程表をきちんとこなしつつ医者や歯医者の予約もあった（ホワイトハウスの歯医者は訪問診療をしていた。トルーマンの歯は綺麗だったが、マーガレットは五年間も歯医者に行っておらず九本も虫歯があった）[45]。四月十九日、トルーマンは、ジョージ・マーシャル参謀総長と、駐米中国大使の宋子文との面会時間の合い間に、とくべつの訪問客を数分間もてなした。弟のヴィヴィアンとフレッド・カンフィルがホワイトハウスに現れたのだ。かれらはかわるがわる大統領の椅子に座り、トルーマンが試し泳ぎをする前に、ホワイトハウスのプールで泳いだ。

トルーマンはカンフィルをカンザス・シティの連邦保安官に任命していた。ミズーリから首都までの運転はカンフィルがした。「みんなハリーに会いたかったんだよ。それでワシントンまでドライブしたんだ」[46]とカンフィルはカンザス・シティ・スターの、デューク・シュープに語った。シュープはすぐに、ホワイトハウス前で不器用に笑うカンフィルの不思議な写真を新聞に載せた（この旅行はカンフィルを面倒に巻き込んだ。長時間運転はガソリンの割当規則違反だった）。

トルーマン一家は再度の引っ越しでまた苦労した。四月二十日、軍用トラック二十台の行列がホワイトハウスの前に駐車していた。官邸からエレノア・ルーズベルトの所有物が持ち出された（「わたしは忘れられない時代に、さよならを告げました」[47]と彼女は新聞のコラムに書いた）。ルーズベルト夫人は、街を出て行くにあたりブレア・ハウスで足を止めて、ベスとマーガレットに挨拶した。彼女はホワイトハウスの状態を謝り、最近、南側のテラスで友人と昼食を摂っていたら、ネズミが一匹、ポーチの手すりを走り抜けたのを見たと正直に話した。ベスとマーガレットはそこを見に行ったが、あまり嬉しくはなかった。

「薄汚く、古びた家具、十二年間塗り替えなしの傷んだ白壁を見つめる母[48]の表情は、どんな感嘆符を使っても表現ベスは新しいファースト・ファミリーが入居する前に、壁の塗り替えと新しい家具の購入が必要、と主張した。「できなかった」とマーガレットは記録した。

18

四月十九日、トルーマンの弟とフレッド・カンフィルがホワイトハウスを訪れ、チャーリー・ロスが現れたその日に、リーヒ提督が大統領を官邸内の金庫に案内した。中にはとんでもない書類があった――ヤルタでスターリンと結んだ秘密協定である。同じ頃、ジミー・バーンズがヤルタからの報告を提出した。これを併せると、世界の将来に測り知れない衝撃を与える情報が明らかになった。

この秘密議定書によると、スターリンは、ドイツ降伏後二、三カ月に、対日戦に参加すると、ヤルタで合意していた。スターリンとしては、ヨーロッパから見ると地球の反対側での戦争になるために、軍の再編と装備の準備が必要だった。攻撃側に赤軍が加われば、対日戦は間違いなく早期に終結し、多くのアメリカ人の生命が救われる。したがって、この政策を国務省、陸軍省、参謀本部首脳がこぞって支持したことを、トルーマンはいま理解した。

しかしスターリンは見返りをいくつか要求していた。（1）一九〇四～五年の日露戦争で失ったロシアの既得権の回復。これには千島列島と南樺太の引き渡し、満洲の旅順港と大連の管轄権が含まれる。（2）外蒙古の中国からの独立承認。(3)南満洲鉄道と東支鉄道のソ連による管理。これらすべてをルーズベルトは了承していた。

トルーマンは、この見返り要求が、軍事基地としての戦略拠点を提供すること、海港と輸送ルートへの進入路を開くことで、スターリンに有利となる理由が了解できた。しかしヤルタの密約には、一つ大きな問題があった。ルーズベルトの約束は、中国側の大幅譲歩が必要だった。だれも中国にこのことを知らせていなかった。もし中国が、相談のなかったこの密約の履行を拒否すれば、ロシアは対日参戦を断り、極東での戦争の様相が一変する。この交渉の帰趨に多くの命が懸っていた。この厄介な問題の解決は、いまトルーマンの仕事となった。

大統領はビャチェスラフ・モロトフとの交渉前に、この密約をすべて知っておく必要があった。スターリンのナンバー・ツーは、トルーマンがヤルタの秘密協定の存在を知った日の三日後にやって来ることになっていた。大統領は、情況を究明しようとしても、この複雑極まる図柄の一端に触れているに過ぎないと悟るばかりだった。

四月二十日正午、五十三歳の駐モスクワ大使、アヴェレル・ハリマンが大統領との初めての打ち合わせのためトルーマンの執務室に入った。長旅の疲れで(ハリマンはモスクワからワシントンまでの空路新記録——四十九時間二十分、で帰仕した)、ハリマンは憔悴し、神経質に見えた。前置きにかれの評判を云々しても極く控えめなものとなる。鉄道王の息子に生まれ、グロトン校(そこでかれは初めてルーズベルトの家族たちに会った)とエール大学で学んだハリマンは、大企業ユニオン・パシフィック鉄道の会長だった。若くして莫大な財産を継承し、ウォール街の投資会社、ブラウン・ブラザース・ハリマンの首席として戦前のソビエト連邦を旅行していた。かれはポロの選手として名を馳せ、ビリヤードとバドミントンの名手で、一九三〇年代にはアイダホ州サン・バレーにアメリカ西部初のスキー・リゾートを建設した。ルーズベルトは真珠湾の数カ月前——バトル・オブ・ブリテン[一連のドイツの英本土空襲]の真っただ中――に、ハリマンを合衆国特別大使として招聘した。ルーズベルトはその時ハリマンに[1]「ロンドンに行って、英本土の持久力を探って、わが国に何が出来るか教えて欲しい。何でも良いが、アメリカの戦争はなしだよ」と伝えた。ハリマンは仕事を引き受け、費用は自弁だった。

　こうしてハリマンの外交官としての経歴が始まった。一九四三年、かれはモスクワ大使館を任された。女主人役として娘のカサリンを連れて行った。カサリンはロシア語が堪能な絶世の美女で、スターリンの取り巻きたちを翻弄した。モスクワ大使館次席のジョージ・ケナンは、戦時中のハリマンをこう評した。[2]「（ハリマンは）仕事以外のことには興味を示さない。個人的な生活はなかった……。物事を鮮やかにやってのけ、大いなる個人的魅力で人の賞賛を浴び……、トップの人間としか交渉しなかった。わたしはロシアの友人の女性にハリマンのことをどう思うかと、一度聞いたことがある。『みんな、かれのことを見るわ』との答えがあった。『そしてみんなが言うの、ほらあそこに本当の男がいるわ！』」。

　一九四五年四月、ハリマンはほかのアメリカ人と過ごす時間以上に、スターリンに付きっきりだった。しかし、大使館――クレムリンから一マイル［一・六キロ］にあるスパソ・ハウス――を運営するストレスから疲労がたまり始めていた。スパソ・ハウスの生活は次第に耐え難くなっていた――ナチの攻撃中は、板張りの窓は締めっ放しで、暖房用石炭も不足していた。米ソ関係の中心人物として眼前にさまざまなストレスを抱え込み、だんだん将来を悲観的に考えるようになっていた。

　オーヴァル・オフィスでは、ステテニアス国務長官がハリマンを大統領に紹介した。同席者は、ロシア専門家で通訳のチャールズ・ボーレンと国務省次官のジョセフ・グルーだった。トルーマンはソビエト情勢について質問し、ハリマンは恐るべき話をすることになった。
「ソ連には二つの政策があります」[3]。面談記録によれば、ハリマンはそう答えた。「二つ同時に成功させなければならないとかれらが考えているもので――一つは米英との協力政策で、もう一つは近隣諸国に対するソビエトの統制力の拡大です……。他国へのソビエトの統制とは、単なる対外関係での影響力の拡大ではなく、秘密警察、言論の自由の抹殺などのソビエト方式の拡大をいうのです」。

ロシア人は支配することを決定しており、それはポーランドに始まった。世界が直面しているのは、「野蛮なヨーロッパ侵略である」[4]とハリマンは言った。

自分はソ連を怖れていない、とトルーマンは言った。「とにかく、ロシアは、われわれがかれらを必要とする以上に、わが国が必要なんだ」[5]。大統領はとくに資金と資源の話をした。アメリカは、毎週、ソ連向けに何十万トンもの食糧と軍事装備品を出荷している。そしてソ連（これについてはイギリス同様に）は、戦後の復興のために数十億ドルの借款を合衆国に期待している。

大統領は頑なだった。ポーランドのソ連傀儡政権は消えてなくなるべきだ、と。面談議事録によれば「トルーマンは、モロトフにこのことを簡単な言葉で伝えるつもりだ、とつけ加えた」[6]。トルーマンは「外交問題に精通していない」ことを認め、国務長官とハリマン大使に委ねることとした。しかし、かれの考えは、「ソ連政府に対しては厳しく交渉する」ことにあった。

議論を通じて、ハリマンは、トルーマンがいかにヤルタの交渉記録を隅々まで勉強したかを認識した。「わたしはただちに、トルーマンに多大な敬意を持った」[7]と初会合のあと、かれは記録した。「しかし、初めての話し合いのときも、そのあとも、トルーマンはいつも――ちょっと言い過ぎと思うくらい――自分は仕事の準備不足、経験不足、問題を完全には理解していない、と言うのでわたしは閉口してしまった」。

とはいえ、トルーマン＝モロトフ会談の舞台はととのった。ポーランドに関するロシアという難局解決の糸口はだれも見出していなかった。図らずもピュリッツアー賞受賞詩人で国務省のアーチボルド・マクリーシュはこの状況を次の言葉で表現した。[8]「この問題に真正面から取り組むことが世界の福音になるだろう」。トルーマンはまさにその道を歩もうとしていた。

土曜夜、四月二十一日、ブレア・ハウスの前に車列が止まった。SSの一人が回想した。七人の「[9]GPU《ゲー・ペー・ウ》の連中」（ロシアのSS）が闇の中を五台ほどの車から飛び降りた。一言も発することなく、かれらはブレア・ハウスに突入した。[10]「わたしはかれらのあとをついて行った」。かれらは窓を点検し、引出しを開け、階段を駆け足で上り下りし、十分ほど下見をした」。それからビャチェスラフ・モロトフが屋内に入った。モロトフの宿泊場所は、トルーマン一家の住居とはブレア・ハウスの別の区画だが、大統領とモロトフは恐ろしく接近することとなった。

この時はすでに、トルーマンと相談役たちは、モロトフの取り扱い方について協議を重ねていた。大統領は、日程の詳細なメモを次々に渡されていた。ロシア側の希望で、軍隊の栄誉礼は行わないこととなった。トルーマンは国務省からモロトフの経歴書を受け取った。[11]「本名はスクリアビンで、スラブ人」とあった。「一八九〇年、労働者の家庭に生まれる。一九〇六年、共産党入党。ロシア革命以前に革命運動に従事。数回入獄及び追放処分を受ける」。一九二九年、スターリンがソ連政府の実権を握ると、スターリンに密着していたモロトフはクレムリンの中枢で出世を遂げた。「かれ[12]はスターリンの政策や指示を骨身を惜しまず、効果的に遂行した」と国務省の経歴書は記していた。モロトフは無愛想なことで有名だった。極めて粗野な男だった。

四月二十二日、日曜日夜の八時三十分――トルーマンの十日目――トルーマンはブレア・ハウスでモロトフを迎えた。このロシア人《モロトフ》はトルーマンより背が高く、隆起した額で、薄い胡麻塩頭に、ちょび髭を生やしていた。チャールズ・ボーレンを通訳として立ち会わせ、二人は儀礼どおりの挨拶を交わした。モロトフは長い空の旅だったが、何とか耐えられた、と告げた。トルーマンは、自分が「[13]スターリン元帥とソビエト共和国を深く尊敬」しており、「両国間にルーズベルト大統領が作り上げた関係が永続することを祈念する」と言った。トルーマンは、両国が「困難を」乗り越え、「軌道に乗る」ことを望んだ。モロトフはそれらの履行を保証し、二人は、出来るだけ早い機会にトルーマンとスターリンが個人的に会う必要があることで一致した。

翌日には二人は本題に入った。四月二十三日の午前中、モロトフは国務省幹部、英国外務省高官らと会い、トルーマンと衝突することなくポーランド問題を処理したいと希望した。午後二時、トルーマンは再度首脳部と打ち合わせた。ハリマン大使、ステテニアス国務長官、スティムソン陸軍長官、リーヒ提督、アーネスト・キング元帥、フォレスタル海軍長官の面々だった。ステテニアスは午前中のモロトフとの会談では、ポーランド問題に何ら進展がなかったことを報告した。

「ソ[14]連政府は、合衆国とイギリス政府に、ポーランドの傀儡政権を強制的に承認させようとしていることがはっきりした」とステテニアスは記録した。

とにかく、状況は更に悪化した。この日トルーマンは、ポーランドの国内事情に関する国務省の報告を受け取った。ワルシャワへの入国が許可されたフランス高官は、その政治状況を「どうしようもない」と伝えていた。「フランス高官は『いわゆる』ワルシャワ政府は赤軍が面倒を見るか、別の方策を取らない限り、実質的な支援はなく、存続出来ない、と言った。国家としてのポーランドは一年以内に消滅するだろう」と報告書は指摘していた。

外交と軍事の相談役《アドバイザー》たちに囲まれて、トルーマンはモロトフをどう扱うべきか、室内にいる各々の意見を訊いた。しかし、かれにもかれなりの考えがあった。アヴェレル・ハリマンの備忘録によれば、このときの会話は次のようなものだった。「今しなければもう機会はないと（トルーマンは）言った。これまでヤルタ協定は一方通行だった。それでは続けられない」。ロシアがこの協定を守らないなら、とトルーマンは言った。「地獄へ落ちろ」。[15]

午後五時三十分、モロトフがやって来た。同席者として、ハリマンとステテニアスもいた。モロトフは自分の通訳、ウラディミール・パブロフとモスクワの外務大臣、アンドレイ・グロムイコを連れていた。温かく歓迎したあと、トルーマンは、実務的なカンザス・シティの政界仕立ての率直さで話し始めた。「合衆国政府は、ポーランドの民主主義的要素のすべてを代表していないポーランド政府の創設には賛同出来ません」とトルーマンは述べた。「合衆国政府は、ロシアが協定を履行していないことに「大いに失望している」と言った。そしてこの失望は、「戦後の協力体制作りでわれわれが一つになる、という目的に対して深い疑念を抱かせます」。[16]

この一方的な会話は三十分続いた。「トルーマンの言葉を通訳するのが楽しかった！」ボーレンは回想した。「それは、この戦争中、アメリカ大統領からソ連高官に伝えられた、多分初めての厳しい言葉だったに違いない」。[17] 締めくくりにトルーマンは言った、「モロトフさん、これで終わりにしましょう。あなたから、わたしの意見をスターリン元帥に伝えていただければ幸いです」。[18]

この会話のトルーマンの記録によれば、そのときモロトフはこう言った。「わたしは生涯で、こんな言われ方をされたのは初めてです」[19]。

「協定を実行してください」、トルーマンは言い返した。「そうすればそんな言われ方はされません」。

モロトフが別れを告げて立ち上がると、トルーマンは、スターリンに渡してほしい覚書を手渡した。それには大統領の発言の要点が、同じ強い調子で書かれていた。モロトフは帰った。

翌日、ワシントン中に、トルーマン＝モロトフ会談のニュースが拡がった。政府の高官たちはみな驚いた。幕僚長のリーヒ提督は戦慄した。スティムソン陸軍長官は、ポーランド問題が米ソ間の「正面衝突」[20]を惹き起こしかねない、と心配した。ハリマン大使も悩んだ。「トルーマンの行動は、ルーズベルトの政策が放棄されたと、モロトフがスターリンに伝える際の弁解のタネに使われないかと思うと残念だ」[21]。

モロトフ会談後まもなく、トルーマンはハリマンの前任のモスクワ大使、国務省幹部のジョセフ・デイヴィスと会った。デイヴィスは *Mission to Moscow*［モスクワに派遣されて］という、自らのモスクワ大使館時代を綴ったベスト・セラーの回顧録を書いていた。一九四三年、ウォルター・ヒューストンがデイヴィス役、アン・ハーディングがデイヴィス夫人に扮した映画も作られ、評判になっていた。デイヴィス夫人とは、ポスト・シリアル社の女相続人で世界屈指の大富豪、マージョリー・メリウェザー・ポストにほかならない。

「ぼくは率直に言ったよ」[22]とトルーマンはモロトフとの会談のことをデイヴィスに伝えた。デイヴィスはこのときの会話を日記にとどめていた。「ぼくはやっつけた。顎へのストレート、ワンツー・パンチだ。ぼくは両国の協力は双方向であるべき、と教えたかった」。そしてトルーマンは訊いた。「きみどう思うかね。ぼくは間違っていたかい？」

デイヴィスは危ないと思った。知人だったので、かれもモロトフと話をしたと伝えた。ロシア人は、よく理解し尊敬していたルーズベルト以外のアメリカ人との付き合いに非常に不安になっている。ルーズベルトとならば、ロシア人は戦後、平穏に、実りある友情を育めると信じていた。相手がトルーマンになり、その信頼感は消え去った、とデイヴィスは説明した。ソビエト人は、自らを、敵という海に囲まれた島に見立てている、とデイヴィスは考えていた。あらゆる決断が、安全保障へ向かうのだ。

「まずいですね」とデイヴィスはトルーマンに語った。「戦争終結前に、新しい戦争のタネが蒔かれるのは」。[23]

19

四月二十五日はトルーマンにとって記念すべき日となった。その日の朝執務室でかれは、午前九時過ぎに定例のスタッフ会議を開いた。[1]「重要な面談予定はあまりなかった」と報道担当秘書補佐のイーベン・エイヤーズは振り返った。だが、それは間違いだった。

午前九時十五分から正午までに、大統領は八回の十五分毎の会見で、十一名の議員と会い、そのほか退任する郵政長官のフランク・ウォーカーと会った。そして正午にヘンリー・スティムソン陸軍長官がオーヴァル・オフィスに入った。かれは前日に大統領あてに[2]「早急に最重要案件について」協議をしたいとのメモを渡していた。スティムソンはファイル一冊を抱えていた。[3]室内の二つ目の入口から別の一人が入って来たが、トルーマンはだれだかすぐに分かった。それはレスリー・グローヴス陸軍少将で、かれはホワイトハウスの裏口から地下の廊下を通って、ウエスト・ウィングの正面入口にたむろする新聞記者たちに見つからないよう案内されてきた。グローヴスは頑健な男で——ほぼ六フィート［約一・八三メートル］、約二百五十ポンド［約百十三キロ］——いかめしい表情を崩さない口元を髭が覆っていた。かれは主任技官として陸軍で昇進し、ペンタゴン建設の監督を務めた。その後かれは、これからトルーマンが知らされようとしている新しい計画を担当することとなった。

スティムソンはトルーマンにメモを渡した。大統領がそれを克明に読んでいる間、スティムソンとグローヴスは静かに待った。メモはこんな文章で始まっていた。「四カ月以内に、わが国は人類史上、最強の兵器となる、一都市全部を一発で破壊出来る爆弾を間違いなく完成させるだろう」[4]。

陸軍長官のメモには、原子爆弾という開発途上の発明品の詳細が記載されていた。説明には基礎的な科学知識が必要だった。グローヴスは基本情報を書いた詳しい説明書を用意していて、それをトルーマンに手渡した。「原子一個は複数の中性子、電子、陽子からできている」とあった。「一個の自由な中性子が、原子の外側から、U235（ウラニウム）の原子一個に衝突すると、原子は二つに分裂して多くの中性子を放出し、それに比例した膨大なエネルギーを発生する」[5]。

グローヴスのメモによれば、一個の原子爆弾はおおむねTNT爆薬五千トンから二万トンに相当する爆発力があり、実際に投下されれば、想像を絶する威力を発揮する兵器となる。この計画はマンハッタン計画と名づけられていた。グローヴスの解説にはこうも書かれていた。「核分裂爆弾開発の成功は、合衆国に巨大な力をもたらす武器を与え、アメリカ人の生命を救い、速やかに現在の戦争を勝利に導く決定的要因となる……」[6]。合衆国が原子兵器の開発を主導し続ければ、その将来は一層安全となり世界平和の維持に大きく貢献することとなる」[7]。

グローヴスとスティムソンは、人類史上もっとも野心的な産業、科学事業分野の幕を開けたのである。

米国政府の原子爆弾実験は、六年ほど前の一九三九年八月二日付のフランクリン・ルーズベルトにあてた一通の手紙から始まった。それはルーズベルト政権に残された数ある書類の中で、もっとも興味深い公文書であった。理論物理学者、アルバート・アインシュタインの署名がある手紙で、どのように「ウラニウムという元素が、近い将来の新しく重要なエネルギー資源になり得るか……。この新事象は爆弾の製作につながり――あまり確かではないが――新型の極めて強力な爆弾の製造も可能と考えられる」[8]と説かれていた。

ルーズベルトは、理論物理学者たちに夢見がちな傾向のあることは分かっていた。しかしアインシュタインの夢には現実性があった。卓越した物理学者、アーサー・コンプトンは、「人類の思想史上、チャールズ・ダーウィン以来、その高みに到達できた科学者はほかにいないだろう」[9]と評した。大統領は、アインシュタイン書簡の内容についてアレグザンダー・ザックスという経済アドバイサー（アインシュタインの手紙をFDRに渡したのはザックスである）と相談した。この種の爆弾が発明されたら、ナチスが最初に作ってしまわないか？　ザックスは不安になった。「アレックス」[10]と大統領は言った。「きみのやるべきことは、われわれがナチスに吹き飛ばされないようにすることだ」。大統領は補佐官を呼んで、原爆製造計画に実施を示す、三つの単語を発した。

「行動だよ（This needs action.）」[11]。

一九三九年秋、連邦政府は特別軍事計画に最初の資金を捻出した――六千ドル、ウラニウムの一定量を含む原料購入費である。一九四〇年六月二十七日、ルーズベルトは国防研究委員会を創設した。これには、カーネギー財団理事長のヴァネヴァー・ブッシュ博士をトップとするシンクタンクで、ハーヴァード大学学長のジェームズ・コナント博士、カリフォルニア工科大学のリチャード・トルマン博士、マサチューセッツ工科大学学長のカール・コンプトン博士が集った。このグループは物理学の最高頭脳を結集して、極秘裏に原子の核分裂装置を考案し、高度理論を実際に兵器化する研究に従事させていた。陸軍長官が初めてこの計画を知ったのは、一九四一年十一月六日（真珠湾のちょうど一カ月前）である。「ヴァネヴァー・ブッシュがやって来て、秘密書類を渡してくれた」とスティムソンは日記に書いた。「物凄く恐ろしいことが書かれていた」（スティムソンは、このときから一九四五年四月二十五日にトルーマンに報告するまで、この計画に関わった、政府における最高位の官僚であった）。[12]

原子爆弾計画は、合衆国陸軍が管轄することとなった。ヨーロッパと極東での戦争中、開発の初期を通して、ジョージ・マーシャル陸軍参謀総長は慎重に問題の進展を追いかけていたが、問題のあまりの複雑さにしばしば混乱を来していた。「わたしはこの問題を理解するため、長時間、エンサイクロペディア・ブリタニカや辞典と首っ引きになった……。しかしついに、全く理解出来ないと判断して諦めた」と後日回想した。[13]

一九四二年九月十七日、マーシャル将軍と陸軍長官は、この問題の日々の監督をレスリー・グローヴス少将に引き継いだ。グローヴスの仕事は、理論面から実践面への展開を管理することだった。グローヴスはロバート・J・オッペンハイマーを、爆弾を製造する新しい秘密研究所の科学理事に任命した。オッペンハイマーの任命書の記載一部は次のとおり。

研究所は、S－1－T計画と名づけられた兵器の開発と製造を目的とする。そのため研究所は次の事項に関わるものとする。[14]

a・科学、技術、軍事の一定の実験を行い、また、

b・のちに、困難な軍事手順と高度に危険な材料の取り扱いを必要とする大規模実験を実施する。

研究所の立地に、ニューメキシコ州ロスアラモス村郊外の荒野を選んだのはオッペンハイマーで、若い頃かれは、この砂漠でキャンプをして乗馬を楽しんだ経験があった。この荒野にはある運命的なものが潜んでいた。青年オッペンハイマーはあるときこう言った。「ぼくが最高に愛する二つのものは、物理学とニューメキシコだ。この二つがたがいに無縁なことは残念の極みだ」[15]。いまこの夢は、ロスアラモスで実現されることとなった。

連邦政府は議会に知られることなく、数百万ドルもの秘密資金をオッペンハイマーの事業に注ぎ込んだ。ロスアラモスには一つの町をまるごと作らなければならなかった。科学者、軍人とその家族が必要とする、水道、宿舎、学校、医療施設、食糧供給所などのインフラストラクチャー、その他あらゆる種類の技術装置が建設された。

一方、グローヴスは、ペンタゴンにも勝る二つの施設の建設をすべて極秘で指揮していた。一つは、テネシー州オークリッジの爆弾製造のためのウラン濃縮設備である。この作業を行う本館は四十四エーカー〔約十七万八千平米〕の広さで、世界最大の建造物であった。建物建設には数万の労働者が必要だったが、秘密が守られていたため、かれらには、何を作るために働いているのか分からなかった。現場はノックスヴィルの町から遠くはなかった。「自分自身はそう怖いとは思っていなかったが」[16]とグローヴスは後日述懐した。「絶対ではなかった。万一、巨大原子炉に連鎖反応が発生したら、何が起こるのかだれにも分からなかった」。

二つ目はワシントン州ハンフォードにあった――世界で初めてのプルトニウム製造用本格原子炉であり、広さ十二マイル〔約十九・三キロ〕×十六マイル〔約二十五・七キロ〕の外周の施設に加え、一分間に二万五千ガロン〔約九万五千リットル」の冷却水と無限の電力を必要とした。グローヴスは、現場を一千人が暮す町（実際にはパスコの町）から少なくとも二十マイル［約三十二キロ］、高速道路からは十マイル［約十六キロ］離れたところに計画した。ハンフォードで科学者たちはウラニウムからプルトニウム——兵器化できるもう一つの核分裂が可能な物質——を抽出する研究を行った。

グローヴスが行っていた作業は、いずれも潜在的に危険で、法外な経費がかかるものだったが、作業の結果がどうなるかはまったく分からなかった。「われわれの当時始めた仕事ほど、極めて重要であるにもかかわらず成否が不明だったものは史上あまり例はないだろう」[17]。

この仕事を一般のアメリカ人から秘匿しておくには厳重な安全対策と、いささか幸運も必要だった。ルーズベルトは一九四三年八月のケベック会談でチャーチルと、原子力技術のすべてをイギリスと共有し、計画推進に米英両国が協力することで合意した。チャーチルは大統領とこの最高機密問題で交信するときは、「合金チューブ」[18]という暗号名を使った。とはいえ、ロスアラモス、オークリッジ、ハンフォードの作業はほとんど、まだアメリカだけの仕事だった。初期の陸軍予算は計画をまかなうのには不充分で、スティムソンが議会のお偉方グループに工作を始めた。かれは作業が秘密であることを打ち明けて、資金の使用目的を明らかにしないまま、資金供与について上院と下院を通過させた。

真珠湾の二年後といえども、政府上層部でこの計画の存在を知るものはほとんどいなかった。「大統領補佐」のジミー・バーンズも、やっと一九四三年の夏になって、オーヴァル・オフィスでのルーズベルトとの会話の中で初めて知った。彼の回想によれば、そのときルーズベルトは、原爆製造競争ではナチスが先行していると信じていた。

バーンズは、「原子エネルギーがどのように働くか、科学者たちの予測を聞いて」[19]、愕然としたと記録している。

一九四四年九月下旬、ヘンリー・スティムソン陸軍長官は、国防研究委員会の委員長、アーサー・コンプトンから、原子爆弾について書面による報告を受け取った。内容は次のとおり。「(1)来年夏までに本件は重大な軍事的問題になる。(2)戦後、その技術は急速に拡大し、軍事的側面が圧倒的になる。(3)わが国の一時的優位性は、本件に関する秘密の開発競争が始まるとすれば、消滅ないし逆転されるだろう」[20]。スティムソンはこの内容に批判的だった。マンハッタン計画は単なる軍事問題ではなく、実在性に関する問題になっているのだ。「極めて大きな決断を迫られている」[21]とスティムソンは日記に記した。「もう避けてはいられないし、いろんな事象からこの問題を公表せざるを得なくなるだろう。人間性、倫理と政府の根本的事実にまで、われわれの考えが及んできている」。

いずれにせよ、ルーズベルトはナチスの行動を懸念していた。ヒトラーが原爆を先に発明すれば、人間性の様相は同じものではあり得ない。一九四三年十二月四日、ニューヨーク・タイムズの記事は、ドイツ最高司令部のある高官が、ナチスは「一個の残忍で劇的衝撃を与える爆弾で」[22]連合軍に反撃する。「その報復は極めて強力であるため……精神的にも政治的にもまったく異なる、考えられないような表現でしか形容できないだろう」と語ったと掲載した。このドイツ高官は、「人類は、地球の半分ほどが吹っ飛ばされてもかまわない地点に立たされている」と結論づけた。

ナチスは原子爆弾を作っているのだろうか? もしそうならば、連合軍がかれらを永遠に叩き潰す前に、かれらがそれを完成させて投下するのだろうか?

この問題についての陸軍長官とルーズベルトの最終の打ち合わせは、ルーズベルトの死の一カ月足らず前に行われていた。かれらは懸念について議論した、原爆の全計画が破綻すれば、科学者たちから「大統領はレモン〔ろくでもないもの〕を買わされた」ことになる。ルーズベルトはこの問題についてジミー・バーンズからもメモを受け取った。「わたしは、いまだ製造についての明確な保証もないまま、マンハッタン計画の費用が二十億ドルに近づいているものと理解しています」とバーンズは書いていた。バーンズは苦慮していた。「計画が万一失敗すれば」と警告した。「容赦のない調査と批判の対象となるでしょう」。[23]

軍人として最高位にあるリーヒ提督は、ルーズベルト大統領に遠慮なく意見を述べた。原爆は、自分の信念では、うまく行かない、と。[24]

四月二十五日、トルーマンが初めて詳しい話を聞いたときの原子爆弾問題の実情はそんなものだった。使用可能となる時点を訊ねられて、スティムソンが答えられたことは「四カ月以内」だけだった。[25]

トルーマンはスティムソンとグローヴスに鋭い質問を浴びせ続けた。大統領は、二十億ドル、膨大な労働力と原料、全国に拡がる三つのにわか仕立ての施設（ロスアラモス、オークリッジ、ハンフォード）を必要とする大規模な事業について、それほどの秘密が守られていることに驚倒した。スティムソンは数人の議員をテネシー州のオークリッジ工場へ秘密調査団として派遣してみることを勧めた。将来この計画に対して、秘密資金を充当することに役立つのではないか。トルーマンはこれに同意した。

原爆が日本に無条件降伏を強いることを、大統領は理解した。しかし考えるべきは政治問題と、戦後の潜在的な恐怖の未来である。この会談でのトルーマンの質問をグローヴスは振り返った。「それは対外関係を重んじていた。とくにロシアとの関連で」(26)。スティムソンは、ソ連がロスアラモスでスパイ活動を行っている、と確信していた。そして、ナチ崩壊が迫ったこの時点で、ソビエトは、五年以内にこのような爆弾の開発能力のある唯一の国だ。スティムソンの結論は、世界は「最終的にこのような兵器に蹂躙される。つまり、近代文明は完全に破壊される」(27)というものだった。

原子爆弾についてスティムソンとグローヴスに会ったあと、トルーマンにとってその日は予期せぬ展開となった。ナチ降伏の最初の兆候は、その日、四月二十五日の午後ホワイトハウスに伝わった。トルーマンは、ゲシュタポのトップで、ナチの〔ユダヤ人〕最終解決を考案した幹部のハインリヒ・ヒムラーから、スウェーデン赤十字社の上層部メンバーを通じて降伏の提案を受け取ったのである。この提案の真偽は不明だった。午後一時四十分、トルーマンの車列はホワイトハウスを出てペンタゴンへ向かった。かれは陸軍長官室を通って秘密会議室に入った。最高位のアドバイザーたち数名（リーヒ、マーシャル、スティムソン）に囲まれて、トルーマンは電話を取り、イギリスに接続させた。雑音混じりの大西洋海底ケーブルを通じて、かれは初めて紛うことない首相のウィンストン・チャーチルの声を聞いた。この会話の記録は現存する。

「あなたですか、大統領閣下？」(28)

トルーマンは言った。「こちら大統領です。首相閣下」。

「お声が聞けてとても嬉しい」。

「有難う、わたしもあなたの声が聞けて嬉しいですよ」。

チャーチルはトルーマンに、ヒムラーから、ヒトラーが脳出血を起こしもうあまり長くない、とスウェーデンのフォルケ・ベルナドット伯爵に連絡があった、と伝えた。ヒムラーはこうして米英に対するドイツ軍の降伏を申し出たのである。しかしまさにこの日、ベルリンを完全に包囲したロシア軍については何の言及もなかった。

トルーマンは述べた。「かれ[29]（ヒムラー）は、ロシア、貴国、米国――三カ国すべてに降伏を申し出るべきだと思います。五月雨《さみだれ》的な降伏は受けるわけには行きませんね」。米英政府がソ連の承諾なしに何らかの条件を受け入れれば、トルーマンは軍事同盟者、ヨシフ・スターリンの怒りを買うことになる。ドイツ人たちは、「西欧同盟国とロシアの間に不和のタネを蒔こうとしているのですよ」とトルーマンは電話口で喋った。チャーチルは同意した。

合衆国と英国はナチのこの種の降伏提案は受け入れないことにした。

「わたしたちは手を取り合って行きましょう」とチャーチルは言った。

「はい、このような関係を続けましょう」。

「実際」、チャーチルは締めくくった。「わたしはあなたについて行きます。どんなことでも支持します」。

「有難うございます」とトルーマンは言った。「おやすみなさい」。

この会話の直後、トルーマンはスウェーデン駐在の米国大使から、ヒムラーが実際に接触していたとの確認があった。トルーマンはこの異例の展開をスターリンに電信で知らせた。かれは、連合国三カ国に無条件降伏する以外の降伏は認めない、と約束した。いずれにせよ、第三帝国の弔鐘がまもなく聞こえてくるようだった。

傍受されないことが確認されているペンタゴンの電話を通じて、トルーマンがチャーチルと話をしたちょうど同じ頃、サンフランシスコ中のホテルでは、五十カ国にのぼる代表たちが国際連合平和会議開催の最終準備に追われていた。開会式は太平洋標準時午後四時三十分にサンフランシスコのオペラハウスで始まった――この古典様式建物で、オペラはここ数年、防空委員会の厳重な監督のもとで行われていた。

ステテニアス国務長官率いるアメリカ代表団は、フェアモント・ホテルの最上階に本部を置き、英国代表団はマーク・ホプキンス・ホテルに入った。モロトフを長とするソビエト代表団は、安全上の観点から、サンフランシスコ湾内に停泊する船に留まった（船は秘密の通信技術で装備され、無尽蔵のキャビアとウォッカが積み込まれていた、と伝えられている）。会議は何年もかけて準備されて来たが、とくにポーランドの政体をめぐる、米ソ関係の離反を理由とする失望のさなかに始まることとなった。

「会議は極度の不安と緊張のうちに始まった」[30]とニューヨーク・タイムズが大会開催を報じた。「そのことは身に染みて感じられる。町中にポーランド問題という汚い鳥が舞っているようだった。ロシア人との問題を解決し、国連を軌道に乗せる仕事はだれよりもステテニアスの腕にかかっていた。「頼りにしているよ」[31]とトルーマンはかれに言った。「一〇〇％信頼している」。

東部時間の午前七時三十分直前、トルーマンは、ルーズベルトがラジオを通じて国民に話しかける炉辺談話を行っていたホワイトハウスの外交官応接室に入った。放送設備はすべて整っており、マイクのコードが床を這っていた。トルーマンは演説草稿を目の前に拡げて机に向かった。演説は、サンフランシスコのオペラハウスに直接放送される予定で、各国代表たちはすでに期待を胸に、静まりかえっていた。国の内外にはラジオを通じて放送された。演説は簡潔で的を射たものだった。「偉大なるヒューマニスト」ルーズベルトのことを引用しながら、トルーマンはオペラハウスに向かって語りかけた。「会議に参加されたみなさまは、より良き世界の設計者です。われわれの未来はあなた方の手中にあるのです」。[32]

「世界には、永遠の正義という古来不変の真理が復活してきています」、トルーマンは語った。「本日、みなさまが開催しようとしている、サンフランシスコにおけるこの会議ほど、必要にせまられた会議は歴史上ありませんでした」。[33]

サンフランシスコは、米ソ緊張関係のリトマス試験紙だった。アメリカ代表団の鍵を握る人物で、ステテニアスの傍らで終始交渉に携わった上院議員のアーサー・ヴァンデンバーグは、自分の日記に、幻滅したことを投げやりに書きつけた。「この新しい平和同盟をぶっ壊すことは、どちらかといえば簡単だ……。そいつはポーランドのために何が出来るんだ。ロシアに好きなようにされるだけだ。ただちに第三次世界大戦をやるしか正義の望みはない」。[34]

国際社会が世界的な平和同盟の創設を試みたのはこれが初めてではなかった。トルーマンは、第一次大戦後の若いころ、国際連盟条約の支持を議会に働きかけたウッドロウ・ウィルソンの伝記を貪るように読んだことを思い出した。国際連盟は将来の戦争を抑止する、とウィルソンは主張した。しかしウィルソンは議会への連盟条約の上程に失敗し、その結果国際連盟も破綻した。連盟の崩壊は、ウィルソンの身体を損い（その後まもなく、かれは脳卒中に襲われた）――みなそう信じた――いま世界中で戦われている戦争に大きく関係していた。

トルーマンは今回、この新平和連盟が存続し、その役割である戦争防止を果たすことを祈るばかりだった。その日早くに原爆の話を聞いたときから、トルーマンは、ウッドロウ・ウィルソンの時代に直面した以上の出来事が世界中で起きていることを知った。

その夜ブレア・ハウスに戻ったトルーマンとベスの会話が想像できる。長い一日だった。トルーマンは初めて、最大の軍事機密の概要を聞いた。切迫している第三帝国崩壊について、初めてウィンストン・チャーチルと話した。国際連合会議と世界についてラジオ演説を行った。かれは、明日はどんなことになるのやら、と想像したに違いなかろう。

20

トルーマンが初めて原子爆弾の詳細な話を聞いた、その同日、ドイツのライプチッヒ北西二十八マイル［約四十五キロ］にある、砲撃で壊滅したトルガウ村の外れの出来事だった。エルベ川にかかる破壊された橋を渡ったロサンゼルス出身のウィリアム・ロバートソンという米軍将校が、一人のロシア兵と出会い、その背中をたたきながら自己紹介した。現地時間の午後四時四十五分のことだった。コートニー・ホッジ将軍指揮下の米第一軍のロバートソン中尉は、ロシア兵に手を伸ばして握手を求めた。

[1]「手を出して」。

世界中が耳をそばだてた握手だった。

数分後、米軍野営地に無線ラジオを通じてロシア人の声がとどいた。[2]「こちら赤軍、こちら米軍を呼び出し中の赤軍です。無線で通信しています」。

アイゼンハワー軍とソ連軍が出会った。両軍はナチ・ドイツを分断し、東部と西部、二つの戦線が一つになった。

また同日、そこから東方へ六十マイル［約九十六キロ］ほどのベルリン近郊で、ロシア軍が急襲を開始した。そこはすでに連合軍の猛爆で瓦礫の山と化していた。町は、「第三帝国の首都というより、[3]巨大な現代のがらくたの塊だった」とあるアメリカの従軍記者が描写した。ドイツ軍は反撃していたが、ロシア軍のベルリン占領はもう間近だった。この街のどこかに、ヒトラーは隠れている。

トルーマン、スターリン、チャーチルは、エルベ川でロシア軍と英米軍が合流したニュースを各国政府が公表することを、すでに合意していた。ワシントンからはトルーマンが、四月二十七日に発表した。モスクワではスターリンが同じことを行った。同時に住民は二十四発の祝砲の音を耳にし、町中の鐘が鳴り響いて効果を高めた。ロンドンでは同じ時間にチャーチルが発表し、ロンドンっ子たちは家を飛び出して街に繰りだし、歓声をあげた。

トルーマンの発表文には「[4]ヒトラーとその悪漢政府の最後の一息、絶望的な望みはこれで絶たれた」とあった。そしてこう続いた。「これがヨーロッパでの最終勝利ではないが、その時は近づいている。アメリカの全国民、イギリスの全国民、ソビエトの全国民が長い間戦い、そして祈った、その時が」。

その後数日、出来事が急速に動いた。トルーマンがエルベの日の声明を行った日の翌四月二十八日、イタリアの連合軍司令部にドイツの高官たちが現れ、イタリアでのナチ軍の降伏条件を書いた紙片を手渡した。アメリカ軍、イギリス軍、ロシア軍の代表が揃っていた。同じ日、コモ湖畔のジュリノ・ディ・メッツェグラで、イタリアのパルチザンが元ファシスト独裁者のベニト・ムソリーニとその若き愛人、クララ・ペタッチ、および十七名のファシスト追随者を射殺した。ムソリーニ――ヒトラーおよび枢軸諸国と盟約し、資源を総動員してイタリアを戦争に導いた――はスイスへ逃亡しようとして捕えられた。処刑のときの最後の言葉は、「[5]ノー！　ノー！」だったと伝えられている。パルチザンは遺体をミラノへ運んで晒しものにした。町の住民は列をなして、ムソリーニの、弾丸で蜂の巣にされた頭にツバを吐きかけた。ある記者がこの光景を描写した。「ファシスト国家イタリアを戦争に導いた脳味噌が、いまミラノの中心で汚物まみれになっている」[6]。

四月二十九日、ムソリーニ処刑の翌日、ドイツ軍幹部たち――私服姿の――がカセルタの連合軍司令部で降伏文書に調印し、イタリアでの戦争は終わった。トルーマンは、日本とドイツは「このことの意味を理解」[7]すべきとの談話を発表した。

同じ日、米軍はダッハウ強制収容所を解放した。腐敗した死体を詰め込んだ鉄道貨車三十両が発見された。解放時、ダッハウには生存者が三万人以上いた。

翌四月三十日、イギリスのＢＢＣ放送が未確認情報を流した。「ヒトラーが本日正午、ベルリンのティアガルテン地下司令部で死去し、（宣伝相の）ゲッベルスもベッド際で死んだ」[8]。一日遅れて、ドイツの放送局もヒトラーの死を伝えた。高官のだれもが真相を確認できないうちに、トルーマンは陸軍の諜報によってこの話が真実であることを知った。そのときトルーマンはホワイトハウスで、マッサージのためバス・ローブ姿でテーブルに横になっていた。周りの補佐官たちとお喋りをしていたとき、メッセンジャーが、ニュースを伝える黄色い紙のメモを手渡した。トルーマンはメモを読み、みなでニュースを話題にしたが、その言葉は悪罵に満ちていた。「男の浴場での話しだと思えばいいんだよ」[9]と居合わせた一人が回想した。

五月二日の定例記者会見で、ある記者が質問した。「大統領閣下、伝えられたアドルフ・ヒトラーのことで何かおっしゃりたいことがありますか、またはムソリーニのことで？」[10]

「うんもちろん、この二人の重大戦犯は裁判に出て来られなくなったね」。部屋はいつも通りぎっしりだった。「いなくなって嬉しいよ」。

「ということは閣下、ヒトラーが死んだと公式に受け取っていいんですね？」

「はい……。いちばんたしかな——ヒトラーが死んだという、いま現在でいちばんたしかな筋からの情報です。しかしどういう風に死んだのか——その詳しいことはまだ分からないのだよ」（事実はこうだった。四月二十九日にベルリンの秘密地下壕でヒトラーと私的な結婚式を挙げた妻、エヴァ・ブラウンは、四月三十日に青酸を服用して自殺した。崩れ落ちたエヴァの遺体を左に、ヒトラーはワルサー七・六五ミリ拳銃を右のこめかみに当てて引き金を引いた。かれは五十六歳の誕生日を十日過ぎていた。翌日、ナチ宣伝相のジョセフ・ゲッベルスは、妻と自らを拳銃で撃った。ゲッベルスの六人の子供たちは毒殺された。ヒトラー、ゲッベルス、そして妻たちの遺体が焼却されていたとき、ゲッベルスの子供たちは、たがいに隣り合い、まったくの無垢《むく》で、まるでベッドで眠っているように横たわっていた。全員が白衣を着ていた）。

トルーマンがヒトラーの死を認めた同じ日、スターリンはベルリンの陥落を公表した。赤軍はドイツの首都を手中におさめた。同様に五月二日、アイゼンハワーはフランスのランスの連合軍司令部から統合参謀総本部（ワシントンとロンドンの陸軍最高首脳）に電報を打ち、ドイツ軍団指揮者のブルーメントリット将軍から連絡があり、翌日に降伏すると約束したことを伝えた。アイゼンハワーは、ロシア将軍のススロパロフへの通知を確認し、降伏手続きに招聘することとした。

翌日いっぱい、トルーマンは第三帝国の崩壊に関する報告を、引っ切りなしに受け取った。アメリカは、まだ囚われの身の合衆国戦争捕虜をナチスがどう扱うか懸念していた。トルーマンはこの問題について声明を出した。声明はドイツ上空の航空機からリーフレットにして撒布された。「戦場、輸送途上、強制収容所、病院、刑務所その他のあらゆる場所で、連合軍捕虜、被抑留者、強制移住の民間人を虐待した者、させた者は、なんびとも、容赦なく訴追され、処罰される」[11]。アイゼンハワーはドイツ兵や指揮官がアメリカ軍やイギリス軍に集団で投降し始めた、と報告していた。ロシア軍の捕虜になれば、拷問や処刑の恐れがあったからだ。

すべての抵抗は終わった」[12]とアイゼンハワーは記録している。「ドイツ人の群れ……が英米軍に身を委ね始めた。エルベ川駐屯のアメリカ部隊は毎日、数千の捕虜を受け入れた」。

戦前のヨーロッパに残ったものはすべて失われ、あとは――一週間先のこととなるが、最終的な無条件降伏の手続きだけが残った。

第三帝国崩壊のあと、ヨーロッパは荒れ果てていた。アメリカ人高官は絶望の深さを認識しつつあった。フランスでは同国の公衆衛生省によれば、工業地域の五〇％以上の児童が骨軟化症にかかり[13]、栄養不足により七〇～八〇％が発育不全だった。ベルギーの児童の三分の一は結核に感染していた[14]。トルーマンはハーバート・フーヴァー――唯一の存命する元アメリカ大統領――を呼び、ヨーロッパの食糧問題の報告を渡した。フーヴァーは第一次大戦当時、同じような問題を研究していたので、すぐさま、再度この問題に取り組んだ。諸報告をまとめた結論で、かれは「飢餓の時計はいま、十一時五十九分を指している」[15]と述べた。ホワイトハウスの特別法務顧問、サム・ローゼンマンがヨーロッパ事情調査団の一員として派遣され、その報告書はワシントンの新聞社編集部デスクの半分ほどを占めるまで積み上げられた。

「北西部ヨーロッパの解放諸国の必要物資不足は重症」[16]とローゼンマンは記した。世界の飢餓を救う――それも早急に――役割が合衆国に課されるだろう。「出来るだけのことをしてその責務に応えることが、わが国政府の確乎たる政策である」。

四大国――アメリカ、イギリス、ソ連、フランス――はただちに、ドイツ国内の各占領地域に入った。しかしいまやその占領計画は危険に満ちていた。計画が出来た頃、ロシアは信頼できる同盟国に見え、その友情と戦後協力には期待があった。いま、まったく異なるスターリンと赤軍のイメージに焦点が当たっていた。ソ連軍は、ヨーロッパ大陸数千マイルを凶暴な戦闘方法で横断して、枢軸軍を押し返した。これら赤軍兵士たちの行動に関する噂、中世の攻略軍勢を想起させる略奪と凌辱の話の数々が西側に伝わって来た。

「ロシア軍が、エルベまでドイツを通り抜けて進軍し、とんでもない事態になったと心配しています」とチャーチルがトルーマンに電文を寄越した。[17]「米ソの協議で決めた占領区域から予定通り合衆国が撤退する……ということは、三百ないし四百マイル〔約四百八十ないし約六百四十キロ〕にわたる前線から、百二十マイル〔約百九十二キロ〕前方へ向けてロシアが支配することを意味します」。ポーランド、オーストリア、チェコスロバキア、ノルウェーのノール岬からバルト海を横切って――この地域は容易にソビエトの手中に入る。ロシアの国境は、「ベルリン、ウィーン、ブダペスト、ベオグラード、ブカレスト、ソフィアなどの中欧の大都市すべてを包含することになります」。チャーチルは結論づけた。「ヨーロッパの歴史でこれまでと比べようもない出来事です」。

四月も終わりの日、トルーマンは、欧州司令部からのアイゼンハワーの最新報告を次々と受け取るとともに、地球の反対側のサンフランシスコからも定期報告を受け取っていた。国連会議が米ソ関係のリトマス試験紙であるとすれば、その初期の検査結果には驚くべきものがあった。

まず最初の問題でロシアとアメリカは合意できなかった。主催国として、アメリカ代表が議長席に就くべきとステテニアスは主張した。それが国際会議主催国の伝統だった。モロトフはそれに反対し、米、英、ソ連、中国の四カ国平等の議長でなければならない、と論じた。この単純な問題に二カ国が同意できずに世界の新しい平和機構の憲章をどうしてまとめられようか？

フェアモント・ホテルから怒りに燃えたエドワード・ステテニアスがトルーマンに電話した。かれは、「自分の意見を絶対に変えず」[18]、主催国として、会議の議長となることを貫くという意見でよいかと、トルーマンに訊ねた。「これは前例になります」[19]とステテニアスは告げた。「これまで国際会議で主催国が議長にならなかったことはありません」。

「きみの意見は変えるな」[20]、トルーマンは言った。

サンフランシスコの初日に各国代表団はいくつもの不同意に直面した。国連会議は世界を一つに統合するのではなく、いっそう分離させる力になっていた。米ソ両大国は、どの国を承認するか、国連会議に招待するか、国連安全保障理事会での採決にかけて決めるか、世界平和機構は既存の地域条約に優先するかしないかの問題で衝突した。ポーランド問題は難問であり続けた。五月初め、衝撃的なニュースがポーランドの状況を、一層複雑にした。ポーランドの地下組織の十六名が、交渉のためモスクワに招待されていた。到着した途端に一行は逮捕され、姿を消した。かれらの生命は重大な危機に曝されていた。このニュースが電話で伝えられたとき、サンフランシスコのアメリカ代表団はフェアモント・ホテルの最上階で会議中だった。「深刻な影が会議を覆った」[21]とヴァンデンバーグ上院議員は日記に綴った。「よくない仕事になる」。

そしてモロトフは、ポーランドのソビエト傀儡政権を承認して、国連会議に招待すべき、と要求した。ステテニアスはきっぱり拒絶した。各代表団が一致して同意したのは、何とその街、サンフランシスコが美しいか、ということだけだった。

会議が始まってまもない頃のある夜、国務省のチャールズ・ボーレンがフェアモントのバーに立ち寄ってみると、チェコ外相のジャン・マサリクがウィスキー・ソーダをちびりちびりやっていた。[22]「ボーレン」とマサリクは言った。「あのロシア人たちは何とかならんのですかね?」返事も待たずにマサリクは続けた。「周りを気にせずモロトフがメモを寄越したんだ。ポーランド問題でチェコスロバキアはソビエトの提案に賛成しろ、でなければソ連政府の信頼を失うぞ、と。仲良くしたいと頑張っている国に対して何と言う言い草だろうか?」マサリクは一息ついた。「跪《ひざまず》いてもロシア人は満足しないんだ」。

21

五月七日の朝、トルーマン一家——ハリー、ベス、マーガレット、ベスの母親、ウォレス夫人はホワイトハウスへ移転した。官邸からエレノア・ルーズベルトの家財を持ち出すにはトラックが二十台必要だった。トルーマン一家の引っ越しには一台で足りた。持ち物は極めて少なく、所有物はほとんどミズーリに置いていた。トルーマンが自宅を買えるお金を持ったことはなかった。いまかれは、アメリカでもっとも有名な邸に住もうとしていた。

新居はペンキの匂いに満ち、——廊下は青味がかった薄緑、部屋は灰色がかった白、大統領の二階の寝室はクリーム色、ファースト・レディのスイートは灰色がかった薄紫に塗られていた（ハリーとベスはホワイトハウスの慣習にしたがって寝室を別にした）。ピアノを二台（一つはハリー、もう一つはマーガレット用）購入したが、それは一仕事だった。引越業者は脚を外して吊り上げ、二階の窓から入れた。ベスは新しい家具のほか必要品の買い物の指図をしたが、カンザス・シティの室内装飾家に助けて貰った。八枚のシャワー・カーテンから新しいマットレス、寝台のスプリングに至るまで、ワシントンの百貨店、ウッドワード&ロスロップが発行した四百十九ドル四十五セントの請[1]

求書は、ホワイトハウスの監督責任を持つ国立公園局が支払った。壁のペンキ塗り費用は国立美術館が貸付の形で提供した。

学んだことは多かった。ホワイトハウスの接客担当秘書のエディス・ヘルムはいつも身近にいて手伝ってくれた。台所を任されたネスビット夫人も同様だった。トルーマン一家はすぐに気づいたが、彼女は決まってゆで過ぎの芽キャベツを食卓に出した。長身で温和な顔つきのアロンゾ・フィールズは、ホワイトハウスの主任執事に就いた最初のアフリカ系アメリカ人だった。かれは十三年前、ルーズベルトに代わる直前のハーバート・フーヴァーのもとでこの仕事に就いた。地下室では、ホワイトハウスの神経質な郵便係主任、アイラ・スミスが二十二歳の職員と一緒に、届いたすべての小包を慎重に調べていた。スミス曰く、「大統領の執務室に爆発物を持ち込もうと、妙な連中がほかの手段と同じように郵便を利用しますからね」。[2]

ホワイトハウスの職員――家政婦、召使、庭師、大工など、主任案内係のハウエル・クリムを頭に合計三十二名――には年間予算額十五万ドルが支払われていた。しかし、大統領は家族と職員の食費の責任者だった。これまでの人生で初めて、トルーマンは高額収入が得られた。大統領の給与は、副大統領の一万五千ドルから七万五千ドルとなった。[3]しかし職員と個人客用の食費は多額だった。クリムは、毎月、食費として千ドルを別管理するように勧めた。それはルーズベルトのときの半分だが、トルーマン一家は、ルーズベルトのような規模で生活する訳ではないから大丈夫だ、とクリムは大統領に告げた。ルーズベルト夫人が台所に在庫をたくさん残して置いてくれたので、ベスは夫人に小切手とお礼の手紙を送った。

ホワイトハウスの住居には、確かに後光が射していた。[4]「ホワイトハウスを個人で訪ねると、それは名士に対面した感じになる」とのちにマーガレットが書いた。「新聞も……書けないような印象と感想を持つでしょう」。ジョージ・ワシントンを除く歴代大統領はここに住んだ。曲がりくねった迷路を部屋から部屋へ歩きながら、トマス・ジェファーソンが住んでいたとき、その数多くの化石、楽器、書籍、そしてワインに囲まれて、ここはどのように見えたのか、などと想像することも出来る。またアンドリュー・ジャクソン政権時代、タダ酒を飲ませるとの約束で群衆を呼び寄せた一八二九年の大統領就任式あとの乱痴気騒ぎ、荒くれ者がホワイトハウスに乗り込んで来たという前代未聞の様子はどんなものだったのだろうか。

「すべてが実物より大きく出来ている」[5]とマーガレットは記した。「一種の白昼夢のような、時間を超えたか、逆に時間に埋没している……。歴史が人々を取り囲むように、ホワイトハウスには、いつも包み込まれてしまう。そこは、逃れられない巨大な沈黙の場だった」。

北の柱廊から正面玄関を入ると広いロビーがある。アンドリュー・ジャクソンは、一時、この部屋に重量千四百ポンド［約六百三十五キロ］のチェダー・チーズで作った車輪を置いていた――支援者からの贈り物だ。暑い日は、匂いで文句が出た。グリーンルーム［ホワイトハウス一階にある食堂］には、ジョージ・P・A・ヒーリー描いたジョン・クウィンシー・アダムズ、マーチン・ヴァン・ビューレン、ジェームズ・K・ポークの肖像画が懸けられていた。チャイナルーム［地下の食器室］には約三百点の陶器、銀器、ガラス器が華奢なガラス・ケースに納めて展示されていた。マーガレット・トルーマンは、自室の「薄黒く不格好な家具」[6]を移動してくれと頼んだ。この家具は、アブラハム・リンカーン大統領のときに購入されたものと分かり、トルーマン家はこれを建物の反対側にあるリンカーンの寝室と改称した場所に移した――これは皮肉な名称で、リンカーンがここで寝たことはなかった（かれは執務室として使用しており、一八六三年一月一日、分離した南部十一州の奴隷解放宣言に署名したのはこの部屋だった)。

現在のウエスト・ウイングは一九〇二年、セオドア・ルーズベルトのもとで建設された。ここに、大統領執務室、閣議室、会見用応接室、補佐官執務室が設けられた。トルーマンはブレア・ハウスからの徒歩出勤を好むようになったが、いま通勤時間は大幅に短縮されることとなった。

トルーマン一家の引っ越しは、ちょうど翌日のハリーの六十一歳の誕生祝いに間に合った。歴史が記録するように、それはまことにおめでたいパーティとなった。

「本日未明〇二四一[7]」、アイゼンハワーは、トルーマンがホワイトハウスに引っ越した五月七日、陸軍省へ電報を打った。「ドイツ代表ヨードル将軍はドイツ軍降伏文書に署名せり」。五月八～九日の真夜中零時一分を以って敵対行為は終了することとなる、とアイゼンハワーは報告した。

連合国三カ国政府は、ナチ・ドイツの無条件降伏を同時に発表すると取り決めていた。しかし、スターリンはその発表を拒否した。スターリンは、ナチの軍隊がロシア軍と戦闘中との報告を受けており、それが真実と判明した。この二国軍隊相互の嫌悪感は根深く、ドイツ軍とロシア軍は撃ち合いを止めなかった。しかし、ドイツの放送局はすでに無条件降伏を報じていた。マンハッタンのタイムズ・スクエアには、五月七日、早くも五十万のアメリカ人が繰り出して終戦を祝っていた。チャーチルは即刻公表するように要求したが、トルーマンは許さなかった——スターリンの合意がない限り。リーヒ提督が、長い時間をかけて、ペンタゴンから直通電話でチャーチルを説得した。チャーチルは激怒した。

「わたしと大統領の二人だけが、世の中の出来事を全く知らないようで、役立たずじゃないか？」チャーチルは電話越しにリーヒに吠えた。「午後六時までには何とかしなければならない。ドイツ軍は世界中で休戦をぶち壊している。わたしはきみに打つ電報と同じものをスターリンにも送る」[8]。

ホワイトハウスでは、記者団のヒステリーが高じていた。トルーマンはやむを得ず談話を一つ出した。「欧州その他の地域での敵勢力の降伏に関連して、三カ国政府の同時声明が発せられるまでは、何も発表しないことについて、わたしはロンドンとモスクワ政府の合意を取り付けた。その時点まで、わたしは何も言えないし、言わない」[9]。

チャーチルも待たないわけには行かなくなった。

その夜、トルーマンは初めてホワイトハウスの、ルーズベルトが十二年あまり使っていたベッドで眠った。新しい住まいを見たいと、ママ・トルーマンと妹のメリー・ジェーンが四日後やって来ることになっていた。五月八日、いつものように早朝に目覚めたトルーマンは、陽が昇ると、時間を盗んで手紙を書いた。

ワシントン　ホワイトハウスより

愛するママとメリー[10]

今朝六十一歳になりました。昨夜はホワイトハウスの大統領寝室で寝ました。壁の塗り替えは終わり、家具もいくつかおさまりました。金曜日にみなが来るときに間に合えばいいと思っています……。今日は歴史的な日になるでしょう。今朝午前九時に、ぼくは全国放送をしなければなりません。ドイツの降伏を発表します。文書は昨日の朝調印されました。今夜の真夜中に戦争はすべての前線で終わります。ちょっとしたバースデイ・プレゼントでしょう?

たくさん、たくさんの愛を二人に

ハリー

午前八時三十五分、トルーマンはデスクについていた。部屋はすでに、閣僚、上下両院の幹部、ぱりぱりの制服に身を固めたマーシャル将軍とリーヒ提督などの軍首脳部、ベスとマーガレットなどでいっぱいになっており、みな大統領のうしろと横に着席していた。テネシー州選出の上院議員であるケネス・マッケラーが代表で朝の挨拶をした。

「四十歳になられましたね!」(11)

「そう、四十歳――プラスいくつかにね」。トルーマンが答えて、部屋に笑声が満ちた。

トルーマンが目くばせすると、ホワイトハウス案内係がドアを開けた。報道記者たちがなだれ込んだ。「お早う」、トルーマンは椅子から立ち上がりながら言った。「ぼくのせいで今朝はみんなに早起きさせたね、そうだろう? (笑いは高くなった) 本当……そこでだね……まだだれか来るので……」。

部屋は一層窮屈になった。「全員揃いました」、の声が聞こえ、トルーマンは始めた。

「今日はちょっと声明を読み上げることから始めます」と言って続けた。「いま厳粛にして栄光ある時を迎えました。アイゼンハワー将軍は、ドイツ軍が連合国に降伏したとわたしに伝えて来ました。自由の旗がヨーロッパ全土に掲げられました。それはわたしの誕生日も祝ってくれました――今日の」。

あちこちから声が聞こえた、「誕生日おめでとうございます《ハッピー・バースデイ》、大統領閣下《ミスター・プレジデント》！」トルーマンは静粛を求めた。「喜びは厳粛で抑制されたものです」と続けた。「世界からヒトラーとその悪の一味を追い払うために支払った代価は、膨大な犠牲を伴いました。わたしたちの仲間のアメリカ人、多くの隣人の家庭に残された哀しみと心の傷を忘れてはなりません……」。

大統領は、敵に対する明確なメッセージを披瀝《ひれき》した「わたしたちは日本に対して、世界の解放戦争の歴史上、最大の戦争国家になろうとしています」。かれは極東の敵に無条件降伏を要求した。

話が終わると記者たちがドアに殺到した。「こんな混雑見たことあるかい⁉」マッケラー上院議員が大統領に言った。ＵＰ通信のメリマン・スミス――ワシントンの記者の中で国民に人気がある一人――はつまずいて転び、腕を骨折した。しかしまだ暴発は続いていた。トルーマンは外交応接室に向かった。ラジオ放送のため、再度、声明を読み上げるのである。

「[12]われわれの勝利はまだ道半ばであります」とかれは言った。「西方は自由になりましたが、東方はいまだ日本の背信的暴政の拘束下にあります……」。ラジオを取り囲み、数百万がこの放送を聞いた。ニューヨーク州ハイド・パークの家で、エレノア・ルーズベルトも聞いていた。「[13]わたしにはまるで夫が読み上げているように聞こえました。夫がいつも言っていたことでしたから」と彼女はその日のことを新聞のコラムに書いた。彼女は祝う気にはなれなかった。アメリカ兵は戦い続け、名誉の戦死を遂げていた。「わたしの息子の何人かは」と彼女は書いた。「ほかの何百万人と同様に、まだ危険の中にいるのです」。

その日はその後、トルーマンは、アルゼンチン大使とルイジアナ州のジミー・デイヴィス知事などの訪問客とおおむね十五分程度の短時間の面会を繰り返した。午後は何とか、自身の誕生パーティの時間を捻りだし——友人たちとバーボンで乾杯した。

全国で祝賀会は抑制された。酒場や教会は人で満杯になった。ワシントンで陸軍省は、職務はすべて平常通りと通達した。ニューヨーク証券取引所とシカゴ商品取引所の取引業者たちは二分間黙禱して、熱気あふれる売買の戦場に戻った。ピッツバーグの鉄鋼工場も、デトロイトの軍需工場も休まなかった。クリーブランドではすべての会社が休業し、シカゴの工場は「一部で」操業、とウォールストリート・ジャーナルが報じた。[14]

ナチの空爆で建物が瓦礫と化したままのイギリスの光景は、はるかに悲惨だった。「言葉もない」とロンドンから、アメリカ人の放送局員、エドワード・R・マロウが報道した。[15]「唸り声のようです。ロンドンでは今日、象徴となった街でお祝いをしています。戦争の傷跡はいたるところにあります。真剣な厳しい表情が消えることはありません。思いは人それぞれです」。マロウが指摘したように、この日、イギリスの関心はおおむねアメリカに集中した。合衆国は将来の世界平和の創生に大きな役割を果たすだろうし、飢餓、疾病、離散などの——長期にわたる悲惨な暴力の犠牲者をたくさん救済してきたからだ。「わがアメリカは」とマロウは結論づけた。[16]「ヨーロッパを離れたい人々によって創られてきましたが、今日、ヨーロッパ数百万の人々の希望と将来へのいささかの懸念の中心になっています」。

モスクワでは、祝賀行事は行われなかった。降伏文書の調印後も、ナチの兵士が依然赤軍と戦闘を続けていたからである。

トルーマンは苦労してＶＥデイ［ヨーロッパ戦勝記念日］の仕事を終えた。サンフランシスコからは悪いニュースが届いた。ロシアとアメリカの代表団は事々に衝突した。ちょうどその時、オーヴァル・オフィスの机の上では、太平洋の島々における戦慄すべき流血の統計数字が説明されていた。八平方マイル［約二十・四八平方キロ］のジャングルと火山岩の島、硫黄島では上陸部隊の三分の一に相当する二万五四八九名の死傷者を出していた。沖縄では――いまなお戦闘の真最中にある――その数字はさらにひどくなっていた。

「[17]事態は四月十二日以来、たいへんなことになっています」とかれはその日、母と妹に書いた。「これまでぼくは幸運でした。このままでいて欲しい。そうは続かないでしょうが、間違いが起こっても取り返しのつかないものにならないことを祈っています」。

ＶＥデイの翌日、午前九時三十分、ペンタゴンの陸軍長官室に、ヴァネヴァー・ブッシュ博士とカール・Ｔ・コンプトン博士が率いる一団がやって来た。グローヴス将軍も一緒で、初回の暫定委員会《インテリム・コミッティ》を開催するためであった。トルーマンの同意のもとで、スティムソン陸軍長官が、シンクタンクとしてこの委員会を創設した。マンハッタン計画の進展を評価し、原子爆弾に関するすべての軍事的、政治的な問題点を大統領に助言することを目的としていた。原爆はプロメテウス［ギリシャ神話の神、天界の火を盗んで人類に与えた］の事業と同じものになった。科学者たちは宇宙の謎を解こうとしていた。なぜ、この兵器を完成して目標に落とすことに挑戦するのか？　のちの世代が、善ではなく究極の悪と判断しかねない形で科学を利用した結果はどうなるのか？

この計画が秘密でなくなれば、――原爆が完成し、投下されたあと――議会は「[18]この全分野を監督、統制、管理するため」に新しい委員会を設置する、とスティムソンは説明した。そのときまで同委員会は、政府に対するこの問題の主要諮問機関として機能する。そこでその名称に――暫定を付した。トルーマンは、自分の個人的代表を送り込みたい、と希望した。スティムソンは、五月九日の朝陸軍省を訪ねたジミー・バーンズを推薦した。

スティムソンは委員会を次の言葉で始めた。「みなさん、文明の進路を変更しかねない行動を促すことになりますが、われわれはその責任を負うこととなります」[19]。

それに続く討議では、全員をマンハッタン計画の促進に取り組ませた。すでにグローヴスは、日本の都市を選択する目標委員会を作っていた。この委員会はある結論に達していた。B29空の要塞は、爆弾の推定重量からして航続距離は千五百マイル［約二千四百キロ］以内となるだろう。マリアナ諸島の航空基地から出発すれば、日本の本州に投下の主要目標を設定するには充分な距離だった。目視による投下が基本的に重要で、直かに爆発を体感できるようにした。昼の盛りが最適の時間で、気象条件は重要な要素であった。グローヴスには二十億ドル規模の事業を悪天候で危殆《きたい》に曝《さら》し、爆発のカメラ撮影を曇り空で遮らせるわけにはいかなかった。爆弾は、七、八月か九月には完成する、とグローヴスは考えていたが、その頃の日本は悪天候が続くのである。

かれは主目標の三十三都市のリストを作った。五月初め現在のリストの第一は広島だった。広島は、第二十一爆撃司令部の優先目標リストにない、最大の未破壊都市標的、と目標委員会は報告していた。したがってそこは処女地であり、原爆の損害を正確に測定できる[20]。

投下のために、極秘の指令のもと陸軍の第五〇九混成班が、新設の空軍基地、ユタ州のウェンドオーバーで訓練していた。そこには、原子爆弾の重量を考慮して、尾翼に付けた一基を除いて砲塔を全部取り外した特別仕様の空の要塞数機があった。これらＢ29はとくべつ堅固な燃料噴射式エンジンを備え、逆回転可能な電気制御のプロペラがあり、陸軍航空隊の四発爆撃機として最先端の技術による改造が施されていた。パイロットたちは急降下、急反転、超高速爆弾投下の訓練を繰り返した。最近、第五〇九班は南太平洋に移動し、テニアン島の航空基地で訓練を続けていた。班内のだれも訓練の目的を知らなかったが、例外が一人いた――最初の原爆を投下するＢ29を操縦するためにとくに選ばれた、イリノイ州クインシー出身のポール・ティベッツ大佐である。

暫定委員会のメンバーの想定は、爆弾の完成と同時に、投下システムも完了するというものだった。トルーマンの個人的代表として、初回の暫定委員会に出席したジミー・バーンズは、グローヴスとスティムソンが事の進展の詳細を語るほどに「戦慄を覚えた」[21]。「他国がこんな兵器を開発したときのわが国の危険を、十二分に想像出来た」とバーンズは書き留めた。「われわれに敵対しそうな国のことを考えると……」。バーンズはソビエト連邦のことを考えていた。

第一回の暫定委員会は九十分で終わった。今後の会合は五月を通じて行われることとなった。この第一回会合では原爆の使用不使用の議題はまったくなかった。出席者全員にとって――ロスアラモスの科学者たちがそれを完成すれば、使用は自明のことのようだった。

暫定委員が陸軍長官の部屋を出るとすぐに、ほかのグループがやって来た。ジョージ・マーシャル将軍と陸軍省の六名の職員とともに、十二名の国会議員が入室した。国会議員たちはアイゼンハワー将軍の要請で、解放されたナチの強制収容所の視察のためヨーロッパへ赴き、戻って来たばかりだった。かれらはいま、その視察状況を陸軍長官に報告しようとしていた。この報告会を主管する七十七歳のスティムソンにとっては、いま終わったばかりの暫定委員会と並んで、この日は公職に就いて数十年、二度とはあり得ない日となった。上院議員、下院議員は報告を始めた。

[22]「もちろん、わたしたちはみながそこで見たものを見ました」とアルベン・バークリー上院議員が伝えた。「拷問道具、飢餓、暴行、不衛生な環境、死者、焼却死体、絞殺死体、すべてそこにあったもの……です。その収容所(ブッヘンワルド)には焼却炉が六つと区画が六つある火葬場があり、そこでは一日に二百体を焼却できました」。バークリーは、自在鉤が四十八個あった部屋の話をした。囚人はロープで絞首され、なかなか死なないと死を早めるため、木槌で打たれた。「一日に百二十六人がその鉤で殺されたそうです」。

「絞殺ですか?」とスティムソンが訊ねた。

「はい、それに木槌です」。

上下両院議員はなおも報告を続けた。「この世のものとは思えない身の毛がよだつものでした」とバークリーは述べた。会合の終わりに、サウスカロライナのジェームズ・リチャーズ下院議員は吐き気を催させるような発言をした。「われわれが調査した囚人の多くは」とバークリーは言った。「ほかの収容所は、われわれの見た収容所よりもっとひどい、と証言しました」。

これまでのところ、ナチ戦争犯罪人の大半は依然行方不明だった。

第一回暫定委員会が開催された同じ週、トルーマンは「U・J」に関するチャーチルからの電信を受け取った——U・Jとはアンクル・ジョー、息抜きにしようと、チャーチルとルーズベルトがつけたスターリンの綽名であった。「通信手段ではこれ以上速く事態を伝えられないと思います」とチャーチルは書いてきた。「したがって、出来るだけ早期に、三カ国政府の首脳会談を開催すべきと考えます」[23]。この戦争中、ルーズベルト、スターリン、チャーチルのビッグ・スリーが集う会談は、極秘のうちに行われた――テヘラン（一九四三年末）とヤルタ（一九四五年初頭）会談である。チャーチルの電報は、第二次大戦中三度目で最後となるポツダム会談の引き金となった。

対ソ関係は悪化の一途をたどっていた。赤軍はナチからオーストリアを解放した。スターリンは、他の連合諸国との相談なく、今度はウィーンに新政府を樹立した。赤軍はオーストリア国境を閉鎖し、アメリカの航空機を地上に釘付けにした。オーストリアは第二のポーランドになるのか？　トルーマンはスターリンに直接電報を打った。「ソ連当局が、いま、アメリカと連合国代表がウィーン入りするのをなぜ拒絶するのか理解できません」[24]。

ブルガリアでは、国務省の大統領あて報告書によれば、ソ連は「言を左右にして、アメリカ代表委員の行動や移動を厳しく規制している……。かれらの事前許可なしの航空機ないし人員のブルガリア入出国を禁じている……。あたかも、完全な共産党支配のブルガリア政府へのソ連の威信を拡大することで、合衆国の影響力を最小限にとどめるため、ロシア人が力の行使を実践しているようである」[25]。

ポーランドについては、チャーチルが再度、新たな民主政府をワルシャワに構築すべきとの厳しい電報をスターリンに送った。スターリンは返事を寄越し、それはトルーマンに伝えられた。スターリンは、チャーチルの態度を「ポーランド問題について合意できる解決の可能性を排除している」とした。スターリンは、ソビエトがポーランド地下組織の十六名を逮捕したことを認めた。かれらは、「陽動作戦の計画と実行」のための「実情調査に携わって」おり、「非合法無線局を使用していた」[26]。かれらの安全は保証出来ない。

スターリン的共産主義の暗い影が東ヨーロッパを覆いだした。ハリマン大使の懸念——ロシア人は「ヨーロッパの劫掠」を狙っているのではないか——が真実味を帯びて来た。

トルーマンはチャーチルに賛成した。[27] いままでは通信で間に合っていた。三人のリーダーは顔を合わせなければならない。「いまスターリンが西方へ、われわれに会いに来ることを拒む正当な理由はありません」とトルーマンはチャーチルに書き送った。そのタイミングについて、大統領は「会計年度末（六月三十日）」までは国を留守にできない、と記した。

チャーチルはこの三者会談の計画を早急に進めるよう要求した。[28]「大統領閣下」と五月十一日付でかれは打電した。「今後二カ月以内に世界にとって最重要な事柄が決定されましょう」。翌日、チャーチルは再度打電した。

わたしはヨーロッパの情況を憂慮しています。アメリカの在欧航空兵力の半分がすでに太平洋に移動し始めていると聞き及んでおります。新聞は米軍のヨーロッパからの大移動を大々的に伝えています……。だれでも、極めて短時間に大陸にあるわが兵力が、ドイツを制圧する部隊を除いて、消え去ると見ています。しかしロシアはどう動くのでしょうか？……わたしは、ヤルタの決定をかれらが誤って解釈していること、ポーランドに対する態度、ギリシャを除くバルカン半島におけるかれらの圧倒的影響力、ウィーンでかれらが惹き起こした難題、ロシアの底力と統制下ないし占領下の国々との関係、それに輪をかけたような、その他各国に対する共産主義技法の行使、就中、長期にわたる大規模陸軍の維持能力などなどについて深く深く懸念を抱いています。

「かれらの前線には鉄のカーテンが掛かっています」とチャーチルは初めて鉄のカーテンという表現を使って記した。「そのうしろで何が起こっているのか知ることは出来ません」。

22

五月十一日、トルーマンはワシントン郊外の陸軍飛行場に立って、聖牛――ルーズベルトの特別仕様の専用機――が、母親と妹を乗せて、青空をくだって着陸するところを見ていた。初めて大統領専用機として作られた聖牛は、ダグラスＶＣ54Ｃスカイマスターで、千四百五十馬力の四エンジンを備え、その長い機体は銀色に輝いていた。ＦＤＲの車椅子を客室に入れるエレベーターがあり、最高速度はほぼ時速三百マイル〔約四百八十キロ〕を記録した。ルーズベルトの仲間うちでは、動くホワイトハウスとたてまつられていたが、新聞は聖牛と呼び換え、そのまま使っていた。これは批評厳禁〔神聖にして犯すべからず、の意〕という意味の慣用句で、機体の安全性の高さを示していたものの、記者の間では、機体よりもＦＤＲ自身を表すジョーク、と受け取られていた。

着陸して所定の位置に着くと、聖牛の昇降口が開けられた。トルーマンはミズーリから飛来した母と妹を迎えに機内に入った。田舎育ちのママ・トルーマンが、息子に手をとられ、片手で杖を突いて現れ、待ち構えていたカメラマンと記者の大群を目にして顔をしかめた。

[1]「まあ、驚いたわ！」ママは言った。「こんなことなら来るんじゃなかった」。
「みんなは元気？」トルーマンが訊ねた。

「元気元気、大丈夫よ」。

そしてトルーマンは妹を迎えに行き、三人はカメラマンのために並んだ。ハリーはグレイの帽子を高く振った、記者の一人は「[2]満面の笑みで」と描写した。ママが舞台の主役だった。彼女はいつものように元気だった。九十二歳の、日曜日の晴れ着でめかしこんだ、十九世紀から飛び出して来た田舎の老女——ロングの質素な濃紺のドレスに青い麦わら帽子、その上に頭ほどの大きさのくちなしの花飾りがあった。「[3]彼女はたしかに貴婦人だった」と聖牛のパイロット、ハリー・T・マイヤーズ中佐は語る。ママ・トルーマンにとっては生まれて初めての飛行機の旅、初めてのワシントン訪問、息子が合衆国大統領になって初めての面会だった。

三人がホワイトハウスに到着すると、ベス、マーガレット、ウォレス夫人が待っていた。四月十二日以来、トルーマンにとっては初めて公式日程のない日だった。土曜日は自由だった。そして奇しくも母の来訪は週末の母の日と重なっていた。家族をしたがえ、ハリーは母親をリンカーンの寝室に案内しながら、冗談を一つ口にした。

「[4]ママ」、トルーマンは言った。「差し支えなければ滞在中はこの部屋で寝泊まりできますよ」。

「何だって？」彼女は叫んだ。「あの男が寝たベッドで寝るんだって？」

彼女はまだ南北戦争で南部が負けたことにこだわっていた。アブラハム・リンカーンのベッドで眠るなんて論外だった。彼女は家族で楽しめる、広間から離れた普通の場所を選んだ。

ホワイトハウスのスタッフたちは、ママ・トルーマンが迷路のような邸内を歩き回り、見知らぬ人たちに話しかける様子を見て驚いた。彼女は好んでこんな話をした。「[5]子供のころ、ハリーはジャクソン郡であぜ道をいちばんきれいに真っ直ぐ耕したんですよ」。ママの滞在中、トルーマンはホワイトハウスの夕食会で、母親を国務省のジョセフ・デイヴィスに紹介した。「[6]彼女は愛すべき小さな老婦人だった……りすのように活発で、『いかにもアメリカ人』だ」とデイヴィスは日記に書いた。彼女はデイヴィスに「ハリーがうまく始めているところを見に来た」と語った。話の中で、北部の州のある政治家の名が上がった。

「[7]あの人はヤンキー〔北部諸州人〕なの？」とママが訊ねた。

「うん、ママ」、ハリーは答えた。「だけど、南部人に悪いのと善いのがいるように、ヤンキーにも善い人はいるんだよ」。

「でも」とママは言った。「善いヤンキーがいるとしても会ったことがないわ」。

トルーマンは考えられないような自分の立身で家族が迷惑していることを知っており、みなの不快感は自分にも襲ってきている。かれは新聞がどう書こうと気にしないことにした。「[8]話に出て来ないことは何も言えないのだ」とかれは一九四五年の夏に書いた。「もうこれ以上、ぼくに害を及ぼすことはできない。エディ・マッキムが言ったとおり、この仕事にもう昇進はない」。しかし家族はスポットライトが当たることに慣れていない。「[9]困ったことだ。本当に大統領の身内でいるのは厄介だ」とかれはある手紙に書いた。「記者たちは親戚や、遠縁とうわさのある連中の周りをうろついている。かれらは母や弟妹たちの生活を惨めにしている。申し訳ないのだが、どうしようもない」。

いまママとメリー・ジェーンはホワイトハウスにいて、トルーマンに何か少しでも楽しいことを見つけてほしいと思っていた。

日曜日の朝、トルーマン一家はメリーランド州ベセスタにある全米海軍医療センター教会の礼拝に出掛けた。トルーマンは大統領布告で、この日をＶＥデイに代えて国民の祈りの日とした。母の日だったからでもある。礼拝のあと、トルーマン一行は米艦ポトマックに乗船すべく、ワシントン海軍工廠に向かった――この艦名はルーズベルトが大統領専用ヨットに命名したものだった。「浮かぶホワイトハウス」での船旅は、ママ・トルーマンが忘れることのない、リンカーン時代に南部連合が敗れた戦争で重要な役割を果たした、ポトマック川の岸辺の景観が楽しめるものだった。

この週末、全国の新聞各紙は新大統領の就任後最初の一カ月が過ぎたことを報じた。また同日、ルーズベルトの公的服喪期間が終わった。翌月曜日朝から、合衆国全土とモスクワからメキシコシティに至る大使館の米国旗はマストの天辺まで揚げられた。この一カ月は歴史的出来事が次々に起こった。イタリアでの枢軸側の降伏、ムソリーニの処刑、ヒトラーの自殺、ロシア軍のベルリン占領、ナチ・ドイツの無条件降伏、強制収容所の解放、日本大空襲。国際連合会議はサンフランシスコで進行中、また、大統領は人類史上もっとも恐ろしい秘密の説明を受けた。

トルーマンはこの素晴らしい日々の楽しみ方を知っていた。家族の来訪がその一つだったことは間違いない。ヨーロッパの戦争が終わった最初の日曜日、人生でもっとも大切な四人にかれは囲まれていた――母親、妹、妻そして娘である。そんなに昔ではない、一九四〇年の上院議員再選の選挙戦直前、ペンダーガストが拘禁されたとき、かれの政治生命は終わったと思われたことを、みなは憶えていた。どうみても、トルーマンは議員年金の小切手が郵送されるのを待ちながら、インデペンデンスで六十一歳の誕生日をひっそりと迎えている筈だった。起きたら夢だった、ということかも知れない。だが、それは現実だった。

いまトルーマン政権の二カ月目に入り、ホワイトハウスは個性を発揮し始めていた。その早期のあるとき、デスクの上にミズーリが生んだマーク・トウェインの座右銘のある標示板が置かれた：[10]常に正しく行動せよ。されば人々に喜びを、他のものには驚きを与える［傍点部分・原文はすべて大文字］。

かれは政府の仕事の効率性を重視した――胸ポケットのハンカチのように折り目正しく。ホワイトハウスの昼食代に政府が一食二ドル五十セント支払っている話をきいて、陸軍での兵士の昼食代が五十セントであることの理由を質した。官邸幹部の多くがルーズベルトのまとまりのない運営スタイルを批判していたことに同意した。歴史家アーサー・シュレジンガー二世のまとめによると、ルーズベルトは、「重要な決定事項が必ずトップの自分にとどくように、[11]自分の命令系統をわざわざ造ったり――壊したりしていた。かれの得意なテクニックは、当局の認可権を不完全にし、前例を不明にし、権限を隠蔽したりすることだった」。新大統領は、原理を統一するためのチームワークと忠誠心、組織立った命令系統、および自身で賢明な決定が行える信頼できる司々《つかさつかさ》を求めた。

またトルーマンは、父親から学んだある労働倫理を重視した――農夫の倫理であった。「[12]かれがどんなに働いたかは分からないでしょう」とマシュー・コネリーのアシスタント、ロベルタ・バロウズは振り返った。

トルーマンの平等主義はホワイトハウス職員の警戒心を解いた。奉公人を無視したルーズベルト一家とは異なり、トルーマンは調理室の従業員に対してすらファースト・ネームで話しかけた。トルーマンの運転手でSSのフロイド・ボアリングはかれを乗せたときの最初の会話を覚えていた。「[13]あのね」とトルーマンは呼びかけた、「きみがいつも運転してくれているよね。どんなご縁があるのかな？」

「はい、閣下」、ボアリングは答えた。「閣下を車で送るよう命じられています」。

「うん、名前を教えてくれるかね？」フロイド・ボアリングです。「フロイドと呼んでいいよね？」

ボアリングは回想する。「あの方はそういう方でした」*。

不断のエネルギーを発揮して、トルーマンはルーズベルトのように自室に閉じこもらず、部屋を跳びまわって日程をこなした。大統領が執務室から出て来るたびに、執務室ドアの脇に座っているロベルタ・バロウズは立ち上がってから腰をかがめてお辞儀をした。お辞儀はトルーマンに奇異の感を与えた。どうしてみな、このハリー・トルーマンにお辞儀をするのか？　ある日、部屋を出るときバロウズがお辞儀をするのを見て言った。「[14]ねえきみ、きみが大統領執務室を敬うのはわかるよ。だけどぼくは、スケジュールの合間に一日中あそこにじっとしていられないんだ。いま起こっていることを知りたいんだよ。ぼくは政治村《ザ・キャピトル》には慣れている。きみはいつもぼくが人のところを出たり入ったりしているのを見ている。ここにいて、いちいち立ち上がらなくていいんだよ」。

「かしこまりました」と彼女は言った。「有難うございます」。お辞儀はなくなった。

大統領はときに思わず笑いを誘った。人々はかれの服装を面白がり楽しんだ。かれは「[15]ソックス、ネクタイ、胸元のハンカチを組み合わせて装っていた」、と新聞係秘書の補佐、イーベン・エイヤーズは日記に記した。「たぶん

＊　ボアリングはＳＳ内で特異な履歴を経験した。かれは、ルーズベルトお付きの運転手が泥酔していた日にＦＤＲの運転手になった。ルーズベルトがウォーム・スプリングスで死んだ日には、かれは一緒にいた。そして後日、一九五〇年、狙撃者一人とＳＳ一人が死んだトルーマン大統領暗殺未遂事件の銃撃戦ではその一翼を担った。

それは、衣料品店をやっていた頃の売れ残りだろう」。とくにイギリスのファッション記者がトルーマンの衣裳について書き立てた（トルーマンは自分の商売との関連を否定した）。かれのユーモアのセンスは下品だと多くのものが感じていた。あるときホワイトハウスの夕食会で、閣僚、幹部たちに、自分は大統領になるべきではなく、娼家でピアノ弾きをやっていた方がよかった、と語った。

「それはまずいですよ」とルイス・シュエレンバック（一九四五年にトルーマンが労働長官に任命した）が言った。[16]「わたしたちは、お知り合いになれなかったわけですから！」

「何でそんなにお高くとまっているの？」トルーマンが応じた。「まるで娼家に行ったことがないみたいに」（ウォレス商務長官は、シュエレンバックが「とてもショックを受けていたようだ」と日記に書いた）。

トルーマンの別の話で、記者室の記者たちが爆笑したことがあった。「トルーマンが大統領になって数日後」と記者のロバート・ニクソンが回想した。[17]「だれにも気付かれずに、かれがとつぜんホワイトハウスの正面入口を出て（歩くのが非常に早い）石段を跳びくだり、車道に出て、ゲートを抜けた。驚いたSSたちは立ちすくんだ……。かれは不意を襲ったのだ。それからかれらは後を追った」。トルーマンは小銭が欲しかったので銀行に向かった。「街の人々は振り返り、元気よく歩いている人を眺めた。『あ、あの人、トルーマン大統領に似ている』と気付いた。実際に本人だったが、見た人は自分の目が信じられなかった」。

トルーマンお気に入りの暇つぶしはポーカーだった。かれは八枚カードのポーカーを好み、左利きでカードを配った。一九四五年の五月になると、金曜日の夜のホワイトハウスでは仮借のない権力政治の駆け引きからの息抜きに、名だたるポーカー好きが、定例的にゲームをしていることを嗅ぎつけた。[18]「分かるだろう、ぼくは子供みたいになるんだよ」とポーカー遊びについて語ったことがあった。「もう待ち切れなくなるんだ」。大金を賭けたことは一度もない。トルーマンに大金はなかったからだ。飲み物の好みを記者から聞かれたときは、「ケンタッキー・バーボンだ」と答えた。[19]古い仲間のハリー・ヴォーンと連邦貸付管理官のジョン・スナイダーは何年もトルーマンの相手をしてきた。ここでモスクワ大使のハリマンのような新顔が現れた。かれは人々の想像を超える金持ちだったが、ホワイトハウスの法務顧問、クラーク・クリフォードが想い起こしたように「救いを求めるかのように、自分の賭け札《チップ》を守っていた」。[20]テキサス選出のリンドン・ベインズ・ジョンソンという若い下院議員〔のちの第三十六代大統領〕もトルーマンの席に入り込み、巧みな攻撃的な腕前を見せた。

仲間内では、トルーマンについて一つ大きな批判があった。かれの友人たちのことである。ハリー・ヴォーン――ホワイトハウスのお調子もので、大統領の陸軍補佐官（トルーマンは五月が終わる前にかれを陸軍大将に昇進させた）――は、サイズの合わない制服姿でうろついていた。トルーマン委員会の調査官、ウォルター・ヘーメイヤー曰く、「ハリー・ヴォーンは鳥の水浴び場の河馬のように、場違いなホワイトハウスにいる」。[21]トルーマンの親友で、現政務補佐官のエディ・マッキムは、根拠のない権力を振りかざして大統領を困らせる傾向があり、このおかしな状況を、トルーマンの身内は「ポトマック熱」と呼び始めた。[22]マッキムは、何の権威もないのに、人をつかまえてはホワイトハウスでは如何に振る舞うべきか、と教えて楽しんでいた。あるときマッキムは職員に、「ルーズベルト夫人はもう甘い汁は吸えないんだ」と言って、[23]エレノア・ルーズベルトからのご機嫌伺いの手紙に返事を書くことを禁じた。またマッキムは、大統領にもSSにも無断で、二十一歳のマーガレットを街に連れ出し、真夜中過ぎまで家に帰さなかった。トルーマンはマッキムを馘首《かくしゅ》せざるを得なかった。「もうこれ以上かれにいて貰いたくない」とトルーマンはミズーリ時代の友人の一人、ハリー・イーズリーに語った。「それだけだ。だからかれはいなくなった」。

「[25]トルーマンは無能な連中をホワイトハウスに連れ込んだ」とホワイトハウス担当記者のニクソンが記した。「かれらは朝食後にすることすら分かっていない」。この点について訊ねられてトルーマンは答えた。「[26]だれだかぼくが知らなくて、向こうもぼくを知らない人間を、政府に連れて来られるものかね?」

アメリカでは新しいファースト・ファミリーのことも知られてきた。一九四五年五月、トルーマンの妹のメリー・ジェーンがいとこに会いにテキサスを訪れると、歓迎式典のようにカメラマンたちが待ち構えていて、ダラス市長からも一ダースほどのバラの花を贈られて驚いた。記者たちは町中で彼女を追い回した。だれかが結論づけた。「[27]トルーマン一家のことを見聞きするたびに、好きになって行く」。

マーガレットは大統領の娘である特権を喜んだ。彼女は運転手付きの車を貰い、ホワイトハウス映写室で選び放題の映画ライブラリーを手中にした。しかし、ファースト・ドーターであることは難しかった。「[28]新聞記者が周りにいるときは、なるべく無口でいることを学んだ」と回想した。「そしていちばん嫌だったのは、わたしが公共財産であるとの事実を受け入れることだった。世界中のだれもがわたしの生活のこまかい部分まで知りたいのはかまわないし、メディアの内外を問わず、わたしの外見をあれこれ言ってもいい、と思っている人たちがたくさんいた。わたしの鼻が『曲がっている』、だから『直せ』という人。足が『太い』……『幼稚』だ、いや『ませている』などなど」。マーガレットの新しい伴侶が情緒不安定を鎮めてくれた——トルーマンが一九四五年五月に郵政長官に指名したロバート・ハネガンがくれたアイリッシュ・セッターの仔犬だった。

一方ベスは、インデペンデンスへ向けてワシントンを離れる六月を待ちわびていた。そこで夏を過ごすつもりでいた。北デラウェア通りの家は、嫌な思いをしているワシントンの魑魅魍魎《ちみもうりょう》の世界からの安息所だった。彼女は、記者会見はいっさいしないと宣言し、自分の名前がニュースには極力載らないように務めた。しかし五月二十四日午後五時から、初めてのホワイトハウスのお茶会を主催したのだ。こんなパーティは、ベス・トルーマンは夢想だにしていなかった。数十人の女性たち⑳――外交官の妻たち――が集まった。ボリビア、キューバ、イラン、ラトビア、パラグアイ、タイ、ロシアなど三十九カ国の代表たちだった。

ファースト・レディになって初めて、友だちとカード遊びをしようとブリッジ・クラブに出かけたとき、部屋に入るとその場にいた女性たち全員が立ち上がって拍手した。彼女は恥ずかしかった。「どうかお止めになって」⑳、彼女は言った。「止めましょう、すぐに。みなさんお座りになって」。

ベスの母親、八十八歳のウォレス夫人はもともとハリーに好意的ではなかった――大統領になった今もそうだった。歴史家のマイケル・ベシュロスが書いたように、ウォレス夫人は「ミズーリ州インデペンデンスの最高位の社会的階層にあることを誇りとする、傲慢な未亡人で、みすぼらしい農夫上がりで破産した洋品屋は、いまだにベスに相応しくないと思っていた」⑳。

いきなり名声と世界の大事件に巻き込まれたストレスにもかかわらず、トルーマン一家は、ホワイトハウスを自分たちの家庭とし始めていた。トルーマンは、オーヴァル・オフィスのルーズベルトの帆船の絵を、初期の飛行機の絵と取り代えた。ルーズベルトの肖像画は自分の右側に置き、アンドリュー・ジャクソン大統領の像を左側に立てた。この二つは接近していたので、両方からトルーマンの耳元に囁いているような印象を与えた。厨房では、老いたネスビット夫人――ニューヨーカー誌の記者が書いた[32]「ワシントンの神話になった取柄のない、萎びた、とくべつにまずい料理」を作ったことで有名になった――が、ベスと、夕食のテーブルにいつも芽キャベツが出ることで口論になり、とつぜん辞職した。一家は、話し相手を兼ねる料理人として、アフリカ系アメリカ人の家政婦兼調理師のヴィエッタ・ガールをインデペンデンスからホワイトハウスへ呼び、承諾を得た（ガールは、長年、北デラウェア通りの家でマッジ・ウォレスに仕えていて、マーガレットとは親密な関係にあった）。

トルーマン一家は、ホワイトハウスの台所から漂う、ヴィエッタ・ガールのミズーリ家庭料理――フライド・チキン、焼きハム、スイート・ポテト、そしてハリーの大好物、エンゼルケーキ「スポンジケーキの一種」の美味しそうな香りを楽しめるようになった。他方で主任執事でカクテル造りの名人アロンゾ・フィールズは、トルーマンの好みに応じて、古風《オールド・ファッションド》なカクテルを仕上げた――氷と水、それだけのバーボンだった。[33]「やっとお好みのカクテルが出来たわね」とベスが満足して言った。

仕事にかけてはトルーマンは、想像以上の実績を見せた。かれは造船計画の七十五億ドルの予算を削り、八つの政府機関を閉鎖した。たくさんの事業を削減した――経済的には賢明な決断だが、再選を狙うものがすることではない、と多くのものは思った。トルーマンは、農業従事者の兵役を免除する、農業徴兵猶予法案に拒否権を発動した。ルーズベルトは同法案を支持していたが、トルーマンは議会に勝った。ニューヨーク・タイムズは、大統領は[34]「国家的な大問題について農業団体に挑戦して勝利した」と書いた。

トルーマンはアメリカ国民の温かな反応も冷めて行くことを知っていた。かれは何か大きなミス――自身の公務を危機に陥れるようなミス――をするときが来るのは避けられないと思っていた。そしてその日は五月初旬にやって来た。当時のトルーマン政権にいた若き弁護士のクラーク・クリフォードが、政府のことを書いた。「政策、野心、歴史の荒涼たる交叉点で、常に正しくあることは不可能だ」。[35]

23

ワシントンの戦時立法で、武器貸与《レンドリース》ほど論議を呼ぶものはなかった。FDR発案の武器貸与法案は、アメリカ参戦前の一九四〇～四一年の冬に提案され、一九四一年三月十一日に法律としてルーズベルトが署名した。この法律はルーズベルト、いまはトルーマンに対して「いかなる国であってもその防衛が、合衆国の防衛に重大な影響を及ぼすと大統領が考える国の政府のために」[1]武器弾薬を供給する権限を与えるものだった。レンドリースのおかげで、世界中で、ソ連、中国、イギリス、フランスその他各国兵士は、アメリカの納税者の負担のもと、アメリカの工場で生産された武器で戦って来たし、いまもどこかで戦っており、アメリカの農場で育った食糧で生命を維持出来た（第二次大戦のすべての局面を通じて、三十以上の国が合計約五百億ドルのアメリカの援助を受けた）。チャーチルの有名な言葉が残っている。「道具を与えたまえ、されば仕事は成就せん」[2]。かれは武器貸与を、「史上もっとも崇高な行動」[3]と呼んだ。

武器貸与がなかったら、ヒトラーが負けることはなかっただろう。かと言って、アメリカの納税者がこの法律を歓迎したという意味ではない。諸外国はこの食糧と武器の代金を年賦で返済する（それも大幅割引で）と想定されていたが、戦争で米国以外の連合諸国は破産状態に陥っていた。納税者たちはこの債務が全額返済されるとは思っていなかったようだ。アーサー・ヴァンデンバーグ上院議員は武器貸与についてこう言った。それは「戦後となれば、一分たりとも、一ドルたりとも」継続されてはならない。[4]

五月十一日、トルーマンは、国務次官のジョセフ・グルーと海外経済管理官のレオ・クローリーが署名した文書を受け取った。それには、「ソビエト連邦に対する現在の武器貸与計画に基づく物品の供与は、ヨーロッパにおける組織的な抵抗が終了したことにより、ただちに調整されるべきである」と書かれていた。[5] 対日参戦という秘密計画に関連して一部の軍需品は引き続き供与を認める、と文書は指摘していた。「その他ソ連向けに計画されている武器貸与物品は、物理的に可能であれば、即時停止すべきである」。[6]

トルーマンの机の上にある最新の数字によれば、一九四五年四月のソ連向け武器貸与物品は五九三、二五九英トンに達していた。その数字は、前月の四八四、八二九英トンから増加していた。船積みされた物品には、デトロイトの組立ライン製造の航空機、トラック、船倉いっぱいの弾薬、さらに（四月分として）一六、八六六米トンの小麦、小麦粉、穀物と、二三、四五九米トンのバター、二六、二一三米トンの動物性油脂と塩漬け肉があった。

トルーマンは上院議員時代の経験から、武器貸与の一件が議会に対してどれほど扱いにくい問題か、よく承知し

＊　イギリスは合衆国に対する第二次大戦の債務を二〇〇六年に完済した。ソビエトは一九七二年の貿易包括協定の一部として解決した。

ていた。サウスダコタ代表のカール・マンド――下院外交問題委員会の委員――が下院の院内で話しかけてきた。「議会の意向に対する暴挙ともいえる違反を強行するんですか、武器貸与で戦後の経済活動は出来ませんよ」[7]。もう、ヨーロッパの戦争は終わっていたのである。

大統領は、ソ連向けと、それにイギリス向けの供給をただちに削減することに同意した。かれはこの問題を完全に勉強したのだろうか？　実際、かれは疲れ切っていたし、内容を読まずに、アドバイザーを信頼して書類にサインした。政権幹部の多くがトルーマンのおかしな徴候に気付いた。「かれは……どんな問題も即決したがっているようだ」[8]とある閣議後のトルーマンのことを、ヘンリー・ウォレス商務長官が日記に書いた。「かれの言うことすべてが断定的だ。どうものを考える前に、決めてしまいたいようだ」。モスクワ大使のアヴェレル・ハリマンによれば「トルーマンの部屋に問題を持って行ったら、わたしの知るだれよりも早く結論を貰えるよ」[9]ということだった。

その後の数日、貨物を満載にしてソ連やイギリスに向かった船舶に矢継ぎ早の命令が届いた。命令は回れ右だった。それらの船は、アメリカには起こらなかったインフラストラクチャーの荒廃により、イギリス人やソ連人が絶対に必要な食糧を積んでいた。スターリンとチャーチルがそのことを知れば、たちまち、トルーマンの武器貸与の取り扱いに怒り狂った筈である。

五月のある夜、トルーマンは大統領専用ヨットで、仲間とポーカーを楽しんでいた。カードを手にしているとき、海軍補佐官から、ユーゴスラビアの独裁者、チトーに関する驚くべきメモを手渡された。諜報源によれば、チトーは北イタリア――ヴェネツィア＝ジュリア州の一部で有名な港湾都市トリエステのある地域――の領有を狙っているという。「[10]やれるものならやって見ろ、とそいつに言ってやれ」とトルーマンは言った。

「はい承知しました《アイ・アイ・サー》」と補佐官は答え、トルーマンはゲームに戻った。

しかしその後の数日、イタリアでの行き詰まりは激化し、大規模な暴動の脅威が切迫して来た。国務省の報告によれば、ユーゴスラビア軍はトリエステ全土に自国旗をはためかせ、街路標識もイタリア語から自国語に変えていた。ユーゴスラビア軍の統制は完璧だった。チトーは自国兵士の生命を進んで賭ける気配を見せていた。大西洋のこちら側からは睨みを利かせることが難しかった。

ヴェネツィア＝ジュリア州はバルカン諸国と国境を接しており、以前から領土紛争のある地域だった。現状は、二つの理由からトルーマンに警告を与えていた。（1）チトーは三十万から四十万の大軍を抱えており、その体制は「民主制とはほど遠い、自由の余地がほとんどない」ままの、「[11]スターリン体制と同様の独裁制」だった。これは戦略情報局（ＯＳＳ諜報組織、のちのＣＩＡ）の局長、大統領付きのウィリアム・「ワイルド・ビル」・ドノバンの報告によるものだった。（2）チトーはもう一つのソビエト政府の傀儡だった。ＯＳＳによれば、「[12]国内問題同様、対外問題についてもロシアはチトーを統治する天然磁石である」。「ユーゴスラビアの直接の関わりの有無に拘らず、あらゆる国際問題で、チトーとそのメディアはモスクワの指導に従っている……」。

「[13]したがって当該領土問題は、イタリア＝ユーゴスラビア間の紛争というより、基本的には明らかに米ソ紛争である」とＯＳＳは分析していた。「この紛争について合衆国は極めて有効なカードを持っている……この地域の米英軍は圧倒的に優勢である」。

五月十一日、トルーマンはチャーチルあての電文に情況を綴った。「あなたは間違いなく、同じ報告を受け取ります」[14]。チトーの脅迫的かつ拡大主義の戦術は、「ヒトラーと日本のそれにそっくりです」。

国務省経由で、合衆国はチトーにメッセージを送った。チトーは軍の移動を否定した。前月の四月に、この国境地域はナチに勝利して手に入れたものなので、ユーゴスラビアは「この地域を領有する当然の権利を持つ」[15]とアメリカ国務省にチトーは電文で主張した。「ユーゴスラビア軍が『ヴェネツィア＝ジュリア州』を軍事占領する権利を否定することは不公正である」。

アイゼンハワー将軍と、駐イタリア連合軍司令官のハロルド・アレグザンダー英国元帥は、紛争地域における軍の増強と最悪の場合への対応準備を命じられた。先に攻撃されない限り、連合軍側の発砲は禁じられた。――が、相手側からの発砲はすぐにでもありそうな状況だった。情況の改善を促す勧告がたびたびスターリンに送られたが、スターリンは紛争を継続させ、地歩を固めていた。日々様相は悪化していた。数万もの難民が地域を彷徨っており、難民にも住民にも、与える食糧は殆んどなかった。五月十五日、国務次官のジョセフ・グルーは、「あらゆる階層[16]の多くのイタリア人が逮捕され、地域企業家の資産は今後すべてユーゴスラビアのものだ、と宣告されている」と報告した。またグルーは、チトーがオーストリアで扇動的な動きをしていることも報告した。「ユーゴスラビア人[17]たちは、過大で不可解な要求をしている」。米英の軍司令官たちは避難民と戦時捕虜たちをトリエステ周辺から脱出させ始めた。「何が起ころうと、わが軍が行動し易いようにしています」とグルーはトルーマンに告げた。

五月十六日、トルーマンは再度チャーチルに書き送った。「ユーゴスラビアがわが国を攻撃してくれれば連合軍を動員して反撃することに正当性はありますが、そうでない限り[18]、ユーゴスラビアとの戦争にわが国を巻き込むことはわたしには出来ないし、したくもありません」。四日後、また打電した。「わたしは、太平洋にアメリカ軍を再展開しなければならないことになりました」。
「もう一つわが方には物凄い手立てがあるのだ」とトルーマンは記録した。[19]
色々な場面で、トルーマンは新たな戦いの徴候を見つけていたようである。何かトラブルが起こるたびに、アメリカとソ連の間で衝突が始まりそうだった。チトーのドラマが進展しつつある五月十二日、米ソ代表の交渉が表沙汰になっているサンフランシスコから、ステテニアス国務長官が厄介な電話をかけてきた。ビャチェスラフ・モロトフが安全保障理事会――世界の最強国の代表で構成する――の理事国は特権として拒否権を有すべき、と主張しているという。その意味は、ロシアの定義によれば、安全保障理事会のほかの理事国が同意しているいかなる行為に対しても一理事国の拒否が認められるということだった。ロシア人の定義に従えば、拒否権は、安全保障理事会で討議される事項であっても、一国に妨害できる権利を与えるものだった。アメリカには、そういう立場は擁護できなかった。

サンフランシスコ会議で地域間協定の問題を論議している局面で、ラテン・アメリカのある高官が、米ソ間の戦争が切迫しているという実感のもとに、次のように発言した。[20]「将来合衆国を攻略しようとする国は、その弱点、すなわち南アメリカの攻撃から開始するだろう。次の戦争はロシアとアメリカの戦争であって、ヨーロッパの二国間の戦争ではない。戦略としては南アメリカ経由で合衆国の側面を衝いて来るだろう」。

一方ドイツでは、六月五日に連合軍がベルリンで合流し、占領政策を次の段階に進める予定だった。合衆国、英国、ソ連、フランスは、絶望状態の国民七千万を、軍事政権によって、それぞれの占領地域で支配下に置くことにした。アメリカ軍の地域は、ドイツ南東部で、エルベ川沿いの現在の占領地域から二百マイル〔約三百二十キロ〕ほど撤退させ、ソビエト軍は北東部（そこは四年後に東ドイツという共産国家となる）を手に入れた。イギリスは、本国に近い北西部、フランスは南西部の小さな区域をそれぞれ治めることとなった。

すでに国務省幹部は――米ソ関係がまだ良好な時代に描かれた――占領行政の基本的な大枠を作っていた。モスクワ大使館でハリマンの首席補佐官だったジョージ・ケナンは、この頃、「ドイツをロシアと共同で統治できると考えるのは妄想である。それに、ロシアとわれわれが円満に退去したあと、ある時期に、健全で、平和な、安定した友好的なドイツが出現する、と考えるのも妄想だ。われわれは支配下のドイツを……東側が脅かす余地のない、繁栄し、安全な、一流の独立国に仕立て上げるしかない」[21]と書き記した（これは後の西ドイツのことであり、四年後の一九四九年後半に正式に西ドイツ政府が成立した）。

新しいヨーロッパのイメージが出来上がろうとしていた。欧州大陸は次第に、西側の民主陣営と、東側のソ連が支援する陣営の影響を受けるようになった。ソビエト側は、ポーランド、オーストリア、ユーゴスラビア、ブルガリア、ルーマニア、ハンガリー――のすべてをその視野のうちにおさめた。五月十八日のOSSの報告には、チェコスロバキアも共産主義の影響下に組み込まれようとされているとあった。「情報筋は、共産党が唯一の組織的政治団体で、ここだけに将来の計画があると伝えた……。またチェコ共産党が労働者の武装を要求したとも伝えている」[22]。

極東でもソ連は、驚くべき方法で共産党の影響力を拡大していた。五月十四日、月曜日午後二時、トルーマンは中国大使の宋子文博士と面会した。議事録作成のためにジョセフ・グルーが立ち会った。宋はハーヴァードとコロンビア大学で経済学を学び、短期間、ニューヨークの銀行に勤務していたので綺麗な英語を話した。五十歳で、すでに中国政府の高官として二十年を過ごしていた。かれはトルーマンに複雑極まる中国の情況を説明した。中国政府の第一の目的は中国領土からの日本軍の撃退であり、合衆国からの武器貸与による軍事援助の継続を必要としていた。トルーマンは日本が降伏するまで援助を続けると保証した。しかし中国の現況は、ソビエト問題で混乱している、と宋博士は述べた。

中国は内部で二つの兵力――アメリカに友好的な蔣介石率いる旧来の共和国と、毛沢東支配下の北の共産軍に分裂していた。五月十四日、トルーマンとの面談記録にグルーは、「宋博士はかなりの時間を割いて、ソビエト・ロシアの動きについて説明した」と記している。[23] ソ連は戦争中、蔣介石政権と同盟関係にあったが、その後政策転換を図り、ソ連政府は国民政府から中国共産党の支援に回ったようだ」と宋は述べた。

東方の最強国の一つで共産革命を促進するため、毛沢東と中国共産党に武器、人員を供給しているソ連を、どう抑えるのか？

三カ月前のヤルタ会談を終えた頃は、米ソ関係は友好の頂上に達していた。いま、国務省ナンバー・ツーのジョセフ・グルーの結論は、「ソビエト・ロシアとの将来の戦争ほど、この世で確かなことはない」であった。[24]

VEデイの翌週、トルーマンは米ソ関係の後退をとどめようと助言を求めて、ワシントンの政治の俊秀たちに意見を聞いて回った。ソ連との戦争は考えも及ばない大殺戮につながるため、これ以上の戦いを避ける道筋を探さなければならなかった。とにかく、国柄が異なっても、共通の地盤はある。合衆国とソビエト連邦は暴力革命から生まれた国で、いま戦争中なのは、両国とも奇襲を受けたからである――合衆国は真珠湾で、ソビエトはナチスのせいで。二国は戦いを通して超大国として顕現したのであり、何らかの形で未来の新世界を創造する役割を担う二大勢力となるだろう。

トルーマンは前モスクワ大使との話し合いから始めた。五月十三日、日曜日、国務省のジョセフ・デイヴィスがホワイトハウスへ来訪し、二階の大統領の書斎でトルーマンと二人だけで非公式に会った。デイヴィスによれば、トルーマンはロシアの対応に「極めて苦慮」(25)していた。新聞――トルーマンの言う「呪いの紙片」(26)――が火に油を注いでいた。デイヴィスは信頼できる相談役であり、トルーマンと警戒感を共有していた。デイヴィスはトルーマンに手紙を書いたが、まだ出していなかったと言った。かれはその手紙を持参していたので、トルーマンは、それを読み上げて欲しいと頼んだ。

「ここ数週間のソ連と英米、とくにわが国との関係が、急速かつ深刻に悪化していることを懸念しております」(27)とデイヴィスは述べていた。「潜在的危機は言葉を超えています……。あなたは、わたしの意見では、わが国と全世界の危機回避のために絶好の地位におられると思います」。デイヴィスはトルーマンに、論争を回避し――「厳しい戦略」も回避し――「寛容と友好の精神で」対ソ関係を処理するよう要請した。このような場合、「ソビエトは、より度量のある対応をします……。かれらが理解できる言語は『厳しい』言語だけと考えるのは……間違っております。わたしの経験がそう示しているのです」。

「今日の情況は極めて深刻、とわたしは思います」(28)とデイヴィスは結語した。

「しかし、希望がないわけではありません」。

二日後の定例記者会見のあと、トルーマンはソビエト問題で、アヴェレル・ハリマンとほかの幹部たちと会合した。かれらはジョセフ・デイヴィスと正反対の意見を述べた。この会談議事録によれば「ハリマン大使は、わが国の対ソ関係の問題は今後の世界に影響を及ぼす一番の問題である、と述べ……現時点で、二国はどんどん離れている」。[29]

ハリマンは強硬路線が最後の頼りで、ソビエト人も理解できるところ、と信じていた。フォレスタル海軍長官は、ハリマンの立場を日記に記した。「かれら（ロシア人）の行動は、野蛮かつもっとも原始的な力の政治の原則に基づいている、とハリマンは述べた。更にかれは、これから先、来年の冬が終わる頃には、ヨーロッパの半分か殆ど全部が共産化されるのを覚悟して外交決着を図らなければならない、と言った」。[30]

最良の選択はどちらなのか。ハリマン（現モスクワ大使）のハード路線か、それともデイヴィス（前モスクワ大使）のソフト路線か？

翌日正午——五月十六日水曜日——陸軍長官がオーヴァル・オフィスに現れ、別の案を提出した。スティムソンは第三帝国崩壊後の欧州に生まれる力の空白に重大な関心を寄せていた。

「来年の冬に中央ヨーロッパで伝染病と飢餓が蔓延する可能性に関しては、まったく同感です」、とスティムソンは会議の席上、大統領にメモで知らせた。「それにこれは政治革命と共産主義の浸透につながりかねません」。[31]

スティムソンは、とくにソ連に関する世界の政治を安定させるには、優先すべきはドイツの復興だと信じていた。強いドイツだけが共産主義の拡大に抵抗できるし、ドイツ人はヨーロッパの中央にしっかり根を下ろしている。スティムソンはモーゲンソー計画に強く反対した——財務長官のモーゲンソーの計画は、軍備増強のための工業力を奪い、ドイツを農業国に引きずり下ろすものだった。スティムソンは、ドイツの復興援助こそが合衆国の利益に適う、と主張した。ドイツに基本となる生活必需品が充たされた健全な経済がなければ、ソビエト勢力の浸透に恰好の餌食となる。「ドイツの将来の平和的生存のために解決策を見出す必要があり、世界中の関心は、かれらが生活困窮のあまり、非民主的体制に走り、その結果、抑圧された生活に陥ってしまう懸念にある」[32]。「これらはすべて、英米連合国とロシアとの間での協調を必要とする厳しい問題につながる」[33]とスティムソンは結論づけた。

駐ソ大使ハリマンはトルーマンとの会談の中で、トルーマンが来るべきビッグ・スリー会談の日程を繰り上げなければ、重大な結果になる、と大統領に警告した。「会談が遅れれば遅れるほど、状況は悪化します」[34]。スティムソンの考えは別だった。二カ月あれば、合衆国の交渉力は増すに違いない。スティムソンは原子爆弾に直接言及してトルーマンに告げた。「いまより、もっとあとの方がわれわれはもっと多くのカードを手にすることになります」[35]。トルーマンは決断した。静観すること、それがいちばん良い。

スティムソンは現下の難問解決には原爆が鍵になる、と考えていた。「そいつでロシアと話をつけるんだ」とかれはトルーマンとの会談前日の日記に書いた。「押し寄せる複雑な問題の波を乗り越えるためには、S1秘密（原爆）が最適である」[36]。来るべき三者会談で「切り札を持たずに外交上の大博打を打つことほど危険なことはない」[37]。

五月二十一日、「わたしは、三者会談を極力早期に行う必要がある、と思っています」[38]とチャーチルがトルーマンに電報を寄越した。かれは「世界の近未来がかかっている重要問題」に深い憂慮を表明していた。スターリンとの合意が長引くほど、困難が増大する、とチャーチルも主張していた。

トルーマンは、この会談を原爆実験の前に行いたくなかったが、極秘事項の原爆が、会議遷延の理由であるとチャーチルにも説明するわけには行かなかった。* その間、何かをしなければならなかった。ハリマンと国務省のチャールズ・ボーレンから、一つ名案が出された。

五月十九日午前十一時、トルーマンは、ハリー・ホプキンスをホワイトハウスに呼びだした。トルーマンはホプキンスに、ある重要な使命を果たすため出発して貰うことにした、と伝えた。

一九四五年のワシントンには、ハリー・ホプキンスほど謎めいた人物は、ほかにあまりいなかった。ホプキンスは五十五歳の誕生日を間近に控えたアイオワ生まれの元社会活動家で、まず間違いなく、ルーズベルトの最良の友だった。戦時中、ホプキンスはルーズベルトとともにホワイトハウスに住み込み、FDRはかれにとくべつな権力を与えた。ホプキンスは国務省に定位置を持たず、とくべつの教育を受けてもおらず、外交の履歴を示唆する何らかの背景があるわけでもなかった。しかしルーズベルトはかれを、ほかのだれよりも信用した。(39)「かれが外国首脳と会談するとき」とルーズベルトがホプキンスの様子を語った。「椅子をうしろに引いて両足をテーブルに乗せて『あ、そうですか？』と言うんだよ」。(40) あるものはホプキンスを「アッシジの聖フランチェスコの純粋性と競馬の予

＊　歴史家たちは、三者会談の設定を遅らせるというトルーマンの方針が、実際に原爆が理由だったかどうかについては合意していない。このグレーゾーンは論争の的となっている。たしかにトルーマンは、チャーチルやスターリンといった連中との対外関係を充分に勉強するために、遅らせたかった。とはいえ、筆者としては、ここ数ページにあるように、トルーマンの遷延は直接原爆に結びついている、と考えている側に同調する。

想屋の抜け目なさを一緒に持っている」と観察した。かれは身体に合わない服を着て、始終肩のあたりをふけだらけにしていた。よくいらいらし、新奇なものを探るような眼つきをしていた。

ホプキンスがトルーマンの部屋に現れたとき、だれでもが、かれを一目で死にかかっていると思うだろう。かれは七年前、がんで入院し、胃を半分以上切除した。それ以来、入退院を繰り返し、黄疸、歩行困難など、あれこれの症状と闘ってきた。ホプキンスは戦争で末の息子を亡くしていた。マーシャル諸島の戦闘で、十八歳の海兵隊員、スティーヴンは戦死した。スティーヴンを喪った痛手は健康に響いた。トルーマンとの会見の五週間前、ルーズベルトの葬儀でホプキンスは「まるで死人のように見えた」(41)とルーズベルトの主任スピーチライターだったロバート・シャーウッドは語った。「顔面の肌には恐ろしいほど血の気がなく、肉が全くないように見えた。いまや（葬儀のとき）生きる価値を失くしたごとく、ルーズベルトの死を以てホプキンスの生命も終わったかのようだった」(42)。

新大統領は最後の使命をホプキンスに託した。それは容易い仕事ではなかった。

「わたしは、スターリンのところへ行って欲しいと頼んだ」とトルーマンはこの会談のメモを残している。「きみの健康が許せば、だけど。そしてスターリンに、われわれは、ヤルタで決まったことをやって欲しいだけなのだと伝えて欲しい──ロシア政府との間で公正な相互理解が図れるかと心配している」(43)。トルーマンはホプキンスに、「自分は少なくとも今後九十年にわたって世界を平和にしたい──またするつもりである、ということをジョーおじさん、スターリンに、はっきりと説明して欲しい」と語った。また、それには「外交用語を駆使しようが、野球のバットを振り回そうが、どちらでも構わない」(44)と告げた。

トルーマンには、モスクワへの派遣がホプキンスの死期を早めることは分かっていた筈だ。しかしホプキンスは、スターリンとは知己の間柄にあるので、結果を出す筈だ、と大統領が信じる理由はあった。一九四一年のナチのロシア侵入直後、ルーズベルトはホプキンスをスターリンに会わせた。ハリマン大使は記録していた。「ホプキンスは、状況が悪化してきたドイツの攻撃以降、[45]最初にモスクワを訪れた西側要人だった。スターリンは、病を圧してまで援助するために、体力を消耗する、長く、危険な旅をしてくれた一人の男を、ホプキンスのうちに見出した。それはスターリンに勇気と決意の証《あかし》として深い印象を与えた。かれはそのことを忘れていなかった」。

ホプキンスをスターリンに会わせることはチャーチルを驚愕させると、トルーマンは賢明にも判断した。首相はこの会談がイギリス抜きなことを何とか取り返そうとするだろう。そこでトルーマンは、五月二十一日午前九時にホワイトハウスにジョセフ・デイヴィスを呼び出した。[46]「トルーマンはわたしにロンドンへ行って欲しいと言った」とデイヴィスは記録した。「イギリスとの見解の相違をチャーチルに糺《ただ》して、かれの意見を聞いて来てくれないか」、と。またトルーマンはデイヴィスにのらりくらりとするよう要請した。三者会談に積極的でない理由と、七月前には会談を行うわけには行かないことを説明した。[47]「そのとき原爆実験の話をしてくれた」とデイヴィスは日記にとどめた。「実験は六月の予定が、七月に延期されていた」。トルーマンは、チャーチルとスターリンとのテーブルに着く前に、とっておきの切り札を手にしていたかったのだ。

五月二十三日、ホプキンスは妻を伴って、ハリマン大使、通訳のチャールズ・ボーレンとパリ経由でモスクワへ飛び立った。同じ日、デイヴィスはロンドン向けに離陸した。[48]「ホプキンスとデイヴィスは同時に出発した。ほぼ同日にロンドンとモスクワへ着くだろう」とトルーマンは自分のメモに記した。「二人は十日以内に戻って来る。それで結果が出るだろう」。

24

五月二十四日早朝、東京の暁闇を衝いて、空の要塞B29の襲来を告げるサイレンが鳴り響いた。地上では、その姿が見える前に爆撃機群の爆音、数千に及ぶ二千二百馬力エンジンの唸りが聞こえた。そして月光を背にして、機体が地上からのサーチライトの光芒《こうぼう》を縫うように姿を現す。東京の住民の一人は、これら爆撃機の様相を見て、「途方もないガラス細工のトンボの信じられない光……長い、きらきらとした刀身のようなその鋭い翼」と形容した。(1)カーティス・ルメイ司令官はマリアナ諸島の基地から五百五十機のB29を発進させていた。一万フィート［約三千メートル］以下の低空からの空襲で、爆撃機群は夜明け前の東京の空を切り裂き、街を焼き尽くす焼夷弾をばら撒いた。

「信じられないほど無数の爆弾が降り注いだ」(2)と東京在住のフランス人ジャーナリスト、ロベール・ギランは振り返っている。「情容赦もなく正確無比に爆弾の絨毯が敷かれつつあり、火の塊が港と山に囲まれた平地に拡がった……。地面に接すると同時に筒状の爆弾は飛び跳ねる火柱を噴出した。新聞は『跳びかかる虎のように』と形容した」。

翌日いっぱい、東京の消防団員は消火活動に従事した。翌日の夜、ルメイの爆撃機は再び轟音をたてた。今回、空の要塞は皇居の庭園を攻撃した。裕仁天皇は、コンクリート造りの防空壕に退避して無事だった。皇居を守るため近隣の消火は放棄され、燃えるに任された。東京の広い区域が焼野原となった。その後長い時間をかけて、消防団員は灰の中から遺体の収容作業を行った。ギランが記した。「古い東京の構築物の最後の至宝――一九二三年の関東大震災にも生き残ったもの――が灰燼に帰した。芝の仏塔、一九四二年に大日本帝国に寄贈された『仏舎利』があった代々木寺、徳川将軍たちの黒色と金で漆塗りされた墓、これらすべてが五月二十四日から二十六日にかけての四十八時間の悲劇で失われた」[3]。

ルメイはグアム作戦本部で、部隊の攻撃中は、いつもの葉巻をくわえ、一晩中行きつ戻りつしていた。かれは戦いと、終わりの見えない自らの指揮に疲労困憊していた。ほかには何も存在しないようだった。この新たな攻撃についてルメイは、後日、回想録に記した。「二十三日と二十五日、東京のまだ焼かれていない地域に、ほぼ九千トンの爆弾を投じた」（これらの日付は離陸日で、目標への到着は真夜中を過ぎた二十四日と二十六日だった）[4]。ルメイは先ごろペンタゴンに、「勝負どころと思われる今後六カ月間に、わが部隊が持てる力を存分に発揮できるならば、日本の継戦能力をたたき潰すことが可能と考えます」と報告した[5]。

アメリカの新聞は五月二十四日の空襲を一面で報じた。世論の憤激はなかった。イギリスのナチ・ドイツ市街地に対する意図的空爆を批判してやまなかった論調は、今回、沈黙していた。実際にアメリカ世論は、この戦闘方法を支持しているようだった。新聞は、焼夷弾製造工場の情景について長文記事を掲載した。「日本をドーナッツの生地にしてフライにする『べたつき爆弾』[6]の詰め込み作業」とボストン・デイリー・グローブは見出しにつけた。「M69[7]（焼夷弾）は小型火炎放射器になって」とタイム誌は報じた。「百ヤード［約九十一メートル］先までを焼き尽くす、網タイツの靴下のような粘着性の火炎（ナパーム）を吹き出す。この靴下の当たった先は、ねばねばした業火のパンケーキに包み込まれる」。

この無差別殺人を止めるよう進言したのはヘンリー・スティムソン陸軍長官だけだった。スティムソンは大統領に会いに行った。「[8]二つの理由でこの戦法を懸念していると大統領に伝えた」とスティムソンは日記に書き留めた。「まず、ヒトラーの残虐行為をも凌ぐ悪評判を合衆国が被ることは望まない。次に、空軍が日本を空爆で全滅させる力を持ってしまうと、新兵器の威力誇示が正当に評価されなくなる心配があるからである」。

なぜルールが変えられたのか――目標に対する精密爆撃から民間人居住地区への焼夷弾攻撃に？　アメリカの目から見て、日本は第三帝国とは違うのだろうか？

戦時中のアメリカは、日本に対して生来の人種差別主義で対応したと多くの歴史家は見る。戦時移住局は、内務省の指令にしたがって、約十二万の「日系人」を西海岸に設営した強制収容所に拘留した。一流紙が、前足で機関銃を抱えてワインで酔っ払った猿に見立てた「ジャップ」の漫画を掲載した。日本人は、「[9]黄色のろくでなし」であり、「黄色の猿」、そして寄生虫を感染させる「ルゼアス・ヤパニカス［創作したラテン語学名＝日本虱《しらみ》の一種］であった」。しかしアメリカ人の日本人に対する感情は人種差別を超えていた。真珠湾以後、憎悪の感情がアメリカ人の意識に深く食い込んだ。ヨーロッパの戦争では、たとえナチスに対しても、それほどの強い憎悪感は見られなかった。

第二次大戦にアメリカが参戦するずっと前から、極東の戦争は欧州とは異なるのが明らかになってきた。アメリカ人は日本軍の狂暴な殺戮の報道、とくに、一九三七年の南京虐殺（「日本軍の暴行が南京陥落を特徴づける」[10]、とニューヨーク・タイムズは報告した――「南京の侵攻軍は二万名を処刑した」）を読んでいた。日本兵の死の教団は連合軍を怖れさせた。これら兵士は、ヨーロッパで戦うドイツ軍とはまったく異なる位置づけがされていた。民間人、兵士を問わぬ集団自殺、戦時捕虜として捕えられるより戦死の方がより善き選択であるという兵士の考え方――に基づく戦闘行動が、現人神である天皇のために喜んで死ぬ殉教者、という極東の敵の特徴を際立たせていた。こうして合衆国の大衆紙は、アジアの戦争を、「聖戦」を遂行する「人種的脅威」[11]という文脈で性格づけていた。

日本軍の残虐行為は、ナチの最終的解決［ユダヤ人絶滅計画］より悪辣とは定義されていなかった。しかし、ナチはアメリカ人やアメリカ領土は攻撃していなかった。また軍部の上層部にはもう一つの所説があった。ペンタゴン職員は、日本軍による、米英の戦時捕虜の処遇に関する情報を捉えたが、それは、かれらの東方の敵、日本に対する嫌悪感に火をつけた。連合軍の諜報組織は、斬首、拷問、処刑の証拠を多数集めていた。

米軍幹部は、自国兵士の犠牲は極力少数にとどめて終戦に持ち込むことを義務と考えていた。すなわち、焼夷弾を含む、あらゆる軍事的手段を用いた敵の粉砕である。リーヒ提督によれば、「こういう野蛮人に使用する最良の心理的武器は爆弾だった。そしてわれわれは爆弾を実に効果的に使用した」[12]。陸軍航空隊のトップ、ハップ・アーノルド将軍は、アメリカ軍幹部の多くの考えを要約して、東京大空襲期間中の日記に記録した。「たしかに日本軍の暴行は合衆国では話題にならなかった。赤ん坊を放り投げて銃剣で刺す、生体解剖する、ガソリンを撒き手榴弾で発火させて捕虜を焼き殺す……。その他もろもろの話が実証され得る。マニラから撤退する日本軍の一師団によって、男性と少年が殺され、十歳以上の少女と女性は強姦されたという話もあった。良い話ではないが、日本人が当然の報いを受ける説明にはなる……。もう日本人を許せない、男女、子供を問わず、だれだろうと。ガスでも火でも、あの民族を絶滅できるものなら何でもこの気持ちを満たしてくれる」。

日記でアーノルドは、これらの個々の事例のすべてが検証されたわけではないことを認めているが、戦時捕虜の拷問と処刑は証明できた。そしてそれが一九四五年のアメリカ軍の意思決定者による対応の説明になる。カーティス・ルメイの焼夷弾空襲は、そのもっとも明らかな例である。

大統領になって日も浅く、トルーマンは、前任のルーズベルトの実績をたどっていた。かれはルメイが大々的に報告した焼夷弾攻撃について、とくだんの措置を取らず、戦争指導は信頼する指揮官たちに任せていた。まもなく、この意思決定を、自身が行う運命に直面することとなる。

ペンタゴンでは五月二十五日、統合参謀本部の幕僚たちが相集い、対日戦争の今後を決定する最終計画を練っていた。かれらは、カーティス・ルメイの大空襲だけで日本を屈服できるとの考えに反対していた。以前と同様に、かれらは、無条件降伏を強要するには日本本土への地上軍の侵攻が必至と結論づけた。会議の議事録によれば、東方における勝利の戦略は次のように描かれていた。

A.[14] 戦略爆撃、空母発進爆撃による最大かつ間断のない対日圧力で継戦能力と戦意を喪失させて上陸の準備とする。

B．空域、海域における哨戒による封鎖を強化する。これには空軍攻撃部隊、海軍軽装艦隊による朝鮮と九州（日本本土南端の島）を結ぶ通商路、および黄海に通じる通商路の封鎖を含む。

C．本土侵攻の前提として必要な側面作戦に限り、これを実施する。

D．実行可能な早期の段階で本土に侵攻する。

E．無条件降伏を齎すに必要な日本の工業地帯を占領し、軍の絶対的支配下に置く。

統合参謀本部会議の三日後、国務次官のジョセフ・グルーが新しい案を携えてトルーマンに会いに来た。五月二十八日午後十二時三十五分、グルーは、諜報の天才でトルーマンの信認厚いサム・ローゼンマンと一緒だった。ローゼンマンも聞いている中でグルーはシナリオを描いて見せた。四月十二日のトルーマン就任以前にペンタゴン高官は、日本侵攻が必要である、と決定していた。日本における行動計画の目的は、アメリカ兵の犠牲を最小限にとどめて敵を降伏させることにあった。「日本人は狂信的な民族である」とグルーは述べた。「追い詰められても最後の一兵まで戦う。これで向かって来られたら米兵の犠牲は見当がつかない」[15]。日本人は天皇を神の如く崇めているのを、わたしはよく知っている、とグルーは言った。かれは一九三〇年代のほとんど、真珠湾のときまで在日大使をつとめていた。天皇の運命が問われることになれば、日本人は決して降伏しない、とかれは信じていた。「もしいま日本人に……将来の政治機構の決定権がかれら自身に与えられる何らかの兆候が示されれば」とグルーは論じた。「降伏という意識を持たせずに、日本人は面子を保つことが出来るだろう」[16]。

グルーは、天皇の地位が安泰であることが分かれば、日本は降伏するだろうと示唆した。この案は問題が多いが的を射たものだった。ルーズベルトとその後のトルーマンは、ナチに要求し達成した無条件降伏を日本にも要求していた。天皇の地位の保全は一つの大きな条件だった。

FDRならこの考えを受け入れたか? 議会は賛同するのか? アメリカの世論は? 当時タイム誌は述べた。「天皇ヒロヒトは日本である……。日本に対する戦争は、不可避的に天皇に対する戦争となる」。[17]

トルーマンはこの提案の挑発的な本質を理解した。しかしかれは、この問題が世界史の中で基軸の問題となり、自身の遺産に大きく影響することを知らなかった。

五月末以降、国防省、陸海軍長官、マーシャル将軍、国務省幹部、陸軍将校たちがこれらの問題で議論を重ねた。唯一かれらが合意できたのは、まだ全く不確実という点だった。「したがって対日戦には不確定要因が二つある」とスティムソンは一九四五年五月に記した。[18]「第一に、われわれは確かだと思っているが、ロシアが本当に（対日戦に）参戦するかどうか。第二に、S1（原子爆弾）問題がいつ、どう決着するかだ」。

25

五月二十八日、トルーマンは、威風堂々たる壮麗なホワイトハウスの国賓晩餐会を初めて経験した。イラクの摂政殿下――アブドゥル・アル＝イラー皇太子が随行員とともにワシントンを訪れたのである。皇太子は自国での最高権力を握り、「イラク国王の全大権」[1]を保有している、と国務省からの大統領あてメモにあった。ホワイトハウスの儀典長、ジョージ・トマス・サマーリンの出番だった。皇太子来訪は、関係者それぞれが役割を与えられた舞台のように、あらゆる項目が細部にわたって練られた。トルーマンは主宰者として最大の注意を払って対応した。

高官の車列が摂政一行を出迎えにホワイトハウスを出発した。一行の列車が午後四時三十分、ユニオン駅に到着した。紹介の順序については厳密に指示されていた。アメリカ側は、摂政に対しては「皇太子殿下《ユアロイヤルハイネス》」[2]、イラク首相には「首相閣下《ミスターミニスター》」と呼びかけることとされた。

指示通りにトルーマンは、正確な時刻にホワイトハウス正面の柱廊に出向き、北西門から表へ回る車列を迎えた。大統領は皇太子一行に挨拶し、双方で儀典長の指図どおりの儀礼を交わした。カメラマンたちがフラッシュを焚いた。黒いダブルのスーツ姿のトルーマンと、随行員の三歩先に立つ、淡い褐色の軍服姿の摂政は、ホワイトハウス海兵隊バンドの演奏する栄誉礼を受けた。トルーマンは皇太子をホワイトハウスに案内して夫人を紹介した。皇太子——細身で上品な口髭を蓄え、少年の面影を残す愛想の良いイラク人——は綺麗な英語を話した。かれは大統領に贈り物をした——銀のコーヒー・セットだった。トルーマンはそれをちょっとお粗末と思ったが、そのことは心にとどめ、大いに感謝して見せた。

ルーズベルトは死の当日、皇太子に対するワシントンへの招待状に署名した。中東は政治と貿易の結節点で、様々な関係が世界中の首都、とくにロンドン、パリ、モスクワ、ワシントンと結びついていた。イラクは、バグダッドとチグリス、ユーフラテス両大河のある肥沃な三角地帯で発展して来た国であった。テキサス州よりも面積は小さいが、合衆国はイラクとの友好関係で多くのものを獲得していた。国務省はトルーマンに、合衆国の航空会社がイラクの空港を使用する許可を取り付けるよう要請していた。「[3]この権利が手に入れば」と国務省は勧告した。「イラクは、戦後の航空システムの交叉点の一つになります」。秘密情報によれば、イギリスが中東での独自の利害から密かに、イラクにおけるアメリカの着陸権を阻害していることが判明した。

もっと重要なのは、この地域の黒い黄金であった。「[4]イラクには、極めて豊富な石油がある」と国務省は指摘していた。「地質学者の一部は、イラクには合衆国全土を上まわる石油資源がある、と信じている」。中東の油田からアメリカの投資家はかなりの利益を得ており、イギリス人もうまくやっていた。

「しかし、[5]中東とイラクにおける真の利益は、貿易関連の収益より大きなものです」と国務省はトルーマンに勧告した。「この地域におけるわが国の最大関心事は、世界の安全保障問題なのです」。

中東は二つの脅威に直面していた。一つはシオニズムである。ナチの強制収容所からのユダヤ人解放によって、この運動はいまや世界の主要問題の一つとなった。国務省によれば、「パレスチナに限らず中東全体のアラブ人は、シオニズムに対する敵意を隠しておらず、アラブ諸国政府は、かれらが武器を取って糾合することを抑えられない、と言っています」[6]。ルーズベルトも、その死の当日のイラク皇太子あて書簡で、「アラブ人とユダヤ人両者の完璧な協調なくして、パレスチナの基本的状況を動かす決定は何も出来ない」[7]と述べていた。皇太子のワシントン訪問の理由の一つが、何よりもこの問題にあったことはたしかである。シオニズムを支持しないよう、合衆国に懇請するためであった。トルーマンは相談役たちに、ルーズベルトの約束を尊重すると保証しただけで、いずれにしてもこの問題についてまだ何ら言及していなかった。

中東の直面する二つ目の問題は、この地域を虎視眈々と狙う大国の経済的野望である。かれらは弱小諸国を自らの安全保障の強化に利用しようとしていた。フランスはシリアとレバノンからの軍の撤退を拒否し、軍隊と地域住民の暴力沙汰が市民生活を脅かしていた。英米ソは兵力をイランなどの石油が豊富な国に駐留させていた。合衆国がイラクとの絆を強めれば、その戦略的関係は、だれもが利益に固執しているこの地域の平和と安全保障の醸成に役立つことになる。

午後八時、トルーマンと摂政は、晩餐会の出席者たちが階下で待ち構えるなか、ホワイトハウスの大階段を降りて来た。出席者たちの中には、閣僚、リーヒ提督、マーシャル将軍、ハーラン・ストーン最高裁長官、上院議員、下院議員、トルーマンのさまざまな友人たちがいた。「それは素晴らしい眺めだった」[8]とマーガレット・トルーマンは回想した。「壁画、コリント式の柱、大理石の暖炉、金箔の燭台があり、テーブル上には金、クリスタル、陶磁器の食器が輝いていた」。公式晩餐会室はアメリカ歴史博物館のようだった。そこにはジョージ・P・A・ヒーリー描くアブラハム・リンカーンの肖像――肘をついて沈思するリンカーン――があった。ジョン・アダムズの公式晩餐会での祈りの言葉――ホワイトハウスへの祝福――が、テーブルの大統領席近くの暖炉の上に刻まれていた。

その夜の出来事の一つ、トルーマンはリーヒ提督に、自分と摂政の間に座るよう促した。トルーマンは王族との付き合いの経験がなかったが、リーヒはフランス大使と、プエルト・リコ総督を経験していた。リーヒはこういう場面に慣れていた。食後の乾杯の挨拶で、トルーマンは立って発言し始めた。「わたしはここに、イラクの摂政殿下を合衆国国民と政府の賓客としてお迎えすることを、最大の喜びとするところであります」。(9)

このようなものものしい行事を主催するのは、トルーマンにとって生まれて初めてのことだった。ルーズベルトはこんなことが得意だった。こういうときにこそ、かれの真価が発揮された。比較の対象にされるだろうことをよく認識していた。

翌日の打ち合わせで、トルーマンはスタッフに、初めての国賓晩餐会の主宰が思っていたほど不快ではなかった、と話した。「その朝かれは、自分で思っていたより楽しく過ごした、と語った」とイーベン・エイヤーズは振り返った。(10)しかしトルーマンは、あることに困惑していた。イラク皇太子はかれに銀製のコーヒー・セットを贈ったが、そのカップには把っ手がなかった。実用主義のミズーリ人は訝《いぶか》った。どうすれば熱いコーヒーの入った金属製カップを持てるだろうか?　一つの謎であった。

さて、大統領として六週目に入ることとなった。トルーマンは依然目の前の現実と対決していた。五月末のある朝の打ち合わせで、かれは、まだこれが全く本当とは思えない、と口にした。「ぼくは大統領になろうなんて全く思っていなかった、ただのアメリカ人なんだよ」[11]。

四月十二日以来、トルーマンの背中にさまざまな実績が積み上がっていた。自分たちと子供たちの暮らしの希望と夢をかれの中に見出した、普通のアメリカ人の象徴にトルーマンはなってきた。五月末には、国民は新大統領と熱々の関係になっていた。毎日ホワイトハウスの郵便室の床には、「ミズーリの男」の夢物語の中に、われもと願う市民からの手紙で満杯の郵袋が放り出されていた。「全国のトム、ディック、ハリーからの大統領あての手紙があった」[12]と記された五月二十八日付のイーベン・エイヤーズの日記がある。「病から癒えた一納税者」[13]と自称する市民は大統領あてに、「わたしには国家の問題を論じる資格はありませんが、わたし自身とわたしの知るすべての人々のことをお話しすることは出来ます。わたしたちは、あなたのなさっていることを喜んでいます。国家が再生してきたことを実感しています」と書いてきた。

ワシントン・ポストの記事にある、「全国民、大統領の鼓舞する良き時代に対応」[14]のように、国全体の様相が変貌した。「合衆国の雰囲気はかつてないほどの友情に溢れている。アメリカ人はくつろいでいる。みな国家の問題を、論争ではなく、話し合うようになった。つまり、この国は長年失っていた真心を取戻したのだ」。ニューヨーカーはトルーマンに対するアメリカの熱情を特集した。「トルーマン大統領について一つ言いたい――かれが人々のイメージの中にある、ということである。パジャマを買いに紳士用品店に行くと、そこにトルーマン大統領が待っている。歯医者へレントゲンを撮りに行くと、トルーマンが撮ってくれる。下町でバスに乗ると、トルーマンが運転席にいる。それは多分かれの眼鏡の所為だが、とにかく、大統領がいつもそばにいるように見えることは嬉しい。ルーズベルト大統領は、人々のために存在してくれた、しかしハリー・トルーマンはかれ自身が人々なのである」。

トルーマン政権発足後二カ月も経たないうちに、ワシントン・ポストは早々と一九四八年度大統領選挙の動向を、ジョージ・ギャラップの世論調査として発表した。[16] アメリカ人の圧倒的多数（六三％）がトルーマンの民主党指名を支持した。一年弱前には、アメリカ人の大半はトルーマンが一体だれなのか知らなかった。二位はヘンリー・ウォレスだったが、四三ポイントの差をつけられていた。「[17]トルーマン大統領は世界史の最重要時期に大統領になり、国際的超有名人の跡を襲ったのだが、いまのところ、自らの仲間である市民の圧倒的な好意と支持を享受している」とギャラップは記した。

各大学は、大統領に名誉学位を贈ろうとホワイトハウスに接触していた。本人にはもちろん学卒の履歴はなく、自分はそれに値せずと丁重に断っていた。トルーマンのこうした態度にもっとも驚いたのは、おそらく、大統領の命令系統に直結している人々だった。「[18]かれは有能で、だれもが最高の敬意を以て接する本当の紳士である」と、あるホワイトハウスのスタッフは五月末の日記に書き留めた。

その間、新政権がまとまってきた——ワシントンの新しい権力の顔ぶれである。五月最後の記者会見でトルーマンは、さらなる閣僚人事を発表した。国務長官の発表がもっとも重要だったが、バーンズの任命は、サンフランシスコ会議の終了までお預けにせざるを得なかった。他の人事が先だった。

「[19]ちょっと内閣改造をするので、その話をしたい」と満席の部屋でかれは切りだした。

「（フランシス・）ビドル氏の辞任が承認されたので、後任にテキサスのトム・クラークが司法長官に任命されます」。

またトルーマンは、農務長官にクロード・ウィッカードに代わってニューメキシコのクリントン・P・アンダーソンを指名した。ルーズベルトは閣僚人事にあたって、通常、東海岸《イーストコースト》の支配層《エスタブリッシュメント》――ハーヴァードとエール組に頼っていた。トルーマンの閣僚はこのように、ほとんどミシシッピの西から選ばれた。

「大統領閣下、だれか辞めさせたい人はいますか?」と一人の記者が質問した。

「いません。ぼくが大統領になって、辞められる人はもう辞めたんです！（部屋中、笑）ぼくはそれを承認するか、しないかだったんだ」（フランシス・ビドル司法長官は、首を切られて「怒っている」と伝えられていたが、トルーマンは、[20]「かれの発言にぼくが文句を言ったことはない」と応じた）。

市民の日常生活から見れば、トルーマン政権は予想よりもずっとうまく行っていた。トルーマン自身も多分同じ思いだった。ところが五月末に、二つの出来事がオーヴァル・オフィスの雰囲気をかなり暗いものにした。一つは武器貸与《レンドリース》問題である。モスクワからハリー・ホプキンスは、ヨシフ・スターリンとの話し合いの最新情報を連絡し続けていた。五月二十七日のクレムリンでのスターリンとの二回目の会談で、このソビエト最高司令官は、トルーマンの新しい武器貸与政策をめぐってホプキンスと対立した。トルーマンはソ連への供給を削減し、スターリンが激怒した。スターリン＝ホプキンズ会談の議事録によれば、[21]「合衆国が武器貸与に基づく物資提供を、ソ連に対してこれ以上は行えないということであれば、それは甚だ不幸なことであるし、むしろ無謀である、とスターリンは述べた」とあった。

スターリンは、トルーマンが武器貸与を利用してソビエトから譲歩を引き出そうとしている、[22]と信じていた。そういう振る舞いは友人の態度ではない。議事録に依れば「ロシア人を軟化させる圧力として武器貸与の継続を拒否すれば、それは基本的に誤りである」と言い、「ロシア人に対して、友好的に率直に接して来るのであれば、実りは多いと思うが、どんな形にせよ、報復の気持ちがあるならば逆の効果をもたらす」とつけ加えた。

このときには、トルーマンはチャーチルからも意見を聞いていた。[23]「ご面倒をおかけして申し訳ありませんが……」とチャーチルは電報を寄越した、「武器貸与の件ですが、停止されております……」。武器貸与の継続について、ルーズベルトとは合意していた、と首相はトルーマンに伝えた。イギリスは破綻したのだ。「わたしはこのたび、貴国陸軍省からワシントンのわが国代表に、大幅な削減……物資供給を大幅に圧縮するとの申し入れがあったと聞きました」。

チャーチルとスターリンの目から見ると、国際関係の重大局面における武器貸与の削減は、トルーマンの名声を大きく損なうものとなる。数百万のソ連市民が飢えており、イギリス人も様々な物資不足に悩まされていた。ホワイトハウス担当記者のロバート・ニクソンによれば、[24]「これはパイプラインの切断だ。飢えている人の口からパンとバターを奪う仕打ちだ……。チャーチルとスターリンには青天の霹靂だった」。トルーマン政権は武器貸与をやり直すことも出来るが、すでに損壊してしまっていた。

武器貸与の問題が発生すると同時に、議会と大学は休暇に入った。ベスはマーガレットとウォレス夫人と一緒にホワイトハウスを出発し、インデペンデンスへ向かった。彼女たちはトルーマンを一人ホワイトハウスに残して、ミズーリの実家で夏を過ごすことにした。トルーマンは家族と一緒に、メリーランド州シルバー・スプリングスまで、専用客車に同乗した。かれは一人になるのを嫌っており、別れを告げるときの涙を懸命にこらえた。[25]「娘はとても機嫌が悪かった」とトルーマンはこのときのことを記録していた。「私は――真剣に、本当に真剣に、この情況（わたしが大統領であること）が彼女に不利にならないことを祈る」。

トルーマンは自分の仕事が、ベスに、本人が決して望まない人生を押しつけていることが分かっていた。また多分、この二十五年間の結婚生活で、ベスとの距離がこれほど離れてしまったと感じたことはなかっただろう。

妻と娘が行ってしまったあと最初の数日で、かれは厳しい教訓を得た。大統領は何と淋しく孤独なものか。かつてウッドロウ・ウィルソンも述懐していた。「特殊極まる大統領職の特質と権限を定めたわが国のシステムは、大統領に徹底的な孤独を押しつける」。(26)数多くの未解決問題はトルーマンの神経を蝕《むしば》んだ。国際連合会議はまだ続いていた。かれは閉会の挨拶のためサンフランシスコへ飛ぶ日程を確認する必要があった――実際これは各国代表が合意して会議が終了すればの話であった。チトーのヴェネツィア゠ジュリア州における行き詰まりが、多くのアメリカ人を犠牲にして、いつなんどき暴発するかという情況であった。大統領の軍事予算案は、六月十一日までに下院に送られなければならなかった。トルーマンは内閣改造と連邦の大組織の改編に取り組んでいた。かれは信頼できる忠節なトップを戴く、命令系統の明確な組織を望んだが、組織改編に気を悪くするものが多いことも認識していた。これから経済大混乱という暗雲がのしかかって来る、戦争が終わることもたしかだ。そして来るべき三者会談で、トルーマンはウィンストン・チャーチル、ヨシフ・スターリンと対峙する交渉の席につくのである。

「とくに夜は、ホワイトハウスは淋しくなるわ」(27)とマーガレット・トルーマンが父親に手紙を書いた。「難しいお仕事のプレッシャーはなくならないし……。少し身近のことを考えたら、夜中から明け方に一人きりで……。長くて天井の高い二階のホールへ降りて、木々に囁く風の音を聞けば、パパはこの世に残された最後の人間だという想いにとらわれるでしょう。いつかパパもその影の中に消えてしまうの」。

五月二十九日、三大国のリーダーは来るべき三者会談の日時と場所を決定した。会談は、政治的大論争として歴史に名をとどめることが約束されていた。

「近々、トルーマン大統領とともに、ベルリンの残された地域であなたにお目にかかれることを楽しみにしております」[28]とスターリンはチャーチルに電報を打った。チャーチルはそれを大統領に転送した。「六月中旬の開催が望ましい」。トルーマンは、七月まで合衆国を離れられない、と返した。スターリンはトルーマンに直接返電した。「あなたのお決めになった日――七月十五日に異議ありません」[29]。

爆撃で荒廃したベルリンでの会談の日程が決まった。トルーマンは、チャーチルの参加する前に、先にスターリンと一対一で会いたいと思った。将来の世界は明らかに合衆国とソ連邦の交渉に依存しているからである。英国はもう主役ではなくなった。イギリス抜きのトルーマン＝スターリン会談の提案は首相《チャーチル》には面白くなかろうが、選択肢はないとトルーマンは考えた。

なおもチャーチルは早期開催を訴えてきた。「わたしは英国代表を引き連れて喜んでベルリンに参ります」[30]とかれはトルーマンに打電した。イギリス流のちょっとした皮肉が電文にあった。「七月十五日、繰り返しますが六月の後の七月では、われわれが留意すべき大問題の緊急性を考えると遅すぎます。個人ないし一国の都合が、早期開催を阻むことがあれば、世界の希望と一体感を傷つけることになるでしょう」。

チャーチルは、トルーマンがなぜ愚図愚図しているのかが分からなかった。トルーマンはただ原爆の成功を望んでいただけだった。

「大事なことは何一つ決まっていません」とチャーチルはトルーマンに電報を打った。「そしてあなたとわたしは将来に対して大きな責任を負っています」。(31)

第四部

1945年６～７月

直接的軍事使用以外の適用すべき選択肢は見当たらない。

――原爆について、

ロバート・Ｊ・オッペンハイマー博士

1945年６月16日

26

トルーマンがいつ、これまでの大統領が直面せず、これからの大統領も直面することのなかろう、もっとも論争を呼ぶこととなる決断に対処すべき現実を認識したのか、歴史に判然とした記録はない。しかし六月一日がその日と示唆する証拠はある。

その日は初めから異常だった。六月一日午前九時十五分、朝の打ち合わせにオーヴァル・オフィスに集まったスタッフは、上機嫌の大統領に会った。トルーマンは視力が落ちて、字が読み難くなったので眼鏡を新しくしていた。モスクワでハリー・ホプキンスが素晴らしい仕事をやってくれた、とかれはスタッフに伝えた。ホプキンスはスターリンとポーランド人との間を仲介して、より民主的な体制を構築するべく、ロンドンに亡命中のポーランド人のリーダーをワルシャワへ戻す手筈をととのえた。トルーマンはその朝一番でこのことを知らせる電報をホプキンスから受け取っていた。[1]「スターリンは（ヤルタの）協定に戻って履行するかの如く、ポーランド代表のモスクワ招聘を認めるようです」と電文にあった。この連絡を追いかけるように、チャーチルからもただちに一通受電した。

「ハリー・ホプキンスは、ポーランド問題について極めて心強いメッセージを、いま、わたしに寄越してくれたところです」。(2)

スタッフたちは驚愕した——金曜日の朝の始まりとして吉兆だった。「それが真実であれば」(3)とイーベン・エイヤーズは日記に記した。「ロシア＝連合国関係を脅かすもっとも深刻な問題の一つを解消する大きな要素となる」。

大統領はこの日、まだまだ厳しい会議の数々をこなした。午前中の日程だけで、かれの毎日がいかに消耗させられるものかを例示していた。イラクの摂政との十五分の儀典、財務長官との面談三十分、ニューハンプシャーの上院議員、スタイルズ・ブリッジスとの会見二十分と今週の定例記者会見、その後民間奉仕委員会を主催してから、アーサー・S・フレミング（三十分）、民間人のポール・D・ホフマン、ハワード・メイヤーズ、ウィリアム・ベントンの三人（十五分）、L・S・ロウ博士（十五分）、ジョージ・メッサースミス（十五分）、ギルバート・グロブナー博士、ジョン・オリバー・ラ・ゴース博士、ロバート・V・フレミングの三人（十五分）、フランク・P・ブリッグス上院議員、C・ロバート・スタークス博士、チェスター・D・スウォープ博士、ジョージ・J・コンリー博士、フィル・R・ラッセル博士の五人（十五分）、ガートルード・エリー嬢（十五分）と会った。そして労働界代表の一団——三十二名（五分）と会見した。この日程だけは午後一時の昼食会となっていた。

その朝ホワイトハウスは、アメリカ国民に向けて連合国の「日本を無条件降伏に導く計画」(4)を知らせるメッセージを議会に提出した。

わが国はいま、一万四千マイル［約二万二千五百キロ］を超えて、物資と兵器を携えた数百万の兵力を、大々的に展開する過程にあります。――この陸海軍の偉業は史上に例がありません。日本軍は兵力四百万を擁し――西部戦線でわれわれに対抗できたドイツ軍より大規模軍勢です。われわれはいまだ日本軍の主力と対峙してはいません……。これまでの一連の焼夷弾空襲によって、日本の産業中心地の基盤となる主要部分は破壊されました。東京に起こったことは、日本の軍事力に貢献する製造業の存在するほかの諸都市にも起こるでしょう。命を惜しむ日本の民間人はこれら都市から逃げだしなさい。

短い昼食のあとの最初の面会で、トルーマンは瓦礫のヨーロッパから帰国したばかりのロバート・ジャクソン最高裁判事を迎えた。ジャクソンはナチ戦争犯罪人を裁く軍事法廷の設置準備をしてきていた。かれの仕事ぶりに大統領は魅了された。すでに極悪なナチ大物たち多数が自由を奪われていた（「わたしは、この汚らわしいナチスたちをいつも取り違えていた」とトルーマンはかれらのことについて記した。「しかしどのみち大差のない話だ」）。[5]ハインリヒ・ヒムラー――ナチ内務相で最終的解決の主要立案者――はソ連軍に捕えられ、すでに自殺していた。ヒトラーの軍将官最高位のウィルヘルム・カイテルと、戦慄すべきゲシュタポの親玉で、邪悪なエルンスト・カルテンブルンナーの両人は獄にあった。ヒトラーの外相のヨアヒム・フォン・リッベントロップは逃亡中だった（かれは十三日後に逮捕された）。

ここまでで、勾留中のナチの中でもっとも興味深いのはヘルマン・ゲーリングである。ヒトラーの死後、ゲーリングほどナチを具現する存命の大物はいなかった。第一次大戦の元パイロットで、第三帝国存続中のほとんどをヒトラーのナンバー・ツーで過ごすまで昇進したが、それ以前には拘束衣を着せられて精神病棟で過ごした経歴もあった。赤軍に捕まってロシア人に何をされるか分からないことを恐れて、ゲーリングは自らの意思で米軍に出頭した。トルーマンは将軍たちから贈り物として、ゲーリングの宝石をちりばめた指揮棒を貰った。「四万ドルの金ピカの玩具を振り回す太[6]った豚を想像したまえ――それも貧乏人の税金を使って、だれが喜ぶのかね？」トルーマンはゲーリングとその指揮棒のことを語った。「軍事博物館行きだ」。

ジャクソン判事はそれまでに、裁判の場所をニュルンベルクに決めていた。ジャクソンは思いがけない障害にぶつかった。イギリスが、容易に身元認定ができる、少数の主要戦争犯罪人の軍事裁判は必要ないと主張していたのである。ジャクソンがトルーマンに伝えたように、「か[7]れら（英国人）の一致した見方は、そういった戦犯には裁判を受けさせない……即銃殺あるのみ」だった。ジャクソンは、極悪なナチ戦犯といえども人身保護の権利はある、と主張していた。この問題は、その後数代にわたって研究されることとなった。倫理の責務は絶対だった。

トルーマンがオーヴァル・オフィスでジャクソン判事と会っていたとき、ヘンリー・スティムソン陸軍長官は、ペンタゴンで、原爆に関する一連の委員会の総仕上げの議長をつとめていた。目的は、マンハッタン計画の大統領あて最終勧告書の完成である。この会議は四日間にわたり、主要関係者を網羅していた。ジミー・バーンズ、マーシャルとグローヴス両将軍、それにロスアラモスからワシントンまで来たロバート・オッペンハイマー博士と四人の首脳科学者もいた。

スティムソンはここで問題を原子爆弾のみに絞った。歴史になりそうなこの問題の潜在的な衝撃にかれは束縛されていた。これら委員会にスティムソンは手書きのメモを用意したが、それは奇妙な前衛詩のようなものだった。

それは陸軍長官の胸のうちを探る窓だった。

その規模と特質[8]
それは単なる新兵器とは思えない
人類と宇宙との関係における革命的発見
　重力
コペルニクス理論
に匹敵する偉大な歴史の指標である
しかし
その効果については作戦は限りなく成功する
——普通の人間の暮らしに対しては
世界の文明を破壊するのか完璧にするのか
フランケンシュタインとなるのか世界平和の礎となるのか

軍事的判断に関しては、会議メンバーのだれも、説得力ある理論武装でスティムソンに対抗したマーシャル将軍にはかなわなかった。合衆国政府が日本に避難勧告を出すとすれば、多数の民間人を殺害することなく原爆を使用できることになるのか？「かれ[9]はこれらの兵器をまず大規模な海軍工廠などの軍事目標に使用すべきである、と考えていた」と委員会の議事録にはあった。「そしてその効果が不充分であれば、人々の退避後の大工業地帯を狙う——日本人には、われわれがそういう中心部を破壊することを伝えておくのだ」。「あらゆる努力がなされるべきだ」とマーシャルは論じた。「警告の記録を明瞭に残すために、そういう邪悪な兵器の使用から起こる囂々《ごうごう》たる非難を相殺するための警告は絶対に必要である」[10]。

マーシャルはこの朝の会議で、現在戦闘中の凄惨な沖縄戦で使われることになりそうな化学兵器の問題にも言及した。「マーシャルは使用するガスの種類の話をした。最新、強力である必要はない——敵をずぶ濡れにし、苦しませて戦意を喪失させるだけでいい——マスタードガスを戦場に撒いて、見ているだけで良い」[11]。いま日本兵を洞窟から追い立てるために使用している火炎放射器よりも人道的である、とマーシャルは主張した。

ロスアラモスの科学者たちが発言を許されると、かれらは全員の注目を集めた。オッペンハイマー博士が暫定委員会に出席したのはこのときが初めてだった。ロスアラモスの仕事のストレスと最終期限の制約から、オッペンハイマーの五フィート十インチ〔約一・七七メートル〕の身体は、体重が百三十ポンド〔約五十九キロ〕を下まわるまで消耗していた。自分がいつも手にしている火を絶やさないタバコのようにひょろ長い、オッペンハイマーは、その顔つきに特徴があった——高い頬骨に囲まれた輝く碧い瞳と太く濃い眉。伝記作家のカイ・バードとマーチン・シャーウィンはオッペンハイマーのことを、「身体のあらゆる造作が特別製だった」[12]と記述した。出席者の中には、一九四二年、核分裂の連鎖反応を初めて人工的に制御することに成功したイタリア生まれのエンリコ・フェルミもいた。そしてフェルミほかと、戦時中にワシントン州ハンフォードで、初のプルトニウム生産用原子炉を発案したアーサー・クロンプトン、また、のちに「今日の最強力加速器のおじいちゃん」[13]と呼ばれることとなるバークリーのサイクロトロンを発明したアーネスト・ローレンスがいた。オッペンハイマーを除く全員がノーベル賞の受賞者となった。かれらを紹介するときスティムソンは、「この計画を単純に兵器の問題と考えてはいけない。人類と宇宙との新しい関係ととらえなければならない」と表現した。[14]「この発見は、コペルニクスの説と重力の法則の発見と比べられる」とスティムソンは言った。[15]「しかし、人類の生命への効果ははるかにそれ以上だ」。

科学者たちは最新の現状報告を行った。コンプトン博士は、オークリッジとハンフォードの施設では現在、一ポンドないし百ポンド単位で濃縮ウランとプルトニウムを生産しているが、科学者たちはまもなくトン単位の製造を可能とするだろう、爆弾としてはまだ起爆されていないが、ロスアラモスにおける爆発能力は「科学的に確実である」と述べた。[16]

オッペンハイマーは、七月四日予定——象徴的な日——の実験におけるさまざまな期待を説明した。爆弾一個はどこに落としてもTNT爆薬二千から二万トンの威力に匹敵するが、現段階でそれを確認することは不可能である、などと。しかしオッペンハイマーは、視覚的効果は「驚異的」と全員に請け合った。[17]それは新たな太陽の創造のごとく、「一万から二万フィート〔約三千から六千メートル〕の高さに昇る閃光の放出現象」である。将来の爆弾は、TNT五万から十万トンの威力を持ち、その後一億トンにまで達する、とオッペンハイマーは信じていた。かれは、「現時点における関心は戦争の早期終結にあるが」としつつ、この新しい革命的手段によるエネルギーは平和目的に利用されることとなるだろう、と未来の世の中を描いてみせた。[18]「この分野の基本的努力は人類の福祉の拡大にあてられなければならない」とかれは言った。

かれもまた、ソビエト連邦の扱いについては強烈な意見を持っていた。かれは合衆国は、原子力分野に関する戦後協力を見越して、ただちにソ連と接触するべきと主張した。アメリカがこの爆弾で世界を驚かせれば、ソ連は、大きな不信感と攻撃的態度でそれに応えてくることは明らかである。

部屋にいるものたちは、理論物理学者がこれほど直截に政治問題を語ることに吃驚《きっきょう》した。この点についてバーンズは反対した。ロシアがこのことを知れば、漠然とだが、「スターリンは提携関係を申し出てくるだろう」[19]とバーンズは考えていた。

暫定委員会はある結論に達した。日本には警告しない。警告をしたうえで爆発に失敗すればどうなるか？　または爆発に成功しても降伏に追いこめなければ――この奇策の決定的意味が失われるではないか？　また、日本が時間的余裕を以て警告を受ければ、かれらはアメリカ兵の捕虜を目標地域に移動させるだろう、と作戦部は信じていた。委員会は、民間人居住地域に投下しないことで合意した。しかし委員会では、「出来るだけ多くの住民に深刻な心理的動揺を与えるよう努めるべきである」[20]という意見も一致した。

スティムソンはオッペンハイマーに、科学者たち自身がロスアラモスにおいて自分たちの委員会を設けて、原爆開発に関連する最適な勧告を行ってはどうか、と提案した。この兵器を実際に使用すべきと科学者は考えるか？　時間も切迫しており、オッペンハイマーが即刻その勧告委員会を設置することとなった。しかし科学者たちにしてみれば、原爆使用の決断はすでに済んでいるように思えた。コンプトンも記録しているように、この委員会の議論は、「爆弾を使用するという結論を前提に」[21]していたように思われた。

暫定委員会の最終会合を終えて、バーンズは、トルーマンと約束はしていなかったが、車でホワイトハウスに向かいポトマック川を渡った。バーンズは行われた議論の詳細——軍部、政治家、科学者の首脳からの大統領あて勧告を報告した。バーンズ自身は、一連の議論のうちの最強硬派に属していた。かれは暫定委員会の最終会合の終わりに次のような勧告を行い、それは全員一致で承認された。それが六月一日、バーンズがトルーマンに伝えた結論である。[22]目標地域の選定は純粋に軍事的判断に任されるものの、出来るだけ早期に原子爆弾を日本に対して使用するべき、というのが委員会の現在の判断である。対象は労働者住宅に囲まれた軍事品製造工場であり、事前警告は行わないものとする［傍点部分・原文は斜体］。

トルーマンにとってその意味するところは明瞭だった。どのみち、どのような勧告がなされようが、原爆投下の最終決断は、かれの、かれだけのものとなる。

戦争遂行の過程で、大統領が軍事戦術上の決定で、個人的にこれほど大きな責任を負う先例はアメリカの歴史上なかった。当時、この爆弾をめぐる諸問題そのものに前例がなかった。子供時代からトルーマンは読書によって政治の勉強を始めていた。かれが学んだのは、歴史は繰り返す、ということだった。一七七六年のフィラデルフィアから古代ギリシャまで、場所や時を違《たが》えていても、現在の政治情況は以前にも頻繁に起こっていた。しかしいまハリー・トルーマンが直面している、原子爆弾と黙示録的世界の見取り図に対する人間性の問題について、歴史は何らの教示もしてくれていなかった。

この頃、トルーマンに会ったレオナード・レインシュ——ホワイトハウスの広報アドバイザーをつとめていた放送界の大物——は、トルーマンが極めて不安定な状態にあると思った。トルーマンはレインシュに、いま何か爆弾らしきものの説明を受けて来たと語ったが、詳しいことは言わなかった。

レインシュは回想した。トルーマンは、「レオナード」[23]と呼びかけた。「いま大事な話を聞いて来たんだ。ぼくはこれから歴史上だれもしなかった決断をすることになるんだ。決断はするが、その決断するものを考えると、まったく身震いがするよ」。トルーマンは何度も何度も言った。「きみに話が出来ればな」。しかしそれは出来ない相談だった。

ホワイトハウスは、「孤独なところです」[24]とトルーマンはベスに手紙を書いた。六月三日、日曜日の朝だった。ベス、マーガレット、ウォレス夫人はインデペンデンスにおり、大統領は滅多にない、公式な約束のない日を迎えていた。かれは朝食を独りで摂り、着替えをした。「家族がいないと、いつも本当に淋しい」[25]とその朝の日記に記した。「ネクタイや髪型、靴や洋服のことで、あれこれかまってくれる人がだれもいない」。

警備要員に知らせず、トルーマンはホワイトハウスを抜け出た。かれは独りでラファイエット広場を通り抜け、Hストリート十六丁目の聖ヨハネ教会まで歩いた。大統領が独りでワシントン市内を歩く姿を見つけた数名の兵士や水兵が立ち止まっては、正式な敬礼をした。しかしおおむね大統領は気づかれなかった。「ぼくに気づいたのは六人くらいだった」[26]とかれは記録している。日曜日の朝、聴衆の中に大統領がいても、教区員たちは驚かなかった。聖ヨハネはホワイトハウスにもっとも近い教会で、ジェームズ・マディソン以来の歴代大統領はここに顔を出していた。トルーマンは礼拝を、「やや退屈」[27]と日記に書いた。「でもここで別の考えをしてみるチャンスを貰った。時間の無駄ではなかった」。

その夜かれは南柱廊《サウスポーチコ》で、ホワイトハウスの芝生を眺めながら、ひとりで夕食を摂った。スタッフはすぐそばにいた。トルーマンに必要なものは何でもあったが、ないのは精神的な支えで、これまでの人生でいまほど切実に求められたことはなかった。日々の仕事のことで、かれは、いつもベスと感情を分かち合っていた。彼女は、かれが自分をさらけ出せる唯一の相手だった。マギーのことも恋しかった。このとき書いた手紙には、世の多くの父親たちが書くような、娘にとび切り甘い自分をのぞかせていた。トルーマンは娘の苦痛を感じていた。マーガレットがインデペンデンスに赴いたとき、ワシントンの有名な政治ゴシップのコラムニスト――「ワシントン・メリーゴーラウンド」というコラムの執筆者、ドルー・ピアソン――は彼女の出発について不愉快な記事を載せた。

「魅力あふれて活動的なマーガレット・トルーマンが、陽気な六月の盛りにワシントンをとつぜん離れたことで、街[28]のマダムたちや、社交的な若い海軍士官たちがショックを受けている」とピアソンは書いた。「たいへんに賢い大統領のパパは、太平洋で依然苦しい戦闘が続く中、ワシントンの社交界で娘が踊り回り、カクテルを楽しみ、うつつを抜かして新聞ダネになることを嫌ったのだ」。

トルーマンは個人的に傷ついた。ピアソンのコラムは、全国の提携先の新聞で、もっとも幅広く読まれていた。そしてそれが、マーガレット・トルーマンは浮ついた薄情な面があるような印象を与えていたのである。かれはマギーに釈明するようホワイトハウスから書いた。

「大[29]統領の娘という立場がどんなに恐ろしいものか、はっきりと分かったでしょう」と記した。「ぼくが副大統領になりたくなかった主な理由はこれだった。ぼくは、きみときみのママ――叔母さん、叔父さん、お祖母さん、いとこたち――にとって何なのか分かっていた……」。かれはピアソンのコラムを、「嘘の織り交ぜ」と断じ、「落ち着いて、お父さんがやっているようにして欲しい」と娘に頼んだ。

夜独りで、大統領は予算案と国務省の報告書に没頭した。しかし「ホワイトハウス大監獄」[30]と呼び始めたところから抜け出す必要があった。単身となった最初の週末、かれはメリーランド州ベセスダのバーニングトリー・ゴルフクラブの年次大会に出席した。ここはワシントンのエリートが集う、池のある有名なコースだった。大会の出席者はだれかが弾くピアノの音を聞いた。見上げてみな驚いた。そこには合衆国大統領がいて、その指が鍵盤にあった。聴衆がピアノの回りに集まるなか、頑強なSSたちがいかめしい顔つきで立っていた。「ぼくは囚人なんだ」[31]とトルーマンは護衛に頷きながら冗談を言った。「看守たちを見てよ。だけど今夜ぼくがどんなに楽しんでいるか、分からないだろうな」。

その次の土曜日の六月九日の夜、トルーマンはポーカーを楽しむため、大統領用ヨットにお客を招いた。カードのテーブルでは、トルーマンは悩みを忘れ、ゲームに没頭出来た。相手も時々大統領閣下と呼ぶことを忘れてしまった（弁護士で政治家のフレッド・ヴィンソンがトルーマンのことを「この野郎」[32]と言うのもそんなときだった）。その夜のポトマック号は暑く、時節柄、湿気が濃くなった。ゲームは続き、バーボンが何本も開けられたのはたしかだった。トルーマンのポーカー友だちの常連、ホワイトハウス記者のロバート・ニクソン（その夜ポトマック号に乗っていたのはほぼ確実。新聞記者は六名招かれていた）はトルーマンのことを、「かれはこの荒っぽい遊びが好きでね。ほんとに荒っぽ過ぎて髪の毛も逆立ってしまうよ」[33]と言った。

とはいえ、ポーカー遊びも所詮一時しのぎだった。「とにかくあわただしい日を過ごしたものだ」[34]と六月初旬の日記にあった。「なんだか目がおかしい。『細かい字』の読み過ぎだ。どんな資料にも穴がある。少なくともたくさん読む必要がある。報告書も同じだ。大部分夜の仕事だ」。

ベスが行ってしまったとき、トルーマンはほとんどお手上げの状態だった、と日記に書いていた。[35]「女の子や女性に興奮し熱を上げることは絶対にないと思っていたが、馬鹿だった。六歳のときから、たった一人、いとしい人がいたんだ……。ぼくは時代遅れなのかもしれないね。だけど、四五年四月十二日から引き継いだこの仕事で働けることは幸せなんだ」。

27

トルーマンにとってはかなりの驚きだったのだが、六月第一週、国際的緊張は緩和されてきた。ニュースは、新しいポーランド政府の話題で持ち切りだった。六月初旬、スターリンは、イタリアとユーゴスラビア国境に居座るチトー軍の撤退支援に同意した。交渉は平和的解決の形をとった。六月九日、合衆国、イギリス、ユーゴスラビアの政府はヴェネツィア＝ジュリアの将来の処遇に関する協定に実質的な署名をした。同地方はイタリアに残された。

サンフランシスコからはステテニアス国務長官が、国連の交渉状況の進展を電話でトルーマンに伝えていた。アメリカとソ連の最大の不協和音は、相変わらず安全保障理事会の拒否権をめぐる問題にあった。一理事国が、他国の行動を拒否できるのか？　ソ連は拒否権に固執したが、これでは、一国が他国を非難した場合、国連は機能できなくなってしまう。アメリカは、ソ連が定義する拒否権に反対した。モロトフが交渉を拒絶したので、ステテニアスは大胆な行動を執った――モロトフの頭越しに、ハリー・ホプキンスを通じてモスクワのスターリンと直接接触したのだ。六月六日、ホプキンズはスターリンとの最後の会談を終えて、トルーマンに国連の拒否権問題について直接電報を打った。「スターリンはモロトフを退け、合衆国の立場を受け入れることに同意しました」。[1]

またもやハリー・ホプキンスは成功した。かれは平和機構としての国連を救った。サンフランシスコでステテニアスは有頂天になっていた。この勝利は国連代表全員の前で、モロトフに恥を掻かせたのだ。会議は大成功のうちに、六月十五日頃に閉幕の見通し、とステテニアスは大統領に報告し、トルーマンは閉会式に合わせて代表団に対して演説を行うため、西海岸へ向かうことにした。

六月第一週に、米軍は更に勝利を祝うこととなった。この勝利はフランスに対するもので、トルーマンはことのほか満足だった。シャルル・ド・ゴール翼下のフランス軍は、北イタリアの一部を占拠中で、撤退を拒否していた。かれらは、アイゼンハワー将軍のイタリア退去命令を無視しており、フランス国境沿いのイタリア領域における自国権益の防御のため軍事行動も辞せず、と威嚇していた。六月六日、スティムソンは大統領に会ってこの問題を協議した。スティムソンは、「このフランス人との衝突」という言葉を使った。「ド・ゴールを抑える必要がある点ではまったく同感だ」とスティムソンは日記に記した。「精神疾患としか思えない。（トルーマンも）話の途中で同じ意見だと言っておられた」。[2]

この状況は喜劇の一歩手前だった。英米軍はフランスをナチスから救った。合衆国政府は武器貸与により大量の物資をフランスに供給し――いまも供給し続けている（フランスはトルーマンの就任前に、別の武器貸与協定に調印していた。それはVEデイ後の物資援助の継続を認めていた）。いまド・ゴールはフランスに属さない領土の権利を主張していた――アメリカが援助した武器を使って、米軍と戦うと脅しているのである。「そんなフランス人はつまみだして金玉を抜いてやろう」とトルーマンはある朝の打ち合わせで口にした。[3]

トルーマンは六月六日付でド・ゴールに書簡を送った。「アメリカの兵器で武装したフランス兵が、[4]アメリカならびに連合軍兵士と戦うという信じられないような脅威があります。かれらはつい最近、大いなる努力と犠牲のもとに、大成功のうちにフランス自身の解放に貢献した軍隊です。その解放の糸口となったノルマンディ上陸作戦のまさにその記念日に、この行動が執られているのです」。

フランスがイタリアの同地域を放棄しない限り、フランス向け武器貸与はただちに停止する、と大統領はド・ゴールに通告した。トルーマンのその書簡が届いた直後、大統領はイタリアのカセルタにある連合軍総司令部から、[5]「ド・ゴール将軍が、一九三九年の伊仏国境の西へフランス軍を撤退させることに同意した」との知らせを受け取った。

フランス軍事件は陸軍省、ペンタゴンのあちこちの部署に含み笑いをもたらし、大統領の威信は大いに高まった。トルーマンは新聞発表も考えたが、それがド・ゴールを困惑させ、辞任を強制することになるため取り止めとした。六月八日、トルーマンは午後二時少し前、定例閣議のため閣議室の自席に着いた。ジョセフ・グルー国務次官が会議の口火を切った。[6]「大統領閣下」とかれは言った。「わたしは原則として、結果が出る前に自慢しないことにしていますが、今日の国際関係は二日前よりずっと良くなっている、と言えます」。

ジョセフ・デイヴィスはチャーチルとの会談から戻り、六月四日夜の六時四十五分、トルーマンとの夕食のためホワイトハウスに現れた。デイヴィスは二階の書斎で、腕まくりをして書類に目を通しているトルーマンを見た。[7]「どうだった」、トルーマンは訊ねた。「どんな具合だったかね？」

デイヴィスはイギリス滞在中の話を始めた。それは激しい対立とおかしな息抜きに満ちた物語だった。デイヴィスに印象的だったのは、チャーチルが極めて神経質で興奮していたことだった。かれはロシアを非常に怖れていた。

英国到着後、デイヴィスはすぐにチェカーズに向かった。そこは首相の公式な田園の保養所で、バッキンガムシャーの十六世紀ゴチック式邸宅である。デイヴィスは政治賓客用の公式晩餐会に招かれた。食後、チャーチルとデイヴィスは書斎に入った。首相はスコッチ・ソーダを手にし、デイヴィス――心臓疾患で不調だった――は[8]「化学スープ」(合成ブイヨンで作ったもので、戦時中は首相でも、本物のブイヨンは手に入らなかった)を摂った。デイヴィスによれば[9]、この初の秘密会談は「『円滑な』ものではなかった」。

デイヴィスがチャーチルに話したのは――きたるべきビッグ・スリーの会談について――トルーマンは先に単独でスターリンに会い、それからチャーチルを招ぶ、という段取りだった。首相はその話を聞くなり怒りだした。かれはデイヴィスの面前で、合衆国の名誉を傷つけるような言葉を使い――英国に到着したばかりの――デイヴィスに即刻帰国しろと脅した。チャーチルは、その後落ち着いて合衆国との協力に同意した(トルーマンは話の途中で、[10]「すごいね、きみはよくやったよ。チャーチルが自発的に考えてくれることを、ぼくはまさに望んでいたんだ」と口を挟んだ)。チャーチルとの第一回会談は午前四時三十分にまで及んだ、とデイヴィスは報告した。イギリスの習慣どおりに、二人はうんざりするような夜の挨拶を交わした。デイヴィスはその時の会話を回想した。

[11]「アメリカの偉大なる使節のために、お休みを申し上げます」とチャーチルは言った。

「お休みなさい、閣下」とデイヴィスは返礼した。「偉大なイギリス人の典型であるシェークスピアが描いたような、そのイギリスの天才の教えのままに行動されているお方」。

翌朝、チャーチルの私室で議論が再開された。首相は、パジャマのままベッドで最高度の外交交渉を行うことを全く躊躇《ためら》っていないようだった。このときから数日かけて、二人で、チャーチルの懸念の真意をはっきりさせた。デイヴィスは大統領のためにそれを箇条書きにした。

チャーチルはフランス人《ド・ゴール》を苦々しく思っていた。[12]「かれはド・ゴールに食傷気味で我慢の限度に来ていました」とデイヴィスはトルーマンに語った。首相は、もっと[13]「チトーにうんざりしていました」。チトーは「共産主義者で、モスクワの言いなりです」。さらに重要なのは、チャーチルが厳しくソビエト連邦批判をしていたことだった。デイヴィスはその毒舌にびっくりした。デイヴィスの報告では、チャーチルは、ソビエトがヨーロッパ中に[14]「共産主義の扇動家や指導者を、『いなご』のように共産党細胞として蠢《うごめ》かすために」送り出している、と信じていた。「かれにとって共産党より恐ろしいものは」とデイヴィスは報告した。「秘密警察とゲシュタポ方式の押しつけです」。

[15]「チャーチルのソ連攻撃を聞いていると」とデイヴィスは続けた。「平和と言う言葉が何を意味するのか恐ろしくなってしまいます」。

チャーチルは米軍が欧州大陸から撤退したあとに、ヨーロッパで起こることを心配していた。かれは優先権が極東にあることは理解していた。対日戦は勝たなければならない。しかし米軍が引き上げれば、とデイヴィスはチャーチルを代弁した。[16]「ヨーロッパは、赤軍と共産党に平伏し言いなりになる」。イギリス首相は、危険な賭け事がいかに拡大してしまっているか、また来るべき責任をだれが担うべきか、明瞭に理解していた。「今後数世代の人々が直面する人生を、これから数週間で、[17]ごく少数の人が決めてしまうことになりそうですね」、とチャーチルはデイヴィスに言った。

デイヴィスは、チャーチルに強い印象を持って、英国を去った。「最初にして最後のそしてすべての時代を通じての偉大な男。そして最初にして最後のそしてすべての時代を通じての、平和でさえ後回しにする、大英帝国のための偉大なイギリス人」。[18]

九日後の六月十三日、モスクワからハリー・ホプキンスがホワイトハウスに戻った。使用人がテラスに朝食を準備した。ここからは首都の眺めが素晴らしい。湿った空にワシントン記念塔がそびえ、――うしろのポトマック川の岸辺に――ジェファーソン記念館（二年前に完成したばかりの）があった。トルーマンとともに、ジョセフ・デイヴィス、リーヒ提督が、ホプキンスのモスクワ出張の話を聞こうと朝食のテーブルを囲んでいた。

トルーマンはホプキンスに、元気そうに見えると言った。大統領は、ホプキンスをモスクワに送り出すとき、無事に戻れるかと心配していたことを認めた。実は、その朝も華氏百二度［摂氏約三十八・九度］の熱があることをホプキンスは隠していた。体重もかなり減っていたし、その薄地のスーツは肩の骨からぶら下がった感じだった。ホプキンスがモスクワ大使館からの長い電文でスターリンとの交渉を逐一報告していたので、トルーマンは基本的な経過は承知していた。二人の会談は、クレムリンのスターリンの部屋で、十二日間行われた。ロシア側は訪問してきたアメリカ人に好印象を与えようと、とくべつホプキンス夫人に厚意を寄せた――夫人はファッション誌ハーパース・バザールのもと編集者で、ホプキンスの健康管理のため同行していた（「彼女はソビエトの将官たちに格別の効果があった」と通訳のチップ・ボーレンが回想した。[19]ソビエトの軍人たちが彼女に群がっていたので、「その姿は実はよく見えなかった」)。

まずホプキンスは、スターリンに情況を説明した。「二カ月前」[20]とホプキンスが口火を切った、と会談の記録にある。「アメリカ人の間にはソ連に対する圧倒的な同情心がありました。(スターリン)元帥もよくご存知のとおり、ルーズベルト大統領の政策は完全に支持されていました」。その後、アメリカ市民は、「自分たちとロシアとの関係に困惑しています。実際、ここ六週間の世論の悪化は、二国の関係を逆方向に向かわせるような重大な危機をはらんでいます」。

スターリンは反論した。ソビエト連邦の支配層は「合衆国政府の態度に関して警戒心を抱いている」[21]と言った。「ドイツの敗北が明らかとなった時点で、ソ連に対するアメリカの熱は冷めてしまった、という印象をみな持っている」。ソビエト人は、ヒトラーがいなくなってからアメリカ人は、モスクワの友人を必要としなくなっている、と感じている。トルーマンが武器貸与を停止した理由はそこにあり、それがクレムリンに激烈な衝撃を与えている。

ホプキンスが会話を極東問題に向けると、スターリンは鋭い目つきでアメリカ人が驚くことを口にした。スターリンが初めて、対日参戦の日付を約束したのである。八月八日だった。その日、満洲を占拠中の日本軍を攻撃するため、赤軍が「適宜、展開される」[22]こととなる。スターリンは、ロシアには「日本と戦う充分な理由がある」[23]と説明した。トルーマンがソ連の対日参戦を望んだのは、それがアメリカ人の生命を救うことになるからであった。しかしそれはソビエト兵の出血も意味したので、スターリンはただで譲歩する気は全くなかった。ソ連の極東介入の見返りに、スターリンは、中国に対する要求に加えて、さまざまな戦利品を考えていた。ホプキンス報告の抜粋によれば、スターリンは日本に関して次のような結論を持っていた。

1　日本は負ける、日本人はそのことを知っている。[24]
2　日本のある階層から和平派が生まれている……。
a　ソビエト連邦は日本の無条件降伏と、その軍事力と国力の徹底的破壊を選択する……。（無条件降伏がなければ）ソ連軍はただちに報復戦争の準備を始めるだろう。
b　しかし、かれ（スターリン）は、われわれが無条件降伏に固執すれば、ジャップたちは戦いを諦めないので、われわれはドイツと同じようにかれらを壊滅しなければならないだろう。

そしてスターリンは、自分への大きなご褒美らしきものについて口にした。ホプキンス報告によれば「元帥は、[25]ロシアによる日本の共同占領を期待しており、イギリス、アメリカとの占領区域に関する協定の締結を希望した」とあった。

これは赤信号だった。トルーマンには、ソ連に日本の一部を占領させる気はなかった。

スターリンは、赤軍が越境して満洲に入り日本の占領軍を追い出しても、中国領土そのものに野心は全くない、と約束した。「スターリンは、とくに満洲と新疆の地名を挙げ、中国に対する領土的野心はなく、また日本と戦うために侵入した軍隊は、中国の主権を尊重する、と明確に断言した」[26]とホプキンスはトルーマンに報告した。

問題は、スターリンが約束を守ると信用して良いのか、にある。あるいは、赤軍のあとから、ソビエトの影響力が中国に深く浸透する懸念があった。それが日本にも？　アメリカ政府はスターリンの要求に対応しなければならない。それは大統領にとってきわめて重大な問題だった。スターリンの言うとおりにすれば、その影響力はアジアに及ぶ。トルーマンが拒否すれば、合衆国はソ連の援軍なく日本と戦うことで、より多くのアメリカ人が死ぬことになる。

トルーマンはホプキンスとデイヴィスに、この戦争の過程で二人の対外折衝の仕事は重要で、アメリカ国民にもそれを知らせなければならない、と言った。合衆国では報道の自由が保証されていて、各社はここでもそれを手に入れた。オーヴァル・オフィスのドアは新聞社に開放され、一群が部屋になだれ込んだ。「カメラマンの一団のご挨拶があった」とデイヴィスは想い起こす。[27] ホプキンスとデイヴィスは記者たちの質問に答え、ニュース映画のカメラに笑顔を見せた。ハリー・ホプキンスの伝記を書いた（そしてFDRのスピーチライターだった）ロバート・シャーウッドがのちに書いている、「このときはホプキンスの生涯でも輝いた瞬間だった。かれは、自分に好意的な論評を楽しめるという全く不慣れな立場におかれていたからである。それからしばらくは、国民的ヒーローですらあった」。[28]

モスクワへの特命は、五十四歳のハリー・ホプキンス最後の仕事となった。まもなくかれは病院へ戻り、八カ月経たないうちに死去した――一九四六年一月二十九日のことだった。

28

ホワイトハウスにおける単身生活の二週目の終わり頃、トルーマンは、自身を幽霊屋敷の住人のように思い始めていた。

「[1]この古い屋敷で、対外問題の仕事をし、報告書を読み、スピーチ原稿を作っていると」と六月十二日、かれはベスに手紙を書いた。「その間中、幽霊が回廊を出入りする音が聞こえ、今この部屋の中にいるような気がするよ。床が持ち上がり、カーテンが前後に揺れ――アンディじいさん（アンドリュー・ジャクソン）やテディ［セオドア］（ルーズベルト）がフランクリン（ルーズベルト）と議論をしているんだ……。この暗がりには耐えられない……」。トルーマンの大統領職もこれで二カ月となった。「[2]つい二カ月前は自分が副大統領でいることを結構楽しんでいたし、満足していた」とかれはベスに綴った。「きみも遠いことのように思えるに違いない。しかし物事はとても真実とは思えないくらい変わってしまった」。三日後に電話を貰ったあと、またベスに手紙を書いた。「[3]昨夜は話が出来て嬉しかったよ。ぼくは疲れ切っていて一人ぼっちなんだ、何をしたらいいのかもわからないんだ」。

その頃、エレノア・ルーズベルトがホワイトハウスの昼食会に顔を出し、トルーマンについてこんなことを言った。「家族がいなくなって、家はがらんとし、殺風景だった。トルーマンはだれよりも孤独に見えた。夜の仕事には慣れていないようで……好きでなかったみたい。だれよりも気が休まっていなかった。お気の毒に思うが、かれは頑張っている」(4)。

大統領としての最初の二カ月間、トルーマンは時間のほとんどを対外問題に割いていたが、国内問題も次第にきびしくなってきた。六月十一日、月曜日に、かれは最初の軍事費予算を議会に提出した（新会計年度の総額は、三百九十億千九百七十九万四百七十四ドルで——ヨーロッパにおける戦闘行為の終焉を反映して、軍事費は前期比二五％削減されていた）(5)。大統領の行政命令を必要とする労働争議が頻発しており、連邦政府は、工場、炭鉱、鉄道など、戦争遂行に不可欠な産業すべてにわたって経営権を取得する事例が発生した。トルーマンは全国の農家に対して、あらゆる手段を使った食糧増産を呼びかけた。「アメリカ軍及び共に戦い、働く仲間たちへの兵站線はこれまでの戦争の歴史で、最長となりました」(6)。

引き続きかれは、国内問題に関する信頼できる相談役を求めていた。新聞担当秘書官のチャーリー・ロス、連邦貸付行政官のジョン・スナイダー、ホワイトハウスの特別顧問でスピーチライターのサム・ローゼンマンの三人は、トルーマンにとって、国内政策面でのもっとも信頼できる腹心だった。「ロス、スナイダー、ローゼンマンと『ハウス』で昼食」と日記に記した。「いつもの食堂へ行く前に、一杯提供。三人をいちばん頼りにしているので、忌憚なく、フランクな意見を言って欲しい、と頼む。——そうしてくれないと意味がない、と伝える」(7)。

トルーマンの政治に関しては、「フランクリン・D・ルーズベルトの死去に際して人々が口にした疑問に対して、かれは行動で答えた」とシカゴ・トリビューンはコラムに書いた。「トルーマンはどんな大統領になるのか？」かれは自分で定義したジェファーソン型の民主党員であることを証明した。かれは小男で、資本主義につきものと言ってもよい強大な権力の欲望と操縦の餌食になり易い普通の人間で、労働者で農夫であると自認していた。かれのリベラリズムは、政界の右寄りの民主党員ですら、おやと思うようなものを持っていたが、トルーマンは国内問題に備え、戦う姿勢を見せており、国民にもまもなくそのことが分かるようになる。かれはかつて、「大統領たるもの、ワシントンでロビイストを雇えない一億五千万人の利益のことを考慮しなければならない」と口にした。かれはかつての自分のような――普通のアメリカ人のために戦うのである。[8]

とはいえ、戦時の大統領として、かれはまず、世界の危機に集中しなければならなかった。六月十八日は、トルーマン政権と戦争の帰趨にとって重要な一日となることが判明する。[9]

午後三時三十分、トルーマンは、国防省の統合幕僚部参謀長たちと陸軍省背広組の内閣顧問高官たちによる会議を招集した。アメリカ軍部の首脳が一堂に会した。ジョージ・マーシャル将軍、アーネスト・キング海軍元帥、陸軍航空隊のＩ・Ｃ・イーカー中将（心臓発作から回復療養中のアーノルド将軍の代理）、そして大統領官邸参謀長のリーヒ海軍元帥。それにスティムソン陸軍長官、陸軍次官のジョン・Ｊ・マックロイ、フォレスタル海軍長官が同席していた。大統領は、日本を無条件降伏に追い込んで戦争を終結に持ち込む、最良の手段について、各自の意見を聞きたかった。

マーシャル将軍が口火を切った。かれは持論を展開し、さらに詳しく意見を述べた。日本の情況は、ノルマンディ上陸以前のヨーロッパの情況と「基本的に同じである」[10]。かれは、日本に関して「唯一の実行すべき方法」[11]は、ナチ降伏と同じ方法、地上侵攻である、と確信していた。かれは上陸地点として日本本土の南端の九州を選び、Dデイを十一月一日――四カ月半先に想定した。

マーシャルはこの選択の理由を順次説明した。「われわれは、日本の産業基盤の実質的破壊と広大な都市空間の壊滅に必要なわが空軍の作戦行動を考慮しました」[12]とかれは述べた。「帝国海軍は残存していたとしても、まったく無力でしょう。わが海上行動と空軍力は本土からの日本の補給能力を、ほとんど無視できる程度に切断してしまうでしょう」。十一月一日を逃すと、冬場の悪天候を迎えるので、さらに作戦は半年遅れる、とマーシャルは説明した。

そしてかれは犠牲者数の見通しについて述べた。硫黄島の戦闘で、日本軍の犠牲者、推定二万五千（戦死および捕虜数、戦傷については推定も不能）に対し、米軍は（戦死、戦傷、行方不明の合計で）二万ほどの犠牲を蒙った。沖縄戦――極東の地上戦としては最大の激戦で、米軍は勝利宣言間近だった――では、米陸軍三万四千、海軍七千七百の犠牲を出していた。日本側は八万一千だった（この数字は軍の統計当局によれば「全数調査ではない」とのこと）。ノルマンディ上陸作戦では、最初の三十日で米軍の犠牲は四万二千に達した。日本本土侵攻での犠牲者数は見当もつかなかった。しかし、マーシャルはあえてこのように述べた。「戦争にあっては安易で、流血のない勝利への道はない[13]ことが冷厳な事実であります。部下の決然とした覚悟を必要とする厳しい前線を維持する、それが指揮官の報われることのない仕事なのです」。

マーシャルは、「太平洋で戦うだれにも、侵攻をやり遂げる固い決意を教え込まなければならない」[14]と信じていた。かれは作戦の必要兵員数を、七十六万六千七百名とした。侵攻作戦は次のようなものだった。(1)ロシア軍に日本の占領下の満洲を攻撃させる。(2)空軍支援と物資援助により、「中国軍を再生」[15]させて、中国のその他の日本軍占領地域を奪回させる。(3)これらすべてにより、米軍――英軍の支援も受け――の日本本土上陸を決行する。

トルーマンは室内をひと巡りしたが、異論はまったくなかった。空軍のイーカー中将は、上司のアーノルド将軍も、届いたばかりの電信で侵攻作戦に同意している、と発言した。スティムソンも賛成したが、条件をつけた。かれは以前、クーリッジ大統領の時代にフィリピン総督をつとめていて日本を訪問したことがあり、この場のだれよりも長く日本の政治を勉強していた。かれは日本を個人的によく知っているつもりだった。かれは日本の市民の多くが、この戦争での戦意を失っていると思っていた。しかし、この「声なき階層」[16]は、祖国が攻撃されれば死にもの狂いで戦うだろう。それは恐るべき血の狂宴になる。トルーマンも、白人による攻撃が日本人を宗教戦争に追い込む懸念を、はっきり口にした。

リーヒは無条件降伏を問題にした。かれは、無条件降伏への固執が、「日本人を絶望的にさせるだけで、かえってわが軍の犠牲を増やすのではないか」[17]と懸念した。リーヒは無条件降伏は不必要で、生命の喪失の最小化と引き換えに、より柔軟な降伏条件を呈示してはどうかと考えていた。たとえば、アメリカは天皇の権力保持を認めることも出来る。敵はその君主制が維持できると伝えられれば、降伏するのではないか？

トルーマンはリーヒの意見に、次第に慎重になってきた。真珠湾はいまだアメリカ人の意識に鮮明に残っている。条件付き降伏は、自らの政権の失敗ととらえられるのではないか？　亡き大統領ＦＤＲに対する背信にもなりかねない？　多くのものがそう信じているが、いまの戦争全体が、前回の戦争で敵方に完璧な無条件降伏を合衆国が強制できなかったことの結果だった。議論は続き、アメリカが第一次大戦でほんとうの決着をつけていれば、真珠湾も、ヒトラーの台頭もなかったのではないか。一九四四年六月、エレノア・ルーズベルトはつぎのように書いた。「わたしたちは、前回、無条件降伏を諦めた……そして、わたしたちが仕事をやり遂げなかったため、いま何十万もの生命を犠牲にしてしまった」(18)。

トルーマンにはもう間違いをさせまいとする圧力がかかっていた。

ソビエトは八月八日の対日参戦を約束した。トルーマンは、ソ連の対日宣戦布告だけで日本軍を無条件降伏に追い込めるから、日本侵攻作戦の決定を遅らせることは出来ないだろうか、と質問を投げた。全員が、この重要な問題に賛成した。

大統領が最後に時間をとって、上陸侵攻について意見が満場一致かどうかと訊ねると全員が賛成し、計画に青信号がともった。リーヒはこのときのトルーマンのようすを憶えていた。「トルーマンは良い聞き役に徹していた」(19)と回想した。「かれの真意はよく分からなかった。かれは極東の敵の撃滅に、アメリカ兵の犠牲を極力少なくすることが最高に望ましいという方向に議論を導いていた」。

会議の終わりにトルーマンは、まだ発言のなかった陸軍次官のジョン・J・マックロイの方を振り返った。「マックロイ、きみは何も意見を言っていないね」(20)とトルーマンが言った（マックロイの回想による）。「この部屋からは、意見を言わずに出て行った人はいない。いま決まったことだけど、（攻撃計画について）ぼくの決断よりいいやり方があると思うかね？」

マックロイは、「思ったことを言え」と言った上司のスティムソンに向き直った。

「はい、わたしはほかの方法があると思います」、マックロイは言った。「それには研究が必要ですが、本当に、通常攻撃、上陸計画以外に戦争を終わらせる方法がないのかとじっくり考察しないといけないと思います」。

マックロイは、かれらの君主、裕仁天皇が保持されるという言質があれば、日本は降伏するとの認識から話を始めた。そしてマックロイは原爆を持ち出した。「さて、わたしが『この爆弾』——原子爆弾——という言葉を言ったとたん、その特別会合にあってすらある種の衝撃を与えた」とかれは回顧した。「あなた方は爆弾の話を大声ではしない。エール大学のお上品な社会でしゃれこうべ《スカル・アンド・ボーンズ》秘密結社の話をするときと同じです。それはよくありません」。

マックロイは、合衆国は敵にこの爆弾のことを話すべきで、日本が降伏しなければ使えばよい、と主張した。かれは言った。「この爆弾に関する特別警告を発することで、われわれは道徳的に優位な立場に立てると思います」。

マックロイが思い起こした反応はこうだった。「そいつはうまく行くかどうか分からない。うまく行かなかったら、われわれの面目は丸つぶれだ」。

「科学者全員がそれは大丈夫だと言ってますよ」とマックロイは言った。「いまは実験の結果次第です。しかしわたしの見た報告書によれば、爆弾の成功はたしかです……」。

トルーマンは、一同は「それを確認」するべきだが、爆弾に関する決断は、実験の成功まで待つことになると述べた。トルーマンは統合幕僚部に、対日上陸侵攻計画に取りかかるよう命令した。それは、アメリカ兵七十五万以上を死地に赴かせる計画の開始を告げるものだった。

六月十八日、この会議が開かれたとき、ニューメキシコ州ロスアラモスのマンハッタン計画の科学者たちは、原爆の第一回実験を七月四日の期限に間に合わせようと懸命に努力していた。科学者たちは、ベルリン郊外ポツダムでのスターリンとチャーチルとの来るべき三者会談に出席するためトルーマンが出国する前に、実験を成功させるよう指示されていた。のちにオッペンハイマーはインタビューに応えた。[21]「それは極めて重要である、とわれわれに伝えられていて——多分、わたしにはスティムソン氏からだったろうが——、極東における今後の戦争形態を決定するポツダムの会談の前に、大統領がその情況を把握しておくことが極めて重要なのである」。

オッペンハイマーのニューメキシコ砂漠の秘密研究所は、一九四五年六月には本格的な町になっていた。作業は、毎日の仕事をこなす研究員自身も驚くほど驚異的な速度で進行していた。一九四三年三月に、「オッピー」（ロスアラモスのほとんどがオッペンハイマーをそう呼んでいた）が最初の調査チームを引き連れてそこへやって来た。いま、それから二年以上経ち、ロスアラモスの人口は四千人で、三百ほどの新築アパート、約五十棟の寄宿舎、二百台ばかりのトレイラーに住んでいた。住民は自分たちの放送局と町議会を保有していた。

マンハッタン計画のもと、これら科学者たちと軍人たちは一つの観念のもとに仕事をしていた。オッペンハイマーが言うように、「（原爆の）完成が早ければ、[22]それが戦争の帰趨を決することをみな分かっていた」。しかし、いま第一回の実験が近づくにつれて、これら関係者の多くは自らの仕事の倫理性に関する二律背反《アンビバレント》の感情にさいなまれ始めていた。ロスアラモスの一部の科学者はこの爆弾の日本への影響と、未来の人間性に与える意義について議論の場を設けようとした。しかし、オッペンハイマーはそれを許さなかった。それは政治家の仕事だ、とかれは言った。きみたちの仕事は、戦争を終わらせる武器の開発だ。しかしまもなく、反対派科学者たちの声が聴取される機会が訪れた。

六月十一日、ジェームズ・フランク――ノーベル賞受賞者――は、シカゴにいる七人のマンハッタン計画の科学者が署名した嘆願書を作成した。フランクはこの書面を陸軍長官に手渡すつもりだった。「われわれの核エネルギー開発の成功は、過去に発明されたすべてのものと比較して、無限大の危険をはらむものであることに鑑み、わ[23]れわれは今後一層積極的な姿勢でこの問題に臨むべきである、と考えます」と嘆願書には書かれていた。科学者たちは、将来、国家間、とくにソビエト連邦との間で「[24]核兵器開発競争」を避けられる見込みはないと判断していた。原子爆弾は生まれてしまったがゆえに人類を目標として使用される、ということがあってはならないのだ。嘆願書は、合衆国は「[25]膨大な量の毒ガスを蓄積しているが、使用はされていない」、ことを指摘していた。

最後に嘆願書は、「[26]新兵器の威力の実地試験《デモンストレーション》は……全ての国際連合加盟国代表の眼前で、無人または不毛の孤島で行うこと」を要請していた。

この嘆願書は、対日侵攻作戦に関する六月十八日の、トルーマン、幕僚部、閣僚合同会議の七日前に署名された。大統領は当時、その存在をまったく知らなかった。しかし、トルーマンは六月十六日付のほかの文書で知った可能性がかなりあった。それはロバート・オッペンハイマー科学諮問委員会の所見集で、マンハッタン計画に従事する科学者たちに業務上の意見を求めて作られたものだった。オッペンハイマーは委員会の所見を次のようにまとめていた。

これら兵器の初動段階における使用についての同僚の科学者たちの意見は一様ではない。純粋に技術的な実地試験の提案から、敵を降伏に誘う最良の方法による軍事利用に至るまでの意見があった。純粋に技術的見地からの実地試験を提案するものは、原子兵器の使用を非合法とすることを望み、ここでわが国が武器として使用すると将来の国際交渉においてわが国の立場が偏見にさらされることを懸念している。その他のものは、即時の軍事使用がアメリカ人の生命が救済される機会を提供する点を強調している……。われわれ（オッペンハイマー科学諮問委員会）の立場はこの後者の意見に近い。技術的実地試験は戦争の終焉につながらないので提案しない。直接的軍事使用以外の適用すべき選択肢は見当たらない。[27]

トルーマンが、対日戦について軍事顧問と協議を行った日の午後（六月十八日）、アイゼンハワー将軍がワシントンに凱旋した。ざっと百万人がアイゼンハワーを称揚するため、ワシントンの街々を埋め尽くした――市警察当局によれば、「首都の歴史の中でまさしく最大の人出」[28]だった。ここに、一九四二年秋、北アフリカに上陸したトーチ［たいまつ］作戦を率い、一九四四年、ノルマンディ上陸Dデイ作戦を指揮し、ヨーロッパ派遣連合国最高司令官をつとめた「アイアン［鉄の］・アイク」がいた。かれが下院の通路から演壇へ向かって歩むところを、匆々《そうそう》たる面々、統合幕僚部参謀長、最高裁判事、上院議員、下院議員、外交官、マミー・アイゼンハワー夫人が見つめていた。しかし、ハリー・トルーマンだけはいなかった。かれはアイゼンハワーにスポットライトが当たるよう、あえて欠席を選んだのである。ワシントン・ニュースは、とどろきわたるアイゼンハワー歓迎の模様を、議会の「二十五年間で最大の歓呼」[29]と描写した。

壇にのぼった将軍は「高校の卒業式でスピーチを行う前の総代のように、緊張して戸惑っているように見えた」[30]と群衆の中にいた記者の一人が記録していた。アイゼンハワーが話を始めると、聴衆の多くは、合衆国の次期大統領のスピーチを聞いている気分となった。

その夜、トルーマンはアイゼンハワーのために「スタッグ［男だけの］・パーティ」を催した。百名以上の客が集まった。アイゼンハワーは「真の男子だ」[31]とトルーマンは言い、パーティを心底楽しんだ。海兵隊楽団はホワイトハウスの愛好曲をすべて演奏した。トルーマンはアイゼンハワーを国賓晩餐室に案内したが、公式な座席札は省略された。アイゼンハワーは息子のジョンを連れていたが、ジョンは一九四四年六月六日――Ｄデイ――にウェストポイント［士官学校］を卒業し、ノルマンディの海岸で父に加わった。ホワイトハウスのアイゼンハワー歓迎宴の翌日の六月十九日、トルーマンはベスに手紙を送った。[32]「アイゼンハワーのパーティは大成功だった……。かれはいいヤツ、いい男だ。かれは素晴らしい仕事をやってのけた。みなかれを大統領に、と言っているが、ぼくはＯＫだよ。出来れば、いますぐにでも譲りたい」。

アイゼンハワーがワシントンへ戻ったタイミングは絶妙だった。かれが議会演説を行った翌日、極東から沖縄陥落のニュースが届いた。六月十九日、トルーマンは海軍補佐官から正式報告を受け取った。[33]「オキナワ。本日、敵の抗戦は終結せり。突破作戦は二正面で行われた。敵は島の南端から退却している。掃討戦は継続中」。史上最大の激戦は終わろうとしていた。連合軍の公式勝利宣言は六月二十二日に発せられた。チャーチルはトルーマンあてにこの歴史的戦闘を振り返り、心からの祝電を送った。内容は簡潔だった。「九万の死にもの狂いの敵兵が戦死したと伝えられる激戦を制した[34]合衆国の意思の力、献身、工業資源は、この戦闘に、戦史上最大の激戦の地位と栄誉を与えます」。

最終決戦を前に、すでに約十万の軍事技術者と建設労働者が、十一月一日の日本本土侵攻に備えて、沖縄島を、五つの飛行場と、兵士の居住区を備えた基地に変貌させるべく働き始めていた。

29

六月十九日午前八時、ホワイトハウスにおけるアイゼンハワーのパーティの翌日、大統領の車列がワシントン郊外にある飛行場の滑走路に停まった。聖牛の乗組員たちが、トルーマンを乗せて西へ向かう長距離飛行の準備にいそしんでいた。アイゼンハワーがトルーマンの見送りに現れた（「きみがこんなに早起きだとは思わなかったよ、アイク」とトルーマンがジョークをとばした）[1]。トルーマンにとって、それは、このダグラスＶＣ54Ｃ機に搭乗する初めての遠出だった。かれは空路の旅を何年も経験していたが、これまでにない乗り心地だった。

聖牛の減圧された客室には、防弾ガラスの窓の横に大きな机を備えた賓客用会議室があった。調理室には電気冷蔵庫があり、折り畳みベッドがあった。大統領専用の手洗いもあった。四基のプラット・アンド・ホイットニーのエンジンは約三千馬力の出力があり、途轍もない騒音と振動を発していた。

ワシントン州タコマへの着陸予定は午後五時四十分だった。トルーマンは州都のオリンピアを訪ねて、数日間、旧友で州知事のモンラッド・ウォルグレンのもとに滞在するつもりだった。以前ウォルグレンは、上院議員時代にトルーマン委員会の最初のメンバーとして仕事をしていた。それから大統領はサンフランシスコに赴き、国連会議の閉会式で五十カ国の代表を前に演説する予定を立てていた。

その朝、ワシントン・ポストは機内で読んで気分の良くなる記事を載せていた。ドルー・ピアソンのワシントンのゴシップを綴るコラム――「ワシントン・メリー・ゴーラウンド」――は、大統領に関するものだけ取り上げていた。「[2]ハリー・トルーマンはいま、合衆国大統領として二カ月ばかり過ぎたところである」と冒頭にあった。ホワイトハウスは新しい空気に包まれていて、それはビジネスライクの一語で表現できる。「トルーマンは、国内問題のすべてをしっかり把握したような印象がある」とピアソンは書いていた。「トルーマンはすべてを理解している――確かに、戦争に没頭した後期のフランクリン・ルーズベルトよりも……。一つ（トルーマンの）心配のタネは国際問題である。新大統領はそれが自らの大きな弱点であると率直に認めている」。

聖牛は予定より三分早くマコード・フィールド飛行場に着陸した（ワシントンからタコマへの飛行は、無着陸で十二時間十六分かかった）。それまでに、別の二機が着陸していた。一つにはホワイトハウス記者団、もう一つにはSSが分乗していた。トルーマンが滑走路に降り立ち、ウォルグレンは妻を伴って出迎えた。

「ハロー、ハリー」と知事は片手を差し出して言った。

「きみと奥さんに、[3]ここでこうして会えるのは嬉しいよ」とトルーマンは言った。

かれらはオープン・カーに乗り込み、車列がワシントンの州都を走り出した。オリンピアの通りの両側は、新しい大統領を一目見ようと、背伸びした群衆で一杯になっていた。群衆は、「[4]中心街を人垣通り」にしてしまった、とある記者は形容した。トルーマンは、こんな瞬間《とき》を迎え、これほどの大統領崇拝とアメリカ主義の熱狂的歓呼の的になろうとは、想像もしなかった。そしてその西部への旅はまだ始まったばかりだった。

翌日からの数日、いささか肩の荷をおろすことが出来たが、公式行事が一つだけあった。パットン第三軍団で戦った負傷兵に名誉勲章を授与する仕事である。トルーマンとウォルグレンは魚釣りに出かけた。二人はレニエ山の近辺をハイキングしたが、高地の低酸素で大統領は息切れがした。SSはトルーマンに車の運転を許し、かれは心からこれを楽しみ、いまや最高の贅沢と感じた。毎朝、新聞記者はウォルグレン知事の官舎でチャーリー・ロスに会って、記事になる話を求めた。しかしロスが話せることはほとんどなかった。そのかわりロスは、タバコの煙にまぎらせて、記者たちが食糧統制でスパム［豚肉缶詰］漬けなのを知りながら、大統領と一行がおいしい朝食にありついていることを告げ、ユーモアで話をごまかした。

その背後で、国を運営する仕事が続いていた。トルーマンは大統領行政命令に署名しては施行していた。かれは十二名の陸軍将官を三ツ星の中将へ昇進させた。のちに統合幕僚部議長となるネイサン・ファラガット・トワイニングもその一人だった。ビッグ・スリーの会談問題の進展に伴って、細部を打ち合わせる電文が電子速度で大陸間を往来した。

二十五日の午前九時、大統領は聖牛で出発し、午後、サンフランシスコの真北にあるマリン郡の飛行場に着陸した。ステテニアス国務長官を横に座らせ、大統領はマリン郡を抜けた。[5]「合衆国大統領のお通りという名誉に地元全体が酔い痴れているようだった」とステテニアスは日記に記した。「とつぜん丘の裾に、湾をまたぐ神秘的な白い街が目に入った――柔らかな陽光に包まれたサンフランシスコである」。

ゴールデンゲート橋を渡るとき、そびえ立つ橋の赤い尖塔に掲げらた巨大な歓迎《ウェルカム》の看板が目に入った。街は大混乱で、五十万の人出があった。「街全体が興奮の極みだった」[6]と国連のアメリカ代表ヘンリー・リーフが回想した。「たくさんの旗が翻《ひるがえ》り、大統領を一目見ようと、ホテル・フェアモントの回りに群衆が集まった。何と何と、どこもかしこも沸き返っている！」

第一次大戦後、ウッドロウ・ウィルソンが国際連盟の会議のためパリに到着したときのことを、トルーマンは思い浮べたに違いない。議会は国際連盟条約を承認しなかった。しかし今回、話は別である。世論はすべて国連に賛同していた。アメリカ世論研究所によれば、アメリカ国民の八〇％以上が、合衆国はこの「世界平和維持のため、警察力を持つ世界機構に」[7]加盟すべきであると考えていた。

フェアモントで、だれかがトルーマンに近づいて声をかけ、「みんなあなたを賞賛していますよ」と街の興奮を伝えた。

「褒められるのは、ぼくたちが仕えている——合衆国だ」[8]とトルーマンは答えた。「みなが称えているのは職務だよ、人じゃない」。

その午後、閉ざされたドアの向こう側で、トルーマンはエドワード・ステテニアスと個人的に会っていた。トルーマンは民主党全国委員会のジョージ・アレンを使者に立てて、あらかじめステテニアスに、国務長官をジミー・バーンズに代えることを告げていた。ステテニアスの仕事は終わり、本人は落胆を隠せなかった。国際連合という晴れ舞台を迎えながら——ステテニアスはこれを偉大な自分の勝利と自賛しても良いのに——かれは傷ついた。トルーマンはかれを、初代合衆国国連代表に任命した。

「もちろん、きみはここまで確かに素晴らしい仕事をやってくれたよ」[9]とトルーマンはオールド・ファッションドのカクテルを手に、きっぱりと言った。「ぼくの考えは良いと思わないか?」とかれはステテニアスの新しい仕事を指して訊ねた。

「明日ゆっくりとお話しさせてください」、ステテニアスはマルティーニをすすりながら答えた。

「受けて貰わないと困るんだけどな」とトルーマンは力を込めた。「きみでないと」。かれは、チャーリー・ロスの助けを借りて、ステテニアスのために、この人事がどちらかといえば昇進であるように手配することを約束した。

「チャーリー・ロスにすべて任せてみないか? かれを信頼してくれないかな?」

ステテニアスは、「まずあなたに知っておいて頂きたいのは、わたしがあなたを尊敬しており、率直な人だと思っていることです」と言った。そして、「大統領閣下、あなたは本当にそう思っておられますよね? 世間にはわたしがひどい目に遭ったという印象を与えずに、バーンズがあとを継ぐことになる」。

「それは大丈夫と、心底そう思っているよ」とトルーマンは答えた。

翌日、トルーマン、ステテニアスとその他のアメリカ代表団は、国際連合憲章の調印のために、退役軍人戦争記念館ビルに入った。憲章自体は、世界人口の八〇%を占める五十カ国の国旗に囲まれた円卓の中央に置かれていた。それは大判の五巻、五カ国語による複製で出来ていた――英語、ロシア語、フランス語、中国語、スペイン語である。楽屋裏でのこれらの作成作業は驚異的なもので、百三十五名の翻訳者が毎日七時間交替で、二十台の電動複製器を使用して行われた。

ステテニアスが署名したのち、合衆国の他の二名の代表、上院議員、トム・コナリーとアーサー・ヴァンデンバーグが署名した。五十カ国全員の署名が終わるには数時間を要したが、アメリカからすれば、まだ国連が誕生したわけではなかった。それはワシントンに持ち帰って、上院が承認しなければならなかった。

取り決められたように、いま国連には五十カ国による総会、十一カ国による安全保障理事会（世界でもっとも強い平和強制力を持つ機関）、十八カ国による経済社会理事会の他、信託統治理事会、国際司法裁判所など、やや小規模な機関があった。それは、ある取材記者が形容したように「大いなる希望の星」だった。調印式が終わると、代表団は基調演説を聴くために席に戻った。トルーマンが演壇へ昇ったときに会場は満席になっていた。「只今皆さんが署名なさった国際連合憲章は」[10]とトルーマンは始めた。「わたしたちがより良き世界を構築するための堅固な基盤となるものであります。歴史はあなた方を称えることでしょう。欧州における勝利と、対日戦の最終勝利に至るまでの、この最大の破壊をもたらしたすべての戦争において、皆さんは戦争そのものに対する勝利をおさめたのです」。

その夜の聴衆の中には大統領の個人招待客、D中隊の仲間たちがいた。多くのものは、ベス・トルーマンの不在を不思議に思った。トルーマンの演説は全くよく出来ていたが、かれは弁舌の才に欠けていた。ここぞという箇所で、かれは腕を不器用に振り上げた。国際連合は、一つの大きな目的のために生まれたのです、とかれは言った。「戦争を終わらせる道を探るために！」[11]〔傍点・原文は斜体〕

閉会式が終わる頃トルーマンは、頭を乗せたいと、落ち着いたフェアモント・ホテルの部屋の枕が恋しくなっていた。調印済みの国連憲章の英語版は、特使によって陸軍機でワシントンへ返送された。特使の名前はアメリカの国連代表団の一員、アルジャー・ヒスで、一九四八年に、ソ連のスパイとして公式に起訴され、一九五〇年、有罪判決を受けた。しかしこの頃のかれは、高官として憲章の輸送を託されるほど信頼されていた。憲章は万一に備えてパラシュート付きの鍵をかけた金庫に保管されていた。金庫の表面には次のように記されていた。発見者！は開封厳禁。ワシントンの国務省に回付のこと。[12]

閉会式の翌日、トルーマンは聖牛に乗り、カンザス・シティに向かった。初めての帰郷だった。

故郷のミズーリに戻ったとき、大統領を見ようと、ジャクソン郡の史上最大の群衆が集まった。専用機は六月二十七日、午後一時二十八分にカンザス・シティのフェアファックス飛行場に着陸した。滑走路の定位置に機が止まると、マーガレット・トルーマンが飛び込んで父親に抱きついた。ベスはカメラのフラッシュをさけて家にいた。トルーマンが聖牛から出ると、旧友のロジャー・サーモン——インデペンデンス市長——が前へ進み出た。「おやおや、だれかと思ったら」とトルーマンは言った。「こんちはロジャー、元気かい？」[13]

トルーマンの車列は、オートバイの警官隊が先導して、カンザス州のカンザス・シティを通り抜け、橋を渡ってミズーリ州のカンザス・シティに入った。トルーマンはオープン・カーの後部座席に、休暇で日焼けした顔を見せていた。マーガレットと弟のヴィヴィアンが隣に座っていた。車列が後に続いた。ほとんどがオープン・カーで地元住民が溢れんばかりに乗っていた。グランド・アベニューには「お帰りなさい、ハリー！」の大看板が掲げられていた。押し合う群衆が歩道から車道にはみ出していた。ウールワースの店の窓から、婦人たちが小さな棒につけた小型の国旗を振っていた。十一年前に、トルーマンが建築に携わったカンザス・シティ裁判所の前で、顔見知りが「ハロー、ハリー！」と叫んでいた。ぎごちなく「大統領閣下」と呼びかける声もあった——あたかもワシントン・ポストのある記者が伝えたように、「ホワイトハウスのこの人に起こった事柄が、まだ信じ切れなかった」。[14][15]

インデペンデンスのトルーマンの住居周辺に差しかかると、MPの腕章をつけた白いヘルメットの兵士たちが並んで群衆を下がらせた。北デラウェア二一九番地の古い一家の家は新しい外観を呈していた。「夏のホワイトハウス」――いま新聞はそう呼んでいるが――にするには塗料がとてつもなく必要だった。家は四分の三エーカー［一エーカーは約四千四十七平米］の土地にあり、庭師たちが丹精を込めていた。車の通り道に沿って、赤、ピンク、白の芍薬――ベスのお気に入りの花々――が咲き誇っていた。芝生の北西の隅に、三十四フィート［約十メートル］のしっかり建った旗竿を見つけた。それはインデペンデンス市からの贈り物で、トルーマンの到着日の前日に、初めて星条旗が掲げられた。家のうしろには、マギーのアイリッシュ・セッターのための新しい犬小屋があった。屋根の上には犬の名、マイクの看板があった。

家族が家に集まった。祝いたいとくべつのニュースがあった。一九四〇年の上院議員選挙運動中、ある銀行がグランドビューの一家の農場を差し押さえた。農場はトルーマンが何年も苦労し、母親がほとんど一生を過ごした場所である。いま友人たちの資金援助を受けて一家はそこを買い戻し、その債務も完済した。(16)「これから一生、家賃なしで暮らせるんだ」とかれは母と妹に説明した。「だから身体に気をつけて、出来るだけ長生きすることだね」。

午後かれは裏庭で娘と静かな時間を過ごしてから、定例記者会見に駆けつけた。今回はインデペンデンスの記念会館で行われた。場内は満席だったが、大統領が演壇に上るまでだれも座っていなかった。演壇には簡素な机と椅子がトルーマンのために用意されていた。前列に新聞記者が座り、そのうしろにはインデペンデンスの全員がいるように思えた。報道担当秘書、チャーリー・ロスが開会を告げた。

「紳士淑女——いや淑女紳士の皆さま」(くすくす笑いが聞こえた)。ロスは規則を読み上げた。公式発表以外のことを直接引用してはならない。「休憩まで、だれも席を外してはいけません」。ロスはトルーマンを向いた。「これで全部ですね、大統領閣下」。

「大丈夫だ」とトルーマンは答えた。「さあ始めよう」。

かれはエドワード・ステテニアスが新しい仕事に就くことから話を始めた。合衆国代表から国連代表になったのだ。新任国務長官の名前はここでは明かさなかった。

ある記者が叫んだ。「バーンズさんじゃないんですか、大統領？」[18]

満場が笑いに包まれた。バーンズの就任はもう皆が知っていた。

「その質問には」とトルーマンが言った。「お答え出来ません」。

記者会見が終わると、トルーマンは古い戦友、市長のロジャー・サーモン家の夕食会に姿を見せてから、街の復元末日聖徒イエス・キリスト教会の公会堂に行った。ここでも市民がひしめく中、かれは即興で演説をした。旗が飾られた公会堂には席が数千あり、かれはこれを満員にした。舞台のかれの背後には、ベスとマーガレット、そしてもう一人、ハリーの小学校の恩師、八十四歳のキャロライン・ストール嬢が座っていた。「人生でいちばん素敵な夜でした」[19]と彼女は述懐した。「この日を迎えるよう、神様がわたしを生かしておいてくださったのよ」。

「何度も、わたしはこの公会堂を埋め尽くそうと頑張っていました」[20]とトルーマンはジャクソン郡の新米政治家を狙っていた頃を思い出しながら言った。「そして初めてそれが叶いました」。かれは大統領になった夜の話をした。

「わたしはホワイトハウスへ赴き、ルーズベルト夫人の書斎に行きました。そこで彼女に大統領が亡くなったこと[21]

を告げられたのです。わたしがその時どんな思いだったかお分かりでしょう。世界の歴史で、ほかのだれよりも重い責任を、引き受けなければならないのだな、と思いました」。

大統領として果たさなければならない仕事が二つある、とトルーマンは述べた。「一つは日本との戦争に勝つことです。そしてそれはもうすぐ勝ちます」。聴衆は歓呼の声をとどろかせた。「二つ目は」とトルーマンは言った。「平和を勝ちとることです」。かれは来るべき、ベルリンでのビッグ・スリーの会談のことを話した。自分は、この交渉が、「次世代の人々のための世界平和」の道を拓くものとなるよう祈っている。[22]

トルーマンの帰郷はミズーリ州にスポットライトを当てたが、それまで住民はこんな経験がなかった。これほど魅力的な人物を偶然生みだした土地柄のことを国中が知りたがったのである。ミズーリがこれまで合衆国大統領を輩出したことはなかった。しかし、二十世紀に入ってから、ミズーリの票はすべての大統領を選んでいた。それゆえに、ミズーリはアメリカの露払い、という格言が生まれた。この州には北部、南部の二系統があった（南部人は、ミズーリという単語の最後にaが入るような発音をする）。また二つの全く異なる都会――セント・ルイスとカンザス・シティ――の地元だが、大部分の土地は農地として開墾された。[23]ミズーリ州では、バス、エレベーター、路面電車などには人種の隔離がなかったが、学校、手洗い、レストラン、ホテルにはあった。

大統領ともっとも関わりのある大都会、カンザス・シティは、まだ大西部《ワイルドウエスト》の雰囲気があった。チョコレート色のミズーリ川が、一方をカンザス州のカンザス・シティ、他方をミズーリ州のカンザス・シティ（こちらの方が広く、有名だった）に二分していた。毎日、三百両以上の客車と五百両以上の貨車がミズーリ州カンザス・シティのユニオン駅を通過した。最近までこの街は、全国でもっとも名高いジャズクラブが自慢で、ベニー・モートン、カウント・ベイシーが育ち、サックスの鬼才、チャーリー・「新兵《ヤードバード》」・パーカーの故郷だった。しかしこれらの店の多くは戦時中は閉じられ、ミュージシャンもおおむね兵役に就いていた。じゅーじゅーと音を立てるカンザス・シティ・ステーキ（ヒレ肉ではないTボーンステーキ）が土地の名物だが、この焦げた香りはほとんど消えていた。食糧統制の仕業である。

　戦争は街に好景気をもたらした。食肉処理場が活況で、戦時中にカンザス・シティはシカゴを抜いて世界最大の家畜市場となった。航空機と兵器の工場は、とくにＢ25の製造工場が新しくミズーリ川のカンザス州側に建設されたことから、数万の労働者を雇用した。戦時ブームの一例に、ミズーリ州カンザス・シティの自動販売機会社が挙げられる――以前は従業員百五十人のソーダ水の自販機製造会社だったが、いまは千五百人を抱える軍用電子機器工場となっていた。

　一方、インデペンデンスはどこの州にもあるような都市で、見かけも普通だった。インデペンデンス広場を商店、車の修理屋、銀行が取り囲み、街角にはドラッグストアがあった。一つだけ、他の街になく、インデペンデンスだけにあるものがあった。ハリー・トルーマンである。

[24]「ぼくたちが思うのはね」とここの長年の住民がニューヨーク・タイムズに語った。「きみたち記者や新聞社の人が、あまり素晴らしくなりたくないと思っている人を一生懸命、素晴らしく描こうとしているんだ。ハリー・トルーマンは天才じゃないよ。その辺にいる人たちと同じなんだ、ただちょっと賢いだけなんだ。ぼくたちは子供の頃からかれを知っているんだよ」。

教会の公会堂に姿を見せた翌日、トルーマンは、ＳＳを引き連れてカンザス・シティを歩いた。三九番街と大通りの交叉地点で、かれは旧友――エディ・ヤコブソン――を訪ねた。ヤコブソンの新しい店、ウエストポート紳士用品店だった。

[25]「エディー、来たよ」と言ってトルーマンは友だちと握手した。

「ハロー、ハリー」。

トルーマンの瞼には――二人が戦地に赴くとき、オクラホマ州のドニファン基地でヤコブソンと開いた酒保が映っていたに違いない。でなければ、不運なトルーマン＆ヤコブソン商会のことだったろうか。この店はそれから二十三年間閉められていた。ヤコブソンは新しい店をちょうど何カ月か前に開いたばかりだった。

[26]「シャツが欲しいんだ」とトルーマンはエディに言った。「首回り十五・五、袖丈三十三〔単位はインチ、首回り約三十九センチ、袖丈約八十三・八センチ〕」。

ヤコブソンは店内を探したが、トルーマンのサイズはなかった。もう正面入口には人だかりが出来ていて、カメラマンたちが昔の相棒同士のスナップを撮っていた。だれにも忘れられない光景だった。

ベスはまたも、夫が戻っている間、北デラウェア二一九番地の家に閉じこもって、人目を避けようとしていた。これまで、彼女はファースト・レディの役目は自分にふさわしくない、と心に決めていた（一年後の一九四六年にベスは[27]「あなたがご自分で自由に行く道を選べていたら、ホワイトハウスのいちばん高い所にお座りになっていたでしょうか？」と聞かれた。彼女は、「まったくそうはなっていなかったでしょう」と答えた。マーガレットをファースト・レディにしたいですか？「ノー」。女性大統領の存在をお考えになったことがありますか？「ノー」。ホワイトハウスでお暮らしになってみて、政治と国民の見方が変わりましたか？「ノーコメント」）。

トルーマンは家で過ごす最後のまる一日——六月三十日土曜日——は公的な仕事を入れない、と家族に約束した。次にいつ来られるのか、まったく見当がつかなかったからだ。しかし、新聞社の要望にこたえて、午後遅くマーガレットと正面のポーチで写真を何枚か撮らせた。カメラマンがベスも撮りたいというので、トルーマンはファースト・レディを呼びに行った。かれは独りで戻って来た。マーガレットが回想した。「ママは一緒の写真を頑なに断った」[28]。トルーマンは曖昧な微笑を浮べてカメラマンたちに言った。「もっと撮ってよ、ね、みんな」[29]。

翌日の七月一日朝早く、大統領のリムジンはインデペンデンスを出て空港へ向かった。トルーマンは午後二時にワシントンへ戻った。またホワイトハウスで、家族なしの独りになった。午後遅く、二階の書斎で書類を見ていると、ノックの音がした。ホワイトハウスのスタッフのビル・ハセット、イーベン・エイヤーズ、マット・コネリー、それにチャーリー・ロス、サム・ローゼンマンの全員が部屋に入って来た。数分後、海軍補佐官が国務省のアルジャー・ヒスを案内して来た。ヒスは国連憲章を手にしていた。

トルーマンはお祝いに、いっぱい——ロックで——やろうと提案した。ホワイトハウスは夏の暑熱で蒸していた。かれが電話をかけると、数分後、使用人がグラスの盆、バケツの氷、バーボンとスコッチのボトルを持って来た。トルーマンは国連のため乾杯と音頭を取った。

翌日昼食後ただちに、トルーマンは上院議場の演壇に立って、国連憲章を正式に議案に提出した。国際条約なので、憲章は三分の二の票決で上院の承認を得なければならなかった。そうでなければ、ウッドロウ・ウィルソンの国際連盟憲章の二の舞になり、歴史のごみ箱に投げ捨てられてしまう。トルーマンは、短いが心のこもった演説をした。

「国際文書で、これほど注目されているものはありません」。

「[30]上院の選択肢はいまや判然としております」とかれは続けた。「選択とはこの憲章とほかの何かとの選択ではありません。この憲章か、憲章なしかの選択であります」。

トルーマンが議場を出ると上院は討議を始めた。討論は時に白熱した。国際連合は天秤に吊るされていた。

翌日午前十一時、ジェームズ・F・バーンズが国務長官の就任宣誓を行った。トルーマンは、満開の薔薇に囲まれたホワイトハウスの東吹き抜け《ポーチコ》で、リチャード・ウェーリー判事が主宰する儀式に立ち会った。行事は短く、簡素で、蒸し暑かった。バーンズ夫人とヘンリー・スティムソンが大統領とともに証人をつとめた。

バーンズはいま、アメリカの対外政策の主任指導者としてトルーマンに加わった。トマス・ジェファーソンが初代国務長官に就任して以来、この職は、海外紛争への合衆国の介入と、国家の安全保障と経済成長を考慮した、国際関係構築の決断の度合いによって評価されて来た。第二次大戦の終結は、これまでの国務長官が経験したことのない複雑な局面に向き合うことになる。

新しい国務長官は一風偏った人物だった——確かにそのときトルーマンが思っていた以上だったろう。バーンズは珍しい経歴の持ち主だった。ただ一人、三権のすべて——行政（国務長官）、司法（最高裁判事）、立法（サウスカロライナ選出上院議員）を経験した。過去かれは、自分のことをマキアベリ風とか、ときには極めて利己的と誹謗する仲間への怒りを隠さなかった。かれの就任式前に、ホワイトハウスの特別顧問、サム・ローゼンマンはトルーマンに、「大統領閣下、[31]あなたがジミー・バーンズのことをよくご存知とは思えません。あなたは知っているつもりでしょう。いかにも上院らしい人物ではあります。しかしあなたは（この任命を）後悔するでしょう。わたしだったら、そうしません」。「ブラザー・エド」・ステテニアスをくびにしたのを怒るものたちもいた。国際連合憲章発効にだれよりもステテニアスは功績があった。「[32]『政治』がどんなに冷酷で無情かを示す好例だ」とヴァンデンバーグ上院議員は日記に書き留めた。

トルーマンはバーンズを適任だと確信していた。「[33]何と言われようと、かれは鋭い」とバーンズのことを書いた。その任命の時期が鍵だった。大統領は二日のうちにベルリンに発つ予定であり、お気に入りのジミー・バーンズはもっとも信頼できる相談役として傍に控えることとなった。

30

来るべきベルリン会議について、「この旅はたしかに、いままで以上に怖いです」[1]とトルーマンはベスに書いた。かれは七月六日の夜にホワイトハウスを出発することにしており、その準備を競い合うようにワシントンの街は興奮状態だった。ホワイトハウス、古い国務省、陸軍省ビル、ペンタゴンその他のいたるところで、事務所の灯りがまたたき、職員たちがトルーマン用の、シオニズムからポーランドの組成中の政府の問題、将来のドイツ経済にいたるあらゆる主題の分厚い説明文書を作っていた。ヴァージニア州のニューポート・ニュースの港では、米艦オーガスタの乗組員が大統領の乗船準備をしていた。トルーマン側の人数が三十七名となる一方、国務長官の随行員は二十六名を数えた。統合幕僚部は、各軍参謀長を除いて計七十五名だった。

ソビエト占領地域内における開催となるので、この会談はロシアが主催することとなった。ベルリン市街は壊滅したので、会談はベルリン郊外のポツダムにある、爆撃を免れた王子宮殿で行われることとなった。ハリマンは主催者のソビエト側とともに、準備作業に励んだ。アイゼンハワー司令部が、現地の宿泊の設営を担当した。これはとくに頭痛の種で、何もかもソ連人との交渉ごとになり、たいへんな難しさだった。フロイド・パークス将軍をトップとするアメリカの先遣隊は、ポツダムで大統領とそのスタッフの安全地区を確保するための現地入りを拒絶された。

「パークス将軍一行の視察と会談の準備作業のためのベルリンへの移動は、すべて承認が得られておりません」[2]とフランクフルトのアイゼンハワー司令部はワシントンへ打電した。パークス将軍自身は、「必要準備を行うにあたって、ソビエト政府の許可が得られていないことのほかに、遅延の説明は何もなされておりません」[3]と打電した。ハリマンによる懸命な要請活動の結果、パークス将軍のポツダム入りは許可された。これで安全の点検、宿泊区域の確認、高周波の通信設備設置が出来ることとなった。食堂、洗濯設備、医療救護施設――そのすべてが、ソビエト課報部の厳重な監視のもとで準備されなければならなかった。

イギリスは首相の選挙を迎えていて、その結果は会議の開始に間に合わないため、チャーチルはトルーマンに、労働党の対立候補のクレメント・アトリーを同道する、と通知した。チャーチルが首相にとどまろうがとどまるまいが、「イギリスの政策の完全な継続性を確保するため」[4]と説明されていた。国務省の専門家はトルーマンに、チャーチルの勝利を期待していると伝えたが、神のみぞ知る？　選挙が水物であることは、ことのほかトルーマンがよく知っていた。

ワシントンでは、トルーマン一行の人選が大論議の的となった。「ジェームズ・F・バーンズ国務長官が、トルーマン大統領にもっとも近い男として頭角を現したのは間違いない」[5]とボストン・グローブのワシントン主幹が書いた。スティムソン陸軍長官はポツダム行きリストになかった。ヘンリー・モーゲンソー財務長官の名もなく、本人は憤った。モーゲンソーは経済安定局長のフレッド・ヴィンソンにとって替わられるとの噂が飛び交っていた。ヴィンソンはポツダム会談に招かれていた。モーゲンソーは招かれていない。かれはこの問題でトルーマンと二人だけで会いたい、と申し入れた。

トルーマンの出発予定の前日、午前十時十五分、二人はオーヴァル・オフィスで会った。このときには、オーヴァル・オフィスはすべてトルーマン風に改められていた。フランクリン・ルーズベルトの残影はすべて消え去っていた――モーゲンソーには忘れられないことだった。本人は、FDRのもっとも近しい友人であることを自任し、数え切れない時間をルーズベルトとこの部屋で過ごした。トルーマンはFDRの机をエレノア・ルーズベルトに贈呈し、自らはセオドア・ルーズベルトが使用した胡桃の木の机に取り替えていた。いま、その机の上には、フレームにおさまったベスの写真が乗っている――第一次大戦で兵士として戦っていたとき、トルーマンがポケットに入れていたのと同じ写真である。

「もうすぐご出発ですね」、モーゲンソーは切り出した。「それに噂がどんどん広まっているのですが、わたしのことはお見限りだと」。モーゲンソーは知りたがった。自分はいられるのか、いられないのか？

「そのことは考えさせてくれないか」、トルーマンは話を丁寧に持って行こうと気をつけた。

「大統領閣下、二、三のお言葉から察するに、何かお考えがおありですね。わたしが必要なのか、そうでないのか、もう分かっておられるようですが」。

モーゲンソーは辞任を申し出た。ポツダムに招ばれないのであれば、自分は降りる、と言った。大統領はそれさえ聞けば充分だった。

「わかった」、大統領は答えた。「きみがそんな風に考えているのなら、いますぐきみの辞任を認めよう」。

モーゲンソーの辞任発表を準備して、トルーマンはただちに定例記者会見に臨んだ。記者たちが部屋に入ると、かれはコップの水を飲んで（「[6]ちょっと神経を休ませてるんだ」とかれは口にした）、それからめかじきのようなナイフ（「[7]これは手紙の開封に便利なんだよ」と言って）を振り回した。記者たちはトルーマンのおどけた仕草を話のきっかけと捉えたが、トルーマンの声は沈んでいて、財務長官の辞任が発表された。モーゲンソーは財務長官を十一年つとめた。記者は後任はだれかと質問した。「[8]もう決めているが、ヨーロッパから戻るまで言わない」と答えた。

フレッド・ヴィンソンが事実上の財務長官であり、すでに仕事を始めていた。

トルーマンが欧州へ出発する少し前に、陸軍長官がトルーマンに会いに来た。スティムソンは日本問題の協議に来たのだ。書類を提出したので、トルーマンはかれを横にして注意深く読んだ——「対日計画の提案」とあった——。対日侵攻計画は、「[9]実行段階に入った」とスティムソンは書いていた。「上陸後の日本占領計画は長期に及び、[10]多額の出費と、わが方に厳しい展開となることが充分予想される」。スティムソンには二番目の計画もあった。外国人が母国に侵入すれば、日本人はいかなる犠牲をも顧みず降伏を拒否すると、スティムソンは信じていた。かれらは最後の一兵まで、最後の土地を手離すまで戦うだろう。合衆国は多くのアメリカ兵の生命を犠牲にして、日本を徹底的に破壊するほかない。

「そこで一つ問題提起がある」とスティムソンのメモにあった。さらに、「無条件降伏と同等の安全の効果を生みだす力ずくの日本占領、及び『太平洋の平和』に対する再挑戦、攪乱を防ぐための日本の軍事力の永久破壊、これらの方策に代わる何らかの手だてはないのか?」と書き継がれていた。「日本には同盟国はない……。日本の過密都市、工業と食糧資源基盤に対するわが国の集中空爆に対して日本は極めて脆弱である。日本の衰え行く潜在力にくらべてわれわれは無尽蔵で未開発の生産資源を有している。日本の当初の卑怯な攻撃の犠牲になったことから、われわれには倫理的な優位性がある。問題は、こういった利点を、わが目的の敏速かつ経済的な達成に、どう転換するかにある」[11]。

陸軍長官はこのメモに原爆のことを書かなかった(スティムソンは、「絶対に必要な時以外は、機密性の見地から、この爆弾に言及してはならない」としていた)[12]。大統領の執務室で二人はこの問題を自由に議論した。

スティムソンは日本に対して一種の警告を発することを勧め、周囲の助けを借りて警告書らしきものの案文を作っていた。それは、「日本の島々を圧迫する圧倒的な破壊力」[13]について述べていた。それは、「その力を完全に発揮した不可避かつ完璧な破壊」[14]について述べていた。このような警告に原子爆弾という言葉を使用するかどうかについては別の議論が必要だった。いずれにせよ、公式かつ正式な警告で、アメリカは日本に降伏を説得できる、というのがスティムソンの意見だった。もし日本が降伏しなければ(この確度は非常に高い)、攻撃側は、将来の犠牲――一つ以上の都市の消滅――の警告に最善を尽くしたことによって、歴史はその倫理性を高く評価するだろう。

トルーマンはこの話に満足した。スティムソンのメモは、のちにポツダム宣言を推進する力となった――完全なる破壊を警告した、全世界がのちに知ることとなる日本に対する最後通告であった。

またスティムソンは、天皇の地位保全は問題ない、と考えていた。かれはこのような提案が、日本に降伏の「機会を積極的に提供する」[15]と信じていた。トルーマンは、この問題について何らの発言をしなかった。

最終的にスティムソンは、来るべき会談で、原爆を実際に使用する前にスターリンに話しておく方が良い、と考えていた（かれは、この時点でオッペンハイマーの実験は確証はないものの、成功すると判断していた）。スティムソンは、トルーマンがスターリンに、[16]「この件でとても忙しくしています……、もう少しで完成するので、敵国日本に使うつもりです」といえばどうかと考えていた。もうスターリンに伝えるべきときだ、とせき立てた。[17]「文明破壊ではなく、世界を平和で安全にする目的で」。ここでもトルーマンは同意した。しかし問題は、スターリンへの伝え方だった。

大統領の部屋を出る前に、スティムソンはポツダムに招ばれない理由を質した。かれはまもなく七十八歳の誕生日を迎えるところだ。赫々《かっかく》たる履歴の頂点を画す機会を逃すことで、この政界の長老は明らかに傷ついていた。かれは声高に大統領に訊ねた。年齢のせいですか？

[18]「そうなんだ」。トルーマンは、いささか笑いでごまかした。「そのとおりだよ」。かれはスティムソンの過労を心配していた。

スティムソンの体調は良く、準備も出来ていた。かれは合衆国軍医総監の証明書をお見せできます、と言った。非公式の資格での随行でも何かの役に立つのではないか、と考えていた。トルーマンは了承した。スティムソンは、生涯でもっとも重要な旅の支度のためにその場を離れた。

ポツダム会談の前夜、世界の様相には厳しいものがあった。国際関係の行く末にはトルーマンの手に及ばないさまざまなシナリオがあったが、万一、大同盟の崇高な精神が失われれば、三角関係のように、疑念、裏切り、金銭問題で悩まされることになる。

この頃トルーマンは、中国外交部長〔外務大臣〕の宋子文に会い、結局、ヤルタの秘密合意の話を耳に入れた。「色々な点で長い協議が続いた」[19]と面談記録の中で国務次官のジョセフ・グルーが書いた。「大統領は、ルーズベルト大統領が達成した合意を、確乎として支持することをはっきりさせた」。宋は、ソビエトを対日参戦に誘導するため、中国が大きく譲歩せざるを得ない事情は理解した。かれは、自分たちが相談にあずかっていない協定を順守する方法がない、とトルーマンに伝えた。

トルーマンにしてみれば、中国とソ連の合意は必要だった。ソビエトに太平洋戦争に参加してほしいだけでなく、スターリンに、北部で勢力を伸ばしている毛沢東の中国共産党の反乱軍とではなく、蔣介石が首班の現在の中国政府と同盟を組んで貰いたかった。ソ連に対する譲歩については、中国は「問題を軍事力で解決する」[20]方向を選択したいと語った。譲歩するくらいなら、中国軍はソ連軍と戦う。しかし宋もトルーマンも、中国にはいま戦っている戦争に加えた戦闘資源が全くないことを承知していた。宋はワシントンを離れてモスクワへ飛んだ。スターリンと直談判しようというのである。

ニューメキシコの砂漠では、ケネス・T・ベインブリッジというハーヴァードの実験物理学者の指導のもと、建設チームが実験現場の最終確認を終えていた。トリニティの爆発実験の準備は整った。かなり遅延したが、原爆実験は、トルーマンのポツダム到着当日の七月十五日に設定された。トルーマンと周囲の補佐官たちは期待を込めてニューメキシコからのニュースを待った。

出発前、トルーマンは最後の身辺雑事の整理に忙しかった。歯医者に診て貰おうと、ホワイトハウスへの往診を頼んだ[21]（「最後に診て貰ってから色んなことがあったんですよ」とかれは歯医者に言った。医者は大統領に根管治療が必要と告げ、その場で処置した）。トルーマンは、夜会用公式衣裳、大西洋横断中の防寒服、ベルリンでの夏服など上等の衣服を準備した。[22]「山高帽《トップハット》、シルクハット、ヘルメット《ハードハット》」も要るかもねと笑わせた。

[23]「これから本物のサーカスに行ってきます」とかれはベスに手紙を書いた。「でも、うまく行くと思うよ」。

七月六日、トルーマン一行がワシントンを発つ日は日程が立て込んでいた。定例の朝のスタッフ会議での話題はすべてヨーロッパ行きに関連したものだった。トルーマンもジミー・バーンズも、これまでスターリンやチャーチルに匹敵する人物との交渉の経験はなかった。イーベン・エイヤーズは日記に、その朝の打ち合わせのあと、ワシントンの多くのものたちが感じたことを記した。ポツダムでトルーマンとバーンズが失敗をしでかすのではないか、アメリカ国民が、将来何世代にもわたって尻拭いさせられかねない失敗を、という心配であった。エイヤーズはポツダムで、「[24]二人が世間知らずと思われないだろうか」と懸念していた。

大統領のその日の予定は二十件に達した。予算会議があり、閣議があった。大統領令を三つ発令した。中でも注目すべきものは、戦争遂行に甚大な影響がある、中西部の鉄道会社の労働争議を調査する緊急委員会の設置だった。疲労困憊して、午後九時四十分、かれは随行員とともに車列を作ってホワイトハウスをあとにした。旅行中気楽に過ごすため、しっかり周りを旧友で固めた。チャーリー・ロスとハリー・ヴォーンである。また昔の仲間のフレッド・カンフィルも加えた。九時五十分、一行はニューポート・ニュース行き特別列車に二番ホームから乗り込んだ。

トルーマンの旅は追い風に乗っていた。出発にあたっての新しいギャラップ調査のかれの支持率は、驚異的な八七%を示していた。フランクリン・ルーズベルトも大統領在位中に、これほどの高率を得たことはなかった。アメリカはトルーマンを「公正で……仕事熱心……物事を真正面からとらえ、良き助言を求める現実主義者」と考えていることを世論調査は伝えていた。かれは「ルーズベルトよりも人扱いが上手」で、「風変わりな考えは持っていない」[25]。とはいえ、高支持率でもトルーマンに対する懸念を鎮めるものではなかった。ワシントン・ポストにロバート・ニクソンが書いたように、「今回の会談は世界のスポットライトをトルーマンに集める」[26]。

かれは国家が自分を信頼し、自分は国家に責任があることを知っている」。サム・ローゼンマン判事は大統領にメモを書いて渡した。「アメリカ国民はあなたに、何かを持ち帰ることを期待しています」[27]。

列車の中で、トルーマンはベスに手紙を書いた。最近電話したばかりだったが、彼女は取り乱していた。公的生活のストレスにベスは苦しんでおり、先はまだ長かった。結婚生活は苦難だった。「きみを不幸にしたのなら申し訳ない」[28]とハリーは、ニューポート・ニュースに向かう大統領専用客車の揺れの中でベスにペンを走らせた。「ぼくが、これまでにやってきたことはすべて、きみと世界に喜んでもらうためだったのです。惨めな失敗に終わることが怖いです……。いまぼくは恐ろしい死刑執行人のところに向かっています」。

チャーチルはこのビッグスリー会談に、終着駅《ターミナル》という不吉な暗号名をつけた。七月七日朝、大統領一行は米艦オーガスタに乗船した。トルーマンは一九一八年の兵士時代以来ヨーロッパに足を踏み入れていなかった。月と星のすべてが身に降りかかって以来、まだ三カ月も経っていなかった。七月七日、オーガスタが出港した日の日記にかれは記した。「こんな旅、大嫌いだ！」[29]

31

オーガスタ艦長のジェームズ・フォスケットは、トルーマンをその宿泊部屋に案内した。大統領は司令長官室（そこは別区画となっていた）に入った。その向かい側にはジミー・バーンズの部屋があり、二つの部屋は主甲板の上の階にあった。オーガスタは全長六百・二五フィート〔約百八十三メートル〕、梁の高さは六十六フィート〔約二十メートル〕、巡航速度は三十二・七ノットだった。艦名はジョージア州の都市名からとられたが、乗組員は縮めて「オージー」と呼んでいた。オージーには赫々たる履歴があった。一九四一年八月九日、カナダのプラセンシア湾で、フランクリン・ルーズベルトとウィンストン・チャーチルが、それぞれ国家代表として初顔合わせをしたのはこの艦上においてだった。いまオーガスタはトルーマンを乗せ、一千ヤード〔約九百メートル〕後方に軽巡洋艦フィラデルフィアをしたがえていた。両艦は第六十八機動部隊に配属されていた。

艦内にはホワイトハウスの作戦室に直結した「前方作戦室」が設置された。大統領は常時、世界中の情報網と直接連絡が取れる。トルーマンは艦内電話帳[1]（自身の内線番号は五一だった）を渡され、洗濯室、理髪室、洋裁室との連絡方法も教わった。かれは艦内図書館の図書のリストと、故郷のミズーリ州出身乗組員の名簿を貰った。海上で初日の昼食時、かれは下士官食堂で、アルミの盆を手に一等兵曹の列に並んだ。隣の席に大統領に座られた水兵たちは話すことに極度に緊張した。すぐさまトルーマンはかれらの肩をほぐした。[2]「ハリー小父さんは座って、まわりのみんなが旧知のように世間話をした」とトルーマンの隣にいた水兵が回想した。

その航海は八日間だった。夜、オーガスタは灯火管制もせず灯りをつけていた。ドイツのUボート――FDRのいう海のがらがら蛇――が大西洋で魚雷攻撃をして来ることはもうなかった。トルーマンのチームは定例の準備に励んだ。国務省は、トルーマンの心覚えのために、赤表紙の大部の説明資料を用意した。ヤルタへの途上でもルーズベルトのために同じようなものが作られていたが、ルーズベルトはいっさい読まなかった。トルーマンは読んだ――数千ページのものを。少なくとも一日一回、トルーマンは補佐官と一緒にバーンズとリーヒに会い、会談用に準備された諸提案の確認作業を行った。会談の多くに同席したチャールズ・ボーレンが振り返った。「世界の指導者として[3]新人のトルーマンは、チャーチルやスターリンと言った大物との対決にやや神経質になっていたが無理もない……。会談ではトルーマンは小話やジョークをほとんど口にしなかった。かれは仕事一筋だった」。

毎日トルーマンは前方作戦室で新しいニュースに接していた。航海の初日、カーティス・ルメイによる日本空襲の最新の近状報告が届いた。[4]「空の要塞B29の六百機が約四千トンの焼夷弾と通常爆弾を、日本の主要部本州に投下した」。清水、甲府などの都市は[5]「初めての大火災の洗礼を受け」、焼夷弾は無差別の殺戮を行った。日本の講和派が動き出す噂もあって、ジョセフ・グルー国務次官は声明を発した。[6]「国務省に対して世界の各方面から講和に関する報告が届いているが、日本政府の代表権限を有する者からの、米国政府に対する直接、間接の接触はなく、降伏の申し出はない」。

トルーマンは、打ち合わせに出ないときは、船の艦首から艦尾まで休まず歩き、犬のように忠実なフレッド・カンフィルや、とめどなくおしゃべりをするハリー・ヴォーンがつき従うことが多かった（「ぼくほど大統領に進言したものはいないと思うよ」とヴォーンは言った。「でもまったく聞いてくれなかった」）(7)。毎晩六時になると、三十人編成の楽団がちょっとした曲を演奏し、夕食となった。八時には、バーンズの部屋で映画を観た（初日の夜はボブ・ホープ主演の *The Princess and the Pirate*［邦題、「姫君と海賊」、一九四四年、サミュエル・ゴールドウィン製作、本邦公開、一九五一年］が上映された）。トルーマンは映画を抜け出し、自室でポーカーに興じた。ある夜、カードの合間にイギリスの選挙の話題になった。チャーチルは自分の現政権が勝つと信じていたが、だれも確言できなかった。ポーカーの席で記者のロバート・ニクソンは、チャーチルは辞めさせられる道に向かっている、と言い切った。「チャーチル首班の保守党政権は潰れるだろう」とニクソンは主張した(8)。ニクソンは正しいのか？　選挙は行われていて、開票結果が出るまで数日ある。ということは、イギリス指導部に変化が起こるとすれば、それはポツダム会談の真最中のこととなる。

艦上の雰囲気は、明らかにプレッシャーのもとにあったが、明るいものだった。過去二回の三巨頭会談、テヘランとヤルタのそれは秘密裏に進行していた。今度の会談は世界中が知っていた。その間大統領は、ニューメキシコからの投下実験のニュースを待ち望んでいた。依然としてリーヒ提督は、実験の失敗に賭けていた。「これまでのわれわれの行為で最大の愚行です」とホワイトハウス参謀長はずっと主張した(9)。「爆薬の専門家として申し上げるのですが、この爆弾は決して爆発しないでしょう」。

七月十四日、オーガスタはドーヴァーの白い崖をあとにイギリス海峡へ入った。トルーマンは艦橋の頂上に立って、その息を呑む光景に眼が釘付けになった。七隻の英国王陛下の艦隊が大統領にご挨拶をしてくれた。六隻の駆逐艦と英軽巡洋艦バーミンガムが護衛に差し向けられたのである。各甲板には数百名のイギリス水兵が整列し、万歳三唱でトルーマンに敬意を表した。

「トルーマン氏に万歳三唱」[10]。数千の水兵が唱和した。「合衆国大統領万歳［ヒップ・ヒップ・フレー］！」

オーガスタは、帰国を待つ数千のアメリカGIが集結している浜辺の陸軍キャンプに沿って進んだ。大統領を一目見ようとたがいに揉み合っていた。艦が停泊地に近づくにつれて、トルーマンに、岸辺に集う忘我状態の多くのベルギー人、オランダ人——拳を突き上げ歓喜の声を上げる老若男女が見えて来た。トルーマンが自分たちをヒトラーから解放した国家の顔であることを、想い起こさせた人々であった。かれはいま数百万のヨーロッパ人にとって再生の希望となった国家の顔となっていた。

アントワープでは、歓迎陣、とくにアイゼンハワー将軍自身がオーガスタに乗り込んで来た。トルーマンは、七月十五日午前十一時十分に下船した。この光景は安全保持と物資準備の点でまことに見ものだった。オーガスタから兵士たちが、スーツケース八十三個[11]、トランク一個、小物四十個に公式礼装、作戦室用物品、映画フィルム三十六巻、大統領用調理器具を運び出し、これらはポツダムに後送されることとなった。憲兵の一群がここ数日、このあたりの監視に当たっていた。十二機のP47雷撃戦闘機が空を警戒した。トルーマンは装甲車に乗り込み、車列は輸送機の待つブラッセル飛行場へ四十五分かけて向かうため港を離れた。SSとMPが大統領車の側面を固め、すぐうしろには、八名の機関銃射手と八名のライフル銃の名手を乗せたトラックが続いた。

ブラッセルで一行は、三機のC47輸送機で離陸し、およそ三時間後、ベルリン近郊のガトウに着陸した。ハリマン大使、ヘンリー・スティムソン陸軍長官を初め十数名の高官が出迎えた。陸軍長官は自身と一行の旅の手配をし、米艦ブラジルに乗船して前日到着していた。公式に招待されていなかったが、スティムソンはポツダムで重要な役割を果たすことになった。飛行場では第二機甲「荒くれもの」師団が栄誉礼を行った。慣例にしたがい、トルーマンがこれを閲兵した。「終わったときにはだれもが安堵した」と同行したジョセフ・デイヴィスが振り返った。「SSがとくに神経を尖らせていた。（トルーマンが）最前列の前を歩くときは、長距離からの狙撃を防ぐ手段がなかった」。[12]

それからトルーマンは車に戻り、宿舎まで十マイル［約十六キロ］の走行となった。車中で、遠くの爆発音が聞こえた。ロシア軍がいまだに戦争で放置された地雷の爆破作業を行っていた。爆発の距離には余裕があったが、大統領の神経を逆撫でするには充分の近さだった。この短い走行で、トルーマンはもう一つ嫌な景色を見た。ブラッセルの飛行場はアメリカ兵、イギリス兵が警護していたが、ここ東独の道路はロシア軍が警備していた。武装した国境警備兵が全径路にわたって、五十から百ヤード［約四十五メートルから九十メートル］おきに立っていた。ここがソ連占領地区であることを今更のように大統領は胸に刻み込んだ。

バーベルスベルク――ベルリンとポツダムの間の小さな郊外地区――の宿舎に到着したのは午後五時頃だった。車列はタイヤをきしませて、カイザー通り二番地所在の、グリーブニッツ湖畔に面した三階建ての漆喰塗りの大邸宅《ヴィラ》の前に止まった。戦前、この湖はベルリン市民に人気ある夏の憩いの場だった。邸宅は有名なドイツの映画製作者の持ち物だった。この映画製作者はソ連が連れ去り——どこへ行ったのか、だれも知らなかった。「ほかの家と同様に、ロシア人が中のものをすべて剝ぎとって行った」とトルーマンはこの日の日記に記した。「茶さじも残っていない」。ソ連人は主《あるじ》としてがらくたで穴埋めしたので何やら奇妙な雰囲気を醸し出していた。[13]「まあ何とかなるが」とトルーマンは書いた。「内部の装飾でうなされることになるだろう」。邸は黄色で塗装されていたが、そこはすぐに「リトル・ホワイトハウス」という綽名がつけられた。

トルーマンには寝室、執務室、そして階上の浴室が与えられた。窓からは湖が一望できた。寝室と執務室の間にはＳＳトップのジョージ・ドレッシャーの部屋があり、本人がすでに荷解き中だった。バーンズ、リーヒ、ロス、ヴォーン、チャールズ・ボーレンがそれぞれ邸内に陣取った。窓には防虫網戸がなく、夜は蚊に悩まされる心配があった。くわえて、大統領の料理番、海軍秘書官補で海軍中佐のウィリアム・リグドンによれば、浴室は「[14]使いものにならなかった」。

しかし少なくともアメリカ人は、安全であると分かっていた。陸軍工兵たちが丁寧に燻蒸消毒し、電気配線をすべて調べ、地下の地雷や爆発物を調べ上げていた。ＳＳは電話の盗聴に備えて、メンバー全員に暗号名を割り振った。[15]トルーマンはキルティング、リーヒはコーヒーツリー、バーンズはアイスブリンクだった。

近隣の別荘の何棟かに、ワシントンの高官たちは宿舎を定めた。ここバーベスベルクにまるごとのアメリカ村が出来上がった。別荘群は、「国務地区」、「参謀長」、「外交事務局」に分かれた。それぞれに米国旗が掲げられ、憲兵が七月二十四日大通りを巡回した。トルーマンは、アメリカ人は、いっさいこれらの別荘から財物を「解放」してはならない、との厳命をくだした。記念物もまた同じだった。各高官は、食事の場所と時間を割り当てられた。

アメリカ人の集まるバーの位置情報も案内されたが、そこでは映画も上映されるほか、理髪室、洗濯屋が備えられていた。全員に「健康安全管理指針」[16]が渡され、そこには「公認された源泉」からの飲料水だけを飲むこと、未承認の建物に入らぬこと、外国産酒類は「清潔度、純度」に疑問があるので、合衆国支給品の酒類のみを口にすること、などと記されていた。

メンバー全員をまかなうために陸軍は途方もない量の物資を要求した。リンネルのシーツ五千枚、真空掃除機五十台、芝刈り機二十台、枕元の電気スタンド百台、栓抜き二百五十個、コルク抜き二百五十個、灰皿五百個、紙二十五連、ごみ箱百個、電動タイプライター二十台、トイレット・ペーパー三千巻。トルーマンの食事はすべて宿舎で提供され、洗濯も従僕が扱った。陸軍は大統領用に医者を送り込んだ――Dデイやバルジの戦いの負傷兵を看病し、自らも戦闘で負傷したウォレス・グレアム博士であった。ミズーリ人のグレアム博士は、その後トルーマンの生涯の主治医となった。

大統領は旅で疲労困憊していた。ヨーロッパの滞在期間がどれほどになるのか見当もつかなかった。その夜、トルーマンはホワイトハウスのマシュー・コネリーに電報を打って、トルーマン夫人へのメッセージを託した。「ベ[17]ルリンに無事到着。万事順調。マギーはぼくに返事を二つ書くべし。ママによろしく。たくさんの愛を。ハリー署名」。かれはベッドに入った。

色々なことが思い浮かんだ。朝にはリトル・ホワイトハウスに首相が訪ねて来る筈だ。

七月十六日午前十一時、ウィンストン・チャーチルが娘のメリーを伴い、自国代表のメンバーと、トルーマンの別荘に現れた。当年七十歳のチャーチル（トルーマンより十歳ほど年長）の目は充血していた。かれは夜型人間だった。午前十一時の約束のために、チャーチルは十年来の早起きをした、と娘が話した。トルーマンは、四時半にはもう起きていた。

大統領はチャーチルのことを、やや胡散臭く感じていた。これまでの手紙のやり取りで、ときに押しつけがましく、また苛立った物言いをしていたからである。[18]「チャーチルは気難しくて、ロシア人を相手にしたときと同じように腹が立つことがあります」とトルーマンは最近エレノア・ルーズベルトに手紙を出していた。またチャーチルは、ルーズベルトとすぐ仲良くなれたような、貴族的な立居振舞を好んだ――ハリー・トルーマンには決定的に欠けている富と社会的地位の裏づけである。しかし、初めて握手をしたとき、トルーマンは首相に何かを感じ取った。「自国のため、連合国のために頑張ったこの人のことは、[19]すぐ好きになった」とトルーマンはのちに書いた。「挨拶の仕方には、何かとても開放的で純粋なものがあった」。

ピンク色の頬をした首相は五フィート六インチ［約一メートル六十八センチ］と小柄だったが、形容しがたい風格を備えていた。かれの人生は英国史の行程そのものをたどっている如く、軍隊から始まり（キューバ、インド、エジプト、スーダンで勤務）、政府に入った（かれは、任期は異なるが、戦時国務大臣、植民地担当国務大臣、国防相、そして一九四〇年から首相を務めた）。風景画を得意とし、二十冊以上の著作をものした――歴史、備忘録、伝記など。* 母親のレディ・ランドルフ・チャーチルはアメリカ生まれだが、チャーチルはイギリス人の堅忍不抜を象徴していた。ナチスに翻弄されて連合王国《イギリス》の命運が風前の灯火となっていた戦争初期、チャーチルの演説は国民の戦う意志を鼓舞した。FDRと同様に、かれはその時代における自らの立場を充分認識し、自らの人生が後世の文筆家と戦士に永遠に語り継がれることを知っていた。

チャーチルは、トルーマンと同じ前日にドイツに到着し、二ブロック離れた、リングシュトラッセ二三番地の似たような邸に滞在していた——徒歩六分だった。娘のほかに、会談の助言者として、エイヴォン初代伯爵アンソニー・イーデンと英国外交問題専門家のアレグザンダー・カドガンを伴っていた。バーンズも同席して、一同は二時間の表敬訪問を楽しんだ。トルーマンは、会議日程を準備していることを伝え、チャーチルも同じことをしているかと訊ねた。

[20]「いいえ」、イギリス人《チャーチル》は返事した。「必要ないんです」。

首相が自信過剰だとトルーマンは思った筈だ。どちらにしろ、チャーチルがいざというときの首脳外交に、長年慣れ親しんできたことは明らかだった。

初顔合わせが終わるまでに、首相は、みながトルーマンに抱く、その個人的特徴の「判然とした決断力」[21]を理解した。トルーマンは個人的な友情を求め、チャーチルはそれに応じた。[22]「かれは並々ならぬ性格と能力の持ち主と思う」とチャーチルはトルーマンの第一印象を記した。「これまでに築き上げてきた英米関係と完全に平仄《ひょうそく》が合っていた。弁説は簡潔で率直、人柄は自信と決断に満ちていた」。

別れる前に二人はスコッチで「自由のための一撃を加えた」。すべてに合意を見た顔合わせは素晴らしいもの

＊「本を書くことは面白かった」とチャーチルは言ったことがある。「それと一緒に生きたんだ。友だちになれたよ」。
出典：https//www.nationalchurchillmuseum. org/winston-churchill-the-writer. html, last accesed April 6, 2017

だった。チャーチルの取り巻きの一人、カドガンが日記に書いた。「首相、大統領に満足」[23]。

トルーマンは午後、スターリンの訪問を期待していたが、ソビエトの大親分は病気と伝えられ、またの日を待つことにした。そこでトルーマンは日程にはない、ベルリン訪問を思い立った。リーヒとバーンズを従えて、午後三時四十分、かれはリトル・ホワイトハウスをオープンカーで出発した。車はかの有名なアウトバーンに出た。高速道路の一車線には第二機甲師団が配置されていた——これはジープ千百台、トラック、戦車から成る世界最大の機甲師団である。大統領の車が師団長に挨拶するために停車したとき、リーヒが言った。「これはわたしがこれまでに見た中で最強の陸上部隊だ。この部隊がどこかへ移動しようとしている時に、これを停止させられる者がいるとは考えられない」[24]。

師団長は答えた、「だれにもこれまで止められたことはありません!」

市の中心部へ向かうと、トルーマンは連合国がベルリンに対して行ったことを初めて目にした。アメリカとイギリスの爆撃機が、街を破壊し尽くしており——瓦礫の山は、二層、三層に積み重なっていた——、一方赤軍は、機関銃でこれぽっちも残らないほど建物を掃射していた。「野晒しの屍体が悪臭を放っていた」[25]とトルーマンの車に付いていたジャーナリストのロバート・ニクソンが振り返った。「まったく冥界のさまだ」。死臭と、野外で用を足された建物からの糞便の臭いとが七月の灼熱でまざりあって強烈な臭気を発していた。この荒廃の跡にロシアがブルドーザーで車道を造っていた。

生き残ったベルリン住民の姿にトルーマンは絶望的となった。「アウトバーンの側道や道路で、残された持ち物を手にして、前へ後へと、あてもなく彷徨う老人、女子供の長く、果てしない行列が続いていた」とかれは描写した。[26]食糧、水、避難場所が全く不足していた。子供にスープを飲ませようと火を起こしている女性がいた。瓦礫の中に、ニヒト・フュール・ユーデン（ユダヤ人立ち入り禁止）と読める看板があった。ベルリン中央部で、車はヒトラーの首相官邸の焼け跡に向かってウィルヘルム通りを曲がった。トルーマンはここで、ヒトラーが洗脳された支持者たちの前で演説したバルコニーの残骸を目にした。

「これが結末なんだ」とトルーマンはリーヒとバーンズに言った。[27]「無理をして失敗したんだ。こんな破壊は見たことがない。みんなここから学ぶことがあるのかないのか」。

トルーマンは若い頃、欧州で戦い、戦争の惨害を見ていた。しかし、一九四五年のベルリンのようなものは見たことがなかった。第一次大戦とは違い、第二次大戦は完全に工業化された戦いだった。フランスの七十五ミリ野砲は、都市をまるごと粉砕できる六万ポンド［約二万七千キロ］、四発爆撃機の大群に置き換わった。かれはその夜、ベルリンの印象を日記に記した。それは人類の将来について、哲学的、懐疑的な思いを心にめぐらせるものだった。

「何らかの平和を望む――機械類が道徳の何世紀も先を行ってしまうことを懸念する。[28]道徳が追いつこうとしても追いつけない。そんなことは望まない。しかし人類は惑星に巣食う白蟻に過ぎない。それが惑星の中身を深く食いつぶして行くとなると――その先はいったいどうなることやら？」

32

文明世界から遠く離れた、ニューメキシコの荒涼たる砂漠の射撃場に設営された実験現場では、ベルリンより八時間遅く時間が刻まれていた。七月十六日、リトル・ホワイトハウスでチャーチルとトルーマンが初会談を行っていた頃、ロバート・オッペンハイマーとレスリー・グローヴス将軍は爆心地《グラウンドゼロ》から一万ヤード〔約九千百メートル〕離れた管制壕の中にいた。

砂漠の闇の空に猛烈な暴風が吹き荒れた。時速三十マイル〔約四十八キロ〕の風が壕に吹きつけ、雷鳴が天地を揺るがせていた。最初の原爆投下は午前四時の予定だったが、天候が万事を脅かしていた。延期の話も出ていた。「延期しても」とオッペンハイマーは言った。「部下に仕切り直しはさせられない」(1)。

グローヴスは頑なだった。今がその時である。トルーマンがポツダムで交渉のテーブルに就く前にトリニティの爆発実験は実施されなければならなかった。そして極東の戦場では、毎日戦闘が続き、米兵がどんどん死んでいた。

三十分ごとに、オッペンハイマーとグローヴスは壕を出て、夜の嵐の中を歩き回って天候について話し合った。

気象主任のジャック・ハバードは、雷雨は夜明け前にはおさまる、と請け合った。果たしてそうか？　グローヴスはいま一つこの予報士を信用していなかった。ハバードは[2]「いかにも曖昧で、おどおどしていた」。チームは、九十分遅らせて、午前五時三十分に強行と決断したが――これは理想的な時間ではなかった。高速カメラの撮影のために、トリニティを暗黒のもとに行うことが科学者たちには必要だった。五時三十分を一分でも過ぎることは厳禁だった。

　実行直前、緊張が走った。[3]「現場は嫌な雰囲気の興奮状態にあった」とグローヴスはのちに書いた。「冷静な熟慮が肝心なときだったからだ」。かれは科学者の誰かの頭がおかしくならないか、神経衰弱かヒステリー状態にならないかと心配した。[4]「極度の緊張が全員にみなぎり、だれがそうなるのか予言できない状況だった。機会を待つ熟練した破壊分子が、組織の内外に潜んでいる可能性もつねにあった」。

　イタリアの物理学者、エンリコ・フェルミは、実験後に嵐が起こり科学者たちが放射能雨に汚染されることを心配した。[5]「破局ですよ」とかれはオッペンハイマーに警告した。おまけに、最終実験の点火装置が作動しなかった。これで科学者チームは、トリニティが目出たく不発に終わると信じることとなった。この知らせでオッペンハイマーはさらに感情的になった。フェルミも心配した。爆弾が成功すれば雰囲気は明るくなる。緊張を緩めるため、科学者たちは爆発規模の賭けをやった――一度きりのものだったとしても。オッペンハイマーは控えめに賭けた。ＴＮＴ爆薬三千トンと。エドワード・テラー――ハンガリーの物理学者で、のちに「水爆の父」と呼ばれた――は、最高の四万五千トンに賭けた。

　実験現場はアラモゴードという小さい村の北西六十マイル〔約九十六キロ〕に位置していた。このがらがら蛇の棲息する砂漠は、スペイン語でホルナダ・デ・ムエルト――歴史的に死者の行路または死の行路と名づけられていた。爆弾の装置は、地上百フィート［約三十・五メートル］の塔の内部に吊り下げられた。爆弾そのものは全方向に針金が突き出た球形で、一種の原始生物に似ている、金属でおおわれたフォルクスワーゲンほどの大きさのものだった。それはハンフォード原子炉で濃縮されたプルトニウムを使用する圧縮型原爆「ファットマン」だった。

オッペンハイマーが、早朝からタバコを吸い、ブラック・コーヒーをあおる様子をかれのチームはよく覚えており、かれの精神的苦悩は隠すべくもなかった。あるときかれは、とつぜんボードレールの詩集を開き、稲妻が夜空に光る中、一節を静かに読み上げた（文章愛好家のオッペンハイマーは、実験をトリニティ――ジョン・ダン［イングランドの形而上派詩人、一五七二～一六三一］の詩から――と名づけた）。「土砂降りの雨に、すさまじい雷鳴だった」[6]とロスアラモスの科学者、イシドール・ラビは振り返った。「（みな）塔の物件が爆発しないかと本当に心配した。オッペンハイマーの重圧のほどがよくわかる」。

実験現場の周囲には、一万ヤード［約九千百メートル］離れた三つの壕があり、数百名の科学者が控えていた。爆心地から北西に二十マイル［約三十二キロ］離れた見通しの良いコンパニア・ヒルに集まっているものもいた。これら人員は機能毎にグループ分けされていた。総務、衝撃・爆風、測定、気象、分光・写真、空中測定、医療の諸班であった。各自、眼の保護に暗黒色の眼鏡をかけていた。観測者は爆破の瞬間には横になって腕の中に顔を埋めるよう指示されていた。ほとんどがこの命令に従うつもりはなかった、とエドワード・テラーは述べた。「みなこの野獣をその眼で見届けるつもりだった」[7]。科学者の一人が回想する。「真っ暗闇の寒い砂漠で待つ緊張感は耐えがたかった」[8]。

午前五時十分、管制塔の拡声器から、サム・アリソンというシカゴからの物理学者が呼びかけた。「[9]ただいま、二十分前」。五分前に、仕掛けを支える塔を警護していた兵士たちが持ち場を離れてジープに飛び乗り、安全な管制壕に向かった。秒読みが終わりに近づき、だれもが身構えた。オッペンハイマーのS－一〇〇〇壕では、観測者たちがかれを見つめた。かれはその場で落ち着こうとして柱にしがみつき、どうにか息をしていた。爆発は自動タイマーにセットされていた。ドナルド・ホーニッグという科学者が、その調整の仕事をした。ホーニッグだけが、トリニティを停止できるスイッチを握っていた。「[10]わたしの手はスイッチに置かれていた」とかれは回想する。「秒読みが聞こえた……三《スリー》……二《トゥー》……一《ワン》……」

「いまだ！」

「[11]最初の衝撃はすさまじい光だった」とグローヴスは記録した。「そして次に見たものはよく知られることとなる火の玉だった……。光はこれまでに人類の経験したことのない強烈さだった……」。

「[12]いきなり、夜が昼間になった」と科学者のジョー・ヒルシュフェルダーは想い起こした。「そして途方もなく輝き、寒気は暖気となり、火の玉は白から黄色、そして赤くなり、だんだん大きくなって空に昇って行った」。

ロスアラモス野戦作戦の陸軍司令トマス・ファレルはこう述べた。「[13]光の効果は筆舌に尽くし難い。国中が、灼熱の真昼の太陽をいくつも寄せ集めたような光に照らされた。それは金色、紫、青紫、灰色、青色をしていた。それは近隣の山々のそれぞれの頂上、山ひだ、稜線をたとえようもなくくっきりと美しく映し出したが、幻影のようだった」。

一同はきのこ雲が一万フィート［約三千メートル］以上立ち昇るところを見つめた。ファレルはグローヴスのもとへ行き、上司《グローヴス》に伝えた、「作戦は終了しました」[14]。

のちにオッペンハイマーはこのときのことを回想した。「世界は一様ではない。あるものは笑い、あるものは嘆くだろう。ほとんどは沈黙する。ヒンズー教の聖典、バガヴァッドギーターの一句を思い出す……『いま我は死神と化し、三千世界の破壊者となる』」[15]。

三十分ほどのち、グローヴス将軍はワシントンの連絡相手である暫定委員会のジョージ・L・ハリソンに電話した。その一時間後、グローヴスはもっと詳しい話をした。いまドイツにいる陸軍長官と電信回線を接続するのがハリソンの仕事だった。ハリソンはいささかの諧謔《かいぎゃく》を交えた、あまり暗号化されていない文案を作った。東部時間午前九時三十分、かれはこの電文を上司に見せて承認を得た。ワシントン時間午前十一時十五分、打電された。

歴史の不気味な皮肉にもなるが、トリニティの核爆発は、ハリー・トルーマンとウィンストン・チャーチルが数千マイル離れたバーベルスベルクのリトル・ホワイトハウスで、意識せずに、自由のための一杯をやっていた時間にほぼ相当していた。

その夜の八時、邸内でトルーマンはハリマン大使、ジョセフ・デイヴィスも一緒に夕食を摂った。食事中、第二機甲師団の楽団が演奏を行った。コーヒーが運ばれてきたとき、補佐官の一人がトルーマンに近づいて、重大問題の協議のために陸軍長官とマーシャル将軍がこちらへ向かっている、と耳打ちした。トルーマンが二階の執務室に戻るとすぐに、スティムソンとマーシャルが入って来た。ジミー・バーンズも同席した。スティムソンは一通の電文をトルーマンに渡した。ワシントンのジョージ・L・ハリソンの電報で、次のようにあった。

今朝手術決行。診断完了せざるも結果良好、期待以上。関心領域広がり、現地新聞への開示を要す。グローヴス博士満足しあり。明日帰郷すべし。委細文《ふみ》。[16]

トルーマンとバーンズがこのニュースを「非常に喜んだ」とスティムソンは日記に残した。科学者たちはうまくやってくれた。このニュースは待ち望んでいたもので、色んな問題を解決してくれるに違いない。原爆はいま、元農夫そして洋品屋からこの世に生きる最強の男となったトルーマンの魔法の手の中にあった。

「現地新聞への開示《リリース》」、の意味は、トリニティの爆発は大音響だったので、遠隔地の住民もその音を聞き当局に質問が来たため、陸軍は偽の新聞発表で疑問を晴らしておく必要があったことをいう。アラモゴードの陸軍航空基地で予期せぬ爆発が起こったが、「生命の犠牲なし」[17]というのがその新聞発表の中身だった。

リトル・ホワイトハウスでの会話は日本問題に移り、陸軍長官が多くの情報を報告した。スティムソンは日本に和平派が東京で姿を現し、モスクワのスターリン政府の代表と接触を始めているようだと語った。和平派の実態の詳細は分からないが、悪くはないニュースであった。その日の早い時間に、スティムソンは「対日戦の対応について」[18]というメモをまとめ、この会議中にトルーマンに手渡した可能性が極めて高い。スティムソンが大統領と議論したのは最後通告に関するもので――何か途方もなく破壊的な事柄が起こり得る日本への警告で、日本の降伏を期待するものだ。

「わたしには、いまが対日警告を開始すべき絶好の機会と考えている」とスティムソンは書いた。「さらに、日本の一部がロシアへの接近を図っているという最新のニュースは、早急な警告の発信を迫るものである。したがってわたしは、この会談中に、通告すべき対日警告を作成することを提案する」。日本が降伏を拒否するのであれば、とスティムソンは結論を述べた。「新兵器の威力が一〇〇％発揮されよう」。[19]

スティムソンはロシア問題も取り上げた。ポツダムでトルーマンが会談に深入りするにつれ、スティムソンはソビエトが極東問題に介入して来ることを懸念した。かれは、スターリンが東欧でやって来たことを極東でも狙っていると、――ソ連邦と共産主義の影響力の拡大を憂慮していた。スティムソンは、合衆国が、満洲の大連のような極東の貿易港の完全支配権をソ連に渡さないよう交渉しなければならない、と主張した。またかれは朝鮮半島における新たな展開も心配しており、トルーマン政権の退陣前にも、まったく新しい戦争が始まりかねないと予測していた。「ロシア人は、すでに朝鮮人の一、二個師団を訓練中と聞いている」とスティムソンは書いていた。かれは、ロシア人がこれらの師団を使って「（朝鮮に）ソビエトが支配する地域政府創設に影響力を及ぼすのではないか」と懸念していた。[20]

朝鮮は、とスティムソンは結論づけた。「ポーランド問題の極東への移植である」。[21]

この会談後、トルーマンは複雑な気持でリトル・ホワイトハウスの階段を降りた。一階では、ジョセフ・デイヴィスが、まだ食後の一服中だった。

「何も問題ありませんか？」デイヴィスが訊ねた。[22]

「うん、大丈夫だよ」、トルーマンは答えた。
「ここでも、国元でも？」
「国元では、だよ。やることはいっぱいあってね」。すぐにトルーマンはデイヴィスに、あること――トリニティ――の「大成功」を伝えた。

七月十七日午後、トリニティ実験の翌日、防弾装置を施したリムジンがバーベルスベルクのリトル・ホワイトハウスに向かっていた。車は、ネクタイはしているものの、銃を手にして冷たい表情を浮かべた、落ち着きのないグループに取り囲まれていた。リムジンにはカーテンが降ろされていたので、中にだれがいるのか分からなかった。車のドアが開かれると、スターリンが現れた。鉄の男《スターリン》はいつもの軍服胴衣姿で、モロトフと通訳のパブロフを従えていた。一同は、リトル・ホワイトハウスに案内され、陽光を浴びた窓の傍にある大ぶりの机の向こうにいるトルーマンに会った。[23]「わたしは、立ち上がって前へ進んだ」とスターリンに会ったときのことを日記に記した。「かれは手を出して微笑した」。

ヨシフ・スターリンは存命の人間の中で、もっとも謎に満ちた人物だった。アメリカ人で会ったことのあるものは、極く限られていた。かれがどこで、だれと住んでいるのか、権力政治のほかに何か好きなものがあるのか、だれも知らなかった。しかし、かれがジョージア地方の赤貧の家庭に生まれ、共産革命の闘争の中で立身したことはみな知っていた。当時は、もっとも尖鋭的なマキアヴェリ流権謀術策を弄する活動家だけが生き残り、頂点に立つことが出来た時代だった。かれは一九二二年に共産党を掌握し、自身の独裁政治の基礎を築いた。スターリンと同時に権力を手にしたものたち――ということは有力なライバルたち――のほとんど全員が、その後暗殺され、流刑にされ、政治犯として起訴、処刑され、またはあっさり地上から姿を消したことは決して偶然ではなかった。その一方で、スターリンは約一億九千万に及ぶ被支配者の恐怖の独裁者となるとともに、ソビエト連邦を工業化時代へと導いた。

トルーマンはスターリンの小柄な風采に驚いた。六十六歳のこのソビエト人は五フィート五インチ［約一メートル六十五センチ］しか背丈がなかった。刈り込んだ灰色の髪はうしろへ撫でつけられ、突き出た眉は――タバコの煙で汚されたような黄色い目を際立たせていた。肌はざらつきあばただらだった。歯にはひびが入り、色あせていた。口髭は先が尖っていたが、その微笑には何の気取りもなかった。スターリンの腕には障害がある、とトルーマンは聞かされていたが、その身体にそれと気付くところはなかった。「とくに目立ったのは」とトルーマンは記録した。「目、顔、それにその表情だった」。[24]

モスクワ大使館在勤中（引続き勤めている）に長年、スターリンと過ごしたロシア専門家のジョージ・ケナンは、スターリンの前にいるときの感覚を描いていた。「何の予備知識のない訪問者は、その地味な風貌の裏にどれほど深い計算、野心、権力欲、嫉妬心、残忍さ、悪辣な復讐心が潜んでいるかを知ることはない。わたしはかれを訪ねて、わたしが、世界のもっとも傑出した人物の一人――とにかくそう言いたければ、邪悪さ、無情、皮相、狡猾、際限ない危険性においても偉大な人物、の前にいるということを疑ったことはない。――いずれにせよ、現代の偉人の一人なのだ」。[25]

スターリンは一日の遅れを詫びた。医者が飛行機より鉄道の旅に固執したからだ、と説明した。トルーマンとスターリンは、ポツダムの議事日程に取り組んだ。トルーマンは、自分が話をしているとき、スターリンが、しっかり見つめていることに気が付き、大統領も、まさに「率直な物言い」[26]をした。通訳のチャールズ・ボーレンは座ってメモを取っており、次のような走り書きをした。

トルーマン「わたしは——あなたのともだちになるため来ました——直接の取引……」[27]。

スターリン「よろしい——仕事——助ける——ソ連はアメリカと一緒に」。

話は複雑な中国問題に移った。スターリンは、中国の宋子文外交部長とのモスクワ会談では実りがなかったことを明かした。この交渉はヤルタの密約を含むもので、中国の港湾と鉄道をソ連が利用し、管理することについて中国側の譲歩をせまるものだった。中国はこれら条件をすべて拒否した。中国人の問題は、とスターリンは文句を言った。かれらは「妥協という取引の仕方を理解できないことだ」[28]。しかし交渉はまだ続いているし、いずれにせよスターリンは対日参戦を決意した。スターリンは大統領にそう告げて、日限を八月十五日とした。

トルーマンは色々な目的を抱いてポツダムに来た。「心中にあったもっとも急を要するものは」[29]とのちに記した。「対日参戦というスターリンの個人的確約を再確認することだった。これは幕僚部の最大の懸案だった」。トルーマンは最初の本会議が始まる前にこの目的を達成した。かれは日記に書いた。「ほとんどの大問題は解決した。かれ（スターリン）は八月十五日に日本と開戦する。そうなればジャップはおしまいだ」[30]。

トルーマンは、スターリンたちを昼食に誘った。スターリンは断ったがトルーマンは固執した。「どうぞご遠慮なさらず」[31]、かれは言った。

話は決まった。昼食担当のリグドンは、食堂スタッフの働くキッチンへ駆け込んだ。珍味でもてなす時間はなかった。リグドンはのちに振り返った。「出来たのは主菜、副菜に考えていたレバーとベーコンの量を増やしただけだった」[32]。

昼食は午後一時四十分に出た。スターリンは食卓で、ヒトラーが死んだとは信じていないと言った。「かれはどこかに雲隠れしている」[33]――たぶんアルゼンチンか、スペインに、と言った。スターリンはトルーマンの食堂で出たワインを褒めた。かれが調べたがったのでたくさんのボトルが出された。ワインはカリフォルニア産だった。後日トルーマンはたくさんのワインを贈り物としてスターリンに届けた。昼食後、一同はポーチへ出て写真を撮った――リーダーたちは旧知の友人のように笑みを浮かべてポーズを取った――そしてソ連人たちは帰って行った。

その日の午後、大統領はポツダム本会談の支度にかかった。部屋で、白シャツ、蝶ネクタイ、ダブルのグレイのスーツを着ながら、トルーマンは何を考えていたのだろうか。かれはスターリンについて、すでに結論を出していた。「スターリンは何とか扱える。率直だ――しかし途方もなく頭がいい」[34]。

午後四時四十分、トルーマンはスタッフと共にリトル・ホワイトハウスを出た――MPはオートバイ、SSはジープで、サイレンを鳴らしながら国旗をなびかせた車列を護衛した。会談の行われる宮殿は、ツェツィーリエンホーフと呼ばれ、車で十分のところだった。門はロシア兵が警護しており、星条旗、ユニオン・ジャック、ハンマーと鎌、の三カ国の国旗がはためいていた。大きな鉄扉が開かれると、トルーマンの車列は、銃剣をつけ緑色の制帽を被った赤軍兵士の居並ぶ、曲がりくねった並木道を通った。そして宮殿が見えて来た――二階建ての赤いタイル屋根の高い建物である。中央にはアーチがあって中庭に続いており、そこが正面玄関だった。宮殿は一九一七年に完成し、百七十六室あった。中庭に、ロシア人はゼラニウムでできた大きな赤い星を植えていた。この日、トルーマンに従った護衛の一人が、赤い花でできた星は「ロシア人がこの会談を通しての主催者であることを印象づける」[35]ものと記録した。

各国代表には、それぞれの宮殿への入口があった。トルーマンと一同は自分たちの入口から、長い廊下を渡って、黒い木製パネルで壁が覆われた会議室に入った。そこは、天井が高く、自然光がたっぷり取り入れられる広い格子窓があった。中央には椅子で囲まれた円卓があり、その真ん中にはミニチュアの三カ国の国旗が置かれていた。水とコップは用意されていなかったが、灰皿はたくさんあった。お供を連れたスターリンとチャーチルは双方とも、トルーマンより先に来ていた。午後五時、全員が集まって写真とニュース映画のためにポーズを取った。トルーマンと会議室に入ったときのことをデイヴィスが回想した。「部屋に入ると、アーク灯と映画撮影用のカメラでほとんど何も見えなくなった。しかし、すぐに、ビジネスが『始まった』」[36]。

交渉テーブルには十五人が就いていた。各国五人で、あとの相談役たちはその周りに座った。トルーマンはこのテーブルの感触に慣れていた、ポーカーの大勝負の雰囲気があったからだ。かれは相手方をよく見た。かれは、自分が世間知らずで、十年前は、出世もおぼつかない無名の郡判事に過ぎなかったことで、相手方は優位にあると思い込んでいることを知っていた。ビッグ・スリーの指導者たちは、未来の詳細を取り決めようとここへやって来たが、かれらの関心は同じではなかった。午後五時十分、ここ、この場所で――トルーマンが言う「ナチ権力の崩壊場所から、僅か数マイルのところで」[37]――歴史的なポツダム会談が始まった。

第五部

リトルボーイ、ファットマン、ポツダム

かれには生まれながらの限りない勇気があった。本当の意味での「ガッツ」があった。
かれは何ものをも怖れなかった。たいへん愛国心があり、大統領としての威厳があった。

——ポツダムでのトルーマンを、ジャーナリストのロバート・ニクソンが評価

神様、何てことをしてしまったんだ。

——エノラ・ゲイ副操縦士、ロバート・A・ルイス、ヒロシマのきのこ雲を見下ろしながら

33

「議長[1]はどなたがおやりになりますか？」とチャーチルが質問した。

ロシアの通訳、パブロフがこれをスターリンに通訳した。「わたしは合衆国のトルーマン大統領を提案します」とスターリンが答えた。

チャーチル「英国代表もこの案を支持します」。

トルーマンが言った。「会談の議長をお引き受けします」。

ポツダムの最初の合意だった。その後の交渉は、こんなに簡単には行かなかった。たぶんトルーマンは、スターリンがすでに策謀をめぐらせていることに気付かなかったに違いない。スターリンは、それから先は――ちょっとしたご愛嬌ですら――見返りのない提案はしなかった。

合衆国の席次は、トルーマン、その右側にバーンズ長官とリーヒ提督、左側にチャールズ・ボーレンがいて、そのボーレンの向かいに元モスクワ大使のジョセフ・デイヴィスがいた。うしろにハリマン大使のほか国務省随員がいた（幕僚もポツダムに来ていたが、軍人は交渉の席には立ち合わなかった）。

イギリスの席次は、チャーチル首相、チャーチルの選挙相手で労働党のクレメント・アトリー、アンソニー・イーデン外相ほか。

ソ連の席次は、スターリン最高指導者、右側にモロトフ、左側に通訳のパブロフ。それに、厳格な交渉役のアンドレイ・ヴィシンスキー（一九三〇年代の粛清裁判でスターリンの法的知恵袋として活躍）のほかに老練な外相のアンドレイ・グロムイコがいた。

初会議は、ほとんど手続き問題に終始した。トルーマンはすでに準備していて、最初の問題点を提案した。「もっとも緊急を要する問題は、講和会議実現のためのメカニズムを創設することだと思います」とかれは発言した。[(2)]「それなくしては、ヨーロッパ経済の開発は、連合国や世界全体のお荷物であり続けるでしょう」。かれは、イギリス、アメリカ、ソ連、フランス、中国の外相から成る諮問会議の創設を提唱した。「それは」と続けた。[(3)]「サンフランシスコ国連会議で設立された安全保障会議の常任理事各国です」。この諮問会議は、とトルーマンは言う、すべての交戦国によるすべての平和条約を解決して行く役割を務めなければなりません。

部屋は紫煙に包まれながらも、会議の段取りが形になって表れ始めた。議題に上程すべき問題のリスト作成は気が滅入る議論となった。ドイツの将来とドイツの賠償問題、ポーランドの体制（依然として明らかにソ連の支配下にあった）、講和会議における中国の役割、ヨーロッパにおけるイタリアの複雑な地位の問題などがあった（ムソリーニのもとでイタリアはナチスと共に戦い、多数の連合国兵士を殺傷したが、枢軸諸国の中で最初に降伏し、国連への参加を望み、三日前に日本に宣戦布告したばかりだった）。これら問題すべてについて、チャーチルは、「ヨーロッパの入り組んだ問題——戦争を孕《はら》む活火山」と形容した。

トルーマンの個性は早い時期から発揮されていた。かれは効率的な議論を望んだ。かれは今日の議論が終わる前に翌日の議題を決めたがった。[4]「議論のための議論はしたくない」とかれは言った。「決めたいんだよ」。かれは午後五時ではなく午後四時からの開始を希望した。かれは機会をとらえて、部屋のだれもが思っていたことを声に出した。[5]「わたしは、代えようのない人の代わりにここへ参りました。故ルーズベルト大統領のことです。かりにその一部にせよ、あなた方が心に刻んでおられる故大統領の事績に役立つことが出来れば嬉しく思います」。

第一回の会議の終了前に、最初の衝突が起こった。これから起こることの前兆であった。問題は、イギリスが保有するドイツの艦船に関するものだった。

会合の終了間際に、[6]「もう一つだけ問題があります」とスターリンが言った。「なぜチャーチル氏はドイツ艦船のロシアの取り分を否定されるのですか?」

「反対はしていません」とチャーチルは答えた。「しかし、あなたが質問された以上、お答えします。ドイツの軍艦は沈めるか、分配されるべきです」。

「沈めるか、分配したいのですね?」とスターリンが訊ねた。

「戦争手段はすべて恐ろしいものです」とチャーチルは答えを避けた。

「艦船は分配すべきです」とスターリンは言った。「チャーチル氏が沈めたいのならご自分の分をどうぞ。わたしは自分の分を沈めるつもりはありません」。

「いま、ドイツ艦船のほとんど全部はわが国にあります」とチャーチルが言った。

「それが問題のすべてです」とスターリンが反撃した。「それが問題なんです。だから解決しようと言っているのです」。

一時間四十五分の論争を経て、トルーマンはドイツ艦船の問題を決着させずに初回の会議を終えた。「明日」とトルーマンは述べた。「午後四時に始めましょう」。

会議が終わると代表団一同は、主催者が豪華な料理を用意した隣室に集まった。トルーマンは、これがロシア式のやり方だとすぐに理解した。「考えられるあらゆるものがテーブルには並んでいた」(7)とトルーマンは振り返った。鵞鳥《がちょう》のレバー、キャビア、想像できるすべての肉類、色と形の異なる様々なチーズ、そして飲み放題のワインとウォッカ。

午後七時数分過ぎ、トルーマンは車列で宮殿を出た。リトル・ホワイトハウスへ向かう道路際のチェックポイントでロシア兵たちが大統領車を停車させて尋問を始めた。そのときロシアの将校が現れて、米国大統領に停止を求めたことで兵士たちを叱責した。運転手が発進させるとき、リーヒがトルーマンに耳打ちした。「明日の朝、あの将校は銃殺されますよ、賭けてもいいです」(8)。

その夜遅く別荘で、トルーマンは、ニューメキシコの原爆実験に関するワシントンからの極秘電を手にしたスティムソン陸軍長官を迎えた。

「(9)つい先ほど医師《せんせい》が、リトルボーイ（対日使用準備の出来た爆弾）が、大きい兄さん《ビッグブラザー》（トリニティの実験爆発）と同じく頑丈であると熱情と自信たっぷりに報告して来ました。先生の目に映った光は、ここ（ワシントンＤＣ）からハイホールド（ロングアイランドのスティムソンの個人別荘所在地）まで届き、かれの叫びはここからわたしの農場まで聞こえました。

トルーマンが別荘で物思いにふけっている姿は、多くのポツダムの記録が書き留めている。かれは悩んでいた。会談の開始前から、すでに三国代表は、強大な力関係が成功の鍵だと承知していた。ビッグ・スリーは戦争の勝者となったが、経済的、政治的に不安定な情況に陥っており、国益を追求すれば紛争を招く。歴史家は、その後この不安定な情況の原因と結果の論議を繰り返している。今日では自明となった事柄も、当時はよく分からなかったこともある。

アメリカ人は、世界の警察官かつ倫理の裁定者を自認していた。しかしその資本主義的な在り方とかソビエトに対する疑念は、客観的に妥当だろうか？　経験不足の新しい大統領でうまくやれるのか？　イギリス――黄金時代の超大国――は勢いを失くしていた。ポツダム会談でも、三大国は二・五大国と言われていた。ソビエトがもっとも厄介だった。交渉の席上、かれらの目的はやや明瞭でも、その動機はまったく別物だった。かれらの動機の理解には時間が必要だった。世界で唯一の共産主義国家は、自らを、略奪者でいっぱいの海に浮かぶ島国と思い込んでいた。ロシアの歴史は侵略の歴史である。何年にもわたってロシアは、蒙古人からナポレオンまで、いたるところから侵略されてきた。何世紀にもわたって、いまソビエト連邦と呼ばれる土地は、劫掠《ごうりゃく》を目的とする部族たちの襲撃を受けてきた。近代では、ロシアは侵入して来たドイツ軍と二度戦い、一九〇四～五年には、日本との戦争で敗北した。これらの時代を経て、いまこの国は世界の強国として抬頭した。スターリンは、近隣諸国に将来影響を及ぼす機会の到来と判断し、それら諸国を秘密警察、新聞検閲、傀儡政権を通じて支配することでソ連の安全保障を図ることにした。スターリンが流血を恐れず戦争をし、いまなお進んで日本と戦おうとしている理由はそこにあった。スターリンは第二次大戦の結果、自国の兵士と民間人あわせて約二千四百万人の死者を見届けることとなるが、これはほかのどの国よりも、数百万多かった（二番目の中国は兵士と民間人を合わせておよそ二千万人の死者が出た。一方、合衆国は四十一万八千五百人だった）。ここでいまソ連は血で購《あがな》った投資を回収しようとしていた。かれらはこの流血が国力と領土拡大の源泉と確信していた。ポツダムにおけるスターリンのどの発言もこの考えを示していた。

一つだけたしかなことがあった。二十世紀の後半に合衆国とソ連が、前例のない強大な世界の超大国として君臨しようとしていることである。モスクワ大使館のジョージ・ケナンは当時のソ連をこう表現した。「強力で目的意識を持つモスクワの指導のもとで、[10]二億の国民が結束し、世界屈指の工業国たらんとしている、戦後は、ヨーロッパ大陸のどの国よりも強大な国となる。良い悪いは別にして――かれらの潜在力を過小評価するのは愚かである」。

まもなく交渉は始まろうとしていた。戦争中広範囲にわたって、住民と国境が移動し、または消滅していた。ポーランド、ソ連、ドイツの周縁部分の再調整と住民の再移住も必要だった。多くの国の新政府も承認されなければならなかったが、承認の原則そのものは合意されていなかった。一方、ヨーロッパでは数百万人が飢えており、太平洋では戦争が続いていたが、アメリカはすべてを一変させる秘密を抱えていた。

ポツダムでの第一回本会談の翌日朝、トルーマンは甥のハリー・トルーマン軍曹と朝食を摂った。――軍曹は、大統領の弟のヴィヴィアンの息子だった。帰国のためクィーン・エリザベスに乗船していたところを、陸軍幹部が呼び戻してバーベルスベルクに送ったのである。「軍は、帰国するか伯父さんに会いに行くかを、本人に選ばせた」とトルーマンはベスに書いた。「きみの思ったとおりの一番恰好いい兵士だったよ」[11]。

午後一時十五分、トルーマンはチャーリー・ロスとハリー・ヴォーンを含む五、六人のお付きを伴って、数ブロック先のチャーチルの別荘に赴いた。イギリスはナチの空襲で甚大な損害を蒙り、ヨーロッパの戦争で三十億ポンドの債務を負っていた。トルーマンは、将来の経済援助をほのめかし、これに同情した。第三帝国打倒に、アメリカは現状について悲観的な話をした。イギリスがフランスのように敗北していたら、アメリカは自国の沿岸で、いまドイツと戦っていただろう。純粋な金銭面以上の問題として経済援助は正当化される」[12]。

トルーマンはトリニティの実験の話題を持ち出した。前日、スティムソン陸軍長官との会見でチャーチルはその話を聞いていた（「ニューメキシコの砂漠で実験をやりました」とスティムソンは言った。「原子爆弾は現実になったんです」）[13]。予期しない出来事ではなかったが、チャーチルはトリニティを「世界を震撼させるニュース」[14]と言った。マンハッタン計画の初期のころからチャーチルはフランクリン・ルーズベルトと共謀していた。* 原爆開発がいよいよアメリカ

＊　一九四三年のケベック会談で、合衆国とイギリスは原子爆弾について協定を結んだ。協定は次のことを取り決めていた。「われわれ（アメリカとイギリス）は相互に向けてこの力を使用しない」、「相互の承諾なく、第三者に使用しない」、「相互の承諾なく、第三者に（原爆についての）情報を提供しない」。出典：Articles of Agreement Governing Collaboration Between the Authorities of the USA and the UK in the Matter of Tube Alloys, avalon. law.yale.edu,last accessed January 28, 2017.

での事象となるにつれ、チャーチル側には当然嫉妬心が起きた。FDR亡きあと、トルーマンは首相をもぐりの業者のように感じたに違いない。とはいえ、チャーチルはトリニティのニュースに戦慄し、トルーマンと同じ結論に達した。チャーチルは対日侵攻計画にはたいへんな危惧を抱いていた。それには米兵百万に加えて英兵五十万の生命が犠牲になる、と考えていた。原爆を使うことは別の選択肢である。

この「超自然兵器」のおかげで、[15]「いますべての悪夢が消えた」とチャーチルは後日記した。「そこにあるのは——真に公平で輝かしいと思える——一、二回の衝撃ですべての戦争を終わらせられる、という洞察だった」。トルーマンとチャーチルの両者の見地は、原子爆弾の真髄は、戦闘を終わらせ、日本に降伏の理由を与え、生命を救うことにあった。[16]「この新しい手段の使用で、単に都市を破壊しないだけでなく、友人の命も敵の命も救える」とチャーチルは信じていた。

またチャーチルは、ロシアの対日参戦はもう必要ないとも考えていた。この問題は、バーンズ、スティムソン、米軍参謀長たちが多方面から研究していた。原爆によって、対日戦の局面でのロシアの交渉力は消え去った、とチャーチルは信じた。しかし——その存在をスターリンに知らせずに——原爆を使用すればひどい裏切りになる、とチャーチルはつけ加えた。トルーマンは、アメリカがソ連の対日参戦を支持するかしないかを明言しなかった。しかし大統領は同意した、秘密をスターリンに明かすときが近づいた。

[17]「わたしは」、トルーマンがチャーチルに言った。「どこかの会談の後で、通常兵器とはまったく異なる、日本の戦争継続の意志に決定的な効果を与える新しい爆弾のニュースがある、とそれだけ伝えれば良いと思いますよ」。

チャーチルは賛同した。

その日、トルーマンは日記に記した、「ロシア参戦の前に日本は屈伏する。マンハッタンを日本に見せれば必ずそうなる」。[18]

午後三時を数分過ぎた頃、トルーマンとバーンズは通訳のチャールズ・ボーレンを従えて、スターリンの別荘を訪れた。中でソ連人たちはアメリカ人たちを、またご馳走ずくめの料理でもてなした。そしてスターリンはトルーマンを、グリーブニッツ湖を見下ろすバルコニーに連れ出した。乾杯が繰り返され、外交的会話が続いた。対立する国家の互いの指導者について深刻な誤解があったことを両者が認めた。両国の世論を変える意味で、スターリンの訪米をトルーマンは勧めた。スターリンは確答を避けたが、戦時中ほどの対米協力を、平時でも続けるのは、次第に難しくなるだろうことを認めた。

スターリンは、モスクワ大使館を通じて日本から講和の打診があったことを話題にした。チャールズ・ボーレンはこのスターリンの別荘での会話をメモし、次のような公式文書にした。

スターリンは、ソ連が日本から覚書を受け取ったことを話し、日本の佐藤モスクワ駐在大使からの覚書と（日本の）天皇のメッセージの写しを大統領に手渡した……。スターリンは、この覚書に回答の必要があるだろうか、と大統領に訊ねた。大統領は、自分は日本の誠意には何ら敬意は払わない、と答えた。[19]

トルーマン、スターリン、バーンズ、モロトフはこの問題を協議し、日本の講和の申し入れは曖昧模糊としており、真摯な回答には及ばない、と結論づけた。たしかに東京の指導者たちは、日本の占領下にある満洲国境沿いに赤軍が集結していることに気付き始めており、ロシア軍の次の出方を懸念していた。裕仁天皇が講和を望むのであれば、より公式な手段を採るだろう。しかしこの論議は切り上げられた。トルーマンは、バーンズとボーレンとともにスターリンの別荘を去り、代表団は一時間足らずで交渉テーブルに戻った。

七月十八日午後四時数分過ぎ、第二回会談が始まったが、トルーマンは厳しかった。かれのやり方は前任者とまったく違っていた。ルーズベルトは場当たり的だったが、トルーマンは筋書きにこだわった。ルーズベルトの話はとりとめがなかったが、二人の大統領のロシア語通訳をつとめたボーレンによれば、トルーマンは、「きちんと的を射ていた」[20]。「ルーズベルトはチャーチルとスターリンに対して暖かく、友好的だったが」とボーレンは述べた。「トルーマンは、愛想よく距離を置いた」。あるとき会談中に、トルーマンは紙切れに走り書きした——「ジョー、ぼくはどんなかね?」[21]——そしてテーブルの向こう側のジョセフ・デイヴィスに回した。デイヴィスは返事を寄越した。「打率一千%。このテーブルで最高にあなたらしくやってます」。

一方、チャーチルはかれらしくなかった。イギリス代表団が驚いたことに、チャーチルは準備不足のようだった。代表団はかれが、今回の選挙の結果、ここ数日のうちに自分の任期が終わるのではないかと、気もそぞろなのだろう、と想像していた。第二回会談の主要議題は、ドイツとポーランドの政権問題だった。チャーチルは質問に飛びつきさらに質問をすることで紛糾させた。「国際連合加入の保証の意味は?」[22]「ドイツとはどこを指すのか?」「四(占領)地区では統一管理方式を採用するのか、それとも個別の慣習によるのか?」トルーマンはチャーチルの冗漫な物言いにだんだんと欲求不満がたまって来た。この日の大統領の日記には「この夏中、この場所で演説を聞かさ[23]

れるのはかなわない。国に帰って上院に戻りたい」とあった。

一方のスターリンは口数少なく、友好的で、自らの利害に関しては極めて防御的だった。トルーマンの見るところ、鉄の男はポーカーフェースに徹していた。[24]「スターリンは」とトルーマンは結論した。「これまで会った中で、いちばんトム・ペンダーガストに似ている」。

ところで会議室の外でのポツダムの情景は、噂話や策謀の巣と化していた。[25]「ベルリン近郊すべての情況には、何か言葉で言い表せないものがある」とスティムソンは妻への手紙に書いた。ロシア区域は閉鎖され厳重に警備されていた。スティムソンはソ連の印象を述べていた。[26]「はっきりしているのは……独裁的抑圧の雰囲気がそこら中に充満していることだ。ぼくの人生では経験したこともない……。原子力時代に一緒に平和を築こうというとき、この人たちの挙動はどうか?」

アメリカとイギリスの区域では様子が違っていた。「バーベルスベルクの英米地区の一般的空気には共同体意識があった」とイギリス代表団の一人は述べた、「人々は自給生活を送り、たがいの家に招待し合い、街なかでは挨拶し合っていた。間違いなくだれもがそこにいた。それはこの戦争最後のお祭り騒ぎだった」。

ベルリン自体には、世界中から何千人ものジャーナリストがやって来て、いろんな場所に屯《たむろ》していたが、会談への出席は禁じられていたので、具体的事実は摑めなかった。戦勝三カ国の兵士たちは街なかで互いに混ざり合っていた。ベルリンで兵士たちは暗い気持ちになっていた。一触即発状態の街だった。チャールズ・ボーレンはポツダムで暇なある夜のことを振り返った。ベルリンで一軒だけ開いていたナイトクラブに入った。[27]「ホールは三カ国の兵士で満員だった。ほとんどは酔っ払っていたが、重武装だった」。

ベルリンの町では闇市が繁昌しており、商品やサービスがすぐ手に入った。あるとき、大統領の別荘の卵が全部消え失せていた。キッチン担当のウィリアム・リグドン班長は困った。リグドンはSSに問い質した。SSは問題を解決したわけではなかったが、情報はくれた。ベルリンの闇市では卵一個が十ドルで売れると。アーノルド将軍が日記にベルリンの闇市のことを書いていた。[28]「宝石や指輪が、パンや主に缶詰肉と交換されている。交換場所は一日中、何千人かで賑わっている」。アーノルドの日記によれば、女性も闇市の役割を分担していた。一つのエピソードだが、トルーマンの運転手、フロイド・ボアリングは、大統領が車に乗っていたとき、ある陸軍大佐がトルーマンに[29]「あの、大統領はいまお独りですよね（単身の意味）……。何かご希望がございましたら、わたしが喜んでアレンジします」と囁いたのを聞いた。

トルーマンは激怒した。「やめたまえ、そんなことは二度と言うな。わたしは妻を愛している。妻はわたしの恋人だ。馬鹿げたことをするつもりはない……。二度と聞きたくない」。

ポツダムでトルーマンは仕事一筋だった。第二回会談を済ませた夜、かれは見聞したことをベスに綴った。うまく行っているよ、とかれは書いた。

[30]「リーヒ提督は、これほどやり甲斐のある仕事はない、と言っているし、バーンズもみなも浮き浮きしている。ぼくは物事が順調に行くかどうか、すごく心配している。どのみちもう始まってしまったし、目的は一つ果たした――スターリンは八月十五日に付帯条件なしで戦争を始める……。一年経たずに戦争を終わらせられるだろう。死なずに済む若者たちのことに思いを馳せよう！　これが大事なことなんだ」。

34

七月十九日午後四時五分に始まった第三回ポツダム会談の席上、トルーマンの堪忍袋の緒は切れた。ビッグ・スリーのリーダーたちは、スペインのフランコ政権の去就をめぐって火花を散らした（スターリンはフランコ追放を望んだが、トルーマンは合衆国の介入を許さなかった）。ユーゴスラビアの体制でも紛糾した（トルーマンとチャーチルは民主的選挙を望んだが、スターリンはチトー独裁を支持した）。首相《チャーチル》と最高指導者《スターリン》は、スターリンのチトーへの対応についてのチャーチルの発言が、「苦情」[1]か「告発」かで言い争いを始めた。トルーマンの出番だった。

「わたしは[2]、ソ連政府とイギリス政府と一緒に世界の問題を討議するため、ここに参りました」とかれは言った。「裁判をしに来たのではありません。それはサンフランシスコの仕事です。わたしは三カ国政府が合意できる問題の協議をしたい」。

チャーチルは答えた。「この問題は合衆国もたいへん関心をお持ちの問題だと思っていますよ、とくにヤルタ協定との関係で」。

「それはその通りです」とトルーマンは言った。「ヤルタ協定は遵守されなければなりません」。

スターリンは自分が正しいと主張した。チトーはとどまるべきだ、と。

トルーマン「その話はやめましょう」。

チャーチル「この話は大事です」。

トルーマン「フランコの件と一緒に、今日はやめておきましょう」。

この日の会議の終わりにはトルーマンはすっかり頭に来ていた。かれは物事を決めるためポツダムに来たのに、三人の指導者は何も合意できなかった。「[3]何度も何度も」とかれは後日記した。「宮殿の屋根を吹き飛ばしたい、と思った」。

問題は一段と深刻になっていった。同席していたジョゼフ・デイヴィスは、参加者たちの品定めをした。チャーチルは自分の居場所を心得て見事な捌きを見せていた。かれは、「[4]古典的伝統と最良の英国を描きだしている」とデイヴィスは言う。「[5]かれの話しぶりは古典的である」。スターリンは「そうした物腰の優美さには欠けるが、威厳と力があって時折人々を驚かせる……。かれは椅子に座り、目を閉じて耳をそばだたせていた。口を開けば簡潔だった。話の一つ一つが素直で、なるべく少ない言葉で終わらせていた。かれは機関銃のようにとても歯切れが良かった」。

トルーマンについては「[6]かれはこの競技場にあまり気づかれずにやって来た。イギリス代表もソビエト代表も、このミズーリ州インデペンデンス出身の率直なアメリカ人の特質をあまり云々しなかった。みな、かれの『優秀な頭脳』、誠実な眼差し、胸のうちを語る素朴さに好印象を受けた……。かれはこの古い欧州大陸に新風を吹き込んだのだ」。

この会談――デイヴィスが初めての「大騒動」[7]の場と名づけた――が終わったとき、チャーチル側の外相、アンソニー・イーデンは疲れました、と語った。チャーチルは「ぼくもくたくただよ」[8]と言った。

会談の三日目には、舞台裏では二つの重大問題がアメリカ代表団に起こった。一つは対日最後通告に関するものである。そろそろ最終案を詰める段階で、戦争の行方は単純な問題一つで決まるようだった。それは天皇の地位保全の諾否であった。「皇統維持問題」[9]と上司のヘンリー・スティムソンあてに国務省次官のＪ・マックロイはメモを書いた。「本件は最大の問題であり、国務省の意見も二分しております」。

「マジック」解読機によって米陸軍諜報部は暗号を解読し、日本の機密情報を入手していた。七月十七日付「超極秘」メモによれば、日本の東郷外相は、講和派責任者のモスクワ駐在佐藤大使に以下の文面を覚書にして送っていた。「現状において、日ソ友好関係の強化あるいは、終戦に際してのソ連の有効活用が甚だ困難なことは[10]充分認識しているところである」。「しかしながら、既存の線にしたがって交渉の継続を図るほか選択の余地はない」。

外相の指示は次のように結んでいた。「[11]今日、わが国が依然国力を維持しているのであれば、英米はわが国の名誉と生存を維持させ、終戦を以て自らの犠牲も節減する道を採るだろう。しかしかれらが無条件降伏に固執するのであれば、日本人は一丸となって戦争の継続を決意する」。

「日本の名誉と生存」という文言によって、文脈は明らかに天皇に言及している。天皇の地位が保全されれば、日本人は「終戦」に赴くだろう。そうでなければ日本人は相互殺戮を継続するだろう。この文章は、日本は「国力を維持している」として、敵は今後長期戦を強いられると、アメリカ人に告げているのだ。戦後数年経って、トルーマンは、ポツダムでマジックの傍受電を読んでいたことを認めた。かれはその過程を承知していたのである。

スティムソン、リーヒなどの大統領周辺の多くは、連合国の無条件降伏取り下げに賛成した。リーヒは日本の降伏決断は天皇の手中にあると信じていた。したがって少しでも天皇の地位を脅かす言動が見えれば、日本の降伏は一層難しくなる。チャーチルですら次のような結論だった。「[12]頑《かたく》なな『無条件降伏』の押しつけは止めた方が良いと思う」と回顧録に書いている。

ほかのものは反対した。バーンズはコーデル・ハルの意見を求めた。ハルは戦時中のほとんどの期間、ルーズベルトから絶大な敬意を払われていたが、一九四四年、健康上の理由で辞任した（ハルは国際連合の原案作成の舞台裏で多大な貢献をし、それに対して一九四五年、ノーベル平和賞を受賞した）。ハルは答えた。もし天皇の存続をアメリカ人が認めるとすると、「[13]合衆国でたいへんな政治的反動が起こる」。ハルは、この問題について「一般大衆が間違いなく考えただろう」ことを思っている、と述べた。バーンズはハルに同意した。バーンズは、大統領が無条件降伏以外のことを許せば、アメリカ国民はかれを「[14]磔にする」だろう、と考えた。トルーマンは最終的決断の責任者だったが、バーンズはもっとも影響力のあるアドバイザーになった。

英米が直面する二つ目の重大問題は、ソ連の対日参戦だった。合衆国が原爆を手にした以上、太平洋戦争にロシアの介入は必要だろうか？　米英の指導者はスターリンの兵士たちが中国、朝鮮、そして最終的に日本本土に進攻することを怖れた。赤軍は極東に、疫病のごとく共産主義特有のソビエト全体主義を拡大して行くことだろう。後日バーンズは述べた。「[15]ほかでもないことだが、わたしの心のうちから、ロシアの参入前にこの戦争を終わらせることが重要であるという考えが離れたことはなかった」。しかしトルーマンはいまだソ連参戦の考えを支持していた。七月二十日という遅い日付でベスにあてた手紙に、「ぼくは少なくとも一日一回、かれらに、はっきりさせている[16]よ。自分の関心は第一にアメリカであり、そして対日戦に勝ちたい、それもみな（イギリスとソ連）と一緒にやりたい」と書いた。

アメリカ代表の内部で意見が分かれていようとも、スターリンは太平洋の戦争に参加するつもりでいた。かれの軍隊の東進を阻む唯一の方法は、それが出来る前に戦争を終わらせることだった。

交渉の舞台で初めて感情が炸裂した数時間後、リトル・ホワイトハウスで、アメリカ側がポツダムでの第一回の三カ国晩餐会を主催した。厳しい外交の冷めた視線は、笑顔に道を譲り、あるものは心からそうした。その夜の手の込んだ献立は、ここしばらくヨーロッパではお目にかかれないものだった。フォアグラのパテ、キャビア載せトースト、トマトのクリームスープ、オリーブ、すずきのムニエル、フィレミニョン、グレービーソースをかけたマッシュルーム、細切りポテト、えんどう豆と人参、フレンチドレッシングをかけたトマトサラダ、ロカ・チーズ、チョコレートソースをかけたヴァニラ・アイスクリームで、アイスクリームはオーガスタがアントワープから積み込んだ。冷えたドイツの白ワインはニアシュタイナーの一九三七年もの、素晴らしいボルドー、ムートン・ダルマイヤックなど、ポンメリーの一九三四年もののシャンペン、加えてコーヒー、葉巻、紙巻タバコ、ポートワイン、コニャック、それにウォッカがあった。

「チャーチルを右に、スターリンを左に」とトルーマンはベスに書いた[17]。最初の乾杯はルーズベルト大統領に捧げられた。みな、チャーチルに乾杯し、次にスターリンに乾杯した。トルーマンはチャーチルとスターリンの二人に

「それが良い」。スターリンが答えた。「それが良い」。チャーチルは向こう側で静かに座っていた政敵のクレメント・アトリーにも乾杯した。「陛下の忠誠なる野党党首に乾杯」。これまでほとんど発言のなかったアトリーには、チャーチルの痛烈な皮肉は効かなかった。

アメリカ側では、ジェームズ・F・バーンズの印象が良かった。「ジム・バーンズはいつもと違ってご機嫌だった」と現場にいた大使の一人が振り返った。「かれの話は面白く、アイルランド人と南部人の良さが出ていた」。他方でリーヒは、禁酒のことで、みなからからかわれていた。

乾杯で、トルーマンはバーボンを飲み、チャーチルはブランデー、スターリンはウォッカを口にしたようだ。ピアニストまで乾杯された。二等軍曹のユージン・リストはマンハッタンの演奏家だったが、ベルリンでＧＩ楽団の仕事をしていたとき、とつぜんポツダム行きを命じられた。「身綺麗にな。今夜大統領の前で演奏するんだぞ」。リストはズボンにアイロンをかけ、陸軍の鉄帽を脱いで髭を剃り、車に飛び乗った。車はリトル・ホワイトハウスに駆け込んだ。素晴らしい演奏で新聞記者は絶賛し、なかでも大統領のためのミズーリ・ワルツをトップにあげた。また、リストがロシアの作曲家、チャイコフスキーの曲を演奏したあと、スターリンは飛び上がってロシア語で何か叫んだ。緊張してみながパブロフの通訳を待つと、「ピアニストに乾杯！」だった。

トルーマンは一同に「次の会談の場所はどこにしましょうか？」と訊ねた。

大統領はワシントンを提案し、チャーチルはロンドンはやめようと言った。スターリンはおどけて答えた。「そうだ、日本にも宮殿はあるよね」。

トルーマンが旧友のフレッド・カンフィルをスターリンに紹介した話は有名だが、それはこの晩餐会のときだったようだ。カンフィルは警備要員としてトルーマンに随行していた。
[24]「スターリン元帥《マーシャル》」とトルーマンはソビエト独裁者に呼びかけた。「カンフィル保安官《マーシャル》をご紹介します」（トルーマンはカンフィルをカンザス・シティの連邦保安官に任命していた）。スターリンは、大頭で、タバコを絶やさない異様なミズーリ人を見上げた。この会談後、カンフィルはソビエト代表団全員から尊敬され敬意を払われた。
[25]「大使らとバーンズは、パーティは成功したと言ってくれた」とトルーマンはベスに書き送った。「もうこの仕事はうんざりだ。だけど目的は達した」。

翌朝、アイゼンハワー将軍がオマール・ブラッドリー将軍とともにリトル・ホワイトハウスの大統領を訪れた。昼食を軽く済ませ、一同はオープン・カーでベルリンの米国地区の視察に出かけた。ここでもまた死と破壊の香りが漂い、瓦礫から拾い出した僅かな家財を押し動かす、襤褸《ぼろ》をまとったベルリン市民の惨めな行列に出会った。[26]「これほど完全に破壊された町は見たことがない」とトルーマンは記録した。それは、前夜の宴会とは全く対照的な光景だった。

ナチの元防空司令部――ドイツ空軍《ルフトヴァッヘ》の生みの親、ヘルマン・ゲーリングが司令官だった――のビルの中庭で、トルーマンは、兵士たちの星条旗掲揚に立ち合った。勲章が、第四十一歩兵連隊の功績に対して兵士たちに授与された。いまベルリンで翻っているその旗は、真珠湾攻撃の日、また合衆国がナチ・ドイツに宣戦した日にホワイトハウスに翻っていた旗だった。陸軍はこの同じ旗を、ローマ陥落時のローマで、連合軍による光の都市《みやこ》パリの解放時にパリでも掲げた。そよ風に揺れる旗を前に、トルーマンは即興で感想を述べた。

アイゼンハワー将軍[27]、士官諸君、兵士諸君、これは歴史的瞬間です。今日、わたしたちはかつての強敵の首都において、勝利の旗を掲げるために集いました……。わたしたちが平和のために、そして人類の幸せのために戦ったことを忘れてはなりません。征服を目的に戦ったのではありません。この戦争からは一片の土地も、一文のカネも奪おうと思ったわけではありません。わたしたちは、平和と全世界の繁栄を祈っているのです……。わたしたちの勝利を可能にした巨大な装備を平和のために利用するならば、人類の歴史に偉大な時代の到来が期待出来ます。これがわたしの提案です。

行事のあと、トルーマンは日記に記した。「真珠湾が起きたとき、ホワイトハウス[28]ではためいていた旗。今度は東京ではためくだろう」。

翌日以降、気疲れが続いた。夜の全体会議、昼間の外相会議、経済分科委員会会議、連合軍幕僚長会議——交渉で代表団は疲労困憊した。大英帝国参謀長、サー・アラン・ブルックは日記でそのすべてを語った。「すべて気が[29]抜けて、空っぽになった気分がする。疲れに疲れて、もう駄目だ」。

問題が複雑で手に負えず、時間も掛かった。アメリカとイギリスが、イタリアの国連加盟を支持すると、スターリンはこれを利用して、それならルーマニア、ハンガリー、ブルガリア政府——すべてソ連の影響下にある——も承認して欲しいと主張した。

ロシア軍はトルコ国境に結集していた。トルコは、黒海海峡を扼《やく》する地にあり、スターリンの戦略的要衝であった。トルコは赤軍に潰滅させられることとなるのか？

ポーランドの西側国境を巡って、スターリンは、チャーチル、トルーマンと激しく衝突した。ソ連は、ドイツ東部の広大な領域をポーランドに割譲すべきであると考えていた。* 石炭の産地としてこの地域は重要だった。ポーランドの指導者たちはポツダムに来ており、「ドイツ人はポーランド住民を虐殺しポーランド文化を破壊しようとしたから」、「歴史的正当性の表明」[30]として、この土地の領有権がある、と主張した。トルーマンとチャーチルは、ポーランド国境をドイツ領に深く押し返すことには反対した。ポーランド政府は再編されたが、依然ソビエトの管理下にあった。国境の西への突出は、スターリンの権力の西への突出を意味していた。

「ほかにもソ連政府と対立すべき問題がたくさんあった」[31]とのちにチャーチルが記述している。「ドイツ領という獲物に食らいつくポーランドもまた、（ロシアの）強烈な傀儡と化していた」。その上、ドイツのこの地域には九百万人のドイツ人が居住しているとチャーチルは考えていた。ポーランドにこの地域が割譲されたら、かれらはどうなるのか？

そしてドイツ本体をどうするのか？　チャーチルとトルーマンは、ナチズムの残滓《ざんし》をすべて破壊してから、ドイツを再建したいと思っていた。強力な、統合されたドイツのみがヨーロッパの安定に資するからだ。スターリンは同意しなかった。自らの人生で二度にわたり、かれの祖国はドイツと戦った。弱小国ドイツこそがかれの意に適う

＊ ヤルタで米英ソ三国は、ポーランドの東側国境の西への移動を認めることで合意した。ソ連がポーランドの一部を獲得した。ポツダムでポーランドは、ドイツを犠牲にして国境部分を取り戻したかった。

ものだった。

三カ国の指導者間で、経済問題が交渉を複雑にした。英国とソ連は資金と資源に窮乏していた。両国は合衆国の戦後借款を当てにしていた。一方トルーマンは、アメリカの納税者を擁護する必要があった。トルーマンはいま、困窮したヨーロッパの諸国民のすべて――数百万の戦争犠牲者を抱えた――が、食糧と支援をアメリカに頼っている現状を憂慮するばかりだった。上院議員のアーサー・ヴァンデンバーグの言う「史上最高額の白地小切手」[32]を振り出すわけではない、とアメリカの納税者を安心させるという、途方もないプレッシャーがトルーマンにのしかかっていた。

「これ以上合衆国は、見返りの見通しのない資源の投入は出来ません」[33]と交渉の席で、トルーマンは発言した。「自立できる諸国への資金提供は継続出来ません。わが国は、そうした国々の自立を支援したいと思っています」。

最終的に、最大の熱気を帯びた米ソの摩擦は思想上の対立だった。イタリア、ハンガリー、ルーマニア、ブルガリア、トルコ、オーストリアなどの政府の将来を議論する過程で、両国の懸隔は拡大を続けた。アメリカは、人道、平和、経済利益の見地から世界の民主国家化と政治的安定を求めた。そのためには勢力の均衡が求められる。ソ連は生き残りをかけて、不安定と国力の不均衡を望んだのである。ソ連にしてみれば強い国は脅威となる、弱い国はそうではない。この不均衡こそが鉄のカーテンの生みの親だった。

二十一日の夜、スターリンはロシアの公式晩餐会を主催した。食道楽競争でアメリカを凌駕するつもりだった。「まずキャビアとウォッカで始まった……」[34]。トルーマンはマギーに手紙を書いた。「そして燻製にしん、それから白身魚と野菜、次に鹿肉と野菜、そして鴨とチキン、最後にデザート二種のアイスクリームと苺、しめくくりに西瓜の薄切り。白ワイン、赤ワイン、シャンペン、コニャックは飲み放題だった。ところでトルーマンは鋼鉄の男に、なぜそんなにウォッカが飲めるのかと訊ねてみた。通訳を通してスターリンは答えた。「[35]これはフランス・ワインですと大統領に伝えなさい。ぼくは心臓発作を起こしてから以前ほど飲めなくなった」。

チャーチルは「[36]借りを返す」約束をした。そこで七月二十三日、首相が晩餐会を催したとき、全英国空軍オーケストラに演奏を任せた。スターリンはチャーチルの招待に五十名ばかりの武装兵とともに装甲リムジンで到着したが、トルーマンは、バーンズとリーヒにSS三人を伴って、徒歩で姿を現した。

一方で会談の本筋の話が、公式会合と豪華な晩餐会から外れた舞台裏で進行していた。「[37]大部分が目立たずに、ここで動いている」とジョセフ・デイヴィスが日記に記した。

七月二十一日、トルーマンはこれまでに目を通した中で、もっとも記憶に残る文書を受け取ったようだ。午後三時三十分、スティムソンが、グローヴス将軍からのトリニティの完全記録をリトル・ホワイトハウスに持参したのである。「[38]それはたいへん強烈な文書だった」とスティムソンは日記に付けた。グローヴスのメモは、数千マイルを飛行機で乗り継いだ特使が届け、大統領の目の前に置かれた。機密を守るため、安全保障上、グローヴスは電信を避けた。ドアを閉めて、スティムソンはトルーマンとバーンズに文書を読み上げた。文書は一行置きにタイプで打たれ、十四頁あったので、かなり時間がかかった。

[39]一九四五年七月十六日午前五時三十分、ニューメキシコ州アラモゴード空軍基地の遠隔地区において、圧縮型

核分裂原子爆弾初の本格的実験が行われた。史上初の核爆発が起こった。何という爆発だったことか……。だれしもが想像したもっとも楽観的な見通し以上の大成功だった。最新の作動資料から見て、わたしは発生したエネルギーがTNT火薬一万五千トンから二万トンに相当すると推定する。

詳細なグローヴスの報告に、みな釘付けになった。スティムソンは、読みながらトルーマンとバーンズの「満[40]足」した様子を見た。グローヴスは続けた。

短時間、半径二十マイル〔約三十二キロ〕にわたって、真昼の太陽数個分の光が出現した。数秒続く巨大な炎の球体が出来上がった。この球体はきのこ状になって、消えるまでに一万フィート〔約三千メートル〕を越える高さまで上昇した。この爆発の光は、おおむね百八十マイル〔約二百八十九キロ〕離れたアルバカーキ、サンタフェ、シルバーシティ、エル・パソその他の地点からはっきり見ることが出来た。

グローヴスは爆心地から百二十五マイル〔約二百キロ〕離れた地点の窓ガラスが爆風で吹っ飛んでいるところを見た。爆弾を落下した鋼鉄の塔は蒸発していた。火の玉は四万一千フィート〔約一万二千五百メートル〕まで上昇した。きのこ雲は、自身[41]「高度放射性物質の巨大な集積」と化していた。爆発後のトリニティの情景について、グローヴスは、ロスアラモスの野戦作戦部長のトマス・ファレルの言葉を引用している。[42]「現在の戦争に関して、何が起ころうと早く終わらせ、多くのアメリカ人生命を救う手段をわれわれはいま手にしているという実感を得た」。

読み終わると、スティムソンは大統領を見上げた。トルーマンは「元気いっぱいの様子だった」とスティムソンは見た。「かれは、まったく新しい自信を貰った、と言った」。[43]

そしてスティムソンは、グローヴスのメモをチャーチルの別荘に持って行った。首相はこう話を終えた。「スティムソンくん、大砲の火薬は何だったのか？　取るに足らない。電力は何だったのか？　意味がない。原子爆弾は神罰の再来だ」。[44]

35

七月二十四日から七月二十六日にかけてポツダムで決定的な日々が続いた。

七月二十四日の朝、大統領は別荘で、対日最後通牒案――ポツダム宣言――をホワイトハウスの作戦室に送るよう指示した。併せて重慶の中国駐在大使、パトリック・ハーリーに通知するよう指示が出た。ハーリー大使から蔣介石中国総統に、宣言案は手渡されることとなった。最後通牒は、対日宣戦を布告した米英中三カ国から発せられるので、その表現内容には蔣介石の承認が必要だった。トルーマンとチャーチルはすでに署名しており、蔣介石が署名すれば、ただちに宣言は世界中に公表される。

ここ数週間、国務省と陸軍省は、天皇という難題と無条件降伏の用語法を巡って論争を重ねてきた。日本の暗号が解読できてから、アメリカは敵の交信傍受を続けていた。傍受、解読、翻訳された通信文には、東京の東郷外務大臣がモスクワ駐在大使に、[1]「無条件降伏に関し……、いかなる状況においてもこれに同意せず。戦争が長引き、さらなる膨大な流血が予想されても、敵が無条件降伏を要求する限り、国民一丸となって皇国に殉じ敵に対峙する」と記してあった。

最後通牒案は、無条件降伏という用語を使っていた。とはいえ、次のような言い回しをしており、天皇の収監または殺害はない、と匂わせていた。

日本国軍隊は完全に武装を解除された後、各自の家庭に復帰し、平和的かつ生産的な生活を営む機会が与えられる。われわれは、日本人を民族として奴隷化したり、または国家として日本を滅亡させようとする意図を有しないい［イタリック体〔本訳書では傍点〕は原資料のまま］が、われわれの捕虜を虐待したものを含む一切の戦争犯罪人に対しては厳重な処罰が加えられなければならない。日本国政府は、日本国国民の間における民主主義的傾向の復活強化に対する一切の障害を除去しなければならない。言論、宗教および思想の自由ならびに基本的人権の尊重は確立されなければならない……。これら目的が達成され、日本国国民の自由に表明された意志に従って、平和的な傾向をもった責任ある政府が樹立された場合には、ただちに連合国の占領軍を撤収する。(2)

ポツダム宣言には原子爆弾［傍点・原文はイタリック体］という言葉の記載はなかったが、「完全なる壊滅」(3)の急迫とあった。その結びは次の通り。「われわれは日本国政府が直ちに全日本国軍隊の無条件降伏を宣言し、かつ右の行動における同政府の誠意につき適当かつ充分なる保障を提供することを要求する。右以外の日本国の選択は、迅速かつ完全なる壊滅があるのみとする」(4)。

中国の承認を求めて通牒案が送付されたあと、午前十時二十分、リトル・ホワイトハウスにスティムソンが来てトルーマンに会った。スティムソンは、無条件降伏を求めたのは間違いだったと述べたが、もう遅かった。話はマンハッタン計画に移った。トルーマンは、その日遅い時間の全体会合の終了後、スターリンに原爆のことを伝えたいと言った。スティムソンはトルーマンに、原爆の投下準備の完了日を伝えた最新の最高機密電報を見せた。

七月二十四日のスティムソンの訪問は一時間に満たなかった。しかし人類にとっては運命的な時間だった。日本への原爆投下のトルーマンによる公式決定の文書は残されていない。しかし翌日のトルーマンの日記には、このときのスティムソンとの対談を次のように記述していた。

> [5]この兵器は本日以降八月十日までに使用される。陸軍長官のスティムソン氏には、目標を軍事施設と陸海軍とし、婦女子を除くよう申し入れた。日本人《ジャップス》がいかに野蛮、冷酷、無慈悲、狂信的であろうと、われわれは公共の福祉の世界の指導者として、（日本の）古い首都、京都と新しい首都（東京）にこの恐るべき爆弾を投下することは出来ない。かれとわたしの意見は一致した。目標は純粋に軍事的なものに限定し、降伏し生命を守るよう日本人に警告する。かれらがそうしないことは分かっている。しかしかれらにチャンスを与えるのだ。ヒトラーやスターリン一味がこの原子爆弾を発明しなかったことは本当に良かった。これはこれまでの発明品の中でもっとも恐るべきものであるが、もっとも役立つものになり得る。

同じ日の午前十一時三十分——スティムソンがトルーマンの別荘を出てすぐに——チャーチルとイギリスの軍事リーダーたちが共同参謀長会議のために訪ねて来た。ここでイギリスとアメリカの高官たちは、首相と大統領に終戦のための最終戦略に署名を求めた。

地上作戦は依然、「対日戦の究極の作戦」[6]と考えられていた。トルーマンに近い高官の多くがそのときすでに、またはそのあと、ロシア軍はもう不要と言っていたが、共同幕僚部の最終決定は、「ロシアの対日参戦を奨励する」[7]だった。理由は、たしかに、原爆の不確実性にあった。この最新の時点でも高官たちは原爆の使用に確信が持てなかったのである。「みなロシアの対日参戦を望んでいた」[8]とトルーマンはのちに語った。「原爆がどんなものかが分かっていれば、熊さんにいて貰う必要はなかった」。共同参謀長会議は、終戦の日付を一九四六年十一月十五日に設定した——まだ十六カ月先だった。その間の犠牲は膨大になるものと予想された。

数時間後の午後五時十五分、トルーマンは本会談を開催した。ポツダムの険悪な論議が始まった。議題は、東欧諸国政府の問題とポーランドの国境問題であった。スターリンは、ハンガリー、ブルガリア、ルーマニア、そしてフィンランドの政府を、早急にイタリアと同じ扱いとするよう強要した。かれはロンドンとワシントンが、公式にこれらの政府を承認するよう希望した。トルーマンとチャーチルは、イタリアがソ連の影響下にあるとは考えていなかった。したがって、二人にはイタリアを国際社会に迎える用意があった。その他諸国は、鉄のカーテンの裏側で、ソビエトの傀儡政権に統治されていることが明らかだった。

チャーチル「衛星諸国[9]（ハンガリー、ブルガリア、ルーマニア）については情報が入りませんね。自由に連絡することが出来ません」。

スターリン「でも、あなた方はイタリアを承認したではありませんか?」

トルーマン「衛星諸国にイタリアと同じ条件が整えば承認できますよ……。わたしたちは、民主化の線に沿って政府が再編されないか、とお尋ねしているのです」（出席者はトルーマンが言いたいことを理解した。トルーマンとチャーチルは、ソビエト化されていると信じる政府の承認は拒否すると言っているのである）。

スターリン「衛星諸国には、イタリアにほぼ近い民主政府がありますよ」。

トルーマン「これら政府が改編されるまでは承認しない、とはっきり申し上げた筈だが」。

チャーチルはルーマニアの例を引いた。「ブカレストにいるわが国の使節団は実質的に拘禁されている」とかれは言った。「元帥（スターリン）は、発生事件の長大なリストをご覧になればきっと驚かれるでしょう」。

スターリンは怒って答えた。「みんなお伽話だ」。

合意の余地はなさそうだった。ソビエトの影響力は東ヨーロッパに深く浸透していた。トルーマンとチャーチルには、軍事力の使用以外にこれを止める手段がなかった。

休会に入るとトルーマンは行動した。通訳のボーレンについて来なくて良いと告げ、テーブルをまわってゆっくりスターリンに近付き、静かに話しかけた。午後七時三十分だった。ロシア側通訳のパヴロフが通訳した。「わたしはそれとなくスターリンに声をかけた」[10]と後日トルーマンは記した。「わたしたちは異常な破壊力を持つ兵器を手にしました、と。ロシア最高指導者はとくに関心を示さなかった。かれの言ったのは、その話を聞いて嬉しい、『日本軍に上手く使って』くださいだけだった」。部屋の向こう側からボーレンがスターリンの顔を注視していた。「スターリンは、素っ気なかった」[11]とボーレンは見た。「大統領のメッセージが正しく伝わったのかどうか疑問だった」。

そして、チャーチルがトルーマンに近づいて訊いた。「どうだった？」[12]

「何も質問はなかったよ」、トルーマンは答えた。

事は終わった。アメリカ人とイギリス人はみな、スターリンは原子力の知識がないと判断した。ボーレンはのちに述懐した。「独裁者を過小評価するのではなかった」[13]。

後日証拠が示すように、ロシアはアメリカの原子力分野の業績を貪欲に探るだけでなく、独自の爆弾をすでに開発し始めていた。会談終了後、ロシア代表団の一人、ゲオルギ・ジューコフ将軍は、スターリンとモロトフが、その夜のトルーマンの秘密の暴露について、声をひそめて話していたことを覚えていた。モロトフはスターリンに、「急ぎましょう」[14]と伝えた。「わたしは二人が原爆開発について喋っているのだ、と認識した」とジューコフは振り返る。

冷戦の始まりは定かでない。しかし、歴史家のチャールズ・L・ミー・ジュニアが指摘するように、核兵器の競争はまた別の話となる。「二十世紀の核開発競争は一九四五年七月二十四日、午後七時三十分、ツェツィーリエンホーフ宮殿で始まった」。

二十五日の朝、トルーマンは重慶のハーリー大使がまだ対日最後通牒の案文を受け取っていないと聞いて驚いた。バーンズはただちに調査を命じた。この連絡不備はだれかの馘首《くび》につながるものだった。わかったことは、ホワイトハウスの作戦室の職員たちは、間違いなく、送付のため海軍へ手渡したが、文書の重要性を認識することなく海軍の将校が五時間も文書の打電を怠っていたのだった。しかもホノルル経由で送られたので、さらに遅れた。トルーマンとバーンズは怒った。ポツダム宣言の遅れは原爆使用の遅れになり、その結果終戦も遅れるのである。ハーリー大使は、重慶時間の二十五日午後八時三十五分にどうにか最後通牒を受領した、と打電してきた。トルーマンの別荘を発してから一日の遅れだった。ハーリーはトルーマンに打電した。「翻訳は真夜中過ぎまで出来上がりません」[15]。蒋介石の承認を得るためハーリー大使が最後通牒を手渡そうとしたが、中国総統は宮殿におらず、山岳地帯で揚子江を渡っているところだった。深夜、ハーリーはフェリーで揚子江を渡った。

その日遅く、ポツダムのツェツィーリエンホーフ宮殿でビッグ・スリーは交渉テーブルを囲んで、またもや攻防を繰り広げていた。この九回目の本会談が終了すると、会議室内にカメラマンたちが雪崩れ込んで、愁嘆場をとらえようとした。ウィンストン・チャーチルとその政敵、クレメント・アトリーは、選挙結果を知ろうと、ドイツを離れて英国に戻るところだった。

チャーチルとアトリーは二人して、トルーマンとスターリンに挨拶した。トルーマンはイギリス人二人に言った、「お二人ともに、ご幸運を祈ります」[16]。

「淋しくなります」[17]とスターリンは言った。

「戻って来ますよ」とチャーチルが答えた。

スターリンはチャーチルの政敵、アトリーを見つめた。アトリーの顔つきを見て、スターリンは、急いでチャーチルの後継ぎになることもないだろう、と声高に言った。

チャーチルが出口に向かうと、ジョセフ・デイヴィスがそれを見届けた。「まぶたに涙が一筋きらめいていた」[18]

とデイヴィスは記した。「しかし、足取りはしっかりとしていて元気そうだった。かれは旅路の終わりを予感しているようだった」。

首相が去ったときの交渉は低調だった。この日の交渉は順調に進まなかった。東欧を巡って何ら進展はなく、三国はまたも衝突した。トルーマンはベスにこう書き送った。「どうしても合意できないことがある。ロシアとポーランドはドイツの広大な土地を奪って、イギリスとわれわれに同意を求める。ぼくはぴしゃっと断った。ぼくたちはドイツの枢軸国だった警察国家（ルーマニア、ブルガリア、ハンガリー）の承認は冷厳に拒否した。ぼくはスターリンに言ってやったよ。ぼくたちに関する限り、ぼくたちがこれらの国に自由に出入りでき、国民の財産権が回復されるまでは絶対に承認しないよ、と」[19]。

チャーチルがいなくなったいま、何ら大きな問題が解決することはなかった。

別れの挨拶と公式写真撮影が終わったあと、トルーマンはジョセフ・デイヴィスと別荘に戻った。車中、トルーマンは疲れているようだった。ポツダム会談は計画通りには行かなかった。ソ連人とアメリカ人の溝はさらに広がり険悪になった。まもなくトルーマンは合衆国に戻り、国民と対面しなければならない。かれには説明責任がある。いまツェツィーリエンホーフからの車中で、議会がポツダムの成り行きにどう反応するのかを推測することは難しかった。デイヴィスの回想によれば、トルーマンはこの短い車中で、大統領を辞めようと考えている、と言った。「もし、上院と下院で大統領が支持されなければ」[20]。歴史をよく学んでいたトルーマンは、これが自分の遺産にどんな意味があるのか充分わかっていた。かつて辞任したアメリカの大統領はいなかったのである。

これは決定的瞬間における大統領の真意の驚くべき解き明かしであり、窓口でもあった。デイヴィスは、「よく[21]

お考えになった方が良いですよ」と答えた。

七月二十六日、トルーマンはいつものように早起きした。イギリスの指導者がいないので、交渉はなかった。午前八時、かれは聖牛に搭乗し、フランクフルトに向かった。お供の中に、ハリー・ヴォーンとフレッド・カンフィルがいた。ほかの一機にジミー・バーンズとそのスタッフが乗り、さらに三機目として大統領の旅を追う新聞記者の機が続いた。フランクフルトの陸軍航空基地で、アイゼンハワー将軍と第五〇八空挺隊の儀仗兵が出迎えた。

直線距離三十マイル（約四十八キロ）の道路には、陸軍部隊が並んでいた。トルーマンは、アイゼンハワーの装甲車に同乗して部隊を視察した。ある地点で、かれは一人の兵士に名前を訊ねた。「兵士は脅えて答えられなかった」とトルーマンは回想した。「しかし、うまくなだめて落ち着かせた」。大統領職はそれほど威力があるのだ。アイゼンハワーの車は、田園地帯の奥深く進み、空襲を受けなかった趣きのある村落をいくつか通り過ぎた。

こんな田舎をめぐればドイツ人がみなナチスとは限らないことに気づかされる。嫌々ながら戦中を生きてきた多勢のドイツ人――家族を、仕事を、生活そのものを失った数多くのドイツ人がいた。アイゼンハワーはのちに、大統領と同乗した感動的な時間を思い出した。

「車の中で」[23]とアイゼンハワーは振り返る。「大統領はわたしの方を向いて、とつぜん言い出した、『将軍、ぼくがきみの応援をしないように望んでも、それは無理だよ。』とくに一九四八年の大統領選挙のことでだよ」。

アイゼンハワーは高笑いした。「大統領閣下」[24]と真面目に言った。「大統領選挙であなたの対立候補がだれだか知りませんが、でも、それはわたしじゃありませんよ」。

一行は、アイゼンハワーがドイツのアメリカ占領地区の軍政府を置いたフランクフルトの司令部で視察を終えた。司令部の各事務室は元Ｉ・Ｇ・ファルベンのビルに置かれていた。この会社は巨大な化学会社で、強制収容所での毒ガス殺害で使用された毒の多くを製造していた。

午後七時、トルーマンがリトル・ホワイトハウスに戻ると、二通の電報が来ていた。一つは長期にわたってイギリスに駐在しているアメリカ大使のジョン・ワイナントがロンドンから寄越したものだった。チャーチル敗北。イギリス国民は新首相にクレメント・アトリーを選ぶ。アメリカ代表団の全員は呆然としたが、もっとも呆然としたのはチャーチル自身だった。もう一つは重慶のハーリー大使からのものだった。蔣介石は最後通牒の文言について、小さな一箇所の変更を除いて同意した、と伝えてきた。

ベルリン時間午後九時二十分、チャーリー・ロスがポツダム宣言を報道陣に配布した。報道陣の仕事は、いまこの文書を、とにかく東京へ伝えることであった。それは日本の「無条件降伏」を要求していた。[25]「われわれ合衆国大統領、中華民国政府主席およびグレート・ブリテン国総理大臣は、われわれの数億の国民を代表し、協議の上、日本国に対し今次の戦争を終結する機会を与えることに意見が一致した」とそれは始まっていた。

「日本は、無謀にも日本帝国を壊滅の淵にまで追い込んだ独善的な軍事指導者の支配を受け続けるか、理性の道を歩むべきかを決定すべき時が到来せり」。

ロスはホワイトハウスの自分の補佐、イーベン・エイヤーズに電報を送った。[26]「大統領は、ＯＷＩ（戦時情報局）が、あらゆる可能な手段でメッセージを日本国民に届けることを開始せよ、と希望しておられる」。まもなく航空機群が日本本土上空から六十万枚のビラを撒いた。最後通牒はラジオ放送され、そのニュースは七月二十七日の世界中の朝刊の一面に掲載された。

二十六日の夜、トルーマンは別荘のポーチでゆっくりしようとした。代表団の一人がそれを見て日記に書いた。「かれは疲れた様子だった」[27]。トルーマンはスターリンが憤怒に燃えるだろうことを知っていた。最後通牒についてスターリンとはまったく協議をしなかった。しかしソ連はまだ日本とは戦争していない。したがって正式協議を要請する権能を持っていないのである。最後通牒が新聞に公表されたことを受けて、トルーマンはとくべつの使者を立てて、ポツダム宣言をバーベルスベルクのロシア地区にいるモロトフに届けさせた。大統領は、翌日、間違いなくロシア人の反応に接することを確信していた。

36

七月二十七日午後六時、ビャチェスラフ・モロトフは、ジミー・バーンズと一対一で話し合うためにリトル・ホワイトハウスを訪れた。モロトフがやって来る前から現場には不穏な空気が漂っていた。[1]「大事な日だ」、バーンズの補佐、ウォルター・ブラウンは自分のメモに記した。「ロシアは協力して要求を取り下げるか、それともわが国との関係を壊すかだ……。ＪＦＢ（ジェームズ・Ｆ・バーンズ）と大統領は毎日、ロシア人への怒りを増幅させている」。

バーンズとモロトフはそれぞれの通訳、ボーレンとパブロフをしたがえて座っていた。モロトフは腹を立てている様子だった。かれは、対日最後通牒についてソ連が相談を受けなかった理由を知りたがっていた。

この会談のボーレンの議事録には、「長官《バーンズ》は、ソビエト政府は日本と戦争していなかったので相談しなかった、ソ連に迷惑をかけたくなかった、と言った。モロトフは、わたしはこの件でこれ以上議論する権限を与えられていないと答え、後日スターリン元帥がしかるべく対応する、という意味の言葉を残して去った」と記されている。

イギリス代表団は、まだポツダムに戻って来ていなかった。バーンズとモロトフは単独で、亀裂の甚だしい問題の一つである賠償とドイツの将来について交渉を行った。正義と先例にしたがえば、ドイツは連合軍の損害を補償しなければならなかった。この戦争でソ連は、ほかのどの国よりも多大な死者をこれまでに蒙っており、ソビエト人は賠償の飛び抜けて大きな分け前を期待した。その資金は戦後のソ連の拡張計画に決定的な役割を果たす。ヤルタでルーズベルトは——「[2]叩き台」としての——二百億ドルの数字を受け入れ、うち半分をソ連が受け取るという提案を了承した。いまポツダムで、ソ連はドイツから百億ドル欲しい、と言い出した。バーンズはモロトフに説明しようとした。二百億ドルという数字は叩き台ですよ、と。

「もしあなたが、[3]わたしがあなたに百万ドルの借りがあると言って、わたしがあなたと話し合おうと言っても」とバーンズは述べた。「そのことは、わたしがあなたにただちに百万ドルの小切手を切るという意味ではありません」。

「わかります」、モロトフは答えた。しかしかれは分かっていなかった。問題は理解されていなかった。ソビエトは支払いを求めた。

　アメリカは賠償問題に注意深く対応した。いまソ連が、赤軍の占領地区のとくにドイツで、広範囲にわたって略奪している事実があったからだ。ソ連はすでにドイツの犠牲において賠償を取り立てていたのである。トルーマンは、富裕な石油実業家、エドウィン・ポーリーを連合国賠償委員会代表に任命していた。ポーリーはドイツを歩き回りソ連兵を観察した。ときには隠れて十六ミリのカメラを持ち込んだ。かれの報告は信じられなかった。ポーリーは、赤軍の兵士たちが、「[4]木工器械、パン焼きがま、織機、発電機、変圧器、電話設備などなど、とても戦力にはならず、戦利品とも言えないものを、荷造りしていた。わたしの目の前にいてソ連へ戻る途中だった」と書き留めていた。

バーンズ＝モロトフ会談の一週間ほど前、ポーリーの職員二人がベルリンの鉄道駅の貨物ホームを観察していた。「ほとんどがソ連の陸軍服を着た一群の労働者が」[5]、「箱、木枠、袋、俵、ドラム缶、ボイラー、部分梱包された機械、大きな機械部品などを」、ソ連行き車両に移動させていた。「電気設備、砕鉱機、木工機械、印刷機などなども……」。

バーンズがモロトフに、ドイツの設備や資材と家庭用品もソ連当局は移送しているのかと訊ねると、モロトフは否定しなかった。「はい」[6]、かれは答えた。「そういうこともありますね」。

百億ドルの支出は現実的ではない、とバーンズはモロトフに説明した。ドイツは悲惨な状態にある。水も住居も不足していて数十万人が飢えている。ドイツに百億ドルの支払いが可能な唯一の方法は合衆国からの借款だが、それはまず返済されない。アメリカ政府は第一次大戦後に同じ失敗をした。アメリカ国民はその再来を我慢する筈がない。バーンズは別の行動計画を提案した――「たとえば[7]、各国が各（占領）地域から賠償を取り立てて、物資を地区間で交換するのはどうだろうか」。

モロトフは詳細な説明を求めた。これは四カ国各々が現在の各占領地区で「（賠償取り立てに）自由に行動し[8]、他国とまったく別行動ができる、ということで良いのか？」

会談の議事録によれば[9]、「長官《バーンズ》は、基本的にはそれで良い、と述べた。ただし、区域同士の製品交換には協定が必要との考えを持っていた」と記されていた。ロシア地区はもっとも食糧に恵まれていたが、産業はほとんどなかった。英国地区は最大の工業地帯だったが、食糧の移入を必要とした。経済状況の格差は交易を必要とするが、各占領国は各々の地区から賠償を取り立てれば良い。バーンズ計画は、最終的には統合される、平和的に占領されたドイツのためのメカニズムを構築する試みだった。それは将来の米ソ紛争およびドイツの東西分裂を回避することを目的としていた。

[10]「長官は、こういう調整を抜きに困難は乗り越えられず、諸国間の不和と紛争の原因が温存されると思う、と述べられた」とボーレンは記録した。

モロトフは、アメリカが百億ドルのヤルタの約束を反故にしたと繰り返し、この話を進めなかった。交渉は何ら合意なく振り出しに戻った。すでに、ドイツの平和的再統一の望みは消え去ったように見えた。

七月二十八日の朝には、トルーマンは精神的に参っていた。ワシントンを離れて二十二日経っていた。大西洋横断電話ケーブルを通してベスとは話せたが、彼女の声を聞いて、[11]「すごいホームシック」状態になった。かれは母親と妹に手紙を書いた。[12]「さて、」と書状は始まった。「また一週間が過ぎました。ぼくはまだこの神様に見捨てられた国にいて、イギリスの新しい首相の到着を待っています」。

ヨーロッパ滞在中も、トルーマンは国連憲章についての上院の議論の進展を注視していた。二十八日の早い時間にトルーマンは上院が投票の準備に入ったことを知らされた。エドワード・ステテニアスが大統領に打電した。[13]「国際連合憲章の討議は順調に進んでおります。今週、約四十人の上院議員が発言を済ませました。何の問題もありません。上院は本日午後、憲章の投票を行い、夜、休会になります」。数時間後、ステテニアスは再度電報を寄越し、上院が国連憲章を批准したことをトルーマンに伝えた。暗い日々の中での輝く瞬間だった。

トルーマンはチャーリー・ロスに声明を一つ渡した。それはワシントン時間午後六時に公表すべくホワイトハウスに打電された。「実質的に満場一致を以て国際連合憲章が上院で批准されたことは、喜びに堪えないところであります。上院の行動は、世界平和への本質的な第一歩を踏み出すものであります」[14]。このときトルーマンはルーズベルトの思いを胸に刻んだに違いない。問題は、国連がうまく機能するのか、それとも第三次世界大戦によって廃棄されるのかにあった。

国連憲章を上院が批准した同じ日、日本はポツダム宣言に正式に反応した。拒否したのである。日本政府は、「(ポツダム宣言に) 重要性があるとは考えず」[15]、鈴木貫太郎首相は記者会見で、「わが国はこれをモクサツ［黙殺］する」と述べた。海外放送情報局は、このモクサツという言葉の翻訳にあたって、無視という言葉を使用した。実際には、この言葉は「無視して取り合わない」という──曖昧な観念を表した。日本の通信社からの別の報告では、日本は「大東亜戦争を最後の最後まで遂行する」[16]ことが宣言に対する答えである、と伝えていた。

敵の意図は行動によって明らかになった。自爆攻撃である。ポツダムの最後通告を拒否した翌日の七月二十九日、カミカゼの大群が米艦船に襲いかかった。一機は駆逐艦キャラハンに突っ込み、艦上にいた四十七名の水兵を太平洋の藻屑とした（キャラハンは第二次大戦で沈められた最後の米駆逐艦だった）。「ジャップたちは……同時に複数の航空機を使用した」[17]と七月三十日、トルーマンの別荘あてにワシントンから打電した極秘軍事情報が伝えた。「ちゃちな」カミカゼは「木と繊維にベニア板で出来ていた」と報告は指摘していた。これら航空機は片道飛行用に製造され、敵は資源が尽きるまで、最後の一兵まで、実際に戦うつもりだ、とアメリカ人は憶測する外なかった。

日本がポツダム宣言を拒否した翌日のアメリカの新聞各紙は、第一面に拒絶記事のほか、大々的に自爆攻撃について書き立てた。ニューヨーク・タイムズの一面には、[18]「日本の内閣、最後通牒を熟考……。天皇、最後まで戦う」と書かれていた。

七月二十八日午後九時十五分、新首相がリトル・ホワイトハウスに姿を見せた。クレメント・アトリーは老年の大学教授の風貌があった――光った頭が髪に覆われ、バランス良く肩の上に乗り、常にパイプをくわえた唇がねじ曲っていた。かれは普通の中産階級出身でオックスフォードを卒業し、イギリスの国家権力のトップへ静かに上りつめた。アメリカ代表団は、イギリスの庶民がこの大事な時期に、国王陛下の連立内閣を預かるため、この人物を選んだ事情を測りかねた。ソ連人も同じように感じていたようだ。リーヒ提督が記録したように[19]「すべての問題で(チャーチルは)論敵だったが、スターリンとその高位相談役たちは、個人的にチャーチルには高い敬意を払っていた。アトリーが後任になってから、かれらの態度はいちじるしく冷淡になった」。

いまやビッグ・スリーのうち二人までが新人となった。トルーマンと同じように、アトリーは国際的に好奇心の対象となった。トルーマンとは異なり、アトリーは、自分たちの指導者として国民に選ばれたのである。

とはいえ、新首相はさっそくトルーマンと連携を図った。アトリーは新しい外務大臣、アーネスト・ベヴィンを伴っていた。ベヴィンはコクニー［ロンドン英語］を喋り、体重が二百五十ポンド［約百十三キロ］以上あった。バーンズとリーヒが同席して、かれらはただちに当面の、ことごとに複雑化した問題にソ連とどう折り合うかの話し合いに入った。一時間ほど経ったその夜の午後十時三十分、ビッグ・スリーはツェツィーリエンホーフ宮殿の交渉テーブルに戻り、仕事を再開した。スターリンは声明を発表するよう要請した。

考えている。「ロシア代表は日本国民向けの英米の通告の写しを貰った」とかれは言った。「たがいに連絡し合うことを義務と考えている」[20]。かれの声音には、米英に裏切られたという思いがあったが、かれはひとまず話を置いておいて、後日必要なときに持ち出そうとしている様子だった。そしてスターリンは驚くべきニュースを持ち出した。日本はモスクワの外交経路を再度利用して、ソ連に和平協議の仲介をして貰おうと試みている。「わたしは皇室の信頼が厚いと言われている近衛公爵を天皇が使節として希望している、というもっと詳しい情報も別に得ている」[21]とスターリンは述べた。「これは、天皇がこれ以上の流血を避けたいという個人的意思を持っている証拠である。この提案は、日本がソビエトと協力したいという点を強調していることを除けば、何ら新味はない。われわれの回答は、もちろん拒否である」。

アメリカは敵に降伏の機会を提供していた。日本は拒否していた。モスクワの和平主義者は、日本は条件交渉を望んでいるとの立場だが、それは無条件降伏の精神に反していた（ポツダムでのこの会話でもっとも興味深いのは、和平主義者の発言ではなく、ほかのことだった。トルーマンは原爆を保有しているので、何らの妥協も必要ない。スターリンは、勢力を極東に拡大して、赤軍の軍靴で蹂躙するために戦争継続を望んでいた）。

トルーマンは答えた。「スターリン元帥のおっしゃることに感謝します」[22]。そして会談をその夜の議題に沿って進めたい、と言った。

大統領は、ここまで、ロシア人とアメリカ人はたぶん出来る限り協調してきた、と思っていた。ウィンストン・

チャーチルの不在は会談の気分をいささか減じてしまった。あとは最後の難問いくつかを片づけて、船に乗って国へ帰るだけである。

テニアン島では、五〇九部隊の飛び立つ準備が出来ていた。原爆リトルボーイはその目的を達成するところまで出来上がっていた。重量九千七百ポンド［約四千四百キロ］、長さ十フィート［約三・〇五メートル］、直径二十八インチ［約七十一センチ］のそれは、エネルギーを利用することによって、現代の野望を表現する究極の形態だった。この爆弾は新時代の到来を告げるもので、運命はハリー・トルーマンにその助産婦役をつとめさせた。七月三十一日火曜日の朝、かれは別荘に届いた一通の電報で起こされた。すでにワシントンに戻っていた陸軍長官からのものだった。[23]「グローヴス計画の日程は」とあり、「極めて敏速に進展しておりますので重要なことですが、八月一日水曜日より遅くない時点で、閣下の放出《リリース》の声明が可能となります」。

スティムソンは、大統領の声明を、ホワイトハウスが原爆投下後に新聞発表《リリース》するとの意味で用いていて、爆弾の投下《リリース》のことではなかった。トルーマンはこの電報用紙を裏返して、黒鉛筆で大きく書いた。[24]「提案承認。準備整い次第リリースせよ、ただし八月二日以前を除く。ＨＳＴ［ハリー・Ｓ・トルーマン］」。かれはこのメモをワシントンへ回答するよう臨時作戦室のジョージ・エルジー中尉に手渡した。

続く二日間、ビッグ・スリーはツェツィーリエンホーフ宮殿で、協定できる問題について最後の仕上げを行った。モロトフは奇妙な提案をした。ソ連の対日参戦を要請する正式な書面を欲した。トルーマンは別の考えだったので、それに代わり、かれは世界平和維持に関する諸協定におけるソ連の義務を定めた書面を作成した。ソビエトはドイツの賠償問題で妥協した。英米は、ポーランドの西側国境を現状のままにして、オーデル川とナイセ川に沿って、ドイツの内部に深く食い込ませることで妥協を図った。ビッグ・スリーは、地中海から黒海へつながる海峡地帯の支配権をトルコだけに与えていた一九三六年のモントルー協定の修正を図ることに合意した――スターリンの勝利だった。

ドイツからナチズムが除去され、占領はすでに定められた領域に従って継続することになった（ここでアメリカ側は一つのミスを冒した。将来ソ連が連合諸国を締め出す恐れのある、ロシア占領地区に取り囲まれたベルリンの先行きを見誤ったことであった。[25]「まったく予想できなかった」と作戦室のエルジーが述べた。「少なくとも英米側ではだれも、気付かなかった。その結果の見通しについてはロシア人の方が賢かった」）。

トルーマンには、討議をしたいお気に入りの議題があった。一定の水路の国際化で、かれの想像する新しいヨーロッパの貿易と政治関係の潤滑油となるものだった。スターリンはこれを話し合うことすら拒絶した。[26]「スターリン元帥」、トルーマンは呼びかけた。「この会談でわたしはずい分と譲歩しました……」。この問題を取り上げていただきたいと、個人的にお願いします」。トルーマンはこの問題を、将来の議題として取り上げることを要請した。スターリンは叫んだ。「ニエット！」それからかれは英語でこう言ったので、間違いない。「ノー、わたしはノーだ！」

大統領と首相は、スターリンの固執したハンガリー、ルーマニア、ブルガリアの傀儡政権を、国連が黙認することを拒否した。そしてスターリンはこれら政権の再編交渉を拒否した。こうしてポツダムで東欧ブロックが固まった。ハリマン大使が後日語った。「ロシア人と戦争でもしない限り、[27]東ヨーロッパでのこうした結果を阻止する道はなかった。あるアメリカ人幹部――フランス人の何人かも――が同じようなことを言っていた。わたしは、大統領が意志に反してそれを許しても、アメリカ国民が断じて許すとは思えない」。

八月一日、遅い時刻の午後十時三十分に開始された最後の会談で、代表はポツダム協定の最終文言の署名に備えた――三カ国政府が合意に達した項目の細目を記した協約である。協約の署名段階でもいざこざが起こった。スターリンが最初に署名する、と言い出したのだ。テヘランとヤルタの調印に続いて、自分の順番だから、と言った。

[28]「どうぞお好きなように署名してください」、トルーマンが言った。「だれが最初でも構いませんよ」。

アトリーはアルファベット順を提案した。「そうすると」とかれはジョークを飛ばした。「わたしは（ロシア代表の）ジューコフ〔英字綴りでは頭文字がZとなる〕元帥のずっと先になれますね」。

スターリンが最初に署名した。トルーマンが続き、アトリーが済ませた。

時計はちょうど真夜中過ぎを示した。トルーマンが言った。「これで次の機会までベルリン会議を閉会する、と宣言します――次回は、願わくば、ワシントンで開催しましょう」。

「そうなればいい」、スターリンが言った。そしてつけ加えた。「成功すると思いますよ」。

トルーマンは言った。「外務大臣のみなさん、そしてほかのみなさん、協力してくれて有難う。たくさん仕事が出来ました」。

「わたしも外相諸君に謝意を申し上げたい」とアトリーが言い添えた。

[29]「ベルリン会議の閉会を宣言します」とトルーマンが言った。

公式の別れの挨拶を済ませて、トルーマンは一行とともに宮殿をあとにした。かれがスターリンに個人的に再会することはなかった。アメリカとソ連の指導者が顔を合わせたのは、その後十年を経過してからだった——ドワイト・アイゼンハワー大統領と、ソビエト首相ニコライ・ブルガーニン、ソビエト共産党首席ニキタ・フルシチョフは、一九五五年、ジュネーブで対面することとなる。

翌朝午前八時五分、トルーマンはイギリスに向けて聖牛に搭乗し、ガトウ飛行場を出発した。イギリスでは英国王——ベスに手紙で書いた「生粋のイギリス人国王」[30]に会う予定だった。ポツダム会談をアメリカ世論がどう受け止めるかは時間が教えてくれることだった。色々な問題が置き去りにされていた。ソ連側の最大の敗北は、明らかにスターリンが、東欧ブロック内国家の承認をトルーマンとアトリーに強制できなかったことにあった。そして英米側の最大の敗北は、これら諸国の民主的選挙を、スターリンに強制できなかったことである。

ポツダムで同席したメンバーの中で、リーヒ提督がもっとも雄弁に内容をまとめていた。「ポツダム会談についてのわたしの一般的印象は、一種の欲求不満である。スターリンもトルーマンも敗者であった……。このときソ連はヨーロッパの揺るぎなき強国として現れた……。一つの実際的な要素は大英帝国の支配力の凋落だった……。フランスは戦前においてすら安定性を達成できず、中国は内戦の危機に曝され、大国として世界に君臨し続けられたのが、ソ連と合衆国の二カ国だけだったことはやむを得なかったのである」[31]。

新しい地政学の時代が生まれていた。リーヒは記した。「ポツダムは二大思想の対立に世界の鋭い焦点を当てた——アングロサクソンの民主政府の原理と、スターリン式ロシアの侵略的、拡張主義的警察国家の原理との対立である。それは『冷戦』の端緒となった」[32]。ルーズベルトの死のショックから四カ月経っていない新大統領について、リーヒは、「トルーマンは愛国心を抱くアメリカ人すべての心を温めることを見込んでスターリンに立ち向かった」と結論づけた。[33]

ポツダム以後、答えのない、人間性に関する多くの疑問が残された。トルーマンは交渉で強硬過ぎたのだろうか？　ＦＤＲが死んでいなければ、冷戦は世界に一層暗い影を落としただろうか？

「ようこそわが国へ」[1]、ジョージ六世国王が挨拶した。

トルーマンはイギリスのプリマス港の巡洋艦、英国軍艦レナウンの甲板でジョージ六世と握手した。八月二日、木曜日、午後一時少し前だった。イギリス人は威風堂々とした儀式に長《た》けていた。とくにそれが国家元首――吃音症で知られた、英国および英国連邦国王ともなれば尚更だった。喇叭《らっぱ》が響き渡り、英米両国の水兵多数が直立不動の姿勢を取る中、大統領は完璧な軍隊式礼法でレナウンに迎えられた。水兵たちの背中はレナウン号のメインマストのように垂直で、そのマストにはいま米国旗と英国旗がそよ風に翻っていた。

国王との昼餐には、リーヒとバーンズが陪席した。トルーマンは平服だったが、国王は提督の軍装だった。トルーマンは、ジョージ六世が消息通であることに驚いた。席上、国王は原爆に触れ、バーンズがのちに振り返ったように、実際、「昼食の会話はほとんどこの爆弾の話に終始した」[2]。国王は、原子エネルギーの戦後の利用価値に興味を示した。

リーヒはまだ、原爆は不発に終わる、と確信していた。

「期待通りの効果はなさそうに思いますが」とリーヒは言った。「わたしには学者先生の夢のように聞こえます！」[3]

国王は身を乗り出して言った。「提督、ちょっと賭けてみませんか？」[4]

食後、王室一行はトルーマンの乗艦、オーガスタを訪れた。再度、完全軍隊式礼法が行われた。オーケストラが米国国歌と、「英国国歌《ゴッドセーブザキング》」を演奏した。国王は自身の妻と娘のためにトルーマンのサインが欲しいと頼んだ。これはトルーマンをことのほか喜ばせた。かれはカードにサインをした。そのうちの一つは、のちに英国女王エリザベス二世になる国王の娘の手に渡った。

ジョージ六世が帰るとまもなく、オーガスタのエンジンが動き出した。大統領は、アメリカ国民に相見《まみ》えるため帰国の途についた。

海上に出た最初の夜、トルーマン一行は午後八時三十分、映画見物のためにバーンズ長官の部屋に集まった――映画は「*Wonder Man*［一九四五年、サミュエル・ゴールドウィン製作、ダニー・ケイ、ヴァージニア・メイヨ主演、邦題『ダニー・ケイの天国と地獄』一九五二年本邦公開］」で、ギャングに殺されたナイトクラブのオーナーが幽霊になって殺人者にまとわりつく、というストーリーである。トルーマンは映画を見なかった。かれは船室に引っこんだままだった。この日の行動の記録はないが、部屋の天井を見つめていただろうか、旅の緊張で疲れていただろうし、世界を激変させるに違いない原爆の爆裂の予測で緊張していたと想像することもできる。

数日前の日記でトルーマンは自分に言い聞かせていた、「投下目標を軍事施設ならびに陸海軍とし、婦女子を除[5]

くこと」。この爆弾は技術上の驚異であるものの、軍事要員と民間人を区別する感覚がないことを、トルーマンは確かに承知していた。かれは、戦争を終わらせて、人命を救うというその目的が達成されるのを願うばかりだった。かれは帰国したときの式典を無用とした。世間がこんなに苦しんでいるのにお祭りなどは情け知らずのすることだった。かれは静かにホワイトハウスへ戻りたかったのだ。トルーマンは帰国の途次、猛烈に仕事をこなした。かれは判事のサム・ローゼンマンをポツダムに派遣していた。ローゼンマンはいまオーガスタでトルーマンと一緒に、大統領演説の起案作業をしていた。ローゼンマンは振り返る。[6]「大統領はポツダムからの帰りに、海外での危機が次から次に起こるので、自分の時間は実際上ほとんど対外問題に費やされたが、ポツダム会談が終わったあと、これからは国内問題にも目を向けよう、と言っていた」。この共同作業の演説は、のちに二十一項目演説として知られるようになり、戦後のトルーマン時代を築く国内政策の礎となった。この船中でトルーマンの構想はまとまり、ローゼンマンのペンがそれを描き出したのである。またこの二十一項目がどれほどの衝撃を与えるものとなるかは、まだだれも知らなかった。

銃後の国民に目を向けると、戦後復興の騒動がすでに起こっていた。六月、七月と、政府は数千万ドルにのぼる戦時契約を解約したので、数万の失業者が出た。トルーマンの新しい財務長官、フレッド・ヴィンソン——就任早々だった——は、すでになかばパニックに襲われたかのような覚書を、大統領がまだポツダムにいる頃に提出していた。ヴィンソンは石炭と食糧の不足、深刻な輸送力の崩壊、および労働問題——とくに経済の大混乱を予言していた。

一方、世界中の新聞がその概要を公表した、ポツダム協定の内容を世間は理解し始めた。ビッグ・スリーのなし遂げた仕事はこれだ、と。しかしどう贔屓目に見ても、反応は鈍かった。とくにアメリカ以上に経済が激変しているヨーロッパでその傾向が著しかった。「ポツダム[7]の声明は、こちらで熱烈な歓迎とはほど遠いです」とCBSのエドワード・R・マロウがロンドンから放送した。その声は数百万のアメリカ人の家庭に届いていた。「声明は抑制的です。数多《あまた》の問題が解決していないようです……。大統領が責任を果たしたのかどうかの疑いは、どうしても晴れていないように見えます」。

極東で、日本は燃え続けていた。八月一日、カーティス・ルメイ[8]は、「死のリスト[9]」と新聞が名づけたものの最上段にある十二都市の日本の市民に、生命を守るために家と職場から離れるよう警告を発した――このリストには、水戸、福山、大津などが含まれていた。八月二日、トルーマンが英国王に会ってからオーガスタで大西洋横断の帰路についた日、第二十一爆撃部隊は、ニューヨーク・タイムズの言う「世界史上最大の一回の空襲[10]」で敵に襲いかかった。約九百機のB29が六千六百三十二トンの通常爆弾と焼夷弾を積んで、目標諸都市を猛爆した。火焔は数マイルにわたって民家を包み込んだ。「その光景は筆舌に尽くし難い[11]」とB29の搭乗員の一人は語った。これら攻撃機はまったく迎撃されなかった。「日本側はわれわれがやって来るのを分かっていながら、どうすることも出来なかった」とグアムからの一人の将校が述べた。

オーガスタが大西洋を進むにしたがって、トルーマンの原爆への思いが募って来た。機密厳守の事柄の性格上、最新情報は入って来ていなかった。かれは知らされていなかった。一時、オーガスタの臨時作戦室から、「マンハッタン計画[12]」の最新情報を求めて電信が打たれた。ホワイトハウスの作戦室担当者は、そのような計画について何ら徴候なし、と返電した。オーガスタから再度打電された。「ヴァルダマン[13]大佐（トルーマンの海軍補佐官で親友）

より、今般、本件は極秘事項につき、作戦室よりの照会は無用、繰り返す、無用のことと致すべしと表明あり」。トルーマンは船上で記者団と会った。かれは戦時機密につき、非公開としたうえで、原爆の信じられないような概要を説明した。リトルボーイの結果を知らずに、記者団に原爆の存在を説明するのは、大胆な行為だった。ユナイテッド・プレスのメリマン・スミスは、「終戦を促す武器がわが軍の手にあることを、（トルーマンは）[14]喜び感謝したいと。しかしこのような大量破壊兵器の今後の進展については憂慮していた」と記憶している。

またトルーマンは、ヨシフ・スターリンについての記者たちの質問にも答えた。[15]鋼鉄の人は「くそ野郎《SOB》」だったよ、と帰国の船上でトルーマンは言った。「かれもぼくのことをそうだと思っているよ」。

南太平洋グアム島の自らの司令部で、八月五日午後二時、カーティス・ルメイは翌日――八月六日に、秘密指令を帯びた第五〇九部隊の最終出撃命令をくだした。ルメイは忙しかった。かれの焼夷弾攻撃作戦はすでに、東京とその周辺約六十平方マイル〔約百五十五平方キロ〕と、名古屋、神戸、大阪、横浜、川崎の広大な地域を焦土にしていた。のちに陸軍航空隊の公式第二次大戦史は、[16]「日本の六大工業都市が廃墟になった」と記録している。

ルメイが原爆のことを知ったのはつい最近のことだった。グアム島司令部に特別使者が派遣され、マンハッタン計画の概要を知らせた。[17]「わたしは全体像をよく知らないし、質問もしなかった。問題が凄すぎる」とルメイは記録した。「必要と思える情報以上は欲しくなかった」。かれは最初の投下目標の指示を受けた。ヒロシマだった。諜報筋によれば、広島は、[18]「陸軍の町で……大きな補給基地があった」。そこには銃砲、戦車、工作機械、航空機資材――軍需物資を満載した倉庫が立ち並んでいた。「民家は典型的な日本式だった。倉庫には二つのタイプがあった。宇品港周辺は、防火倉庫と可燃性倉庫が混在し、無防備な店舗と工場とが密集していた」。諜報筋は、広島には戦時捕虜の抑留所はないと伝えており、アメリカ人が味方を爆撃することは、どうやらなさそうだった。ルメイの部隊はそれまで広島を攻撃していなかった。街は繁栄しており、未開拓の目標だった。アメリカ諜報部によれば人口は三十一万八千人だった。

八月五日午後、テニアン島では、飛行場の格納庫から米軍士官がリトルボーイを引き出した。黄褐色で半袖の軍服姿の兵士十数名が、心配そうな面持ちで集まり、病院の台車付き担架で患者を移動するように、リトルボーイを積んだ車両を押していた。リトルボーイは鋼鉄の殻をまとった卵に似ていなくもなく、弾道を誘導する尻尾が突き出ていた。テニアンで働く兵士の一人が、「[19]細長い尾鰭付きごみ箱」と形容した。マンハッタン計画は、すべてが実験的な試みだった。リトルボーイには、トリニティで使われたものとは別の爆発メカニズムが採用されており、成功の確証はなかった。

テニアンの空軍基地は本質的に工業力の驚異であり、アメリカの創意の表象だった。一年前、この小さな島はほとんど砂糖きびで覆われていた。いま島は昼夜飛び交う航空機の爆音にさらされた空軍基地の本場となった。「[20]テニアンは一つの奇跡」と当時訪れた作家が書いた。「サンフランシスコから六千マイル〔約九千六百キロ〕、ここテニアンで米軍は世界最大の空港を建設した……。空からこのマンハッタンより小さい島を眺めると、まるで巨大な航空母艦に見える。そのデッキは爆撃機で満杯だ」。空港は完全に機能していた。それはとにかく、リトルボーイという一つの目的のためだけに建設されたのである。八月五日午後、軍要員が油圧リフトを使って、爆弾を降ろし、仕切のドアを開けて空の要塞Ｂ29の胴体におさめた。

ちょうどその午後、このB29のパイロット、ポール・ティベッツが、自分の母親の名前からこの機をエノラ・ゲイと名づけた。ティベッツ夫人は、そんな重要な遺産を歴史に残そうとは夢にも思わなかった。エノラ・ゲイは、いま過去最悪の汚名を被る軍用機になろうとしていた。操縦室の窓の下に、黒ペンキで名前の文字が尻上がりに描かれた。この機は年初にネブラスカ州オマハの工場で製造されていた。七機——すべてB29で構成された機動部隊の一機として出撃するが、三機は気象偵察機（一機は広島上空、二機は二次目標用）で、一機は爆破測定機器を搭載しており、一機は撮影と観測資材用、一機は予備で、一機が投下機、エノラ・ゲイだった。

「五日の夕食時には」とティベッツは記録した。「（準備の）すべてが完了した。原爆を積み込み、飛行機に給油し点検が済んだ。離陸時刻が（午前二時四十五分に）設定された。わたしは仮眠を取ろうとしたが来訪者に邪魔された」[21]。

七機の搭乗員は真夜中に、離陸滑走路横の部屋で最終的な概要説明を受けた。僅か四十八時間前未満の時点で、かれらは初めて原子爆弾の説明を聞いた。ここ数カ月、訓練した作戦の裏の秘密だった。かれらは目標地点の航空写真を見せられた——まず広島、そして二番目の小倉、長崎であった。かれらはトリニティ実験の詳細も聞かされた。そしてその場面を見ようとしたときに映写装置が故障した。爆発の視覚効果はかれらにとって謎のままとなってしまった。搭乗員たちは、何かとくべつな訓練だとは分かっていたが、それでもやはり驚くほかなかった。「それは何か奇妙な夢の世界の話のようだ」と搭乗員の一人で放送局員だったユタ州ウェンドオーバーから来たエイブ・スピッツァーが口にした。「どう考えても想像力を超えている」[22]。

説明の間に各搭乗員には、爆発時に目を保護する黒のサングラスが配布された。そのときは新しい太陽が誕生したような明るさになる、と説明された。気象要員が留意事項——安定運航——を説明した。そして従軍牧師が、全能の神に「永遠の勇気を以て、われらが敵に戦いを挑むものと共におられますよう」[23]、加護を祈った。

数千マイル離れた大西洋上のオーガスタでは、ちょうどその頃、トルーマンが戦艦前方の士官室ホールで自らの教会の祈禱に出席していた。まだその日は八月五日――日曜日だった。その朝トルーマンはからかわれた。「寝坊」したからである――かれは午前五時三十分までベッドにいた。バーンズとオーガスタの艦長、ジェームズ・フォスケット大佐を傍らに、トルーマンは艦付牧師のケネス・パーキンスの唱導する讃美歌に唱和した。

父[24]たちに誓って、われらは戦う
すべての国々をあなたのもとへ
神より出《いず》る真実のもと
人々はまことの自由を得る

みなは「われら主をたたえまし」と「錆びた十字架」を歌った。

テニアン島、午前二時二十七分、ティベッツはエノラ・ゲイの四発ライト式サイクロン・エンジンを始動させた。かれは操縦桿を握った掌の感覚を想い起こす。プロペラが回転し、今にも飛び立とうとしていた。エノラ・ゲイはディンプルス82という暗号名だった。ティベッツは管制塔を呼び出した。のちに短い会話をかれは思い出した。「ディ[25]ンプルス・エイト・ツーからテニアン北タワーへ。誘導路を離れ、離陸の指示ねがいます」。

指示が戻って来た、「テニアン北タワーからディンプルス82へ。エイブル［「～が出来る」のA、A滑走路から東へ向けて離陸せよ」。

ティベッツが離陸準備に入ると、副操縦士のロバート・ルイスが秒読みを始めた。「十五秒前、十秒前、五秒前、離陸」。(26)

午前二時四十五分きっかり、エノラ・ゲイの車輪は大地を離れた。

八月五日夜、午後六時、トルーマンがオーガスタの上級士官室で士官たちと夕食の席についた頃、エノラ・ゲイは硫黄島の上空、九千三百フィート［約二千八百メートル］の高度で護衛の二機と合流したところだった。南太平洋では、ちょうど八月六日が開けた。午前七時三十分、ウィリアム・スターリング・パーソンズ――ロスアラモスでロバート・オッペンハイマーの傍らで原爆の作業を行っていた兵器専門家で、いま爆弾係としてエノラ・ゲイに搭乗していた――は、爆弾庫に降りて行ってリトルボーイの緑色のプラグを抜き赤色のものに取り替え点火状態とした。天候は快晴、ティベッツは第一目標への投下を決断した。「ヒロシマをやる」、かれは機内通話装置を通して宣言し、エノラ・ゲイの速度を落として、三万一千フィート［約九千五百メートル］に高度を上げた。乗組員はすぐに重い防弾チョッキを着用した。ティベッツは、爆発の瞬間に備え、遮光眼鏡の着用を忘れないよう念を押した。(27)

八月五日午後八時、オーガスタでは夜の映画が始まった。――ウィリアム・パウウェルとマーナ・ロイの喜劇コンビ主演の「*The Thin Man Goes Home*［リチャード・ソープ監督、一九四五年、影なき男シリーズの第五作、本邦未公開］」だった。航海日誌によれば、トルーマンはまたも欠席だった。かれはポーカーをしていたか、船室の天井を見つめていたのかもしれない。おそらく一人で祈っていたのだろう。映画が始まった頃、リトルボーイの目標が視野に入って来た。「[28]見えました！」エノラ・ゲイの爆撃手、トマス・フェアビーが叫んだ。フェアビーが爆撃照準器を合わせたとき、機は時速三百二十八マイル〔約五百二十七キロ〕で三万一千フィート〔約九千五百メートル〕上空を自動飛行していた。ヒロシマが眼下にあった。副操縦士のロバート・ルイスがこの飛行の航空日誌に書き留めている。ヒロシマを見下ろしたときのことを「完全に無防備」と表現した。フェアビーは爆弾を投下した。「[29]次の瞬間に」とルイスは書いた。「何が起こるかだれも知らなかった」。

ティベッツは回想する。「[30]わたしは自動操縦を止めてエノラ・ゲイに回れ右をさせた。遮光ゴーグルを着けた。何も見えず、わたしは盲目状態になった。わたしはゴーグルを床に投げつけた。輝くばかりの光が機を包んだ。そして最初の衝撃がわれわれを襲った」。

ルイス副操縦士は記録する。「[31]二度、ひどい平手打ちを喰らった。われわれが感じた物理的効果はそれだけだった。わたしは機を旋回させて結果を観察しようとした。そして目に映ったものは間違いなく人類がこれまで目撃したことのない大爆発だった……。乗組員全員が、だれもこれまでに考えつかない経験をしているのはたしかだった……。日本人をいったい何人殺したのか？……百年生きたとしても、わたしはこの数分を心の外へ放り出せないだろう」。

このときルイスは航空日誌をつけていたが、それは暗く揺れる機内での殴り書きだった。

「神様、何てことをしてしまったんだ」。

ティベッツは回想した。「[32]われわれは広島を眺めるために引き返した。街は恐ろしい雲に隠されていた……煮えたぎって、どんどんきのこになり、巨大な考えられないような高さになった雲。一瞬、全員が言葉を失い、それから喋りはじめた。わたしはルイスがわたしを強く叩きながら、『あれご覧なさい！　あれご覧なさい！　あれご覧なさい！』と言ったことを覚えている。トム・フェアビーは放射能がわれわれを不能にするのではないかといぶかっていた。ルイスは、核分裂を味わえた、と言った。鉛のような味だった、と」。

ほかの搭乗員、航空士《ナビゲーター》のセオドア・「ダッチ」・ヴァンカークはこのとき、いつか連合軍兵士数十万人がとらわれるに違いない同じ思いにとらわれた。[33]「神様有難う、戦争は終わり、もう銃をぶっ放さなくていいんです。家に帰れます」。

地上では、朝の八時十五分だった。四十五分前、市民は空襲警報「解除」で戸外へ出ても安全と知らされ、街は活発に賑わっていた。原爆炸裂により、ヒロシマの多数の市民が地上から跡形もなく消滅した。生存者は、最初、光を見て、人類の耳が聞いたことがない音が続いた、と記憶していた。[34]「大きなドーン！　ドーン！　という音が聞こえました。そんな音だったのです」と当時十三歳の森本富子が後日回想する。そして、「すべてが倒れ始めました。そこら中の建物が全部舞い上がりました。それから、何か雨のようなものが降って来ました。いわゆる黒い雨だったと思います。子供のわたしは、それは原油だと思ってました。アメリカ人たちはわたしたちを焼き殺そうとしている、と思ったのです。走り続けました。背後からは火炎が襲って来ました」。

ヒロシマ爆心地の半径百ヤード［約九十一メートル］以内にいて、ただ一人生き残ったものがいた。その名はオーシマ・ゴイチといった。十年後、かれは自ら見たものを描写した。[35]「とつぜん閃光があって、言葉で表せない爆発があった。そしてすべてが真っ黒になった。気が付いて見ると、知っていた広島は廃墟になっていた」。

オーガスタ艦上のトルーマンは、その夜、投下の一、二時間後に就寝したようだ。午前一時（もう八月六日）、艦は大西洋上の新しい時間帯に入り、士官が時計を一時間遅らせた。トルーマンは海上で静かな美しい朝を迎えた。太陽が暖かく輝いていた。艦の士官たちは夏服に着かえた。カーキ色とグレイの軍服で、乗組員は白だった。メキシコ湾流の温暖な微風のためである。朝食後、トルーマンは艦のバンドの演奏を聞きながらデッキで寛いでいた。ヒロシマがこのとき、地上から消え去っていたことを知る由もなく。

午前十一時四十五分、オーガスタの昼食でトルーマンは船尾の食堂に座った。[36]同じテーブルにはジミー・バーンズと乗組員、コネティカット州トンプソンヴィル出身のジョージ・T・フレミング、ニューヨーク州ウッドヘブン出身のエドワード・F・プレイス、サンフランシスコ出身のエドワード・クリフォード、ニュージャージー州ノースヴィル出身のトニー・トルグロッサ、アーカンソー州ボールド・ノブ出身のF・C・ルソー、ミネソタ州トゥー・ハーバーズ出身のエイノ・カーヴォネンがいた。正午数分前――広島壊滅の十六時間ばかりのち――臨時作戦室勤務の海軍大佐、フランク・グレアムが食堂に駆け込み、トルーマンに一通のメモを手渡した。トルーマンは、ちらと見て目を見開いた。

[37]マンハッタンに関し下記報告を得たり。「ヒロシマは〇五二三一五A［グリニッジ標準時八月五日二十三時十五分］、爆撃されたことを雲量僅か十分の一を以て目視す。敵戦闘機なし、対空砲火なし。十五分後のパーソンズ報告は下記の通り。『あらゆる点を勘案し、結果良好、成功と認む。目視効果、あらゆる実験を超ゆ。投下後の乗機状態、異常なし』」。

トルーマンは小躍りして、グレアムの手を握った。「大佐」と[38]トルーマンが言った。「これは歴史の快挙だよ！国務長官に見せなさい」。グレアムはメッセージをバーンズに渡した。バーンズは読んで、大声を出した。「すごい！　すごい！」[39]

すぐにグレアムは別のメッセージを持って戻って来た。ワシントンのヘンリー・スティムソンからのものだった。トルーマンは読んだ。

大統領あて[40]

陸軍長官より

ワシントン時間八月五日午後七時十五分、巨大な爆弾がヒロシマに投下されました。第一報はこれまでの実験を超えた完璧な成功を伝えています。

二通の電文を握り締め、トルーマンはバーンズの方を振り向いて叫んだ、「これでみな家に帰れる！」[41]。そしてかれは、銀のフォークでグラスを鳴らして食堂の全員を静粛にさせた。水兵たちは静まりかえった。トルーマンは広島の原爆のニュースをつたえた。大統領の興奮が移って部屋は歓呼に包まれた。バーンズを従えてトルーマンは、オーガスタの士官たちが昼食を摂っている上級士官室へ急いだ。一緒にいた記者の一人に言わせれば「興奮を抑え[42]きれぬ声で」トルーマンは言った。「みなさん座ったまま聞いてください。お話があります」。[43]怪訝な面持ちでみなトルーマンを見た。トルーマンは続けた。「いま日本に、TNT爆薬二万トン以上の威力のある爆弾を落としました。大成功でした」。

士官室いっぱいに喝采と口笛が充満した。トルーマンは、乗組員たちに原爆のことを伝えるため艦の各持場を歩き回った。オーガスタのすべてで、その日の午後は、長い間、命を案じ、故郷を想い続けた水兵たちの気分は晴れ晴れしていた。その雰囲気は、ある水兵の一言を借りれば、「[44]これで早く家に帰れると思うよ」、だった。

ワシントンでは、報道官補佐のイーベン・エイヤーズがホワイトハウス担当の記者たちを集めていた。時刻はほぼ午前十一時だった。エイヤーズは最初の原子爆弾のうわさめいたものを最近耳にしたばかりだった。二日ほど前、大統領の通信係秘書のビル・ハセットと事務室で仕事をしていると、陸軍省の職員が一人やって来た。エイヤーズの回想によれば、職員は「[45]何か興奮している様子で、緊張しながら、重要な話――まったくとんでもない話――が二、三日のうちに分かると言った」。話というのは、「超極秘の新型の爆弾か兵器」のことだった。この職員は、この兵器が使われたときに発表《リリース》するようにと、大統領の声明文をエイヤーズに渡した。機密保持が至上命令である、とエイヤーズは言われた。次回命令があるまで、だれもこの声明を見てはならなかった。

もう解禁のときだった。オーガスタからチャーリー・ロスが電報を寄越し、大統領の声明を発表するよう命令して来た。エイヤーズは配布用にその写しを手元に持っていた。かれは集まった記者団に大きな声で呼びかけた。「[46]今日はここに、途轍もないいいニュースがあります」、エイヤーズは宣言した。「大統領声明です。読み上げます」、エイヤーズは導入部を高らかに声に出した。「[47]十六時間前、米軍機一機が、日本陸軍の重要拠点ヒロシマに原爆を一つ投下した。この爆弾はＴＮＴ爆薬二万トン以上の威力を持つ。軍事史上使用された、もっとも強力な爆弾、イギリスの『グランド・スラム』の二千倍以上の爆風力がある」。

エイヤーズは自分の言葉を挟んだ。「そして、声明がすべてを語っています。これは原子爆弾なんです。原子エネルギーを利用したんです。これは歴史上初めてのことです」。[48]

記者の一人が叫んだ。「地獄、地獄の話だよ！」[49]

オーガスタの艦上で、数百万の家庭で、アメリカ人はラジオの周りに集まり、電波が伝えるトルーマンの声明に聞き入った。「宇宙の基礎力を利用……。われわれはいま、日本の都市の地上にあるあらゆる生産設備を早急かつ完全に除去する用意が出来ました。われわれは日本の造船所、工場、通信施設を破壊します。間違いなく、われわれは日本の継戦能力を壊滅させます……。いまかれらが、われわれの条件を受け容れなければ、破滅の雨がかれらに襲い掛かるでしょう、この地上では見たこともないような」。[50]

トルーマンは艦上で記者会見を行った。再度声明を読み上げ、この大戦最大の秘密についての質疑応答に臨んだ。かれはポツダム宣言の話をした。「日本の指導者たちは最後通牒をただちに拒絶した」。かれは、政府内で原爆計画のすべてを指導した陸軍長官のヘンリー・スティムソンを高く買った。トルーマンは、ニュース映画のカメラに向かって重々しく語った。「日本は真珠湾の空から戦争を始め」、そして、「かれらは何倍もの報復を受けた」。同時にアトリー首相が声明を発表し、陸軍省もリトルボーイの写真と広島の空中写真を――投下前の風景とともに、公表した。ただちに米英の報道機関は日本のラジオの傍受を始めた。すでにあいまいな発表がされており――広島周辺[51][52]

の鉄道は止まっていて、街の状態を調査中ということだった。

その日午後、奇妙な光景がオーガスタで繰り広げられた。三時三十分、大統領がリトルボーイの知らせを受けた四時間後だったが、トルーマンとその一行はデッキで行われたボクシング大会を観戦した。メキシコ湾流の暖かな微風が髪を撫でていた。元ニューヨークの舞台俳優と、チャールズ・パーセルという海軍の郵便係が司会をつとめた。信用のあるフレッド・カンフィルがレフェリーとなり、水兵たちがリングに上ってパンチを応酬した。観衆は大喜びで、パンチが鋭いほど歓声が高まった。一度、リングの棒が倒れて見物の水兵の頭に当たり、軽い怪我を負った。水兵はすぐ医務室に運ばれた。

トルーマンは座って眺めていたが、翌日午後のヴァージニア州ニューポート・ニュースへのオーガスタの帰港を待ちわびていた。原子爆弾の声明の文章がまだ頭にこびりついていた――とくに終わりの方の文章が。かれには原爆が、自然の力に対する人類の理解に新時代を拓いただけでなく、人類が自己破滅能力について理解を新たに深めたことが分かっていた。原爆で戦争には勝てるだろう。しかしその代償はいかばかりか？

「どうかよく考えてください」とトルーマン声明は結んでいた。「原子力が今後、世界平和の維持に、強力で説得力のある影響を及ぼすことが出来るかどうか、議会で充分に討議されんことをお願いいたします」(53)。

38

八月七日、午後十一時数分過ぎ、トルーマンの車はホワイトハウスのサウス・ゲートに到着した。夜の戸外に小人数のスタッフの一群が待ち構えていた。マット・コネリー、イーベン・エイヤーズ、ビル・ハセットたちだった。[1]「大統領が出て来た」とエイヤーズが振り返った。「元気そうで、船旅で少し日焼けして」。トルーマンは次々に握手して、ホワイトハウスに入った。外交接見室で閣僚が挨拶しようと待っていた――トルーマン政権の新顔たちである。新財務長官、フレッド・ヴィンソン、新司法長官、トム・クラーク、新労働長官、ルイス・シュエレンバックそのほかである。大統領は疲れていた――旅は一カ月と一日きっかりかかった――かれはカクテルが欲しかった。

[2]「部屋へ行こうよ」、かれは言った。

みなは二階の書斎について行った。トルーマンはピアノに目を向けた。座ってかれはいくつかの小節を弾いた。そして無事戻ったと、トルーマン夫人に電話した（彼女はワシントンに戻ろうと、翌日インデペンデンスを出発するところだった）。このときには、お酒はもう注がれていた。

スタッフと閣僚たちはロシア人について話を聞きたがった。トルーマンは、スターリンの巨大なリムジンや、モロトフの機嫌の悪さの話などでみなを満足させた。だれかがポツダムでどれ位飲んだのか聞いて来た。トルーマンは、長々と続く乾杯の挿話、とくにロシアの晩餐会での乾杯攻めの話を披露した。チャーチルがいちばん飲んだが、飲み過ぎてはいなかった、とみなに保証した。

その夜のホワイトハウスの会話では原爆の話はまったく出なかった。あまりにも生々しい話題であり、このくつろいだ状況では持ち出せなかったようだ。数年たって、エイヤーズが回想した。「いまとなってはそれはおかしかったように思える――いまのわたしにはね――しかしだれも触れなかった」[3]。飲み終えると、ポツダムについてトルーマンは結論をくだした。帰って来られて嬉しい、調子は良い、ヨーロッパにはもう二度と行きたくない。

仕事のなかった数週間を経て、ウェスト・ウィングは翌朝、八月八日、また活動を始めた。午前九時のスタッフ打ち合わせで、チャーリー・ロスはロシア煙草の箱をいくつか配った。端の方に紙で包んだタバコの葉が少々あり、フィルターはなく、奇妙な形のボール紙の筒で出来ていた。ここで原爆が話題の主役になった。ヒロシマに世界がどう反応するかは、広報が鍵になることをトルーマンは知っていた。それにはローマ法王と接触する必要がある。スタッフとの打ち合わせが終わると、スティムソンが広島の航空写真と、原爆の猛威を示す追加報告を携えてやって来た。

写真で見ると、広島は都市として認識できる状態ではなかった。スティムソンがこの日に記した日記には、「(トルーマンは）[4]その破壊がここにいる我々とかれ自身に及ぼした恐るべき責任について言及」とあった。

日本については、状況を正しく取り扱うことが肝要、とスティムソンは述べた。[5]「犬に罰を与えたときは、罰したあと一日中不機嫌でいてはいけません」と言った。「まだ可愛がりたいのなら、罰にも気をつけないとね」。日本も同じです、とスティムソンはたとえた。「日本人は本来優しい国民なので、そういう扱い方が必要だと思います」。言うは易く行うは難しで、両者の意見は一致した。

一方、原子爆弾の話題で世界は呆然とし始めていた。ヒロシマの四平方マイル［約十・三五平方キロ］以上の領域が一発で消え失せた。爆心地から百七十マイル［約二百七十三キロ］の地点でも閃光が見えた。航空写真が新聞に掲載され、日本からの第一報も届いた。東京の放送は、「途方もない熱と爆風で、人間も動物も[6]現実のあらゆる生きものが文字通り焼け死んだ」と伝えた。エノラ・ゲイの搭乗員は初めてインタビューを受けた。[7]「搭乗員は『いったい何なんだ《マイ・ゴッド》』と叫び、起こったことがまったく信じられなかった」と兵器係のウィリアム・パーソンズが語った。「煙の山がきのこになって上昇し、その茎がどんどん下がって来た。頂上には白煙が立ち、地上一千フィート［約三百メートル］まで、粉塵が煮え立ち渦を巻いていた」。陸軍航空隊幹部の一人、カール・スパーツ将軍は、原爆のことを、[8]「世界史上最大の革命的発展」と評した。

八月八日の朝、スティムソンがトルーマンの執務室を出るとすぐに、大統領はモスクワ大使館から、本日を以て、ロシアは日本と戦争状態になったとの報告を受け取った。赤軍は満洲国境を越えた。トルーマンはチャーリー・ロスに連絡して、緊急会見のため、記者室から記者たちを呼び集めた。午後三時、オーヴァル・ルームは記者たちでいっぱいになった。リーヒとバーンズが同席した。

だれかが叫んだ、「お帰りなさい！」[9]

「帰って来られて嬉しいよ」、トルーマンは言った。「世界中でいちばん素晴らしいよ、合衆国は！」かれはカメラに向かって微笑んでから言った。「みんないるよね？」

「全員揃っていると思います、大統領」、ロスが言った。「はい、みんないます」。

「簡単な発表があります」とトルーマンは言った。「今日は定例記者会見はありません。しかしこれはたいへん重要な発表なので、みなさんを呼びました」。かれは一息ついて、そして語気を強めて言った。「ロシアが日本に宣戦布告しました！　以上」。

記者たちはどよめき、拍手が起こった。そして狭いドアに向かって出来るだけの速さで、みなが突進した。

トルーマンはたまった仕事の後片づけで午後を過ごした。八月八日、かれは国際連合憲章に署名した（同日、連合国はロンドン協定に署名した。これでニュルンベルク戦争犯罪人法廷が正式に設置された）。かれはホワイトハウスに、そしてベスにも長く留守をしていた。書類が机に積まれてあって、多くがホワイトハウスの重要文書だった。かれは机に向かいハミルトン・ナショナル銀行に開設したホワイトハウス特別口座の小切手を十数枚切った。[10]メトロポリタン鶏肉会社に五ドル三セント、ゼネラル・ベーキング会社に一ドル四十四セント支払うことになっていた。これらの署名をしているとき、かれはこの日、B29の新しい攻撃の波が、二発目の原爆で日本を攻撃していることを知る由もなかった。

八月八日、百万と伝えられるソ連軍が日本占領下の満洲に雪崩れ込んだ。ハリマン大使は、詳報を得るため、スターリンとモロトフに会ったことをトルーマンに打電した。またハリマンは原爆についてスターリンと話し合ったことも伝えた。独裁者《スターリン》は、ソ連もすでに原爆の開発を始めたことを認めたが、核分裂の難問は[11]「まだ解決できていない」と言っていた。ソ連はまだ原爆を持っていないが、それは時間の問題である。スターリンは極東における自らの意図を明快に説明した。関心は[12]「戦利品」にある。ハリマンはトルーマンに直かに報告した。「(スターリンは)日本企業の株式を含めた日本の資産を、赤軍占領地域の戦利品と考えている」。スターリンは押さえられるものは、みな自分のものにしようとしている。

トルーマンはすでに決意を固めていた。どんな事情があろうと、スターリンに日本の土地は一片たりとも占領させない。

ソビエト軍が満洲の日本の牙城を攻撃した日、空の要塞B29の別の一波が、日本本土の目標を攻撃した。さらに多くのB29が日本の各都市に飛来し、恐れおののく住民に雨のように宣伝ビラを撒いた。ビラの一部には次のように書かれていた。[13]「アメリカは、あなた方に、このビラに書かれていることにただちに注意するよう願っています。われわれは、これまで人間が発明したなかで、もっとも破壊力のある爆弾を持っています……。あなた方の故里に、丁度この爆弾を落としたばかりです」。ビラは、日本国民に、「天皇に終戦を請願せよ」と訴えていた。

八月九日(ワシントンではまだ八月八日)、南太平洋の夜明け前、B29の一隊がファットマン爆弾を日本に投下するため飛び立った。トルーマンは二度目の原爆の使用を承知していたが、投下の直接命令はくだしたわけではなかった。押すべきボタンはなく、大統領とファットマンを直結する書面上の痕跡もなかった。ニューヨーク・タイムズのウィリアム・L・ローレンスが乗組員としてこの部隊に派遣されていた。

[14]「われわれは日本本土空襲の途上にある」とその朝、かれはB29に搭乗し、記載した。

爆弾は、パイロットのミシガン州グレンヴィル出身、フレデリック・C・ボック大尉の名前からとった空の要塞、ボックスカーの胴体に収められていた（しかしボックは実際にはこのときこの機に乗っていない）。ファットマンは重量一万八百ポンド「約四・九トン」、ニューメキシコのトリニティと同じ爆発装置の核分裂メカニズムが使用されるので、その爆発性能に疑問はなかった。爆弾は芥子の黄色でペンキ塗りされ、集まった全員がサインをし、その鋼鉄製の頭の部分に、ＪＡＮＣＦの頭文字が書かれていた。[15]「Joint Army-Navy-Civilian Fuckup「陸海軍民間人馬鹿騒ぎ総出演」」の意味であった。ローレンスの報告は次の通りだった。「わたしはこの二日間、[16]この人工隕石の集積体を観察し、昨夜、ときに稲妻の閃光を浴びながら、漆黒の闇を背景に、これを空の要塞へ積み込む儀式に立ち合う特権を与えられた科学者や陸海軍の代表たちとともに参加した。この『新案物体』は一つの美を見せていた。延数百万時間を要したそのデザインは、疑いなく史上最高レベルの知性の結実だった」。

ボックスカーは、第一目標の小倉上空を三回飛行した。小倉市民は、その朝、雲海が数万の命を救ったことなど知る由もなかった。パイロット――マサチューセッツ州ノース・クィンシー出身のチャールズ・スウィニー少佐――は、第二目標のナガサキへ進路を転じた。長崎には現地時間午前十一時数秒前に到着した。爆弾を投下したときボックスカーは二万九千フィート「約八千八百メートル」の高度にあった。カメラマンの一人が爆発の瞬間を捉え、白黒の原版に残した。映像の音響記録はないので想像するしかない。爆発の衝撃はあたかも大地が風船のように膨れ上がり、内部の深奥から爆煙が噴出したようだった。見えたものはきのこ雲だけだった。その下の猛威は全く見えなかった。

トルーマンは後日、ナガサキについて書いた。「この二発目の原爆は東京を明らかにパニックに陥れた。なぜなら、翌朝（八月十日）、日本帝国降伏の最初の徴候が現れたからである」[17]。

八月十日、日本時間午前七時三十三分、次のようなラジオ東京の放送が傍受、記録された。

本日、日本国政府ハ、次ノ通告ヲ、合衆国、英国、中国、ソ連邦ニ伝達スベク、スイス、スウェーデン政府ソレゾレアテニ発信シタ……。帝国政府ハ千九百四十五年七月二十六日ポツダムニ於テ米、英、華三国政府首脳者ニ依リ発表セラレ爾後ソ聯政府ノ参加ヲ見タル共同宣言ニ挙ゲラレタル条件ヲ右宣言ハ天皇ノ国家統治ノ大権ヲ変更スルノ要求ヲ包含シ居ラザルコトノ了解ノ下ニ受諾ス。日本政府ハ、コノ了解ガ受容サレルコトヲ真剣ニ願ッテオリ、ソノ点ニツイテノ明白ナ回答ガ即刻届クコトヲ大イニ期待シテイル。[18]

午前九時、ワシントンでは、トルーマンがバーンズ、リーヒ、フォレスタルを集めて段取りの協議を行っていた。大統領は部屋の中を回りながら各自の意見を聞いた。日本人の言っていることは、無条件降伏ではなかった。トルーマン政権内部で多くのものが予測したように、天皇の運命が、戦争と平和を分かつ問題となっていた。

リーヒとスティムソンに、天皇の存続を許すことに躊躇はなかった。何があろうと、日本の市民生活の平和の醸成に天皇は利用価値があるだろう。バーンズはもう少し懐疑的だった。かれは合衆国は条件のすべてを堅持すべきと考えていた。フォレスタルはいちばん賢い考えを出した。かれは、日本の提示条件を、連合国が承認できるように回答を作ればどうかと提案した。日本の条件が、ポツダムの条件を明白に遂行すると、詳述していれば受け入れられるのではないか。言い換えれば、天皇が無条件降伏すれば、その地位を保全されるというように。

それからの数時間、バーンズは回答作りに専念したが、トルーマンはいつものへ、と、へ、とになる面会に時間を潰された。大統領は落ち着かない気分で、十五分ずつの次から次へ続く面会をこなした。モンタナ州選出下院議員のマイク・マンスフィールド、アリゾナ州選出上院議員のカール・ヘイデン、ワシントン州選出上院議員のウォーレン・マグナソン、ワイオミング選出上院議員のジョセフ・オマホニー。トルーマンは南アフリカ、エル・サルバドル、パナマ、グアテマラの大使たちと予定された五分ずつの会見を行った。そして最後に午後一時、バーンズが対日回答案を持って来た。トルーマンとリーヒは昼食を摂りながら検討した。

大統領は午後二時の閣議に三十分ほど遅れた。トルーマンは、定位置となっていたホワイトハウスのバラ園を眺めわたす窓を背にする席に着いた。バーンズは日本の回答全文を読み上げた（スイス公使館経由の外交経路で入手したばかりだった）。そしてかれは日本に対する回答案を読み上げた。途中でかれは一息ついた。同席していたヘンリー・ウォレス商務長官が回想する。「バーンズは原案を読んでいて一旦止め、アメリカ人の犬訓練士をヒロヒト（天皇）の上位に置く、と強調した。日本人に、ヨーロッパのような誤解を与える機会はない」[19]。合衆国は単独で日本に対処する。ソビエトにもイギリスにも占領地区は授けない。

とはいえ、対日回答案は、イギリス、中国、ソ連の承認を得る必要があった。トルーマンは話をさえぎり、アメリカはこの問題でロシアとは協議しない、と言った。スティムソンは、ロシアは、降伏前に、赤軍を極東に出来るだけ深く侵攻させるため、回答を遅らせると予想される、と言った。

この日、グローヴスは陸軍省に、次の原爆は、八月十七日か十八日には投下できると伝えた。しかし、トルーマンは閣議ですでに原爆の停止を命令している、と言った。かれは、閣議で表現した「こいつら」[20]を、さらに十万人も殺す気はなかった。

無条件降伏については、トルーマンには全員を満足させる術《すべ》がなかった。アメリカ人の多くは、天皇を戦犯として訴追し、ナチのトップたちと同じように、最高刑を科すべきと考えていた。ホワイトハウスの郵便室は、トルーマンにこのことを請願する市民からの手紙で満杯だった。かれらは天皇の処刑を見たがっていた。トルーマンは、ジョージア州選出民主党上院議員のリチャード・ラッセルからの信書を受け取った。それには、合衆国は、日本人が[21]「無条件降伏を嘆願して来るまで」空爆を続けて欲しい、と綴られていた。ラッセルは、「アメリカ人の大多数が」、天皇は「追放されるべき」で、「ただちに戦争を終わらせるだけの原子爆弾がないのなら、製造できるまで、TNT爆弾と焼夷弾で空襲を続けると思っている」と確信していた。

（これに対してトルーマンはこう答えた。「一国のリーダーが『頑迷』だからといって、一国民を全滅させる必要はない。参考までに言っておくが、[22]絶対に必要にならない限り、そんなことはしない……。わたしの目的はアメリカ人の命を可能な限り助けることにあり、日本の婦女子にも人間的な感情を抱いている」）。

その日、八月十日の午後、対日最終回答案は外交経路を通じてロンドン、モスクワ、重慶の大使館に送達された。回答には天皇問題が包摂されていた。その一部は次の通り。「[23]降伏のときより、天皇および日本国政府の国家統治の権限は、降伏条項の実施のため、その必要と認める措置をとる連合国最高司令官の制限の下《シャル・ビー・サブジェクト・トゥー》に置かれるものとする……。最終的な日本国政府の形態は、ポツダム宣言に従い、日本国国民の自由に表明する意思により決定されるべきものである」。

回答は、無条件降伏を要求するアメリカ人すべてを満足させ、日本人にも天皇を保持する権利を認めさせて、平和の確立が図られていた。

その夜のワシントンは、いたるところに高揚感が満ちていた。「噂[24]が飛び交い、電話交換台は錯綜した。記者たちは立て続けにタバコを吹かし――戦争が終わるという、世界最大のニュースが――なかなか手に入らないもどかしさに人々は苛立っていた」とある記者が記録した。「政府の幹部たちがホワイトハウスの内外で列を成していた。浮足立った新聞記者たちの群れが右往左往していた。かれらは気を張りつめて、すべては終わったと世界中に発信できる言葉を待っていた」。

トルーマンは自分の仕事に戻った。かれはその政治生活のすべてを通して、興奮と緊張の極限の瞬間に、自制心を発揮する特異な才能があった――それをそのときほど見せつけたことはなかった。ある記者が言った。「かれは街中で[25]一番静かな男だった」。

世界が和平のニュースを待つ中で、原子爆弾のことが人々の意識に重くのしかかって来た。文明諸国の市民は、原子爆弾とは何か、どう利用されたか、人間の未来にどう関わるのか、などを懸命に理解しようとした。

多くのものが、この明かされた宇宙の神秘は、より良き世界への道を拓く使命を帯びている、と主張した。「新型爆弾が信じ難いほどの威力を発揮したことにのみ（原子力の）真[26]価が存在するのではない」とカナダの軍需大臣、C・D・ハウは書いた。原子科学者たちによって解明された「信じ難い規模のエネルギー」は、「実用的な利用が図られなければならない」。

間違いなくこの世の終わり、と信じる者たちもいた。宗教指導者で、フォーダム大学学長のロバート・ガノン師は、「われら未熟な世代は（原子科学を）信頼してはならない。たしかに研究の勝利ではあるが、それは残念ながら、効率的に無秩序を招く世の特異の表象である」。[27]

もっとも一般的な感情は、畏怖の念であり――自然界がこれほどの力を保有していることへの驚異、そして人間が良い方向にせよ、悪い方向にせよ、これをどう利用するかの関心にあった。今後の展開は、次の世代が取り組むことになるだろう。トルーマン自身は原爆の声明で次のように発言していた。「この史上最大の科学的ギャンブルにわれわれは二十億ドル以上を注ぎ込んだ――そしてわれわれは勝った」。[28]

ホワイトハウスの弁護士で、トルーマン政権の希望の星であるクラーク・クリフォードは、仕事中に原爆第一号のことを知った。「最初にそのニュースを聞いたとき」とかれは書いた。「ほかの多くのアメリカ人と同じく、単純に考えた。思ったより戦争は早く終わるな……。もっと深い真理、戦争がまったく違う局面となる時代に入った――には最初全く思いが及ばなかった。実際、核兵器の開発は、二十世紀最大の出来事になった」。[29]

八月十日の夜、長崎への投下の一日後、ロンドン、モスクワ、重慶へ、日本に対する回答案を打電した数時間後、アトリー首相とアーネスト・ベヴィン外相は、些細な修正を加えて、バーンズ案を了承した。その回答は、ワシントン時間午後九時四十八分に到着した。チャーチルもロンドンのアメリカ大使館に電話して、承認したと伝えた。翌朝の七時三十五分、補佐官がトルーマンに中国の回答を持参した。蔣介石も原案の表現に合意した。残るはソビエトだけだった。

その間、バーンズはハリマンから電文を二通受け取った。ハリマンはこの問題でスターリンとモロトフに会っていた。スターリンは、日本の和平主義者に「懐疑的」[30]だった。日本の回答は無条件降伏の条項を満たしていなかったのだ。「それゆえ、ソ連軍[31]は満洲侵攻を継続しています……。（スターリンは）喜んで戦争を継続しているという印象を受けました」。続いてハリマンは電報を寄越した。モスクワ時間午前二時、ソ連は条件を一つつけて、降伏条件を了承した。「連合国[32]は、日本の天皇と日本政府が従属すべき連合国最高司令部の代表者選考について協定を取り結ぶこと」。

スターリンは、ロシア軍将官を、降伏過程におけるロシア代表に任命し、ソ連は対日宣戦後一週間も経っていないが、自国に日本占領の一翼を担うことを希望した。ハリマンはスターリンに、合衆国政府がそんな条項を了承する筈はない、と述べた。「最高[33]に熱い議論が交わされました」とハリマンは記録した。そしてソビエトは対日回答を了承して引き下がった。八月十一日、合衆国はスイス政府経由で最終回答を日本へ伝達した。同じく八月十一日、トルーマンは、ダグラス・マッカーサー将軍を、対日最高司令官に任命し、同時に降伏過程において単独で連合国を代表させると、連合諸国に通告した。

日本からその翌日、回答はなかった――八月十二日は、ルーズベルト死去の四カ月目だった。世界を刮目《かつもく》させた四カ月だった。八月十二日付のニューヨーク・タイムズは、「勝利[34]は、ルーズベルト大統領の死去の日にはすでに約束されていた。その後世界の二大強国は崩壊した。歴史はこれまで諸帝国の没落と瓦解を記録して来たが、これほど急速度の前例はなかった。この四カ月の出来事は、昔は何年も、否、何世紀も必要だった。それが一週間、一日の単位で起こった……。この期間に生じた革命的な変化で、人類の歴史に新時代が始まったと充分言えるだろう。

しかし新時代に、どんな世界が待ち受けているのだろう？　日本が新たな降伏条件を申し出る八月十一日以前、すでに新たな脅威が東方で姿を見せていた。中国では、北方の共産勢力が日本の崩壊を利用しようとしていた。毛沢東指揮下の共産軍が、日本の兵器を手に入れるため、日本軍は自分たちに降伏せよと主張していた。トルーマン政権の中国大使、パトリック・ハーリーは大統領に、そんなことを許せば、「骨肉相食む戦争が」中国で「発生するに違いない」と警告を発した。世論は、「奇跡でも起きないかぎり中国政府の瓦解は避けられない」と見ている、とハーリーは伝えていた。[35][36]

中国は内戦と共産革命寸前の情況にあった。

一方でソ連は、極東でもう一つ領土の獲得を目指していた。八月十一日、国務省のモスクワ駐在幹部、エドウィン・ポーリーは、トルーマンとバーンズに、スターリン政府の代表と次のような厄介な会話を交わしたとの極秘電報を発信した。「議論を通じた結論を申し上げるとわが国は、出来るだけ早く朝鮮と満洲の工業地帯を占領すべきと考えるに至りました」。トルーマンは同意した。翌日、統合参謀本部は朝鮮と満洲に関する命令をマッカーサー将軍に伝えた。「大統領は、日本軍の降伏後、大連港（中国の）と朝鮮の一港を、まだソ連軍が占領していなければ、直ちに占領する手段を講じるべく希望しておられる」。[37][38]

日本の軍事支配が崩壊して行く過程で、極東には力の真空地帯が姿を現していた。日本の降伏以前から、中国と朝鮮の支配競争は始まっていたのである。

八月十二日、ルーズベルト他界の四カ月記念日に、エドワード・R・マロウはCBS放送を通じて終戦についての見解を語った。「長い歴史において、この一週間に起こった出来事に匹敵する例はほぼ皆無である。さらに、戦[39]

いの勝者をこれほど不安定で懸念を抱かせたまま終わった戦争の例も稀有である。将来は漠としており、生き残りも保証されてはいない」。

八月十四日、午後六時十分、国務省執務室でジミー・バーンズはスイス代理大使の使者の訪問を受けた。使者は、全世界が待ちわびていた日本の降伏条件受諾文を携えていた。バーンズはただちにホワイトハウスへ赴き、トルーマンに書面を渡した。ベスはワシントンに戻っており、その夜七時、新聞記者が発表を聞きにトルーマンの部屋へ殺到したとき、彼女はそこにいた。部屋は興奮に満ちているようだった。数千万の兵士と民間人を殺害したこの戦争――人類を襲った最悪の惨事――は終わった。オーヴァル・オフィスにいた全員の胸のうちは、正義が勝った、という思いで満たされたに違いない。

机の向こうに立った大統領は、映画撮影用のライトで目がくらんだが、右手に一通の書面を持っていた。右側にバーンズとリーヒ、そして左側にコーデル・ハル――ＦＤＲが長年敬愛していた国務長官――が、あたかもルーズベルトが室内にいるかのように座っていた。閣僚たちはトルーマンのすぐ後ろに並んで立った。大統領が口を開くと、ニュース映画のカメラが回り出した。

「本日午後、わたしは日本政府の通告を受け取りました」[40]、トルーマンは言った。かれは一息入れて、チャーリー・ロスが文書をみなに配るので、一語一語、記録する必要はない、と述べた。かれは続けた。「これは八月十一日に国務長官が日本政府あてに発したメッセージの回答で、わたしはこの回答が、日本の無条件降伏を詳細に述べたポツダム宣言に対する全面的受諾であると考えます」。

かれはマッカーサー将軍を対日連合軍最高司令官に任命することを告げ、ＶＪデイ［対日戦勝利の日］の宣言は、正式な降伏文書の調印まで待つと述べた。

話が終わると記者たちは部屋を飛び出し、日本降伏のニュースが全世界を覆った。

八月十四日、トルーマンには何も予定がなかった。ホワイトハウスの外、ラファイエット広場では群衆がかなり前から集まり始めていた。トルーマンが終戦の記者会見を終えた頃、ホワイトハウス門外の群衆は、七万五千人を超え、ワシントン・ナショナルズのメイン・スタディアム収容能力のほぼ三倍だった。警官が通行規制をしていたが、無駄だった。人々は車の上に立ち、数十台が警笛を鳴らした。将校たちが道路で軽快なダンスに興じていた。ブロンド娘に腕を取られ、片手にハイボール、片手にウィスキー・ボトルを手にした男が酔った人混みの中をふらついていた。紙テープをターバンにした別の男も同じことをしていた。ホワイトハウスの中からトルーマンは群衆の大騒ぎを耳にした。

「ハリー出て来て！　ハリー出て来て！」(41)

時間が経つにつれて人々の数は増し、声も大きくなった。

「ハリー、デテオイデヨ！　ハリー、デテキテヨ！」

ハリーがベスとともにホワイトハウスの芝生に姿を見せたときには、陽が沈みかけていた。憲兵と秘密警察たちが飛び出して来て、どう大統領の安全を確保しようかと思案していた。トルーマンが勝利のＶサインを作って見せると、群衆は耳をつんざく歓声でそれに応えた。世間の目に曝されることを嫌っていたベスも、喜びに顔を輝かせていた。「ホワイトハウスの真ん前にとつぜん現れた数万の群衆に向かって、（トルーマンは）オーケストラの指揮者のように芝生の上で両腕を振り回していた」とその場にいた一人が回想している。[42]

数分経って、トルーマンはホワイトハウスの中へ戻った。母親に電話して、個人的にニュースを伝えようとしたのである。第二次大戦は終わったよ、と（受話器を取って、九十二歳のママは言った。「ハリーなのね」。「ハリーはこんなに素晴らしい男……そうなると分かっていたわ」）。[43] そしてトルーマンはエレノア・ルーズベルトに電話した。「わたしは彼女に伝えた」とのちに振り返った。「この勝利の瞬間、人々にそのことを伝えるのがわたしではなくて、ルーズベルト大統領だったらと願っていました、と」。[44]

外ではまだ群衆がトルーマンの名を叫んでいた。八月の暑い夏の夜、ベスと手をつないで、また中庭に立った。現場を目撃したある記者によれば、それは「首都がこれまでに見た、もっとも荒っぽいお祝いだった」。[45] その中心には、いつもハリーとベスがいた。

トルーマンは、充分に歴史を勉強していたので、この瞬間を情況に適応させた。合衆国は兵士と大量の戦時物資を提供してナチズムを打倒してヨーロッパを救った。合衆国は極東のすべてに君臨する意図を持った日本軍を打ち破った。世界の目にとって、これがアメリカの最高の時だった。アメリカがこれほどの威厳を示したことはなかった。このとき、トルーマンの知らなかったことは、このような威厳をアメリカが取り戻すことは二度となかったことであった。

おわりに

原爆を大都市に落とすためなら、飛行機の成層圏飛行には限界を設けない……。技術開発が進めば、ナガサキに投下したものの数倍の威力のある爆弾も製造可能だろう。防御の方法については、これまで耳にしたことはない……。人類が、国家間の政治的関係を変化させずに原爆を製造し続けるならば、遅かれ早かれ、原爆はお互いの絶滅のために使用されることになるだろう……。したがって、大国の責任ある政治家が、かつてない人類の幸福増進のみならず、文明の生存そのものに関する決断に直面していることは明らかである。[1]

——一九四五年九月二十五日、クレメント・アトリー首相からハリー・トルーマンへ。

一九四五年九月二日午後八時、大統領の出身地に因んで名づけられた戦艦、米艦ミズーリの右舷デッキで、日本の高官たちが降伏文書に調印した。東京湾のその光景は印象的だった。海軍の一艦隊が停泊しており、アメリカ国旗が翻っていた。アメリカの爆撃機が頭上で爆音を轟かせていた。陸軍航空隊のカール・スパーツ将軍は、いささかなりとも謀反の気配があれば、それら爆撃機が八千トンの爆弾を日本に投下する用意が出来ている、と警告を発した。マッカーサー将軍はミズーリのデッキに立ち、手続きの進行を眺めていた。面持ちはこよなく無表情で、美術館の胸像のようだった。日本の高官が調印を済ませれば、マッカーサーは八千万の臣民を従えた、日本の最高統治者となる。その夜のミズーリ号におけるトルーマンの代理は、大統領の甥にあたる一等水兵のジョン・C・トルーマンがつとめた。

平和の到来とともに、トルーマンの予期していた反動がやって来た。予想以上と言ってもよい。伝記作家のロバート・J・ドノヴァンがかなり以前に述べている。[2]「トルーマン大統領にとって戦後が単純に到来したわけではない――戦後は、かれの頭をパニック状態に陥れようと、雷鳴、稲妻、雹、雨、あられ、猫の死骸、不平不満、癇癪玉、心悸亢進となって襲いかかった」。大統領はしっかり仕事をした。いまやかれの机には有名になった十三インチ［約三十三センチ］の標識が置かれていた。オクラホマの矯正院で見かけた標識に似たものをフレッド・カンフィルが贈ったものだ。標識にはこう書かれていた。[3]「たらい回しはここが終点《ザ・バック・ストップス・ヒヤ》！」

日本が降伏文書に調印した四日後、ヒロシマの一カ月目、トルーマンは、ポツダムからの帰路にオーガスタでサム・ローゼンマン判事と作業した二十一項目計画を議会に提出した。その中でかれは、戦後のアメリカの国内政策を概括した――平時経済への迅速な再転換、失業と雇用対策、インフレ抑止策、住宅投資、中小企業対策、農業、復員軍人支援その他もろもろ。議会の多数は、トルーマンがルーズベルトよりもずっと保守的であることを依然望んでいた。二十一項目からトルーマンは、そうではないことを示していた。議会の共和党は反対行動をとった。一九四六年の中間選挙で、一九二八年以来初めて、共和党が上下両院を制した。それ以来、ミズーリ人トルーマンは、政治的な人食鮫の水槽を泳ぐことになった。

極東では、中国と朝鮮が支配から外れた。朝鮮では、米ソの軍司令官は、北緯三十八度線の南側の日本軍は米軍へ、北側の日本軍は赤軍に降伏することで合意した。日本の降伏後五週間も経たぬうち、朝鮮の米軍司令官は、その情況を「[4]火花が飛んだだけでも爆発する火薬樽」にたとえた。朝鮮の内戦は不可避となっていた（現在でも三十八度線はおおむね南北朝鮮の国境を形成している）。一九四六年末までに中国でも、共産主義体制と非共産主義体制の全面的内戦が運命づけられていた。

東ヨーロッパ全域で、ソ連は地盤を固めて影響力を拡大し続けていた。ハンガリー、ブルガリア、ルーマニア、ポーランド、チェコスロバキア――これら諸国は完全にソビエト化された。一九四九年までにドイツのソビエト占領地区の国境は閉ざされ、東ドイツとして一般に知られる独自の国家が成立した。同じ年、ソ連は独力で核実験を成功させた。

多くのものが懸念した、長期に亘る、戦後の手に負えないインフレや景気停滞はまったく起こらなかった。しかしトルーマンは、その租税政策（「ハイ・タックス・ハリー［高税率ハリー］」と揶揄された）、労使紛争、多くのアメリカ人の共感を呼ばない公民権法への革新的支援で批判を浴びることとなった。

残りの在任期間中、大統領の職責は歴史の挑戦を受け続けた。今日、人々はトルーマン・ドクトリン、マーシャル・プランを記憶にとどめている。これはヨーロッパに数十億ドルを投じて、民主諸国家が共産主義に取り込まれるのを防止するための計画だった。一九四八年のトルーマンのイスラエル承認は、かれをこの新国家を擁護する、世界の最初のリーダーにした。トルーマン政権は、ソビエトの封鎖に伴うベルリン空輸、ＣＩＡと原子力委員会の創設、そして、なによりもＮＡＴＯ設立の起案者として記憶されている。一九五一年、不服従によりダグラス・マッカーサー将軍を解任したこと——これはワシントンで大騒動となった——も思い出されるし、現代の国防省の設置に関するかれの役割を思い浮べることも出来る。

一九五〇年、国際連合の協力のもとに、トルーマンはソビエト支援の共産軍と戦うため韓国に派兵した。冷戦はもはや心構えとか妄想の戦争ではなくなった。第二次大戦の「奇妙な戦争」［ドイツと英仏の宣戦布告後、西欧ではしばらく双方が対峙したままで実際の戦闘が起きなかったことを言う］のときと同様に、死と破壊の本当の戦争になったのだ。トルーマンは、宣戦布告をせず議会の承認も得られなかった、と手厳しく批判された。この批判は、米軍が朝鮮半島からの共産主義放逐に失敗したことで一層高まった。

トルーマンは一九四八年、ニューヨークのトマス・デューイを相手に大統領再選に挑んだ。かれの人気は急低下しており、一九四〇年の上院議員選挙運動と同様に、かれが立候補を宣言し、勝利の決意を語ったことで世間と、おそらく自分自身をも驚かせることとなった。一九四〇年のときと同じく、トルーマンの勝つチャンスはほとんどなかった。新聞と世論調査は一様に大崩落を予測した。しかしかれは勝った。多分、二〇一六年の大統領選挙が、アメリカの選挙史上の大番狂《おお》わせとして一九四八年を凌駕する唯一の事例となるだろう。この勝利はマーガレット・トルーマンにこう断言させた。(5)「ハリー・Ｓ・トルーマンはもう『まさかの大統領』じゃないわ」。だって、アメリカ国民に選ばれたのですもの。

とはいえ、これら歴史的事実の中で、就中、トルーマンの名で記憶される最初でもっとも重要な事柄は原子兵器使用の決断である——リトルボーイとファットマン、このただ二つの原爆が、かつて人類を標的として使用されたのである。七十年を超えてなお、この決断は、これまでの大統領が行った決断の中でもっとも論議を呼ぶものであることは、ほとんど確実である。

二つの原子爆弾は何人の人間を殺害したか？　回答は不可能で、まさにこのことこそが絶滅兵器の能力を示している。合衆国エネルギー省は、この数字を二十万と推定している。「がんおよびその他の長期の影響を勘案して(6)」五年以上の期間をとれば、多分それ以上となるだろう。それにこの数字はヒロシマの爆弾のみである。

一九四五年八月以来、原爆投下行為は倫理学者たちをたがいに論争させている。批判は理論だけで論じられている傾向がある。回答よりも質問だけが先行している。投下は政治目的で行われたのか？　ソ連に力を見せつけるためだったのか？　ソ連の極東侵攻を食い止めるためにアメリカは投下を急いだのか？　日本人に対する人種偏見が決断にどれほどの影響を及ぼしたか？　原爆投下なくして日本は降伏したか？　そうだとすれば、いつ？　そしてあとどれだけの生命が犠牲になったのか？　対話風に言えば、答えは、だれが質問するかによるのである。

一九四五年八月以前の大統領との対話で、アイゼンハワー将軍は原爆投下に反対意見を表明した。ヒロシマ以前にリーヒ提督が反対した記録はないが、戦後、リーヒは次のように書いていた。「ヒロシマとナガサキにこの野蛮な兵器を使用したことは、わが国の対日戦争に何ら物質的利益をもたらさなかった、というのがわたしの意見である。日本軍はすでに敗北しており、効果のあった経済封鎖と、通常兵器による空襲の成功で、降伏する用意が出来ていた……(7)。わたしの感想は、その最初の使用によって、われわれは暗黒時代の未開人に共通する倫理基準を採用してしまったということだ。戦争はこんな形で行ってはならないし、婦女子を殺戮することで戦争に勝ってはならない、ということを教えられた」。

リーヒの立論には疑義もある。米軍が数カ月間にわたって日本で民間人を焼夷弾で空襲しているとき、なぜ原爆で殺すことが悪いのか？（戦後、焼夷弾空爆についてカーティス・ルメイは書いた。「わたしは、この戦争に負ければ自分が戦争犯罪人として訴追されるだろうと考えていた……。[8] しかし戦争はすべて不道徳なものだ、それが嫌だと言う者は良い兵士とは言えない」）。

当時、ほとんどすべてのトルーマンのアドバイザーたちが原爆使用を推奨していたという事実が残っている。ヘンリー・スティムソンは二年後の一九四七年に次のように述べた。「戦争の様相、すなわち死の様相である……。[9] 原爆使用の決定は、十万人以上の日本人殺害の決定である。その事実を覆す弁明はあり得ないし、わたしは包み隠しはしない。しかしこの熟慮され、予め計画された大破壊は、決して忌み嫌われた選択肢ではなかった」。

当時、もっとも敬愛された軍人であったジョージ・マーシャルがのちに書いた。「この爆弾の投下の重要性について、わたしは、ほかの考えられる手段よりも終戦の手段としては、はるかに良いものと思っていたし、それはその通りだった。あとから出て来た文句のすべては、どちらかといえば馬鹿馬鹿しい……」。[10]

チャーチルは、戦後、いささか異なる視点で著作に述べている。「歴史の事実は残った。[11] 日本を降伏させるために原爆を使用する決意をすべきか、すべきでなかったかを、時間の経過で判断すべきであるという議論は問題にもならない。われわれの周辺には、一致した、自動的な、疑問の余地のない合意があった。他の手段をという助言はこれっぽちもなかった」。

エレノア・ルーズベルトはトルーマンの原爆使用を支持した。筆者は、ＦＤＲがその使用に反対していただろう、という議論は耳にしたことがない。

この問題でトルーマンに助言したものは、トルーマンの決定をみな異なる視点から見ている。トルーマン本人は、といえば、何らかの政治的な理由で使用に踏み切ったという証拠は見つかっていない。かれは対日地上侵攻で失われた可能性ある犠牲を計算した。「二十五万人ほどの若者の命は日本の都市二つほどに匹敵するという思いをわたしは持ったし、いまでもそう思っている」[12]。

筆者は、二人の歴史家、スティーヴン・アンブローズとダグラス・ブリンクリー共著の *Rise to Globalism*［グローバリズムへの興隆］に示されている意見に賛同する。「単純な説明こそがもっとも説得力がある。原子爆弾はそこにあった。日本は降伏していなかった。政権内で真剣に原爆不使用を考えているものはほとんどいなかった。製造完了次第使おうと考えるのが自然だったことは明らかである。トルーマンは後日、このように述べた。『いつ、どこで原爆を使用するかの最終判断はわたしに任されていた。その辺は間違いないように。わたしはこの爆弾を軍事兵器と考えており、それを使用すべきことに疑念を抱いたことはなかった』」[13]。

一九五三年一月、トルーマンは失意のなか、評価を下げて退陣した。アイゼンハワーの任期が始まった。アメリカ経済は絶好調だったが、世界は不安定だった。共産主義の拡大、核兵器開発競争、朝鮮戦争、二大政党の衝突のすべてが、トルーマン政権の終焉時には暗い影を落としていた。

ハリーとベスがホワイトハウスを去る日、かれはドアのところで振り返り、さよならの手を振り、スタッフに別れを告げた。かれは大統領として、七年九カ月と八日をつとめた。かれは「白い大監獄《グレートホワイトジェイル》」を出て行く前の最後の瞬間、ためらいがちに、いつも口にするジョークを飛ばした。「[14]あのね、ぼくはホワイトハウスで落ち込むたびに、国も世界も、ハリー・トルーマンが大統領ではなくて娼家でピアノを弾いていた方が良かったかな、と考えたものなんだよ」。「[15]それから」とその場にいた一人のカメラマンが回想した。「かれは回れ右をして出て行った」。

年とともに、歴史家たちはトルーマンの評価順位を上げて行った。二〇一五年、ボストン・グローブのある記者が述べた。「[16]ハリー・S・トルーマンはいまや大成功をおさめた大統領の一人とされ、あらゆる歴史調査で上位十位に入っている」。皮肉にも、かれの一九四五年四月十二日における最大の弱点が、かれの最大の長所につながった。それはかれの、普通の人間らしさであった。トルーマンについて、ジョナサン・ダニエルズは書いた。「ルーズベルトが死んだとき、[17]アメリカ人はリーダーの不在という感覚を持った。アメリカ人の一人として、トルーマンが教えてくれたのは、かれらの偉大さはかれら自身のうちにあると言うことだった」。

トルーマンは任期を終えた二十年後に死んだ。一九七二年のクリスマスの翌日で、八十八歳だった。ベス・トルーマンはそれから十年後にあとを追った。二人は、ミズーリ州インデペンデンスのハリー・S・トルーマン図書館・博物館の中庭に並んで葬られている。トルーマン死去の頃、かれは自らの遺したものが依然論議の的となっていることをよく知っていた。大統領であったとき、かれは革張りの額縁に入れたアブラハム・リンカーンの言葉をデスクに飾っていた。それには、「[18]わたしは知る限りの――出来るかぎりのベストを尽くす。本気で終生そのように行動する。結果が思った通りになるならば、わたしは反論されようが構わない。思うようにならなかったとしても、十人の天使が、わたしが正しかったと言ってくれれば、大して違いのない話になる」と書かれていた。

訳者紹介

河内隆弥（こうち・たかや）

現代史翻訳。1935年上海生まれ、小樽商大卒、旧東京銀行海外支店長歴任。

訳書に、パトリック・ブキャナン『超大国の自殺』（幻冬舎、2012年）、同『不必要だった二つの大戦』（国書刊行会、2013年）、イアン・カーショー『運命の選択 1940-41（上）（下）』（白水社、2014年）、ジョナサン・フェンビー『奇妙な同盟（Ⅰ）（Ⅱ）』（藤原書店、2018年）。

まさかの大統領《だいとうりょう》

——ハリー・S・トルーマンと世界《せかい》を変《か》えた四カ月《げつ》

2018年11月25日　初版第１刷発行

著者　A・J・ベイム

訳者　河内隆弥

発行者　佐藤今朝夫

発行所　株式会社国書刊行会

〒174-0056　東京都板橋区志村1-13-15

TEL 03（5970）7421　FAX 03（5970）7427

http://www.kokusho.co.jp

印刷・製本　三松堂株式会社

装幀　真志田桐子

ISBN 978-4-336-06259-8

人　名　索　引

ハリー、エリザベス（ベス、旧姓ウォレス）、
マーガレット（マギー）・トルーマンを除く

ア行

カ行

サ行

タ行

ナ行

ハ行

マ行

ヤ行

ラ行

ワ行

脚　　　注

調査と史観についての注記

この本は、ハリー・トルーマンのレガシー（遺したもの）について書いたものであるが、すべての本はそれぞれのレガシー（遺すべきもの）を持っている。わたしは、トルーマンについての沢山の本を読む人々は、この本で次のような結論を得るだろうと思うし、そのように望んでいる。そこがほかの本と異なるところである。トルーマン大統領は、第二次大戦中の大統領として、単純に*FDR*の路線を受継いだものではない。実際、かれは、筆者が描く四カ月で、より一層偉大な変革者となった。

歴史とはそれ自体で一種の謎である。歴史は、新しい考え方や史料が脚光を浴びることで、時とともに形を変える。新しい技法に基づく調査のダイナミズムは、歴史叙述者の眼に、ある種の文書をより重要なものと気づかせてくれる。そしてそこから語り部としての史観が生まれ、レガシー（遺産）を掘り起こし、いままでではあり得なかった場所にそれを置く。かつてオルダス・ハクスリーは、「歴史の魅力とそれが与える素晴らしい教訓は、いつの時代にあっても、物事は不変でありながら、まったく異なっているという事実に存する」と書いた。三年間の調査期間中、わたしは出来るだけ一次史料に頼り、また出来事に関わる、出来るだけ多くの人々について、直接その気持ちを推し測った。文章創りの過程では、わたしは、過去の音をそのまま再生するべく、古楽器の録音をするような取り扱いにしたかった。日記類、文書の原典、会議議事録、公電—これらは真実解明の標識となった。もちろん二次史料を使用した場合もある。しかしその場合には、わたしが引用した出来事ないし会話のとき、同じ部屋にいた人々の本を利用しようとつとめた—たとえば、ハリー・S・トルーマン、マーガレット・トルーマン、ウィンストン・チャーチル、ジェームズ・F・バーンズ、ジョナサン・ダニエルズ、チャールズ・ボーレンなど。

トルーマンは、自著、*Mr.Citizen*［トルーマンの自叙伝、1960年 independence Press 刊］の中で、「過去の大統領の事績に、正当な歴史的評価を与えるためには、大統領のファイルが唯一正確な源泉資料であるとわたしは考える」と書いている。そのため、わたしはミズーリ州インデペンデンスのトルーマン図書館で数週間を過ごした。また自宅から図書館のウェブサイト上の電子資料に、より多数のアクセスをした。加えて、わたしはほかの人物たちの個人資料を使用した。たとえば、以下の通りであるが、それだけに限られているわけではない。フランクリン・ルーズベルト、ヘンリー・スティムソン、ヘンリー・モーゲンソー、カーティス・ルメイ、レスリー・グローヴス将軍、ウィリアム・リーヒ提督、ジョセフ・デイヴィス、ベス・トルーマン、マーガレット・トルーマン、メリー・ジェーン・トルーマン、イーベン・エイヤーズ、ジェームズ・アイルワード、ジェームズ・ペンダーガスト、

フレッド・カンフィル、マシュー・コネリー、ジョナサン・ダニエルズ、ロバート・ハネガン、ヴァーン・チャニー、ヴィクター・メッサル、リーゼル・オーダム、ジョセフ・グルー、エドウィン・ポーリー、ハリー・ヴォーン、トム・エヴァンス、ハップ・アーノルド将軍、ジョージ・エルジー、ディーン・アチソン、アグネス・ウルフ、ルーファス・バラス、アロンゾ・フィールズ、ヒュー・フルトン、スペンサー・ソールズベリー、エドワード・ヤコブソン、エディ・マッキム、サム・ローゼンマン、ハロルド・スミス、モンラッド・ウォルグレン、ローズ・コンウェイ、などである。わたしはトルーマンの医師、ウォレス・グラハムの資料と、1945年、ホワイトハウスへ往診した歯科医、ブルース・フォーサイスの日記を精査した。

調査の過程で、「新しい発掘」とでも言うべき、自筆原稿類の補完資料を発見することがあった。過去の、トルーマンの主たる伝記作者たちの手の及ばない資料だったから、それらの発見は胸の高鳴る瞬間だった。トルーマン文書館にあった多数のオーラル・ヒストリー（口述史）もまた有益な資料となった。

最後に、わたしのこの著作の目的は、ハリー・トルーマンが事実に即している、と認定してくれる本を書くことにあった。そうなったかどうか、わたしには分からないが、これがわたしの仕事としての普通のやり方なのだ。

トルーマン図書館から引用した資料、付属資料の略号は次の通り：

FBPAP：Family,Business, and Personal Affairs Papers　家族、業務、個人関連資料
FCF：Family Correspondence File　家族間通信ファイル
LNF：Longhand Note File　手書き文書ファイル
MRF：Map Room File, 1945　作戦室ファイル　1945年
OF：Official File, 1945-1953　公式ファイル　1945-1953年
PCF：Press Conference File　記者会見ファイル
PPF：President's Personal File, 1945-1953　大統領個人ファイル　1945-1953年
PRF：White House Press Release Files, 1945-1953　ホワイトハウス新聞発表ファイル　1945-1953年
PSF：President's Secretary's Files, 1945-1953　大統領秘書ファイル　1945-1953年
SMOF：Staff Members and Office Files　スタッフならびに事務室ファイル
WHCF：White House Central Files, 1945-1953　ホワイトハウス・セントラル・ファイル　1945-1953年

注：オーラル・ヒストリーについては、https://www.trumanlibrary.org/oralhist/oralhis.htm　参照

参考文献

はじめに

1 *Washington Post,* February 16, 2015.

2 Doris Kearns Goodwin, *No Ordinary Time:Franklin & Eleanor Roosevelt; The Home Front in World War II*（New York:Simon & Schuster, 994）, p. 606

3 Diary of Joseph Davies, April 19, 1945, Joseph Edward Davies Papers, box 1:16, Manuscript Division, Library of Congress, Washington, DC.

4 Truman speaking in the introductory film at Harry S. Truman National Historic Site visitor center, Independence, Missouri.

5 Oral history interview, Robert G. Nixon, p. 159, Truman Library.

6 Oral history interview, Harry H. Vaughan, p. 52, Truman Library.

7 "Truman: A Plain Genial Man Who Likes to Listen," *Chicago Daily Tribune,* August 14, 1945.

8 Bill Sloan, *The Ultimate Battle: Okinawa 1945 — The Last Epic Struggle of World War II*（New York: Simon & Schuster Paperbacks, 2008）, p. 5.

9 "The Past Four Months: Unequalled in History," *New York Times,* August 12, 1945.

時系列

1 "Cries No! No! As Partisan Shoot Him, Girl Friend," *Washington Post,* April 30, 1945.

2 Selected Documents on the Topic of the Atomic Bomb,box 1, Franklin D. Roosevelt Presidential Library, Hyde Park, NY.

3 The Potsdam Declaration,
http://afe.easia.columbia.edu/ps/japan/potsdam.pdf.

1

1 "The Whole Weight of the Moon and Stars,"*Daily Boston Globe,* May 3, 1945.

2 Harry S. Truman, *Mr. Citizen*（New York: Bernard Geis Associates, 1960）, p. 9.

3 William M. Rigdon, *White House Sailor*（New York: Doubleday, 1962）, p. 188.

4 "It is not noise. It is music," Harry Truman's Record Albums, Harry S. Truman National Historic Site, National Park Service,
https://www.nps.gov/hstr/learn/historyculture/truman-record-collection.htm.

5 Financial records, Bess W. Truman Papers,Financial Affairs File, box 9, Truman

Library.
6 John Hersey, "Mr. President — Quite a Head of Steam," Profiles, *New Yorker,* April 7, 1951.
7 Oral history interview, James J. Rowley, p. 23, Truman Library.
8 Hersey, "Mr. President."
9 Harry S. Truman to Mary Jane Truman and Martha Ellen Truman, April 11, 1945, FBPAP:FCF, box 19, Truman Papers.
10 Harry S. Truman to May Wallace, April 12, 1945, letter quoted on Harry S. Truman National Historic Site, National Park Service,
https://home.nps.gov/hstr/learn/historyculture/upload/Wallace%20Homes%20Site%20Bulletin.pdf.
11 Truman to James M. Pendergast, April 12, 1945, James M. Pendergast Papers, box 1, Truman Library.
12 Allen Drury, *A Senate Journal: 1943–1945* (NewYork: McGraw-Hill, 1963), p. 409.
13 Oral history interview, Edward D. McKim, p. 121, Truman Library.
14 Dwight D. Eisenhower, *Crusade in Europe* (NewYork: Avon, 1952), p. 451.
15 Dwight D. Eisenhower to General George C.Marshall, cable, at "Ohrdruf," United States Holocaust Memorial Museum,
https://www.ushmm.org/wlc/en/article.php?ModuleId=10006131.
16 Eisenhower, *Crusade in Europe*, p. 451.
17 "Yanks Regain Kakazu Peak on Okinawa," *Washington Post,* April 12, 1945.
18 Twenty-First Bomber Command operations report, Curtis E. LeMay Papers, box 28, Manuscript Division, Library of Congress, Washington, DC.
19 Curtis E. LeMay with MacKinlay Kantor,*Mission with LeMay: My Story* (New York: Doubleday, 1965), p. 353.
20 Descriptions of Washington, DC, come from William L. O'Neill, *A Democracy at War: America's Fight at Home & Abroad in World War II* (Cambridge, MA: Harvard University Press, 1993); Richard Lingeman, *Don't You Know There's a War On? The American Home Front 1941–1945* (New York: Thunder's Mouth, 1970); and A. J. Baime, *The Arsenal of Democracy: FDR, Detroit, and an Epic Quest to Arm an America at War* (Boston: Houghton Mifflin Harcourt, 2014).
21 Walter John Raymond, *Dictionary of Politics: Selected American and Foreign Political and Legal Terms* (Lawrenceville, VA: Brunswick,1973), p. 225.
22 United States Constitution.
https://www.archives.gov/founding-docs/constitution-transcript.
23 Jonathan Daniels, *Frontier on the Potomac* (New York: Macmillan, 1946), p. 7.
24 Arthur M. Schlesinger Jr., "F.D.R. as President," Don Congdon, ed., *The Thirties: A Time to Remember* (New York: Simon & Schuster, 1962), p. 431.
25 George E. Allen, *Presidents Who Have Known Me* (New York: Simon & Schuster, 1960), p. 120. *2 percent of Democratic voters:* "7 Out of 10 Democrats Favor Wallace,"*Washington Post,* July 19, 1944.
26 William D. Leahy, *I Was There: The Personal Story of the Chief of Staff to Presidents Roosevelt and Truman Based on His Notes and Diaries Made at the Time* (New

York: Whittlesey House, 1950), p. 248.

27 "Bricker, Truman Still Unknown to Millions Despite Fanfare," *Washington Post,* November 3, 1944.

28 Allen, *Presidents,* p. 137.

29 同書

30 Luther Huston, "The Vice President Talks of His New Job," *New York Times Magazine,* January 21, 1945.

31 Truman to Hugh P. Williamson, April 5, 1945, letter pictured on Christie's auction house website, christies.com, last accessed January 11, 2017.

32 Huston, "Vice President Talks."

33 "Lauren Bacall Aids Show for Services," *Washington Post,* February 11, 1945.

34 "Truman Has Job That He Didn't Want," *Hartford Courant,* April 16, 1945.

35 McKim oral history, p. 106.

36 Oral history interview, Harry Easley, p. 99, Truman Library.

37 Drury, *Senate Journal,* p. 106 and 410.

38 *Congressional Record,* April 12, 1945.

39 H. S. Truman to M. J. Truman and M. E. Truman, April 12, 1945, FBPAP:FCF, box 19, Truman Papers.

40 Drury, *Senate Journal,* p. 410.

2

1 Bernard Asbell, *When F.D.R. Died* (New York: Signet, 1961), p. 17.

2 A. J. Baime, *The Arsenal of Democracy: FDR, Detroit, and an Epic Quest to Arm an America at War* (Boston: Houghton Mifflin Harcourt, 2014), p. 251.

3 Henry Morgenthau diaries, April 11, 1945, Franklin D.Roosevelt Library, http://www.fdrlibrary.marist.edu/_resources/images/morg/mpd18.pdf.

4 Asbell, *When F.D.R. Died,* p. 18.

5 Charles E. Bohlen, *Witness to History: 1929–1969* (New York: W. W. Norton, 1973), p. 43.

6 George F. Kennan, *Memoirs: 1925–1950* (Boston: Atlantic Monthly Press, 1967), p. 57.

7 *The United States and the Origins of the Cold War: 1941–1947* (New York: Columbia University Press, 1972), p. 4.

8 Winston S. Churchill, *The Second World War,* vol. 3, *The Grand Alliance* (New York: Rosetta, 2002), p. 331.

9 Gaddis, *Origins of the Cold War,* p. 54.

10 同書 , p. 64.

11 Franklin D. Roosevelt to Joseph Stalin, February 23, 1945, Franklin D. Roosevelt, Papers as President: Map Room Papers, http://www.fdrlibrary.marist.edu/archives/collections/franklin/?p=collections/findingaid&id=511&q=&rootcontentid=144934#id144934.

12 Herbert Feis, *From Trust to Terror: The Onset of the Cold War, 1945–1950* (New York: W. W. Norton, 1970), p. 25.

13 W. Averell Harriman to Roosevelt, March 14, 1945, Franklin D. Roosevelt, Papers as President: Map Room Papers,
http://www.fdrlibrary.marist.edu/archives/collections/franklin/?p=collections/findingaid&id=511&q=&rootcontentid=144934#id144934.
14 Churchill to Roosevelt, March 16, 1945, ibid.
15 Harriman to Roosevelt, April 3, 1945, ibid.
16 Roosevelt to Stalin, March 29, 1945, ibid.
17 Stalin to Roosevelt, April 7, 1945, ibid.
18 Stalin to Roosevelt, April 3, 1945, ibid.
19 Roosevelt to Stalin, April 4, 1945, ibid.
20 Roosevelt to Stalin, April 11, 1945, ibid.
21 Joseph E. Persico, *Roosevelt's Centurions: FDR and the Commanders He Led to Win World War II*（New York: Random House, 2013）, p. 498.
22 Robert E. Sherwood, *Roosevelt and Hopkins: An Intimate History*（New York: Harper & Brothers, 1948）, p. 870.
23 Winston S. Churchill, *The Second World War,* vol. 6, *Triumph and Tragedy*（New York: Rosetta, 2002）, p. 510.
24 Asbell, *When F.D.R. Died,* p. 39.
25 同書
26 Harriman to Roosevelt, April 12, 1945, Franklin D.Roosevelt, Papers as President: Map Room Papers,
http://www.fdrlibrary.marist.edu/archives/collections/franklin/?p=collections/findingaid&id=511&q=&rootcontentid=144934#id144934.
27 Roosevelt to Harriman, April 12, 1945, ibid. Also: Michael Dobbs, *Six Months in 1945: From World War to Cold War*（New York: Alfred A. Knopf, 2012）, p. 158.
28 Interview with Elizabeth Shoumatoff, in "Roosevelt Jovial Before Collapse," *New York Times,* April 16, 1945.
29 Asbell, *When F.D.R. Died,* p. 42.
30 同書 , p. 43.

3

1 Michael Reilly, *Reilly of the White House*（New York: Simon & Schuster, 1947）, p. 232. 3 *Pulse: 104:* The specifics of Dr. Bruenn's examination and procedure are from Bernard Asbell, *When F.D.R. Died*（New York: Signet, 1961）, pp. 45–46.
2 Transcript of press conference with Ross McIntire, April 12, 1945, Eben A. Ayers Papers, box 10, Truman Library.
3 Asbell, *When F.D.R. Died,* p. 48.
4 McIntire press conference.
5 Transcript of press conference with Stephen Early, April 12, 1945, Ayers Papers, box 10.
6 Doris Kearns Goodwin, *No Ordinary Time: Franklin & Eleanor Roosevelt; The Home Front in World War II*（New York: Simon & Schuster, 1994）, p. 603.
7 Harry S. Truman to Mary Jane Truman and Martha Ellen Truman, April 11,

1945, April 12, 1945, FBPAP:FCF, box 19, Truman Papers.

8 同書, April 16, 1945.

9 Alfred Steinberg, *Sam Rayburn: A Biography* (New York: Hawthorn, 1975), p. 195.

10 David McCullough, *Truman* (New York: Touchstone, 1993), p. 341.

11 H. S. Truman to M. J. Truman and M. E. Truman, April 16, 1945.

12 Steinberg, *Sam Rayburn,* p. 225.

13 同書

14 H. S. Truman to M. J. Truman and M. E. Truman, April 16, 1945.

15 同書

16 同書 The lightning has struck!: Various forms of this quote have been attributed to Truman in numerous sources, for example, Richard Rhodes, *The Making of the Atomic Bomb* (New York: Touchstone, 1986), p. 614.

17 *Memoirs by Harry S. Truman: 1945; Year of Decisions* (New York: Konecky & Konecky, 1955), p. 5.

18 H. S. Truman to M. J. Truman and M. E. Truman, April 16, 1945.

19 Truman, *Memoirs,* p. 5.

20 Oral history interview, James J. Rowley, p. 15, Truman Library.

21 Oral history interview, Robert G. Nixon, p. 109, Truman Library.

22 同書, p.110

23 *The Diaries of Edward R. Stettinius, Jr., 1943–1946,* eds. Thomas M. Campbell and George C. Herring (New York: New Viewpoints, 1975), p. 313.

24 H. S. Truman to M. J. Truman and M. E. Truman, April 16, 1945.

25 Asbell, *When F.D.R. Died,* p. 79.

26 Robert H. Ferrell, ed., *Truman in the White House: The Diary of Eben A. Ayers* (Columbia: University of Missouri Press, 1991), p. 8.

27 Margaret Truman, *Bess W. Truman* (New York: Macmillan, 1986), p. 249.

28 Diary of Joseph E. Davies, April 12, 1945, Joseph Edward Davies Papers, box 1:16, Manuscript Division, Library of Congress,Washington, DC.

29 Jonathan Daniels, *Frontier on the Potomac* (New York: Macmillan, 1946), p. 10.

30 Davies diary, April 12, 1945.

31 James Forrestal, *The Forrestal Diaries,* ed. Walter Millis (New York: Viking, 1951), p. 42.

32 Henry Morgenthau diaries, April 12, 1945, Franklin D. Roosevelt Presidential Library,
http://www.fdrlibrary.marist.edu/_resources/images/morg/mpd19.pdf.

33 同書

34 Diary of Henry L. Stimson, April 12, 1945, Stimson Papers, series 2, box 172, Yale University Library.

35 Daniels, *Frontier on the Potomac,* p. 11.

36 Campbell and Herring, *Diaries of Edward R. Stettinius,* p. 315.

37 Truman, *Bess W. Truman,* p. 252.

38 Jonathan Daniels, *The Man of Independence* (Port Washington, NY: Kennikat,

1971), p. 27.
39 Oral history interview, Eben A. Ayers, p. 8, Truman Library.
40 Statement by the President After Taking the Oath of Office, April 12, 1945, https://trumanlibrary.org/publicpapers/index.php?pid=1.
41 Truman, *Memoirs,* p. 10.
42 同書
43 同書
44 Diary of Harry S. Truman, April 12, 1945, PSF, Truman Papers.
45 Daniels, *Frontier on the Potomac*, p. 12.

4

1 Robert E. Sherwood, *Roosevelt and Hopkins: An Intimate History* (New York: Harper & Brothers, 1948), p. 880.
2 Cabell Phillips, *The Truman Presidency: The History of a Triumphant Succession* (London: Collier-Macmillan, 1966), p. 1.
3 Radio broadcast, April 12, 1945, transcript in Tom L. Evans Papers, box 5, Truman Library.
4 Diary of Arthur H. Vandenberg, excerpted in Arthur H. Vandenberg, Jr., ed., *The Private Papers of Senator Vandenberg* (Boston: Houghton Mifflin, 1952), p. 165.
5 W. Averell Harriman to White House, cable, quoted in W. Averell Harriman and Elie Abel, *Special Envoy to Churchill and Stalin 1941–1946* (New York: Random House, 1975), p. 440.
6 Albert Speer, *Inside the Third Reich* (New York: Avon, 1975), p. 586.
7 Winston S. Churchill, *The Second World War,* vol. 6,*Triumph and Tragedy* (New York: Bantam, 1953), p. 403.
8 Dwight D. Eisenhower, "Crusade in Europe," *Life,* December 13, 1948.
9 H. W. Brands, *The General vs. the President: MacArthurand Truman at the Brink of Nuclear War* (New York: Penguin, 2016), Kindle edition.
10 David McCullough, *Truman* (New York: Touchstone, 1993), p. 350.
11 Oral history interview, Mary Jane Truman, pp. 1–2, Truman Library.
12 "Truman's Mother," *Pittsburgh Press,* April 13, 1945.
13 Kai Bird and Martin J. Sherwin, *American Prometheus: The Triumph and Tragedy of J. Robert Oppenheimer* (New York: Vintage, 2005), p. 290.
14 Margaret Truman, *Bess W. Truman* (New York: Macmillan, 1986), p. 252.
15 同書 , p. 253.
16 同書
17 Jonathan Daniels, *The Man of Independence* (Port Washington, NY: Kennikat, 1971), p. 111.

5

1 *Memoirs by Harry S. Truman: 1945; Year of Decisions* (New York: Konecky & Konecky, 1955), p. 114.

2 Oral history interview, Stephen S. Slaughter, p. 34, Truman Library.

3 Harry S. Truman to Bess W. Wallace, March 19, 1911, FBPAP:FCF, box 1, Truman Papers.

4 See Meyer Berger, "Mother Truman — Portrait of a Rebel," *New York Times,* June 23, 1946.

5 "Truman Memoirs: Part 2," *Life,* October 3, 1955.

6 Sound recording of Truman interview, MP2002-21, Screen Gems Collection, Truman Library.

7 "A President Grows Up," Truman Library,
https://www.trumanlibrary.org/whistlestop/fastfacts/ffearly.htm.

8 Oral history interview, Mize Peters, p. 11, Truman Library.

9 Willa Cather, *O Pioneers!* (New York: Penguin Classics, 1989), p. vii.

10 Oral history interview, Mary Jane Truman, p. 35, Truman Library.

11 Mary Jane Truman Papers, box 1, Truman Library.

12 Longhand note, May 14, 1934, Pickwick Papers, PSF:LNF, Truman Papers.

13 Henry P. Chiles quoted in "Truman Places: 608 North Delaware,"
https://www.trumanlibrary.org/places/in12.htm.

14 Alonzo L. Hamby, *Man of the People: A Life of Harry S. Truman* (New York: Oxford University Press, 1995), p. 3.

15 Oral history interview, Mary Ethel Noland, p. 56, Truman Library.

16 M. J. Truman oral history, p. 3.

17 Longhand note, May 14, 1934, Pickwick Papers, PSF:LNF, Truman Papers.

18 Truman, *Memoirs,* p. 120.

19 Longhand note, May 14, 1934.

20 M. J. Truman Papers, box 1.

21 Oral history interview, Mrs. W.L.C. Palmer, p. 17, Truman Library.

22 Oral history interview, Pansy Perkins and Pauline Sims, p. 5, Truman Library.

23 Robert H. Ferrell, *Harry S. Truman: A Life* (Columbia: University of Missouri Press, 1994), p. 188.

6

1 Longhand note, May 14, 1934, Pickwick Papers, PSF:LNF, Truman Papers.

2 同書

3 *Memoirs by Harry S. Truman: 1945; Year of Decisions* (New York: Konecky & Konecky, 1955), p. 123.

4 Margaret Truman, *Bess W. Truman* (New York: Macmillan, 1986), p. 34.

5 Mary Jane Truman Papers, box 2, Truman Library.

6 Harry S. Truman to Bess W. Wallace, August 18, 1914, FBPAP:FCF, box 3, Truman Papers.

7 Truman to Wallace, June 16, 1911, FBPAP:FCF, box 1.

8 Truman, *Bess W. Truman,* p. 30.

9 Truman to Wallace, July 1, 1912, FBPAP:FCF, box 2.

10 Truman to Wallace, June 22, 1911, FBPAP:FCF, box 1.

11　Longhand note, Pickwick Papers, May 14, 1934, PSF:LNF.
12　Truman to Wallace, August 6, 1912, FBPAP:FCF, box 2.
13　Jon Meacham, *American Lion: Andrew Jackson in the White House*（New York: Random House, 2009）, p. xvii.
14　同書 , p. 20.
15　Truman to Wallace, November 5, 1912, FBPAP:FCF, box 2.
16　Truman to Wallace, August 19, 1913, FBPAP:FCF, box 2.
17　David McCullough, *Truman*（New York: Touchstone, 1993）, pp. 91–92.
18　Jonathan Daniels, *The Man of Independence*（Port Washington, NY: Kennikat, 1971）, p. 74.
19　Truman to Wallace, February 4, 1916, FBPAP:FCF, box 3.
20　Truman to Wallace, March 5, 1916, FBPAP:FCF, box 3.
21　Truman to Wallace, October 29, 1913, FBPAP:FCF, box 3.
22　Longhand note, May 14, 1934, Pickwick Papers, PSF:LNF
23　"Lusitania's Great Size and Speed," *Washington Post,* May 8, 1915.
24　A. Scott Berg, *Wilson*（New York: G. P. Putnam's Sons, 2013）, p. 362.
25　Truman to Wallace, November 16, 1916, FBPAP:FCF, box 4.
26　Truman to Wallace, January 23, 1917, FBPAP:FCF, box 4.
27　"Germany's Acts of War," *New York Times,* March 19, 1917.
28　Woodrow Wilson, *The War Message of President、Woodrow Wilson Delivered to the Congress*（San Francisco: A. M. Robertson, 1917）, p. 8.
29　Longhand note, May 1931, PSF:LNF.
30　George E. Allen, *Presidents Who Have Known Me*（New York: Simon & Schuster, 1960）, p. 90.
31　FBPAP: Military File, box 33, Truman Papers.
32　Truman to Wallace, July 14, 1917, FBPAP:FCF, box 4.

7

1　Truman to Wallace, October 19, 1917, FBPAP:FCF, box 4.
2　Oral history interview, Floyd T. Ricketts, pp. 4–5, Truman Library.
3　Longhand note, May 14, 1934, Pickwick Papers, PSF:LNF, Truman Papers.
4　Harry S. Truman to Bess W. Wallace, March 29, 1918, FBPAP:FCF, box 5, Truman Papers.
5　Margaret Truman, *Bess W. Truman*（New York: Macmillan, 1986）, p. 283.
6　David McCullough, *Truman*（New York: Touchstone, 1993）, p. 111.
7　Truman to Wallace, April 14, 1918, FBPAP:FCF, box 5.
8　Truman to Wallace, April 23, 1918, FBPAP:FCF, box 5.
9　Oral history interview, Harry E. Murphy, p. 30, Truman Library.
10　Ricketts oral history, pp. 3–4.
11　Oral history interview, Edward D. McKim, p. 4, Truman Library.
12　Jonathan Daniels, *The Man of Independence*（Port Washington, NY: Kennikat, 1971）, p. 95.
13　McKim oral history, p. 16.

14　Truman to Wallace, July 14, 1918, FBPAP:FCF, box 5.

15　Truman to Wallace, July 31, 1918, FBPAP:FCF, box 5.

16　Unpublished memoirs of Battery D soldier Verne Chaney, Verne E. Chaney Papers, Truman Library.

17　同書

18　Ricketts oral history, p. 10.

19　Chaney memoirs.

20　*Memoirs by Harry S. Truman: 1945; Year of Decisions*（New York: Konecky & Konecky, 1955）, p. 129.

21　Oral history interview, Walter B. Menefee, p. 8, Truman Library.

22　McCullough, *Truman,* p. 122.

23　Chaney memoirs.

24　Oral history interview, McKinley Wooden, p. 42, Truman Library.

25　Chaney memoirs.

26　Truman to Wallace, September 15, 1918, FBPAP:FCF, box 5.

27　Oral history interview, Harry H. Vaughan, p. 6, Truman Library.

28　Truman to Wallace, October 6, 1918, FBPAP:FCF, box 5.

29　Truman, *Memoirs,* p. 131.

30　同書

31　Wallace to Truman, March 16, 1919, FBPAP:FCF, box 6.

32　McCullough, *Truman,* p. 144.

33　Oral history interview, Ted Marks, p. 28, Truman Library.

34　Oral history interview, Edgar C. Faris Jr., p. 112, Truman Library.

35　Longhand note, May 14, 1934, Pickwick Papers, PSF:LNF, Truman Papers.

8

1　From the myriad of photographs of the store online.

2　Court papers, lawsuit against Truman and Jacobson, FBPAP: General File, box 28, Truman Papers.

3　"Collars and Cuffs," Talk of the Town, *New Yorker,* September 1, 1945.

4　Longhand note, May 14, 1934, Pickwick Papers, PSF:LNF, Truman Papers.

5　Jonathan Daniels, *The Man of Independence*（Port Washington, NY: Kennikat, 1971）, p. 109.

6　"Collars and Cuffs."

7　Oral history interview, Edgar G. Hinde, p. 45, Truman Library.

8　Oral history interview, Henry P. Chiles, p. 36, Truman Library.

9　Lyle W. Dorsett, *The Pendergast Machine*（Lincoln: University of Nebraska Press, 1968）, p. 55.

10　Marquis Childs, "Campaign," *The Thirties: A Time to Remember,* ed. Don Congdon（New York: Simon & Schuster, 1962）, p. 434.

11　Robert H. Ferrell, ed., *Dear Bess: The Letters from Harry to Bess Truman, 1910–1959*（New York: W.W. Norton, 1983）, p. 304.

12　Truman interview notes, Jonathan Daniels Papers, box 1,Truman Library.

13 Oral history interview, A. Layle Childers, Harry S. Truman National Historic Site, National Park Service,
https://www.nps.gov/hstr/learn/historyculture/upload/childers_interview.pdf.
14 Oral history interview, Harry H. Vaughan, p. 12, Truman Library.
15 Jon Taylor, *Harry Truman's Independence: The Center of the World* (Charleston, SC: History Press, 2013), n.p.
16 Longhand note, Pickwick Papers, PSF:LNF.
17 Oral history interview, Mize Peters, pp. 28–29, Truman Library.
18 Longhand note, n.d., Pickwick Papers, PSF:LNF, Truman Papers.
19 Oral history interview, Nathan Thomas Veatch, pp. 79–80, Truman Library.
20 Oral history interview, Dixie Pollard, p. 4, Truman Library.
21 Oral history interview, Oscar L. Chapman, pp. 837–38, Truman Library.
22 Truman interview notes, Daniels Papers.
23 Dixon Wecter, "From Riches to Rags," *The Thirties: A Time to Remember,* ed. Don Congdon (New York: Simon & Schuster, 1962), p. 30.
24 同書
25 Herbert Hoover, Statement on the National Business and Economic Situation, American Presidency Project,
http://www.presidency.ucsb.edu/ws/?pid=21979.
26 "Market Checks Fresh Drop to Deeper Depths," *Christian Science Monitor,* October 29, 1929.
27 Harry S. Truman to Bess W. Truman, May 11, 1933, FBPAP:FCF, box 8, Truman Papers.
28 H. S. Truman to B. W. Truman, February 12, 1931, FBPAP:FCF, box 7.
29 "Two Killed in Missouri Vote Rioting," *Washington Post,* March 28, 1934.
30 H. S. Truman to B. W. Truman, April 28, 1933, FBPAP:FCF, box 7.
31 Longhand note, n.d., Pickwick Papers, PSF:LNF, Truman Papers.
32 同書
33 同書
34 同書
35 Footage of Franklin Roosevelt's first inaugural speech,
https://www.youtube.com/watch?v=7nSgMWW-808.
36 Milton Meltzer, *Never to Forget: The Jews of the Holocaust* (1976, reprint New York: Harper Collins, 1991), p. 18.
37 "Pendergast Machine Dominates Missouri," *Washington Post,* August 14, 1934; and "The Big Fellow," *Washington Post,* September 18, 1936.
38 "Jackson Democratic Club," Truman Library,
https://www.trumanlibrary.org/places/kc8a.htm.
39 Oral history interview, James P. Aylward, pp. 62–64, Truman Library.

9

1 Oral history interview, James P. Aylward, pp. 65–67, Truman Library.
2 Lyle W. Dorsett, *The Pendergast Machine* (Lincoln: University of Nebraska

Press, 1968), p. 112.

3 Longhand note, May 14, 1934, Pickwick Papers, PSF:LNF, Truman Papers.

4 Interview notes, Jonathan Daniels Papers, box 1, Truman Library.

5 David McCullough, *Truman* (New York: Touchstone, 1993), p. 208.

6 "Jim Reed May Run as an Independent," *New York Times,* May 20, 1934.

7 Aylward oral history, pp. 75–76.

8 "Political Gang Chieftain Slain," *Washington Post,* July 11, 1934.

9 McCullough, *Truman,* p. 207.

10 Marquis Childs, "Unpromising Freshman of 1934, *St. Louis Post-Dispatch,* November 11, 1942.

11 同書

12 Oral history interview, Mrs. W.L.C. Palmer, p. 40, Truman Library.

13 Margaret Truman, "I Don't Want to Go to Washington," *Detroit Free Press,* November 30, 1956.

14 Margaret Truman, *Harry S. Truman* (New York: William Morrow, 1973), p. 89.

15 Jonathan Daniels, *The Man of Independence* (Port Washington, NY: Kennikat, 1971), p. 176.

16 Aylward oral history, p. 118.

17 "Senate Begins New Session in Solemn Mood," *Chicago Daily Tribune,* January 4, 1935.

18 Robert H. Ferrell, *Harry S. Truman: A Life* (Columbia: University of Missouri Press, 1994), p. 188.

19 Childs, "Unpromising Freshman."

20 "New Faces in the Senate," *Washington Post,* November 12, 1934.

21 *Memoirs by Harry S. Truman: 1945; Year of Decisions* (New York: Konecky & Konecky, 1955), p. 144.

22 FDR daily calendar, February 14, 1935, Franklin D. Roosevelt Presidential Library,
http://www.fdrlibrary.marist.edu/daybyday/daylog/february-14th-1935/.

23 Donald M. Nelson, *Arsenal of Democracy* (New York: Harcourt Brace, 1946), p. 14.

24 Truman, *Harry S. Truman,* p. 91.

25 Oral history interview, Edgar C. Faris Jr., p. 71, Truman Library.

26 Truman speech, n.d., FBPAP, box 28, Truman Papers.

27 Harry S. Truman to Bess W. Truman, June 22, 1935, FBPAP:FCF, box 8, Truman Papers.

28 Oral history interview, Reathel Odum, p. 21, Truman Library.

29 H. S. Truman to B. W. Truman, June 22, 1935.

30 "Pendergast, Jailed Boss, Poor Guesser on Horses, *Daily Boston Globe,* May 28, 1939.

31 Truman Didn't Seek Presidency — It Came,"*Washington Post,* April 16, 1945.

32 H. S. Truman to B. W. Truman, October 1, 1935, FBPAP:FCF, box 8.

33 Truman, *Harry S. Truman,* p. 117.

34　同書
35　Oral history interview, George Tames, p. 37, Truman Library.
36　Truman, *Harry S. Truman,* p. 118.

10

1　Norman Beasley, *Knudsen: A Biography* (New York: McGraw-Hill, 1947), p. 164.
2　同書
3　"The Meaning of 'Blitzkrieg,'" *New York Times,* April 5, 1940.
4　"Pendergast Term Called 'Too Light,'" *New York Times,* May 24, 1939.
5　"Stark to Run for Truman's Seat in Senate," *Washington Post,* June 24, 1939.
6　Jonathan Daniels, *The Man of Independence* (Port Washington, NY: Kennikat, 1971), p. 198.
7　Oral history interview, John W. Snyder, pp. 64–65, Truman Library.
8　Daniels, *Man of Independence,* pp. 198–99.
9　Snyder oral history, pp. 60–62.
10　Oral history interview, A. J. Granoff, p. 86, Truman Library.
11　Margaret Truman, *Harry S. Truman* (New York: William Morrow, 1973), p. 124.
12　Campaign update no. 1, Victor R. Messall Papers, box 10, Truman Library.
13　Truman, *Harry S. Truman,* pp. 127–28.
14　Truman speech, Messall Papers, box 10.
15　Oral history interview, Harry H. Vaughan, p. 32, Truman Library.
16　Alonzo L. Hamby, *Man of the People: A Life of Harry S. Truman* (New York: Oxford University Press, 1995), p. 235.
17　Excerpt of article quoted in letter to editor, *Kansas City Star,* June 25, 1940, Messall Papers, box 11, Truman Library.
18　Truman, *Harry S. Truman,* p. 123.
19　Stephen Early to R. H. Wadlow, chairman of Truman Labor Reception Committee, July 30, 1940, PPF, file 6337, Franklin D. Roosevelt Papers, Franklin D. Roosevelt Presidential Library, Hyde Park, NY.
20　"Embarrassing the President?," *Christian Science Monitor,* August 2, 1940.
21　Truman, *Harry S. Truman,* p. 133.
22　同書
23　Harry S. Truman to Bess W. Truman, August 10, 1940, FBPAP:FCF, box 11, Truman Papers.
24　Truman, *Harry S. Truman,* p. 138.
25　Harry S. Truman, speech on the Senate floor, *Congressional Record,* February 10, 1940.
26　Franklin D. Roosevelt, "The Great Arsenal of Democracy," *American Rhetoric: The Top 100 Speeches,*
http://www.americanrhetoric.com/speeches/fdrarsenalofdemocracy.html.
27　Truman, *Congressional Record,* February 10, 1940.

28　同書
29　Oral history interview, Matthew J. Connelly, pp. 2–3, Truman Library.
30　Daniels, *Man of Independence*, p. 224.
31　Oral history interview, Wilbur D. Sparks, p. 106, Truman Library.
32　*Memoirs by Harry S. Truman: 1945; Year of Decisions*（New York: Konecky & Konecky, 1955）, p. 168.
33　"Billions Waste on Arms Charged," *Chicago Tribune,* August 15, 1941.
34　Oral history interview, Robert L. Irvin, p. 39, Truman Library.
35　Connelly oral history, p. 21.
36　Truman's account of his day on December 7, 1941, from H. S. Truman to Mary Ethel Noland, December 14, 1941, Mary Ethel Noland Papers, box 1, Truman Library. Dialogue is from "How the President Remembers Pearl Harbor," *Los Angeles Times,* December 2, 1951.
37　Franklin D. Roosevelt, Day of Infamy speech,
https://www.youtube.com/watch?v=8bmYwEFWLI.g.
38　"Truman Report Wins Author Popularity," *Washington Post,* March 8, 1942.
39　Truman, *Harry S. Truman,* p. 144.
40　H. S. Truman to B. W. Truman, December 21, 1941, FBPAP:FCF, box 12.
41　Irvin oral history, p. 59.
42　"Billion-Dollar Watchdog," *Time,* March 8, 1943.

11

1　Physician notes, April 19, 1943, Truman Papers,
https://www.trumanlibrary.org/whistlestop/study_collections/militarypersonnelfile/display/index.php?documentid=RG407nlhst-359&documentVersion=both. *126/86:* ibid
2　同書
3　Oral history interview, Shirley Key Hehmeyer, p. 29, Truman Library.
4　Bess W. Truman to Margaret Truman, n.d., Bess W. Truman Papers, box 88, Truman Library.
5　Oral history interview, Matthew J. Connelly, p. 75, Truman Library.
6　Transcript from Henry Lewis Stimson Papers, microfilm roll 127, Yale University Library.
7　Thomas H. Ferrell, *Choosing Truman: The Democratic Convention of 1944*（Columbia: University of Missouri Press, 1994）, p. 33.
8　Jonathan Daniels, *The Man of Independence*（Port Washington, NY: Kennikat, 1971）, p. 237.
9　Tom Connally, as told to Alfred Steinberg, *My Name Is Tom Connally*（New York: Thomas W. Crowell, 1954）, p. 268.
10　Allen Drury, *A Senate Journal: 1943–1945*（New York: McGraw-Hill, 1963）, p. 210.
11　Ferrell, *Choosing Truman,* p. 7.
12　同書

13 Conversation according to Edwin Pauley, who was in the room, oral history interview, Edwin W. Pauley, p. 20, Truman Library.
14 Ferrell, *Choosing Truman,* p. 102, footnote 28.
15 Jonathan Daniels, "How Truman Got to Be President," *Look,* August 1, 1950.
16 Pauley oral history, p. 23.
17 Daniels, "How Truman Got to Be President."
18 Ferrell, *Choosing Truman,* p. 53.
19 Oral history interview, Tom L. Evans, p. 434, Truman Library.
20 同書 , pp. 335–35a.
21 Ferrell, *Choosing Truman,* p. 81.
22 "Wallace Left to Delegates by Roosevelt," *New York Times,* July 18, 1944.
23 同書
24 "Capital Sees Wallace 'Out' as Nominee," *Los Angeles Times,* July 13, 1944.
25 "Wallace Left to Delegates."
26 Ferrell, *Presidential Leadership: From Woodrow Wilson to Harry S. Truman*（Columbia: University of Missouri Press）, p. 124.

12

1 Oral history interview, Tom L. Evans, p. 355, Truman Library.
2 *Memoirs by Harry S. Truman: 1945; Year of Decisions*（New York: Konecky & Konecky, 1955）, p. 192.
3 同書
4 Evans oral history, p. 356.
5 同書
6 同書
7 Democratic National Convention newsreel,
https://www.youtube.com/watch?v=xfbUYkLm67k.
8 Conversation from "President Favors Truman, Douglas," *New York Times,* July 21, 1944.
9 DNC newsreel.
10 Oral history interview, Edwin W. Pauley, p. 30, Truman Library.
11 Oral history interview, Neale Roach, p. 24, Truman Library online.
12 同書 , p. 25.
13 Pauley oral history, p. 33.
14 "Second Place Race Sets Session Afire," *New York Times,* July 22, 1944.
15 "Hitler Executes Plotters!" *Chicago Tribune,* July 21, 1944.
16 "Second Place Race."
17 同書
18 Margaret Truman, *Bess W. Truman*（New York: Macmillan, 1986）, p. 230.
19 同書
20 DNC newsreel.
21 Thomas H. Ferrell, *Choosing Truman: The Democratic Convention of 1944*（Columbia: University of Missouri Press, 1994）, p. 89.

22　同書

23　DNC newsreel.

24　Margaret Truman, *Harry S. Truman*（New York: William Morrow, 1973）, p. 182.

25　Truman, *Bess W. Truman,* p. 231.

26　同書

27　Allen Drury, *A Senate Journal: 1943–1945*（New York: McGraw-Hill, 1963）, p. 219.

28　Conversation from "Truman Campaign Up to President," *New York Times,* July 22, 1944.

29　"Bess Truman Leaves Politics to Her Husband," *Chicago Daily Tribune,* July 22, 1944.

13

1　Oral history interview, Walter Hehmeyer, p. 84, Truman Library.

2　同書

3　Drew Pearson, "Washington Merry-Go-Round,"July 28, 1944, *Washington Post.*

4　"Missouri Compromise," *Christian Science Monitor,* July 22, 1944.

5　David McCullough, *Truman*（New York: Touchstone, 1993）, p. 320.

6　"Mrs. Truman, 91, Wanted Son to Stay in Senate," *Chicago Daily Tribune,* July 22, 1944.

7　"Truman's Mother Prefers Son in Senate Post," *Atlanta Constitution,* July 22, 1944.

8　Harry S. Truman to Bess W. Truman, August 18, 1944, FBPAP:FCF, box 14, Truman Papers.

9　Margaret Truman, *Harry S. Truman*（New York: William Morrow, 1973）, p. 186.

10　Harry S. Truman to Margaret Truman, August 18, 1944, reprinted in ibid., pp. 184–85.

11　Oral history interview, Harry H. Vaughan, p. 77, Truman Library.

12　Oral history interview, Matthew Connelly, p.102, Truman Library.

13　Oral history interview, Edward D. McKim, p. 117, Truman Library.

14　Allen Drury, *A Senate Journal: 1943–1945*（New York: McGraw-Hill, 1963）, p. 246.

15　"Truman's Story That of Average American Citizen," *Boston Daily Globe,* July 23, 1944.

16　"Truman Tells Voters to Shun Inexperience,"*Washington Post,* September 1, 1944.

17　"Bess Truman Is Dead at 97," *New York Times,* October 18, 1982.

18　"Meet Truman, Pendergast's Oiler of Roads,"*Chicago Daily Tribune,* September 13, 1944.

19　"Truman Reign in County an Epic of Waste,"*Chicago Daily Tribune,* September 14, 1944.

20　George E. Allen, *Presidents Who Have Known Me* (New York: Simon & Schuster, 1960), p. 145.
21　Oral history interview, Tom L. Evans, p. 412, Truman Library.
22　Jonathan Daniels, *The Man of Independence* (Port Washington, NY: Kennikat, 1971), p. 126.
23　"Truman Welcomed by His Home Town," *New York Times,* November 5, 1944.
24　"Truman Plays Paderewski as Missouri Slips,"*Boston Daily Globe,* November 8, 1944.
25　同書
26　Oral history interview, Harry Easley, pp. 98-99, Truman Library.
27　Franklin D. Roosevelt to Truman, November 8, 1944, PPF: 6337, Franklin D. Roosevelt Papers, Franklin D. Roosevelt Presidential Library, Hyde Park, NY.
28　"Program of the Ceremonies Attending the Inauguration," Alonzo Fields Papers, box 1, Truman Library.
29　"Roosevelt's Inaugural Address Text," *Washington Post,* January 21, 1945.
30　Truman, *Harry S. Truman,* p. 195.
31　Doris Kearns Goodwin, *No Ordinary Time: Franklin & Eleanor Roosevelt; The Home Front in World War II* (New York: Simon & Schuster, 1994), p. 573.
32　"Truman Memoirs: Part 3," *Life,* October 10, 1955.
33　Conversation from oral history interview, Matthew J. Connelly, p. 117, Truman Library.
34　"Timeline: The War in the Pacific," on website for *Victory in the Pacific,* WGBH *American Experience,* PBS,
http://www.pbs.org/wgbh/americanexperience/features/timeline/victory/%3Fflavour%3Dmobile
35　Robert J. Donovan, *Conflict and Crisis: The Presidency of Harry S. Truman, 1945–1948* (Columbia: University of Missouri Press, 1977), p. 12.
36　Oral history interview, Thomas C. Blaisdell, p. 63, Truman Library.
37　William M. Rigdon, *White House Sailor* (Garden City, NY:Doubleday, 1962), p. 183.
38　Jon Meacham, *Thomas Jefferson: The Art of Power* (New York: Random House, 2013), p. 305.

14

1　Truman, President's Memorandum, April 13, 1945, Eben A.
Ayers Papers, box 10, Truman Library. Also: "Truman Says He'll Miss Visits by 'Buddies,' " *Washington Post,* April 14, 1945.
2　"Truman Says He'll Miss Visits."
3　"Party Lines Yield as New President Consults Leaders," *Atlanta Constitution,* April 14, 1945.
4　同書
5　Jonathan Daniels, *Frontier on the Potomac* (New York: Macmillan, 1946), p. 25.
6　Oral history interview, Jonathan Daniels, p. 58, Truman Library.

7　Jonathan Daniels, *The Man of Independence*（Port Washington, NY: Kennikat, 1971）, p. 27.

8　Oral history interview, Matthew J. Connelly, p. 127, Truman Library.

9　Oral history interview, Eben A. Ayers, p. 10, Truman Library.

10　Oral history interview, Reathel Odum, p. 44, Truman Library.

11　Conversation from oral history interview, Edward D. McKim, p. 125, Truman Library.

12　"The Task of President Truman," *Los Angeles Times,* April 14, 1945.

13　"President Truman," *Wall Street Journal,* April 13, 1945.

14　Diary of Arthur Vandenberg, excerpted in Arthur Vandenberg, Jr., ed., *The Private Papers of Senator Vandenberg*（Boston: Houghton Mifflin, 1952）, p. 167.

15　"Remarks of Mr. Justice Jackson," April 13, 1945, PPF, box 8, Truman Papers.

16　"U.S. Army Casualties," "U.S. Navy Casualties" [includes Marines and Coast Guard], April 14, 1945, figures as of March 31, 1945, Henry Lewis Stimson Papers, microfilm reel 112, Yale University Library.

17　Franklin D. Roosevelt, "The Great Arsenal of Democracy," "*American Rhetoric: The Top 100 Speeches,*
http://www.americanrhetoric.com/speeches/fdrarsenalofdemocracy.html.

18　同書 , p. 257.

19　Ed Cray, *General of the Army: George C. Marshall, Soldier and Statesman*（New York: Cooper Square, 2000）, foreword.

20　Henry H. Adams, *Witness to Power: The Life of Fleet Admiral William D. Leahy*（Annapolis, MD: Naval Institute Press, 1985）, p. 280.

21　*The Diaries of Edward R. Stettinius, Jr., 1943–1946,* eds. Thomas M. Campbell and George C. Herring（New York: New Viewpoints, 1975）, p. 317.

22　同書

23　同書 , p. 318.

24　*Memoirs by Harry S. Truman: 1945; Year of Decisions*（New York: Konecky & Konecky, 1955）, p. 17.

25　Diary of Henry L. Stimson, April 13, 1945, Henry Lewis Stimson Papers, Yale University Library.

26　Adams, *Witness to Power,* p. 282.

27　Conversation from William D. Leahy, *I Was There: The Personal Story of the Chief of Staff to Presidents Roosevelt and Truman Based on His Notes and Diaries Made at the Time*（New York: Whittlesey House, 1950）, pp. 347–48.

28　Presidential Movement Logs, box 1, Records of the U.S. Secret Service, Truman Library.

29　Description of this meeting in Truman, President's Memorandum, April 13, 1945.

30　Vandenberg, *Private Papers,* p. 167.

31　同書

32　Harry S. Truman, Speech on Presidential Power, May 8, 1954, printed in *The Power of the Presidency: Concepts and Controversy,* ed. Robert S. Hirschfield（New Brunswick, NJ: Aldine Transaction, 2012）, p. 118.

33 Vandenberg, *Private Papers,* p. 167.
34 Truman, President's Memorandum, April 13, 1945.
35 David McCullough, *Truman* (New York: Touchstone, 1993), p. 353.
36 Robert J. Donovan, *Conflict and Crisis: The Presidency of Harry S. Truman, 1945–1948* (Columbia: University of Missouri Press, 1977), p. 15.
37 Conversation from Allen Drury, *A Senate Journal: 1943–1945* (New York: McGraw-Hill, 1963), p. 413.
38 Oral history interview, Jack L. Bell, p. 34, Truman Library.
39 "President Asks Aid, Prayers from Nation," *Daily Boston Globe,* April 14, 1945.
40 "New President's First Day on Job Is Crowded One," *Chicago Tribune,* April 14, 1945.
41 Francis X. Winters, *Remember Hiroshima: Was It Just?* (London: Taylor & Francis/Ashgate, 2009), p. 173.
42 Truman, President's Memorandum, April 13, 1945.
43 Margaret Truman, *Harry S. Truman* (New York:William Morrow, 1973), p. 218.
44 Truman, *Memoirs,* p. 11.
45 同書 , p. 87.
46 Campbell and Herring, *Diaries of Edward R. Stettinius,* p. 318.
47 Charles E. Bohlen, *Witness to History: 1929–1969* (New York: W. W. Norton, 1973), p. 212.
48 同書 , p. 188.
49 Description of this meeting in Truman, President's Memorandum, April 13, 1945. Quotes from Campbell and Herring, *Diaries of Edward R. Stettinius,* p. 318.
50 W. Averell Harriman to Harry S. Truman, April 13, 1945, SMOF:MRF, box 1, Truman Papers.
51 Harry S. Truman to Winston S. Churchill, April 13, 1945, SMOF:MRF, box 2, Truman Papers.

15

1 Diary of Margaret Truman, April 13, 1945, Margaret Truman Papers, box 13, Truman Library.
2 *Memoirs by Harry S. Truman: 1945; Year of Decisions* (New York: Konecky & Konecky, 1955), p. 11.
3 "Memorandum to Mr. Connelly," April 13, 1945, PSF, box 164, Truman Papers.
4 "Special Information for the President," April 13, 1945, PSF, box 164, Truman Papers.
5 同書
6 同書
7 Truman, *Memoirs,* p. 23.
8 "Crimea Conference, 1945, Report Signed at Yalta February 11, 1945," text at Library of Congress website,
https://www.loc.gov/law/help/us-treaties/bevans/m-ust000003-1005.pdf.

9 John Lewis Gaddis, *The United States and the Origins of the Cold War, 1941–1947* (New York: Columbia University Press, 1972), p. 139.

10 同書, p. 140.

11 Oral history interview, Jonathan Daniels, p. 57, Truman Library.

12 Robert H. Ferrell, ed., *Truman in the White House: The Diary of Eben A. Ayers* (Columbia: University of Missouri Press, 1991), p. 11.

13 Truman, *Memoirs,* p. 23.

14 Oral history interview, John W. Snyder, p. 164, Truman Library.

15 Truman, *Memoirs,* p. 23.

16 Conversation from the diary of Henry Morgenthau, Jr., April 14, 1945, Franklin D. Roosevelt Presidential Library, http://www.fdrlibrary.marist.edu/_resources/images/morg/mpd19.pdf.

17 同書

18 Robert E. Sherwood, *Roosevelt and Hopkins: An Intimate History* (New York: Harper & Brothers, 1948), p. 881.

19 Truman diary, April 13, 1945, PSF, box 68, Truman Papers.

20 Margaret Truman, *Harry S. Truman* (New York: William Morrow, 1973), p. 224.

21 Truman, *Memoirs,* p. 37.

22 "Mrs. Truman in Tears," *New York Times,* April 17, 1945.

23 Truman, *Harry S. Truman,* p. 224.

24 同書

25 First speech as president, Harry Truman, https://www.youtube.com/watch?v=yEbkO9a0v-M.

26 Presidential Movement Logs, box 1, Records of the U.S.Secret Service, Truman Library.

27 Truman to Averell Harriman, April 16, 1945, MRF, box 2, Truman Papers.

28 W. Averell Harriman and Elie Abel, *Special Envoy to Churchill and Stalin 1941–1946* (New York: Random House, 1975), p. 446.

29 Jonathan Daniels, *Frontier on the Hudson* (New York: Macmillan, 1946), p. 12.

30 Rufus B. Burrus to Harry S. Truman, April 13, 1945, Rufus B. Burrus Papers, box 20, Truman Library.

31 C. D. Hicks to Truman, April 13, 1945, WHCF:PPF, box 479, Truman Papers.

32 Eddie Jacobson to Truman, May 10, 1945, WHCF:PPF, box 185, Truman Papers.

33 Harry S. Truman to Martha Ellen Truman and Mary Jane Truman, April 16, 1945, FBPAP:FCF, box 19, Truman Papers.

16

1 Harry S. Truman, "The Truman Memoirs," *Life,* January 23, 1956.

2 *Decision: The Conflicts of Harry S. Truman,* Motion Picture Collection, Truman Library.

3 "Truman Walks to Work — Breaking Another Precedent," newspaper clipping,

Victor R. Messall Papers, box 7, Truman Library.

4 "Truman Starts Another Week at Furious Pace," *Chicago Daily Tribune*, April 20, 1945.

5 Diary of Eben A. Ayers, May 4, 1945, excerpted in Robert H. Ferrell, ed., *Truman in the White House: The Diary of Eben A. Ayers* (Columbia: University of Missouri Press, 1991), p. 18.

6 同書 , p. 17.

7 Truman daily calendar, April 17, 1945,
https://www.trumanlibrary.org/calendar/main.php?currYear=1945&currMonth=4&currDay=17.

8 Notes on meeting with S. J. Wolf, B-File, referring to "That Dream Will Come True," *New York Times Sunday Magazine*, July 15, 1945, B-File, Truman Papers.

9 Transcript of press conference, April 17, 1945, PSF:PCF, box 51, Truman Papers.

10 Oral history interview, Robert G. Nixon, p. 152, Truman Library.

11 Transcript of press conference, April 17, 1945.

12 Oral history interview, Jonathan Daniels, p. 77, Truman Library.

13 "It is not noise. It is music," Harry Truman's Record Albums,
Harry S. Truman National Historic Site, National Park Service,
https://www.nps.gov/hstr/learn/historyculture/truman-record-collection.htm.

14 Office of War Information, memorandum re:Madame Tussauds, May 10, 1945, Truman Papers,
https://www.trumanlibrary.org/whistlestop/trumanfile/truman-tussaud.htm.

15 Program transcript, *Truman*, WGBH *American Experience*, PBS.org,
www.pbs.org/wgbh/americanexperience /features/. . . /truman-transcript/.

16 "Dear Washington," *Washington Times-Herald*, clipping, n.d., Victor R. Messall Papers, box 7, Truman Library.

17 "Truman's Record Shows Practical Prudent Man," *New York Times*, April 15, 1945.

18 Joseph C. Grew to Cecil Lyon, May 2, 1945, quoted in a footnote to Department of State memorandum of conversation, May 19, 1945, Official File, box 1928, Truman Papers.

19 John Lewis Gaddis, *The United States and the Origins of the Cold War, 1941–1947* (New York: Columbia University Press, 1972), p. 199.

20 William D. Leahy, *I Was There: The Personal Story of the Chief of Staff to Presidents Roosevelt and Truman Based on His Notes and Diaries Made at the Time* (New York: Whittlesey House, 1950), p. 349.

21 Transcript of this press conference, April 17, 1945, Matthew Connelly Papers, Truman Library.

22 Diary of Margaret Truman, April 17, 1945, Margaret Truman Papers, box 13, Truman Library.

23 "Bess Truman Insists Upon Being Herself," *Washington Post*, April 29, 1945.

24 "Truman's Home Town Trusts Him as a Leader," *Atlanta Constitution*, April 15, 1945.

25 "Truman's Mother 'Not Really Glad,'" *Chicago Daily Tribune,* April 17, 1945.

26 Harry S. Truman to Martha Ellen Truman and Mary Jane Truman, April 18, 1945, FBPAP:FCF, box 19, Truman Library.

27 "Man from Missouri," *Fortune,* July 1945.

28 Diary of Allen Drury, Allen Drury, *A Senate Journal: 1943–1945* (New York: McGraw-Hill, 1963), p. 417.

29 Quoted in Margaret Truman, *Harry S. Truman* (New York: William Morrow, 1973), p. 221.

30 Margaret Truman, *Bess W. Truman* (New York: Macmillan, 1986), p. 288.

31 同書

17

1 "Jap Suicide Flyers Sink Destroyer at Okinawa," *Los Angeles Times,* April 13, 1945.

2 John Lardner, "A Reporter on Okinawa," *New Yorker,* May 19, 1945.

3 同書

4 "B-29's Set Great Tokyo Fires," *New York Times,* April 14, 1945.

5 "Could Wipe Out Jap Industry, B-29 Head Says," *Washington Post,* April 15, 1945.

6 Curtis E. LeMay with MacKinlay Kantor, *Mission with LeMay: My Story* (New York: Doubleday, 1965), p. 347.

7 Curtis E. LeMay to General H. H. Arnold, April 5, 1945, Curtis E. LeMay Papers, box 11, Manuscript Division, Library of Congress, Washington, DC.

8 "Analysis of Incendiary Phase of Operations," March 9–19, 1945, Headquarters XXI Bomber Command, LeMay Papers, box 37.

9 Franklin D. Roosevelt, "Appeal to Russia and Finland to Stop Bombing Civilians," December 1, 1939,
http://www.presidency.ucsb.edu/ws/?pid=15845.

10 同書

11 "Analysis of Incendiary Phase," LeMay Papers.

12 同書

13 St. Clair McKelway, "A Reporter with the B-29s," *New Yorker,* June 23, 1945.

14 LeMay and Kantor, *Mission with LeMay,* p. 218.

15 Arnold to LeMay, April 18, 1945, LeMay Papers, box 11.

16 "Allies Free 39,000 in Nazi Horror Camp," *Christian Science Monitor,* April 20, 1945.

17 "2d Army Frees 29,000 in Nazi Horror Camp," *Chicago Daily Tribune,* April 19, 1945.

18 Edward R. Murrow, *In Search of Light: The Broadcasts of Edward R. Murrow, 1938–1961* (New York: Alfred A. Knopf, 1967), pp. 90–95.

19 McCloy's report is excerpted in *Memoirs by Harry S. Truman: 1945; Year of Decisions* (New York: Konecky & Konecky, 1955), pp. 102–4.

20 Memorandum for the president: "Review of Food Supply," April 16, 1945, PSF, box 104, Truman Papers.

21 Winston S. Churchill to Dwight D. Eisenhower, March 31, 1945, reprinted in Winston S. Churchill, *The Second World War,* vol. 6, *Triumph and Tragedy* (New York: Bantam, 1962), p. 397.

22 Churchill to Franklin D. Roosevelt, April 1, 1945, reprinted in ibid., p. 399.

23 Covered extensively in Dwight D. Eisenhower, *Crusade in Europe* (New York: Avon, 1952). For a concise version, see "Why Eisenhower Halted at the Elbe," *Christian Science Monitor,* April 10, 1995.

24 Henry L. Stimson and McGeorge Bundy, *On Active Service in Peace and War* (New York: Harper & Brothers, 1948), p. 566.

25 McCloy's report, pp. 102–4.

26 Conversation from Henry Morgenthau, Jr., diaries, April 20, 1945, Franklin D. Roosevelt Presidential Library,
http://www.fdrlibrary.marist.edu/_resources/images/morg/mpd19.pdf.

27 Memorandum for the president, "Financing the War," PSF, box 139, Truman Papers.

28 John Maynard Keynes, "An Open Letter to President Roosevelt," December 16, 1933,
http://la.utexas.edu/users/hcleaver/368/368KeynesOpenLetFDRtable.pdf.

29 Diary of Henry L. Stimson, April 20, 1945, Henry Lewis Stimson Papers, Yale University Library.

30 *The Price of Vision: The Diary of Henry A. Wallace 1942–1946,* ed. John Morton Blum (Boston: Houghton Mifflin, 1973), p. 437.

31 Descriptions of cabinet members from Harry S. Truman to Jonathan Daniels, February 26, 1950 (unsent), published in *Off the Record: The Private Papers of Harry S. Truman,* ed. Robert H. Ferrell (Columbia: University of Missouri Press, 1980), p. 174.

32 Conversation from oral history interview, Matthew J. Connelly, p. 174, Truman Library.

33 同書 , p. 175.

34 同書 , p. 176.

35 Transcript of press conference, April 20, 1945, PSF:PCF, box 51, Truman Papers.

36 Executive Order no. 9547, May 2, 1945,
https://www.trumanlibrary.org/executiveorders/index.php?pid = 734.

37 Harry S. Truman to Martha Ellen Truman and Mary Jane Truman, April 21, 1945, FBPAP:FCF, box 19, Truman Papers.

38 Oral history interview, Roberta Barrows, p. 50, Truman Library.

39 同書 , p. 51.

40 Oral history interview, Edward D. McKim, p. 176, Truman Library.

41 Edward R. Stettinius to Truman, April 18, 1945, PSF, box 161, Truman Papers.

42 Longhand note, May 12, 1945, PSF:LNF, box 283, Truman Papers.

43 A. J. Baime, *The Arsenal of Democracy: FDR, Detroit, and an Epic Quest to Arm an America at War* (Boston: Houghton Mifflin Harcourt, 2014), p. 174.

44 "Truman Stands by Pro-Negro Senate Record,"*Chicago Defender,* April 28,

1945.

45 Diary of Bruce Forsyth, White House dentist, Bruce D. Forsyth Papers, box 1, Truman Library.

46 "Time Out for Cronies," *Washington Star,* April 19, 1945, Fred Canfil Papers, box 3, Truman Library.

47 Quotes in Doris Kearns Goodwin, *No Ordinary Time: Franklin & Eleanor Roosevlet: The Home Front in World War II* (New York: Simon & Schuster Paperbacks, 1994), p. 618.

48 Margaret Truman, *Bess W. Truman* (New York: Macmillan, 1986), p. 260.

18

1 W. Averell Harriman and Elie Abel, *Special Envoy to Churchill and Stalin 1941–1946* (New York: Random House, 1975), p. 3.

2 George F. Kennan, *Memoirs: 1925–1950* (Boston: Atlantic Monthly Press, 1967), pp. 232–34.

3 Memorandum of conversation, April 20, 1945, PSF, box 164, Truman Papers.

4 同書

5 David McCullough, *Truman* (New York: Touchstone, 1993), p. 371.

6 April 20, 1945, memorandum of conversation.

7 Harriman and Abel, *Special Envoy,* p. 3.

8 John Lewis Gaddis, *The United States and the Origins of the Cold War, 1941–1947* (New York: Columbia University Press, 1972), p. 159.

9 Oral history interview, Elbridge Durbrow, p. 39, Truman Papers.

10 同書

11 Department of State memorandum, "Molotov, Vyacheslav Mikhailovich: Biographical Sketch," April 20, 1945, PSF, box 164, Truman Papers.

12 同書

13 Department of State, memorandum of conversation, April 22, 1945, PSF, box 164, Truman Papers.

14 Memorandum of meeting at the White House, "2:00 PM, April 23," PSF, box 164, Truman Papers.

15 Harriman and Abel, *Special Envoy,* p. 452.

16 *"The United States government could":* Memorandum of conversation, April 23, 1945, PSF, box 164, Truman Papers.

17 Charles E. Bohlen, *Witness to History: 1929–1969* (New York: W. W. Norton, 1973), p. 213.

18 同書

19 Harriman and Abel, *Special Envoy,* p. 453.

20 Diary of Henry L. Stimson, April 23, 1945, Henry Lewis Stimson Papers, Yale University Library.

21 Harriman and Abel, *Special Envoy,* p. 453.

22 Diary of Joseph E. Davies, April 30, 1945, Joseph Edward Davies Papers, box 16, Manuscript Division, Library of Congress, Washington, DC.

23 Davies diary, April 30, 1945.

19

1 Robert H. Ferrell, ed., *Truman in the White House: The Diary of Eben A. Ayers* (Columbia: University of Missouri Press, 1991), p. 14.

2 Diary of Henry L. Stimson, April 24, 1945, Henry Lewis Stimson Papers, Yale University Library.

3 Leslie L. Groves, report of meeting with the president, April 25, 1945, Atomic Bomb Collection, box 1, Truman Library.

4 Memorandum discussed with the president, April 25, 1945, Stimson Papers.

5 Memorandum for the secretary of war, April 23, 1945, National Security Archives online,
http://nsarchive.gwu.edu/NSAEBB/NSAEBB162/3a.pdf.

6 同書

7 同書

8 Albert Einstein to Franklin D. Roosevelt, August 2, 1939, Significant Documents Collection, box 1, Franklin D. Roosevelt Presidential Library.

9 Arthur Holly Compton, *Atomic Quest: A Personal Narrative* (New York: Oxford University Press, 1956), p. 30.

10 Godfrey Hodgson, *The Colonel: The Life and Wars of Henry Stimson 1867–1950* (New York: Alfred A. Knopf, 1990), p. 288.

11 同書

12 Stimson diary, November 6, 1941.

13 Forrest C. Pogue, *George C. Marshall: Statesman 1945–1959* (New York: Viking, 1987), p. 11.

14 Leslie L. Groves to J. Robert Oppenheimer, February 25, 1943, Leslie L. Groves Papers, box 36, Manuscript Division, Library of Congress, Washington, DC.

15 Kai Bird and Martin J. Sherwin, *American Prometheus: The Triumph and Tragedy of J. Robert Oppenheimer* (New York: Vintage, 2005), caption in photo insert.

16 Leslie M. Groves, *Now It Can Be Told: The Story of the Manhattan Project* (New York: Da Capo, 1962), p. 69.

17 同書, p. 72.

18 Numerous cables, such as Winston S. Churchill to Franklin D. Roosevelt, March 20, 1943, Atomic Bomb File, box 1, Franklin D. Roosevelt Presidential Library.

19 James F. Byrnes, *Speaking Frankly* (New York: Harper & Brothers, 1947), p. 257.

20 Vannevar Bush and James B. Conant to Henry L. Stimson, cover letter to memorandum, "Salient Points Concerning Future International Handling of Subject of Atomic Bombs," September 30, 1944, National Archives. Also quoted in Amir D. Aczel, *Uranium Wars: The Scientific Rivalry That Created the Nuclear Age* (New York: St. Martin's Griffin, 2009), p. 204.

21 Stimson diary, March 5, 1945.

22 "Huge Reprisal Blow Threatened by Nazis," *New York Times,* December 4,

1943.

23 Stimson diary, March 15, 1945.

24 James F. Byrnes, memorandum for the president, March 2, 1945, Selected Documents on the Topic of the Atomic Bomb, box 1, Franklin D. Roosevelt Presidential Library.

25 Henry L. Stimson, memorandum discussed with the president, April 25, 1945, Stimson Papers.

26 Groves, report of April 25, 1945.

27 April 25, 1945, memorandum, Stimson Papers.

28 Transcript of conversation, April 25, 1945, William D. Leahy Papers, Records of the Joint Chiefs of Staff, box 6, National Archives, College Park, MD. Also: *Memoirs by Harry S. Truman: 1945; Year of Decisions* (New York: Konecky & Konecky, 1955), pp. 89–94.

29 同書

30 *New Yorker,* Talk of the Town, May 5, 1945.

31 *The Diaries of Edward R. Stettinius, Jr., 1943–1946,* eds. Thomas M. Campbell and George C. Herring (New York: New Viewpoints, 1975), p. 322.

32 Harry S. Truman, Address to the United Nations Conference in San Francisco, April 25, 1945, American Presidency Project,
http://www.presidency.ucsb.edu/ws/?pid=12391.

33 同書

34 Diary excerpted in Arthur Vandenberg, Jr., ed., *The Private Papers of Senator Vandenberg* (Boston: Houghton Mifflin, 1952), p. 156.

20

1 "Put It There," *Chicago Daily Tribune,* April 28, 1945.

2 "Hitler's Redoubt Invaded," *Chicago Daily Tribune,* April 28, 1945.

3 "Juncture of Two Allied Armies on Elbe River Bisects Germany,"*Christian Science Monitor,* April 27, 1945.

4 Statement by the President Announcing the Junction of Anglo-American and Soviet Forces in Germany, April 27, 1945,
https://www.trumanlibrary.org/publicpapers/viewpapers.php?pid=19

5 "Cries No! No! As Partisan Shoot Him, Girl Friend,"*Washington Post,* April 30, 1945.

6 同書

7 Statement by the President on the Surrender of German Forces in Italy, May 2, 1945,
https://www.trumanlibrary.org/publicpapers/viewpapers.php?pid=27.

8 "Hitler Dead, Reports Insist," *Daily Boston Globe,* April 30, 1945.

9 Jonathan Daniels, *Frontier on the Potomac* (New York: Macmillan, 1946), p. 25.

10 Transcript of press conference, May 2, 1945, PSF:PCF, box 51, Truman Papers.

11 Press release, April 23, 1945, PSF, box 68, Truman Papers.

12 Dwight D. Eisenhower, *Crusade in Europe* (New York: Avon, 1952), p. 458.

13 Food for the Liberated Countries, address by Herbert Hoover, May 9, 1945, Henry Lewis Stimson Papers, microfilm reel 112, Yale University Library.
14 同書
15 同書
16 White House press release re: report of Judge Samuel Rosenman, May 22, 1945, PSF, box 197, Truman Papers.
17 Winston S. Churchill to Harry S. Truman, May 11, 1945, Naval Aide to the President File, box 7, Truman Papers.
18 Transcript of phone conversation in *The Diaries of Edward R. Stettinius, Jr., 1943–1946,* eds. Thomas M. Campbell and George C. Herring (New York: New Viewpoints, 1975), p. 339.
19 同書
20 同書
21 Diary excerpted in Arthur Vandenberg, Jr., *The Private Papers of Senator Vandenberg* (Boston: Houghton Mifflin, 1952), p. 185.
22 Charles E. Bohlen, *Witness to History: 1929–1969* (New York: W. W. Norton, 1973), p. 214.

21

1 Bill to National Park Service from Woodward & Lathrop, Washington, DC, Financial Affairs File, box 9, Bess W. Truman Papers, Truman Library.
2 Ira Smith with Joe Alex Morris, *Dear Mr. President: The Story of Fifty Years in the White House Mail Room* (New York: Julian Messner, 1949), p. 217.
3 Untitled document on president's salary and White House budget, Eben A. Ayers Papers, box 24, Truman Library.
4 Margaret Truman, *The President's House: A First Daughter Shares the History and Secrets of the World's Most Famous Home* (New York: Ballantine, 2003), p. 7.
5 同書 , p. 10.
6 同書 , p. 212.
7 Supreme Headquarters, Allied Expeditionary Force, Rheims, France [Eisenhower's office], to War Department, Washington, DC, cable, May 7, 1945, William D. Leahy Papers, Records of the United States Joint Chiefs of Staff, box 5, record group 218, National Archives, College Park, MD.
8 Transcript of telephone conversation, May 7, 1945, ibid.
9 Statement by the President on the Timing of the Announcement of the German Surrender, May 7, 1945,
https://www.trumanlibrary.org/publicpapers/viewpapers.php?pid=32.
10 Harry S. Truman to Martha Ellen Truman and Mary Jane Truman, May 8, 1945, FBPAP:FCF, box 19, Truman Papers.
11 Transcript of press conference, May 8, 1945, PSF:PCF, box 51, Truman Papers.
12 Broadcast to the American People Announcing the Surrender of Germany, May 8, 1945, Audio Collection, Truman Libraryonline,
https://www.trumanlibrary.org/ww2/veday.htm.

13 Steve Neal, ed., *Eleanor and Harry: The Correspondence of Eleanor Roosevelt and Harry S. Truman* (New York: Citadel, 2002), p. 25.

14 "V-E Day Celebrations in the Nation Are Sporadic," *Wall Street Journal,* May 9, 1945.

15 Edward R. Murrow, *In Search of Light: The Broadcasts of Edward R. Murrow, 1938–1961* (New York: Alfred A. Knopf, 1967), p. 97.

16 同書

17 H. S. Truman to M. E. Truman and M. J. Truman, May 8, 1945.

18 Notes of an informal meeting of the Interim Committee (meeting minutes), May 8, 1945, Atomic Bomb Collection, Truman Library.

19 D. M. Giangreco and Kathryn Moore, *Dear Harry: Truman's Mailroom, 1945–1953* (Mechanicsburg, PA: Stackpole, 1999), p. 282.

20 Notes on initial meeting of Target Committee (meeting minutes), April 27, 1945, National Security Archive online,
http://nsarchive.gwu.edu/NSAEBB/NSAEBB162/4.pdf.

21 James F. Byrnes, *All in One Lifetime* (London: Museum, 1960), p. 283.

22 Transcript of conference, Special Committee of the Senate and House of Representatives Which Investigated Atrocities in Germany, May 9, 1945, Henry L. Stimson file, box 2, National Archives, College Park, MD.

23 Winston S. Churchill to Harry L. Truman, May 6, 1945, Naval Aide to the President File, box 7, Truman Papers.

24 Truman to Joseph Stalin, May 16, 1945, MRF, box 2, Truman Papers.

25 Memorandum for the president, "The Current Situation in Bulgaria," May 3, 1945, William D. Leahy Papers, Records of the United States Joint Chiefs of Staff, box 1, record group 218, National Archives, College Park, MD.

26 Stalin to Churchill, forwarded to Truman, reprinted in a memorandum for the secretary of state, May 9, 1945, SMOF: Naval Aide to the President Files, box 7, Truman Papers.

27 Truman to Churchill, May 9, 1945, SMOF:MRF, box 1, Truman Papers.

28 Churchill to Truman, May 12, 1945, SMOF: Naval Aide to the President File, box 7, Truman Papers.

22

1 Conversation from "President Spends Quiet Day with His 92-Year-Old Mother," *Washington Evening Star,* May 12, 1945; "Mother Visits Truman; Goes by Air at 92," *Chicago Daily Tribune,* May 12, 1945.

2 同書

3 "Truman's Mother Flies to Capital," *New York Times,* May 12, 1945.

4 "Mother Truman — Portrait of a Rebel," *New York Times,* June 23, 1946.

5 同書

6 Diary of Joseph E. Davies, May 13, 1945, Joseph Edward Davies Papers, box 16, Manuscript Division, Library of Congress, Washington, DC.

7 Margaret Truman, *Harry S. Truman* (New York: William Morrow, 1973), p.

245.

8　Harry S. Truman to Martha Ellen Truman and Mary Jane Truman, June 19, 1945, FBPAP:FCF, box 19, Truman Papers.

9　H. S. Truman to M. E. Truman and M. J. Truman, April 29, 1945, FBPAP:FCF, box 19, Truman Papers.

10　William E. Leuchtenburg, *The American President: From Teddy Roosevelt to Bill Clinton*（New York: Oxford University Press, 2015）, p. 321.

11　Robert Dallek, *Franklin D. Roosevelt and American Foreign Policy, 1932–1945*（New York: Oxford University Press, 1995）, p. 29.

12　Oral history interview, Roberta Barrows, p. 56, Truman Library.

13　Oral history interview, Floyd M. Boring, p. 8, Truman Library.

14　Barrows oral history, p. 67.

15　Robert H. Ferrell, ed., *Truman in the White House: The Diary of Eben A. Ayers*（Columbia: University of Missouri Press, 1991）, p. 24.

16　Schwellenbach quoted in Henry A. Wallace diary, *The Price of Vision: The Diary of Henry A. Wallace, 1942–1946,* ed. John Morton Blum（Boston: Houghton Mifflin, 1973）, p. 478.

17　Oral history interview, Robert G. Nixon, p. 349, Truman Library.

18　H. S. Truman to Bess W. Truman, August 12, 1946, FBPAP:FCF, box 15, Truman Papers.

19　"Books of the Times: Memoirs of a（Maybe the）Washington Insider," *New York Times,* May 13, 1991.

20　Clark Clifford with Richard Holbrooke, *Counsel to the President: A Memoir*（New York: Random House, 1991）, p. 70.

21　Oral history interview, Walter Hehmeyer, p. 74, Truman Library.

22　Truman, *Harry S. Truman,* p. 215.

23　Steve Neal, ed., *Eleanor and Harry: The Correspondence of Eleanor Roosevelt and Harry S. Truman*（New York: Citadel, 2002）, p. 23.

24　Oral history interview, Harry Easley, pp. 111–12, Truman Library.

25　Nixon oral history, p. 170.

26　同書

27　"The Truman Poise," *Dallas Times Herald,* June 1, 1945.

28　Margaret Truman, *The President's House: A First Daughter Shares the History and Secrets of the World's Most Famous Home*（New York: Ballantine, 2003）, p. 233.

29　"Tea at the White House," May 24, 1945, guest list, SMOF: White House Social Office Files, box 25, Truman Papers.

30　Margot Ford McMillen and Heather Roberson, *Into the Spotlight: Four Missouri Women*（Columbia: University of Missouri Press, 2004）, p. 124.

31　Michael Beschloss, "Harry Truman's Formidable Mother-in-Law," *New York Times,* May 8, 2014.

32　"The First Kitchen," *New Yorker,* November 22, 2010.

33　David McCullough, *Truman*（New York: Touchstone, 1993）, p. 386.

34　"Truman Sets a Pattern for a Term as President," *New York Times,* May 6, 1945.

35 Clifford and Holbrooke, *Counsel to the President,* p. vii.

23

1 Transcript of the Lend-Lease Act (1941),
https://www.ourdocuments.gov/doc.php?doc=71&page=transcript.

2 Winston S. Churchill, Give Us the Tools speech,
https://www.ourdocuments.gov/doc.php?doc=71&page=transcript.

3 Charles More, *Britain in the Twentieth Century* (New York: Routledge, 2007), p. 130.

4 John Lewis Gaddis, *The United States and the Origins of the Cold War, 1941–1947* (New York: Columbia University Press, 1972),p.179

5 Memorandum for the president, May 11, 1945, PSF, box 164,Truman Papers.

6 同書

7 Gaddis, *Origins of the Cold War,* p. 196.

8 *The Price of Vision: The Diary of Henry A. Wallace 1942–1946,* ed. John Morton Blum (Boston: Houghton Mifflin, 1973), p. 437.

9 Robert J. Donovan, *Conflict and Crisis: The Presidency of Harry S. Truman, 1945–1948* (Columbia: University of Missouri Press, 1977), p. 24.

10 Ken Hechler, *Working with Truman: A Personal Memoir of the White House Years* (Columbia: University of Missouri Press, 1982), p. 53.

11 Memorandum for the president, William J. Donovan, April 30, 1945, Rose A. Conway Papers, box 9, Truman Library.

12 同書

13 同書

14 Harry S. Truman to Winston S. Churchill, May 11, 1945, MRF, box 2, Truman Papers.

15 Ambassador in Yugoslavia, cable to secretary of state, May 18, 1945, William D. Leahy Papers, Records of the United States Joint Chiefs of Staff, box 12, record group 218, National Archives, College Park, MD.

16 Department of State, memorandum for the president, "Current Foreign Developments," May 15, 1945, PSF, box 164, Truman Papers.

17 同書

18 Harry S. Truman to Winston S. Churchill, May 14, 1945, SMOF:MRF, box 2, Truman Papers.

19 *Memoirs by Harry S. Truman: 1945; Year of Decisions* (New York: Konecky & Konecky, 1955), p. 243.

20 *The Diaries of Edward R. Stettinius, Jr., 1943–1946,* eds. Thomas M. Campbell and George C. Herring (New York: New Viewpoints, 1975), p. 354.

21 George F. Kennan, *Memoirs: 1925–1950* (Boston: Atlantic Monthly, 1967), p. 258.

22 OSS, memorandum to the president, May 18, 1945, Rose A. Conway Papers, box 9.

23 Department of State, memorandum of conversation, May 14, 1945, WHCF:OF,

file 1928, Truman Papers.
24 Gar Alperovitz, *The Decision to Use the Atomic Bomb* (New York: Vintage, 1995), p. 139.
25 Diary of Joseph E. Davies, May 13, 1945, Joseph Edward Davies Papers, box 16, Manuscript Division, Library of Congress,Washington, DC.
26 同書
27 Joseph E. Davies to Truman, May 12, 1945, unsent, Davies Papers, box 16.
28 同書
29 Department of State, memorandum of conversation, May 15, 1945, WHCF:OF, file 1928, Truman Library.
30 Diary of James Forrestal, May 14, 1945, *The Forrestal Diaries,* ed. Walter Millis (New York: Viking, 1951), p. 57.
31 Henry L. Stimson to Harry S. Truman, May 16, 1945, included in diary of Henry L. Stimson, Henry Lewis Stimson Papers, Yale University Library.
32 同書
33 同書
34 Department of State, May 15, 1945, memorandum of conversation.
35 Stimson to Truman, May 16, 1945, included in Stimson diary.
36 同書 , May 15, 1945.
37 同書
38 Churchill to Truman, May 21, 1945, Naval Aide to the President File, box 7, Truman Papers.
39 Jon Meacham, *Franklin and Winston: An Intimate Portrait of an Epic Friendship* (New York: Random House, 2003), p. 80.
40 Alfred Steinberg, *Sam Rayburn: A Biography* (New York: Hawthorn, 1975), p. 140.
41 Robert E. Sherwood, *Roosevelt and Hopkins: An Intimate History* (New York: Harper & Brothers, 1948), p. 881.
42 同書
43 Robert H. Ferrell, ed., *Off the Record: The Private Papers of Harry S. Truman* (Columbia: University of Missouri Press, 1980), p. 31.
44 同書
45 W. Averell Harriman and Elie Abel, *Special Envoy to Churchill and Stalin, 1941–1946* (New York: Random House, 1975), p. 268.
46 Davies diary, May 21, 1945, Davies Papers, box 17.
47 同書
48 Ferrell, *Off the Record,* p. 32.

24

1 Michael S. Sherry, *The Rise of American Air Power: The Creation of Armageddon* (New Haven: Yale University Press, 1987), p. 274.
2 Robert Guillain, *I Saw Tokyo Burning: An Eyewitness Narrative from Pearl Harbor to Hiroshima* (Garden City, NY: Doubleday, 1981), p. 210.

3　同書 , p. 211.

4　Curtis E. LeMay with MacKinlay Kantor, *Mission with LeMay: My Story*（New York: Doubleday, 1965）, p. 373.

5　同書

6　"Filling 'Goop Bombs' That Are Frying Japan Like Mixing Cake Dough," *Boston Globe,* July 1, 1945.

7　"Behind the World War II Fire Bombing Attack of Tokyo," *Time,* March 9, 2015.

8　Henry L. Stimson diary, June 6, 1945, Henry Lewis Stimson Papers, Yale University Library.

9　*"yellow monkeys":* See John W. Dower, *War Without Mercy: Race & Power in the Pacific War*（New York: Pantheon, 1986）.

10　"Japanese Atrocities Marked Fall of Nanking from Chinese Command," *New York Times,* January 9, 1938.

11　Dower, p. 7.

12　William D. Leahy, *I Was There: The Personal Story of the Chief of Staff to Presidents Roosevelt and Truman Based on His Notes and Diaries Made at the Time*（New York: Whittlesey House, 1950）, p. 72.

13　Diary of Henry H. Arnold, John W. Huston, ed., *American Airpower Comes of Age: General Henry H. "Hap" Arnold's World War II Diaries*（Maxwell Air Force Base, AL: Air University Press, 2002）, pp. 332–33.

14　Leslie M. Groves, *Now It Can Be Told: The Story of the Manhattan Project*（New York: Da Capo, 1962）, p. 263.

15　Diary of Joseph C. Grew, May 28, 1945, WHCF:OF, file 1926, Truman Papers.

16　同書

17　"The God-Emperor," *Time,* May 21, 1945. Also quoted in Michael Sherry, *The Rise of American Air Power,* p. 303.

18　Stimson diary, May 15, 1945.

25

1　Memorandum for the president, "Visit of Iraqi Regent,"May 25, 1945, PSF, box 158, Truman Papers.

2　Memorandum, "Covering the Procedure to be Followed for the Visit of the Regent of Iraq," May 28, 1945, SMOF: White House Social Office Files, box 25, Truman Papers.

3　"Visit of Iraqi Regent" memo.

4　同書

5　同書

6　同書

7　Franklin D. Roosevelt to Prince Abdul Ilah, April 12, 1945, PSF, box 158, Truman Papers.

8　Margaret Truman, *The President's House: A First Daughter Shares the History and Secrets of the World's Most Famous Home*（New York: Ballantine, 2003）, p. 95.

9　Informal Remarks of the President, May 29, 1945, PSF, box 190, Truman

Papers.
10 Robert H. Ferrell, ed., *Truman in the White House: The Diary of Eben A. Ayers* (Columbia: University of Missouri Press, 1991), p. 34.
11 同書 , p. 29.
12 同書 , p. 32.
13 A Convalescent taxpayer to Harry Truman, June 2, 1945, file unknown, Truman Papers.
14 "Whole Nation Reflects Era of Good Feeling Inspired by President," *Washington Post,* July 8, 1945.
15 "Talk of the Town," *New Yorker,* April 28, 1945.
16 "Presidential Timber in 1948?" *Washington Post,* May 16, 1945.
17 "Poll Finds Majority Gives Truman Approval," *Los Angeles Times,* May 11, 1945.
18 Ayers diary, Ferrell, *Truman in the White House*, p. 31.
19 Transcript of press conference, May 23, 1945, PSF, box 51, Truman Papers.
20 Ayers diary, Ferrell, *Truman in the White House,* p. 33.
21 Robert Sherwood, *Roosevelt and Hopkins: An Intimate History* (New York: Harper & Brothers, 1948), p. 894.
22 同書
23 Winston S. Churchill to Harry S. Truman, May 28, 1945, SMOF: Naval Aide to the President Files, box 7, Truman Papers.
24 Oral history of Robert G. Nixon, p. 167, Truman Library.
25 Longhand note, June 1, 1945, PSF:LNF, box 283, Truman Papers.
26 Emmet John Hughes, *The Living Presidency: The Resources and Dilemmas of the American Presidential Office* (New York: Coward, McCann & Geoghegan, 1973), p. 26.
27 Truman, *The President's House,* p. 14.
28 Churchill to Truman, May 29, 1945, Naval Aide to the President Files, Box 7, Truman Papers.
29 Joseph Stalin to Harry S. Truman, May 30, 1945, SMOF: Naval Aide to the President Files, box 9, Truman Papers.
30 Churchill to Truman, June 1, 1945, SMOF: Naval Aide to the President Files, box 8, Truman Papers.
31 同書

26

1 Harry Hopkins to Harry S. Truman, May 30, 1945, SMOF:MRF, box 1, Truman Papers.
2 Winston S. Churchill to Truman, June 1, 1945, Naval Aide to the President Files, box 8, Truman Papers.
3 Robert H. Ferrell, ed., *Truman in the White House: The Diary of Eben A. Ayers* (Columbia: University of Missouri Press, 1991), p. 39.
4 Special Message to the Congress on Winning the War with Japan, June 1, 1945,

https://www.trumanlibrary.org/publicpapers/viewpapers.php?pid=52.

5 Harry S. Truman to Martha Ellen Truman and Mary Jane Truman, June 16, 1945, FBPAP:FCF, box 19, Truman Papers.

6 同書

7 Memorandum for the president, "War Criminals," April 19, 1945, Samuel I. Rosenman Papers, box 10, Truman Library.

8 Henry Stimson, quoted in Richard Rhodes, *The Making of the Atomic Bomb* (New York: Touchstone, 1986), p. 642.

9 Memorandum of conversation with General Marshall, May 29, 1945, Henry L. Stimson Papers, box 12, National Archives, College Park, MD.

10 同書

11 同書

12 Kai Bird and Martin J. Sherwin, *American Prometheus: The Triumph and Tragedy of J. Robert Oppenheimer* (New York: Vintage, 2005), p. 29.

13 Ernest O. Lawrence and the Cyclotron, R&D Accomplishments, U.S. Department of Energy website,
https://www.osti.gov/accomplishments/lawrence.html.

14 Notes of meeting of the Interim Committee, May 31, 1945, Truman Library,
https://www.trumanlibrary.org/whistlestop/study_collections/bomb/large/documents/index.php?documentdate=1945-05-31&documentid=39&pagenumber=1.

15 同書

16 同書

17 同書

18 同書

19 同書

20 同書

21 Arthur Holly Compton, *Atomic Quest: A Personal Narrative* (New York: Oxford University Press, 1956), p. 238.

22 Notes of meeting of the Interim Committee, June 1, 1945, Truman Library,
https://www.trumanlibrary.org/whistlestop/study_collections/bomb/large/documents/index.php?documentdate=1945-06-01&documentid=40&pagenumber=1.

23 Oral history interview, J. Leonard Reinsch, p. 61, Truman Library.

24 H. S. Truman to B. W. Truman, June 3, 1945, FBPAP:FCF, box 14, Truman Papers.

25 Longhand note, Harry Truman, June 1, 1945, PSF:LNF, box 283.

26 同書

27 同書

28 Drew Pearson, "Washington Merry-Go-Round," *Washington Post,* June 11, 1945.

29 H. S. Truman to Margaret Truman, June 11, 1945, FBPAP:FCF, box 18, Truman Papers.

30 "Harry Truman and the Potsdam Conference," TrumanLibrary,
https://www.trumanlibrary.org/teacher/potsdam.htm.

31 "Town Talk," *Washington Post,* June 5, 1945.

32　Clark Clifford with Richard Holbrooke, *Counsel to the President: A Memoir* (New York: Random House, 1991), p. 72.

33　Oral history interview, Robert G. Nixon, p. 270, Truman Library.

34　Longhand note, June 1, 1945.

35　同書

27

1　Harry H. Hopkins to Harry L. Truman, telegram, June 6, 1945, SMOF:MRF, box 1, Truman Papers.

2　Diary of Henry L. Stimson, June 6, 1945, Henry Lewis Stimson Papers, Yale University Library.

3　Diary of Eben A. Ayers, Robert H. Ferrell, ed., *Truman in the White House: The Diary of Eben A. Ayers* (Columbia: University of Missouri Press, 1991), p. 37.

4　Joseph C. Grew to Ambassador Caffery in France (to forward a letter from Truman to de Gaulle), June 6, 1945, Foreign Relations of the United States, Department of State,
https://history.state.gov/historicaldocuments/frus1945v04/d699.

5　Allied Headquarters, Caserta, Italy, to War Department, June 10, 1945, William D. Leahy Papers, Records of the United States Joint Chiefs of Staff, box 12, record group 218, National Archives, College Park, MD.

6　Memorandum of conversation, Cabinet Meeting, June 8, 1945, WHCF:OF, box 1928, Truman Papers.

7　Diary of Joseph E. Davies, June 4, 1945, Joseph Edward Davies Papers, box 17, Manuscript Division, Library of Congress, Washington, DC.

8　同書 , May 26, 1945.

9　同書

10　同書

11　同書

12　Joseph E. Davies, "Full Report to Truman on Mission to Churchill," June 12, 1945, Davies Papers, box 17.

13　同書

14　同書

15　Davies diary, May 26, 1945, Davies Papers, box 17.

16　"Davies, "Report to Truman on Mission to Churchill."

17　William D. Leahy, *I Was There: The Personal Story of the Chief of Staff to Presidents Roosevelt and Truman Based on His Notes and Diaries Made at the Time* (New York: Whittlesey House, 1950), p. 379.

18　同書

19　Charles E. Bohlen, *Witness to History: 1929–1969* (New York: W. W. Norton, 1973), p. 221.

20　*Hopkins began:* Minutes of Stalin-Hopkins meeting, May 26, 1945, Robert E. Sherwood, *Roosevelt and Hopkins: An Intimate History* (New York: Harper & Brothers, 1948), p. 888.

21　同書 , May 27, 1945, p. 893.
22　Hopkins to Truman, May 29, 1945, SMOF:MRF, box 1, Truman Papers.
23　同書
24　Hopkins to Truman, May 30, 1945, SMOF:MRF, box 1, Truman Papers.
25　同書
26　Hopkins to Truman, May 29, 1945.
27　Davies diary, June 13, 1945, box 17.
28　Sherwood, *Roosevelt and Hopkins,* p. 916.

28

1　Harry S. Truman to Bess W. Truman, June 12, 1945, FBPAP:FCF, box 14, Truman Papers.
2　同書
3　H. S. Truman to B. W. Truman, June 15, 1945, FBPAP:FCF, box 14.
4　Steve Neal, ed., *Eleanor and Harry: The Correspondence of Eleanor Roosevelt and Harry S. Truman*（New York: Citadel, 2002）, p. 22.
5　Press release, "President Requests $39 Billion Military Budget for War Department," June 11, 1945, PSF, box 197, Truman Papers.
6　Statement by the President on the Continued Need for Food, June 2, 1945, Truman Library,
https://www.trumanlibrary.org/publicpapers/index.php?pid=56&st=&st1=.
7　Longhand note, June 5, 1945, PSF:LNF, box 283, Truman Papers.
8　"Truman Steers Back from Rule by New Dealers,"*Chicago Daily Tribune,* May 28, 1945.
9　Harry S. Truman, Address at Memorial Hall in Buffalo, October 9, 1952, PSF, box 28, Truman Library.
10　Minutes of Meeting Held at the White House on 18 June 1945, Truman Papers,
https://www.trumanlibrary.org/whistlestop/study_collections/bomb/large/documents/pdfs/21.pdf.
11　同書
12　同書
13　同書
14　同書
15　Minutes of Meeting, 18 June 1945.
16　同書
17　同書
18　John Lewis Gaddis, *The United States and the Origins of the Cold War, 1941–1947*（New York: Columbia University Press, 1972）, p. 10.
19　William D. Leahy, *I Was There: The Personal Story of the Chief of Staff to Presidents Roosevelt and Truman Based on His*
Notes and Diaries Made at the Time（New York: Whittlesey House, 1950）,
p. 385.
20　Len Giovannitti and Fred Freed, *The Decision to Drop the Bomb*（New York:

Coward-McCann, 1965), p. 136.
21 Transcript of testimony by J. Robert Oppenheimer, April 12, 1954, United States Atomic Energy Commission (Washington, DC: Government Printing Office, 1954).
22 Gerard DeGroot, *The Bomb: A History of Hell on Earth* (London: Pimlico, 2005), p. 42.
23 Franck Report, excerpted in Barton J. Bernstein and Allen J. Matusow, eds., *The Truman Administration: A Documentary History* (New York: Harper Colophon, 1966), p. 11.
24 同書 , p. 12.
25 同書
26 同書 , p. 13.
27 "Recommendations on the Immediate Use of Nuclear Weapons," June 17, 1945, National Security Archive online,
http://nsarchive.gwu.edu/NSAEBB/NSAEBB162/19.pdf.
28 "Hero's Welcome: Million Out to See 'Ike' in the Capital," *Atlanta Constitution,* June 19, 1945.
29 "Congress Accords Ike Its Greatest Ovation in 25 Years," *Washington News,* June 19, 1945.
30 Diary of Allen Drury, June 18, 1945, *A Senate Journal: 1943–1945* (New York: McGraw-Hill, 1963), p. 449.
31 Harry S. Truman to Martha Ellen Truman and Mary Jane Truman, June 16, 1945, WHCF:PPF, box 19, Truman Papers.
32 Harry S. Truman to Bess W. Truman, June 19, 1945, WHCF:PPF, box 14.
33 Captain Vardaman to the president, June 19, 1945, SMOF: Naval Aide to the President Files, box 16, Truman Papers.
34 Winston S. Churchill to Truman, June 21, 1945, SMOF:MRF, box 8, Truman Papers.

29

1 "President Flies Non-Stop to West," *New York Times,* June 20, 1945.
2 Drew Pearson, "Washington Merry-Go- Round," *Washington Post,* June 19, 1945.
3 同書
4 "President Ends Air Trip to Northwest," *Los Angeles Times,* June 20, 1945.
5 *The Diaries of Edward R. Stettinius, Jr.,1943–1946,* eds. Thomas B. Campbell and George C. Herring (New York: New Viewpoints, 1975), p. 402.
6 Oral history interview, Henry Reiff, p. 83, Truman Library.
7 Ian Buruma, *Year Zero: A History of 1945* (New York: Penguin, 2013), p. 309.
8 "Truman Acclaimed on Arrival by Air to Close Parley," *New York Times,* June 26, 1945.
9 Conversation from Campbell and Herring, *Diaries of Edward R. Stettinius,* pp. 403–4.
10 Address in San Francisco at the Closing Session of the United Nations Confer-

ence, June 26, 1945, Truman Library,
https://www.trumanlibrary.org/publicpapers/viewpapers.php?pid=73.

11 Statement by Harry S. Truman at the San Francisco conference, https://www.youtube.com/watch?v=TCOvCemH8AQ.

12 Stephen C. Schlesinger, *Act of Creation: The Founding of the United Nations* (New York: Perseus, 2003), p. 257.

13 "Truman Tells Home Folks His Job Is Winning Peace," *New York Times,* June 28, 1945.

14 "Truman Realizes Ambition of Filling Home-Town Hall," *Washington Post,* June 28, 1945.

15 "Home Folks," *Christian Science Monitor,* June 28, 1945.

16 Harry S. Truman to Martha Ellen Truman and Mary Jane Truman, June 16, 1945, FBPAP:FCF, box 19, Truman Papers.

17 Transcript of press conference, June 27, 1945, PSF, box 51, Truman Papers.

18 同書

19 "Truman Realizes Ambition."

20 同書

21 同書

22 "Our World Role," *New York Times,* July 1, 1945.

23 "The State of Missouri," *Fortune,* July 1945.

24 "Truman's Hometown Is 'Smalltown, USA,' " *New York Times,* July 1, 1945.

25 "Praise Makes Him Swell Up, Truman Says," *Washington Post,* June 29, 1945.

26 同書

27 Margaret Truman, *Bess W. Truman* (New York: Macmillan, 1986), p. 298.

28 同書 , p. 266.

29 同書

30 Address Before the Senate Urging Ratification of the Charter of the United Nations, July 2, 1945, Truman papers,
https://www.trumanlibrary.org/publicpapers/viewpapers.php?pid=76.

31 Oral history interview, Samuel I. Rosenman, p. 25, Truman Library.

32 Diary excerpted in Arthur Vandenberg, Jr., ed., *The Private Papers of Senator Vandenberg* (Boston: Houghton Mifflin, 1952), p. 225.

33 Longhand note, July 7, 1945, PSF:LNF, box 283, Truman Papers.

30

1 Harry S. Truman to Bess W. Truman, July 12, 1945, FBPAP:FCF, box 14, Truman Papers.

2 Supreme Headquarters, Allied Expeditionary Force to War Department, cable, June 20, 1945, William D. Leahy Papers, Records of the United States Joint Chiefs of Staff, box 10, record group 218, National Archives, College Park, MD.

3 General Floyd Parks to War Department, cable, ibid., box 6.

4 Winston S. Churchill to Truman, June 14, 1945, SMOF: Naval Aide to the President Files, box 8, Truman Papers.

5 “Why Jimmy Byrnes Is Now So Close to the President,” *Daily Boston Globe,* July 30, 1945.
6 Transcript of press conference, July 5, 1945, PSF, box 51, Truman Papers.
7 同書
8 同書
9 Memorandum for the president, “Proposed Program for Japan,” July 2, 1945, Henry L. Stimson Papers, box 23, National Archives, College Park, MD.
10 同書
11 同書
12 Henry L. Stimson, “The Decision to Use the Atomic Bomb,” *Harper's,* February 1947.
13 “Proposed Program for Japan” memorandum.
14 同書
15 同書
16 Diary of Henry L. Stimson, July 3, 1945, Stimson Papers.
17 同書
18 Diary of Henry L. Stimson, July 2, 1945, Stimson Papers.
19 Department of State, memorandum of conversation, re: China, June 9, 1945, WHCF:OF, box 1928, Truman Papers.
20 William D. Leahy, *I Was There: The Personal Story of the Chief of Staff to Presidents Roosevelt and Truman Based on His Notes and Diaries Made at the Time* (New York: Whittlesey House, 1950), p. 381.
21 Diary of Bruce Forsyth, July 3, 1945, Bruce Forsyth Papers, box 1, Truman Library.
22 Harry S. Truman to Martha Ellen Truman and Mary Jane Truman, July 3, 1945, FBPAP:FCF, box 19, Truman Papers.
23 H. S. Truman to B. W. Truman, July 3, 1945, FBPAP:FCF, box 14.
24 Diary of Eben A. Ayers, Robert Ferrell, ed., *Truman in the White House: The Diary of Eben Ayers* (Columbia: University of Missouri Press, 1991), p. 5.
25 “Truman Wins Plaudits of Big Majority,” Public Opinion News Service, July 1–2, 1945.
26 “President Truman Gains Popularity and Prestige Overseas,” *Washington Post,* July 22, 1945.
27 Samuel I. Rosenman, John W. Snyder, and George E. Allen, memorandum to the president, July 6, 1945, Foreign Relations of the United States: Diplomatic Papers, the Conference of Berlin (the Potsdam Conference), 1945, vol. 1, doc. 192, Office of the Historian, Department of State,
https://history.state.gov/historicaldocuments/frus1945Berlinv01/d192.
28 H. S. Truman to B. W. Truman, July 6, 1945, FBPAP:FCF, box 14.
29 Longhand note, July 7, 1945, PSF:LNF, box 283, Truman Papers.

31

1 USS *Augusta* Corrected Telephone Directory, PSF, box 141, Truman Papers.

2 "Cousin Harry," *New Yorker,* November 24, 1945.

3 Charles E. Bohlen, *Witness to History: 1929–1969* (New York: W. W. Norton, 1973), p. 226.

4 USS Augusta: "Morning Press," July 7, 1945, PSF, box 141, Truman Papers.

5 同書

6 Press release, Statement by Acting Secretary of State Joseph C. Grew, July 10, 1945, PSF, box 197, Truman Papers.

7 "Maj. Gen. Harry Vaughan, Aide to President Truman, Dies at 87," *Washington Post,* May 22, 1981.

8 Oral history interview, Robert G. Nixon, p. 265, Truman Library.

9 *Memoirs by Harry S. Truman: 1945; Year of Decisions* (New York: Konecky & Konecky, 1955), p. 11.

10 Log of the President's Trip to Berlin Conference, July 7, 1945, Truman Library. Note: Much of the detail from Truman's movements during the Potsdam trip comes from this official log.

11 Harry H. Vaughan, James K. Vardaman, and George C. Drescher to James J. Rowley (Secret Service), July 12, 1945, SMOF: Naval Aide to the President Files, box 5, Truman Papers.

12 Diary of Joseph E. Davies, July 15, 1945, Joseph Edward Davies Papers, box 18, Manuscript Division, Library of Congress, Washington, DC.

13 同書

14 Log of the President's Trip, July 15, 1945.

15 Top Secret Code Name for Places and Passengers, June 27, 1945, William D. Leahy Papers, Records of the United States Joint Chiefs of Staff, box 10, record group 218, National Archives, College Park, MD.

16 *Conference Bulletin Number 1,* Davies Papers, box 18.

17 White House Map Room to Matthew J. Connelly, July 15, 1945, SMOF: Naval Aide to the President Files, box 5, Truman Papers.

18 Harry S. Truman to Eleanor Roosevelt, May 10, 1945, Steve Neal, ed., *Eleanor and Harry: The Correspondence of Eleanor Roosevelt and Harry S. Truman* (New York: Citadel, 2002), p. 27.

19 Truman, *Memoirs,* p. 340.

20 同書

21 Robert J. Donovan, *Conflict and Crisis: The Presidency of Harry S. Truman, 1945–1948* (Columbia: University of Missouri Press, 1977), p. 73.

22 Winston S. Churchill, *The Second World War,* vol. 6, *Triumph and Tragedy* (New York: Bantam, 1962), p. 541.

23 Charles L. Mee Jr., *Meeting at Potsdam* (New York: Franklin Square, 1975), p. 59.

24 William D. Leahy, *I Was There: The Personal Story of the Chief of Staff to Presidents Roosevelt and Truman Based on His Notes and Diaries Made at the Time* (New York: Whittlesey House, 1950), p. 395.

25 Oral history interview, Robert G. Nixon, p. 297, Truman Library.

26 Truman, *Memoirs,* p. 341.

27 同書
28 Longhand note, July 16, 1945, Truman Papers,
https://www.trumanlibrary.org/whistlestop/study_collections/bomb/large/documents/index.php?documentdate=1945-07-16&documentid=1&pagenumber=1.
及び：http://nsarchive.gwu.edu/NSAEBB/NSAEBB162/38.pdf.

32

1 Kai Bird and Martin J. Sherwin, *American Prometheus: The Triumph and Tragedy of J. Robert Oppenheimer* (New York: Vintage, 2005), p. 307.
2 同書
3 Leslie M. Groves, *Now It Can Be Told: The Story of the Manhattan Project* (New York: Da Capo, 1962), p. 291.
4 同書, p. 293.
5 Bird and Sherwin, *American Prometheus,* p. 306.
6 Richard Rhodes, *The Making of the Atomic Bomb* (New York: Touchstone, 1986), p. 666.
7 同書, p. 668.
8 同書
9 Peter Goodchild, *Edward Teller: The Real Dr. Strangelove* (Cambridge, MA: Harvard University Press, 2004), p. 105.
10 Rhodes, *Making of the Atomic Bomb,* p. 670.
11 Groves, *Now It Can Be Told,* p. 296.
12 Lawrence Badash, J. O. Hirschfelder, and H. P. Broida, *Reminiscences of Los Alamos 1943–1945* (Boston: D. Reidel, 1980), p. 76.
13 Memorandum for the secretary of war, July 18, 1945, General Leslie R. Groves, Truman Papers,
https://www.trumanlibrary.org/whistlestop/study_collections/bomb/large/documents/index.php?documentid=2&pagenumber=1.
14 Groves, *Now It Can Be Told,* p. 298.
15 Interview with J. Robert Oppenheimer,
https://www.youtube.com/watch?v=QBYyUi-Nkts.
16 Acting chairman of the Interim Committee (Harrison) to secretary of war (Stimson), July 16, 1945, Foreign Relations of the United States: Diplomatic Papers,
https://history.state.gov/historicaldocuments/frus1945Berlinv02/d1303.
17 Vincent C. Jones, *United States Army in World War II: Special Studies: Manhattan* (Washington, DC: Center of Military History, 2007), p. 517.
18 Memorandum for the president, "The Conduct of the War with Japan," July 16, 1945, Henry L. Stimson Papers, Yale University Library.
19 同書
20 Memorandum for the President, "Trusteeship for Korea," July 16, 1945, Henry L. Stimson to Truman,
https://history.state.gov/historicaldocuments/frus1945Berlinv02/f732.
21 同書

22 Diary of Joseph E. Davies, July 16, 1945, Joseph Edward Davies Papers, box 18, Manuscript Division, Library of Congress, Washington, DC.

23 Longhand note, July 17, 1945, Truman Papers,
https://history.state.gov/historicaldocuments/frus1945Berlinv02/d1303.

24 *Memoirs by Harry S. Truman: 1945; Year of Decisions* (New York: Konecky & Konecky, 1955), p. 342.

25 George F. Kennan, *Memoirs: 1925–1950* (Boston: Atlantic Monthly Press, 1967), pp. 279–80.

26 Truman, *Memoirs,* p. 341.

27 Bohlen notes, Truman-Stalin meeting, July 17, 1945, Foreign Relations: Diplomatic Papers,
https://history.state.gov/historicaldocuments/frus1945Berlinv02/d710a-5.

28 同書

29 Truman, *Memoirs,* p. 411.

30 Longhand note, July 17, 1945.

31 Truman, *Memoirs,* p. 341.

32 William M. Rigdon, *White House Sailor* (New York: Doubleday, 1962), p. 197.

33 Sound recording of Truman interview, MP2002-309, Screen Gems Collection, Truman Library.

34 Longhand note, July 17, 1945.

35 Richard Beckman, unpublished memoir, Richard Beckman Papers, box 1, Truman Library.

36 "Potsdam and the Conference Facilities," diary of Joseph E. Davies, July 19, 1945, Davies Papers.

37 Harry S. Truman, "Cold War Starts at Potsdam," *Life,* October 17, 1945.

33

1 Meeting minutes, Potsdam First Plenary Session, George Modelski and Sylvia Modelski, eds., *Documenting Global Leadership* (New York: Palgrave Macmillan, 1988), p. 393.

2 同書

3 同書

4 Ben Cohen, meeting minutes, Potsdam First Plenary Meeting, July 17, 1945, Foreign Relations of the United States: Diplomatic Papers, Conference of Berlin,
https://history.state.gov/historicaldocuments/frus1945Berlinv02/d710a-10.

5 Modelski and Modelski, *Documenting Global Leadership,* p. 393.

6 同書, p. 401.

7 *Memoirs by Harry S. Truman: 1945; Year of Decisions* (New York: Konecky & Konecky, 1955), p. 350.

8 同書, p. 351.

9 Charles L. Mee Jr., *Meeting at Potsdam* (New York: Franklin Square, 1975), pp. 82–83.

10 George F. Kennan, *Memoirs: 1925–1950* (Boston: Atlantic Monthly Press,

1967), p. 226.
11 Harry S. Truman to Bess W. Truman, July 18, 1945, FBPAP:FCF, box 14, Truman Papers.
12 Winston S. Churchill, *The Second World War,* vol. 6, *Triumph and Tragedy* (New York: Bantam, 1962), pp. 539–40.
13 同書, p. 544.
14 同書
15 同書, p. 545.
16 同書, p. 546.
17 同書, p. 547.
18 Longhand note, July 18, 1945, Truman Papers,
https://www.trumanlibrary.org/whistlestop/study_collections/bomb/large/documents/index.php?documentid=63&pagenumber=2.
19 "HST Let Stalin Stall Tokyo," *Boston Globe,* August 23, 1960.
20 Charles E. Bohlen, *Witness to History: 1929–1969* (New York: W. W. Norton, 1973), p. 228.
21 Diary of Joseph E. Davies, July 18, 1945, Joseph Edward Davies Papers, box 18, Manuscript Division, Library of Congress, Washington, DC .
22 Ben Cohen, meeting minutes, Potsdam Second Plenary Meeting, July 18, 1945, *Foreign Relations: Diplomatic Papers, Conference of Berlin,*
https://history.state.gov/historicaldocuments/frus-1945Berlinv02/d710a-19.
23 Longhand note, July 18, 1945.
24 Jonathan Daniels, *The Man of Independence* (Port Washington, NY: Kennikat, 1950), p. 278.
25 Henry L. Stimson to "My Darling" (Mrs. Stimson), July 18, 1945, Henry Lewis Stimson Papers, Yale University Library.
26 Henry L. Stimson and McGeorge Bundy, *On Active Service in Peace and War* (New York: Harper & Brothers, 1948), p. 638.
27 Bohlen, *Witness to History,* p. 228.
28 John W. Huston, ed., *American Airpower Comes of Age: General Henry H. "Hap" Arnold's World War II Diaries* (Maxwell Air Force Base, AL: Air University Press, 2002), p. 376.
29 Conversation from oral history interview, Floyd M. Boring, p. 16, Truman Library.
30 H. S. Truman to B. W. Truman, July 18, 1945, FBPAP:FCF, box 14, Truman Papers.

34

1 Ben Cohen, meeting minutes, Potsdam Third Plenary Meeting, July 19, 1945, Foreign Relations of the United States: Diplomatic Papers, Conference of Berlin,
https://history.state.gov/historicaldocuments/frus1945Berlinv02/d710a-29.
2 同書
3 *Memoirs by Harry S. Truman: 1945; Year of Decisions* (New York: Konecky &

Konecky, 1955), p. 369.

4 Joseph E. Davies, "The Chiefs of State" at Potsdam, July 19, 1945, Joseph Edward Davies Papers, box 18, Manuscript Division, Library of Congress, Washington, DC.

5 同書

6 同書

7 Diary of Joseph E. Davies, July 19, 1945, Davies Papers, box 18.

8 同書

9 Robert P. Newman, *Truman and the Hiroshima Cult* (East Lansing: Michigan State University Press, 1995), p. 68.

10 "Magic" Diplomatic Summary, July 17, 1945, National Security Archive, http://nsarchive.gwu.edu/NSAEBB/NSAEBB162/33.pdf.

11 同書

12 Winston S. Churchill, *The Second World War,* vol. 6, *Triumph and Tragedy* (New York: Bantam, 1953), p. 548.

13 Joseph C. Grew, forwarding Cordell Hull note to James F. Byrnes, July 16, 1945, SMOF: Naval Aide to the President Files, box 6, National Archives, College Park, MD.

14 Robert J. Donovan, *Conflict and Crisis: The Presidency of Harry S. Truman, 1945–1948* (Columbia: University of Missouri Press, 1977), p. 99.

15 Len Giovannitti and Fred Freed, *The Decision to Drop the Bomb* (New York: Coward-McCann, 1965), p. 187.

16 Harry S. Truman to Bess W. Truman, July 20, 1945, FBPAP:FCF, box 14, Truman Papers.

17 同書

18 "Dinner at the Little White House," Davies diary, July 20, 1945.

19 同書

20 同書

21 "Potsdam Conference," *New Yorker,* December 29, 1945.

22 同書

23 同書

24 Margaret Truman, *Harry S. Truman* (New York: William Morrow, 1973), p. 281.

25 H. S. Truman to B. W. Truman, July 20, 1945, FBPAP:FCF, box 14, Truman Papers.

26 同書

27 Informal Remarks of the President at the Raising of the Stars and Stripes . . . , July 20, 1945, PSF, box 197, Truman Papers.

28 Longhand note, July 20, 1945, National Security Archive, http://nsarchive.gwu.edu/NSAEBB/NSAEBB162/38.pdf.

29 Charles L. Mee Jr., *Meeting at Potsdam* (New York: Franklin Square, 1975), p. 167.

30 "Summary of the Views Expressed by the Polish Delegation to the Meeting of Foreign Ministers, July 24, 1945," SMOF: Naval Aide to the President Files, box 4,

Truman Library.
31 Churchill, *Triumph and Tragedy,* p. 574.
32 John Lewis Gaddis, *The United States and the Origins of the Cold War, 1941–1947*（New York: Columbia University Press, 1972）, p. 152.
33 Ben Cohen, meeting minutes, Potsdam Fourth Plenary Meeting, July 20, 1945, Foreign Relations: Diplomatic Papers, Conference of Berlin,
https://history.state.gov/historicaldocuments/frus1945Berlinv02/d710a-44.
34 H. S. Truman to Margaret Truman, July 22, 1945, FBPAP:FCF, box 18, Truman Papers.
35 Harry S. Truman, "Cold War Starts at Potsdam," *Life,* October 17, 1945.
36 William D. Leahy, *I Was There: The Personal Story of the Chief of Staff to Presidents Roosevelt and Truman Based on His Notes and Diaries at the Time*（New York: Whittlesey House, 1950）, p. 412.
37 Davies diary, July 20, 1945, Davies Papers, box 18.
38 Diary of Henry L. Stimson, July 21, 1945, Henry Lewis Stimson Papers, Yale University Library.
39 Leslie R. Groves, memorandum for the secretary of war, July 18, 1945, Truman Papers,
https://www.trumanlibrary.org/whistlestop/study_collections/bomb/large/documents/index.php?documentid=2&pagenumber=1.
40 Stimson diary, July 21, 1945.
41 同書
42 同書
43 同書
44 Herbert Feis, *The Atomic Bomb and the End of World War II*（Princeton, NJ: Princeton University Press, 1966）, p. 87.

35

1 "Magic" Diplomatic Summary, July 22, 1945, National Security Archive,
http://nsarchive.gwu.edu/NSAEBB/NSAEBB162/40.pdf.
2 "Potsdam Declaration," July 26, 1945, Birth of the Constitution of Japan, National Diet Library,
http://www.ndl.go.jp/constitution/e/etc/c06.html.
3 同書
4 同書
5 Longhand note, July 25, 1945, Truman Papers,
https://www.trumanlibrary.org/flip_books/index.php?tldate=1945-07-25&groupid=3702&titleid=&pagenumber=1&collectionid=ihow.
6 Document no. 1381, Combined Chiefs of Staff to Truman and Churchill, July 24, 1945,
https://history.state.gov/historicaldocuments/frus1945Berlinv02/d1381.
7 同書
8 Harry S. Truman to Bess W. Truman, March 3, 1948, represented in Margaret

Truman, *Harry S. Truman* (New York: William Morrow, 1973), p. 35.

9 This conversation from Ben Cohen, meeting minutes, Potsdam Eighth Plenary Meeting, July 24, 1945, Foreign Relations of the United States: Diplomatic Papers, Conference of Berlin,

https://history.state.gov/historicaldocuments/frus1945Berlinv02/d710a-94.

10 *Memoirs by Harry S. Truman: 1945; Year of Decisions* (New York: Konecky & Konecky, 1955), p. 416.

11 Charles E. Bohlen, *Witness to History: 1929–1969* (New York: W. W. Norton, 1973), p. 237.

12 Winston S. Churchill, *The Second World War,* vol. 6, *Triumph and Tragedy* (New York: Bantam, 1962), p. 573.

13 Bohlen, *Witness to History,* p. 237.

14 Charles L. Mee Jr., *Meeting at Potsdam* (New York: Franklin Square, 1975), p. 174.

15 Truman, *Memoirs,* p. 390.

16 Diary of Joseph E. Davies, July 25, 1945, Joseph Edward Davies Papers, box 19, Manuscript Division, Library of Congress, Washington, DC.

17 Conversation from Truman, *Memoirs,* p. 389.

18 Davies diary, July 25, 1945.

19 H. S. Truman to B. W. Truman, July 25, 1945, FBPAP:FCF, box 15, Truman Papers.

20 同書

21 Davies diary, July 5, 1945.

22 H. S. Truman to B. W. Truman, July 27, 1945, FBPAP:FCF, box 15.

23 Dwight D. Eisenhower, *Crusade in Europe* (New York: Avon, 1952), p. 489.

24 同書

25 "Potsdam Declaration."

26 Charles G. Ross to Eben A. Ayers, July 27, 1945, SMOF: Naval Aide to the President Files, box 5, Truman Library.

27 Davies diary, July 27, 1945.

36

1 Diary of Walter Brown, July 27, 1945, National Security Archives,

https://nsarchive.gwu.edu/nukevault/ebb525-The-Atomic-Bomb-and-the-End-of-World-War-II/documents/049.pdf

2 John Lewis Gaddis, *The United States and the Origins of the Cold War, 1941–1947* (New York: Columbia University Press, 1972), p. 129.

3 Walter Brown, minutes of Byrnes-Molotov meeting, July 27, 1945,

https://nsarchive.gwu.edu/nukevault/ebb525-The-Atomic-Bomb-and-the-End-of-World-War-II/documents/049.pdf.

4 Diary of Edwin W. Pauley, n.d.,"Potsdam," Edwin W. Pauley Papers, box 18, Truman Library.

5 Lucien Gulick and J. Howard Marshall, memorandum,"Russian Machinery

Removals from Berlin," July 25, 1945, SMOF: Naval Aide to the President Files, box 4, Truman Library.

6 James F. Byrnes, *Speaking Frankly* (New York: Harper & Brothers, 1947), p. 83.

7 Charles Bohlen, minutes of Byrnes-Molotov meeting, July 27, 1945, Foreign Relations of the United States: Diplomatic Papers, Conference of Berlin, https://history.state.gov/historicaldocuments/frus1945Berlinv02/d710a-126.

8 同書

9 同書

10 Bohlen minutes of Byrnes-Molotov meeting.

11 Harry S. Truman to Bess W. Truman, July 29, 1945, FBPAP:FCF, box 15, Truman Papers.

12 H. S. Truman to Martha Ellen Truman and Mary Jane Truman, July 28, 1945, FBPAP:FCF, box 19, Truman Papers.

13 Edward R. Stettinius to Truman and James F. Byrnes, July 28, 1945, SMOF: Naval Aide to the President Files, box 6.

14 Charles G. Ross to Eben A. Ayers, July 28, 1945, SMOF: Naval Aide to the President Files, box 5.

15 Charles L. Mee Jr., *Meeting at Potsdam* (New York: Franklin Square, 1975), p. 174.

16 "Japanese Cabinet Weighs Ultimatum," *New York Times,* July 28, 1945.

17 Map Room to Advance Map Room, July 30, 1945, SMOF: Naval Aide to the President Files, box 6.

18 "Japanese Cabinet Weighs."

19 William D. Leahy, *I Was There: The Personal Story of the Chief of Staff to Presidents Roosevelt and Truman Based on His Notes and Diaries Made at the Time* (New York: Whittlesey House, 1950), p. 419.

20 Ben Cohen, meeting minutes, Potsdam Tenth Plenary Meeting, July 28, 1945, Foreign Relations: Diplomatic Papers, Conference of Berlin, https://history.state.gov/historicaldocuments/frus1945Berlinv02/d710a-131.

21 同書

22 同書

23 Henry L. Stimson to Truman, July 30, 1945, Truman Papers, https://www.trumanlibrary.org/oralhist/arnimage1.htm.

24 Longhand note on back of Stimson to Truman cable, July 30, 1945, Ibid.

25 Oral history interview, George M. Elsey, p. 350, Truman Libary.

26 Robert J. Donovan, *Conflict and Crisis: The Presidency of Harry S. Truman, 1945–1948* (Columbia: University of Missouri Press, 1977), p. 88.

27 W. Averell Harriman and Elie Abel, *Special Envoy to Churchill and Stalin 1941–1946* (New York: Random House, 1975), p. 479.

28 *Memoirs by Harry S. Truman: 1945; Year of Decisions* (New York: Konecky & Konecky, 1955), p. 410.

29 Conversation from Mee, *Meeting at Potsdam,* pp. 222–23.

30 H. S. Truman to B. W. Truman, July 31, 1945, FBPAP:FCF, box 15.

31 Leahy, *I Was There,* p. 426.

32 同書, p. 429.

33 同書, p. 427.

37

1 Log of the President's Trip to Berlin Conference, August 2, 1945, Truman Library.

2 James F. Byrnes, *Speaking Frankly* (New York: Harper & Brothers, 1947), p. 263.

3 William D. Leahy, *I Was There: The Personal Story of the Chief of Staff to Presidents Roosevelt and Truman Based on His Notes and Diaries Made at the Time* (New York: McGraw-Hill, 1950), p. 431.

4 同書

5 Longhand note, July 25, 1945, Truman Papers,
https://www.trumanlibrary.org/flip_books/index.php?tldate=1945-07-25&groupid=3702&titleid=&pagenumber=1&collectionid=ihow.

6 Oral history interview, Samuel I. Rosenman, pp. 57–58, Truman Library.

7 Edward R. Murrow, *In Search of Light: The Broadcasts of Edward R. Murrow, 1938–1961* (New York: Alfred A. Knopf, 1967), p. 100.

8 "12 Japanese Cities Get B-29 Warnings," *New York Times,* August 1, 1945.

9 "150-Mile Train of 800 B-29s Strikes with 6000 Tons," *Washington Post,* August 2, 1945.

10 "World Peak Blow," *New York Times,* August 2, 1945.

11 "Japs Hit by Mightiest of All Air Raids," *Monroe Evening Times,* Monroe, Wisconsin, August 2, 1945.

12 Communications to the Map Room, August 3, 1945, SMOF: Naval Aide to the President Files, box 5, Truman Library.

13 同書 , August 4, 1945.

14 David McCullough, *Truman* (New York: Touchstone, 1993), pp. 453–54.

15 John Lewis Gaddis, *The United States and the Origins of the Cold War, 1941–1947* (New York: Columbia University Press, 1972), p. 243.

16 W. F. Craven and J. L. Cate, eds., *The Army Air Forces in World War II,* vol. 5, *The Pacific: Matterhorn to Nagasaki* (Washington, DC: Office of Air Force History, 1983), p. 642.

17 Curtis E. LeMay with MacKinlay Kantor, *Mission with LeMay: My Story* (New York: Doubleday, 1965), p. 379.

18 Memorandum, "Hiroshima," PSF, box 195, Truman Papers.

19 Richard Rhodes, *The Making of the Atomic Bomb* (New York: Touchstone, 1986), p. 701.

20 Michael D. Gordin, *Five Days in August: How World War II Became a Nuclear War* (Princeton, NJ: Princeton University Press, 2007), p. 60.

21 Rhodes, *Making of the Atomic Bomb,* p. 704.

22 同書 , p. 700.

23　同書
24　"President Prays, Sings on Augusta," *Atlanta Constitution,* August 6, 1945.
25　Paul W. Tibbets, "How to Drop an Atom Bomb,"*Saturday Evening Post,* June 8, 1946.
26　Rhodes, *Making of the Atomic Bomb,* p. 705.
27　Hiroshima and Nagasaki Bombing Timeline, Atomic Heritage Foundation, http://www.atomicheritage.org/history/hiroshima-and-nagasaki-bombing-timeline.
28　Rhodes, *Making of the Atomic Bomb,* p. 709.
29　"Hiroshima Bomb Log Sold for $350,000," BBC News, http://news.bbc.co.uk/2/hi/americas/1898263.stm.
30　Tibbets, "How to Drop an Atom Bomb."
31　"Hiroshima A-Bomb Log Nets $37,000," *New York Times,* November 24, 1971.
32　"Bombings of Hiroshima and Nagasaki — 1945," online article, Atomic Heritage Foundation,
http://www.atomicheritage.org/history/bombings-hiroshima-and-nagasaki-1945.
33　Rhodes, *Making of the Atomic Bomb,* p. 711.
34　"Hiroshima Survivor Recalls Day Atomic Bomb Was Dropped," VOA News, October 30, 2009. Also: Email and telephone correspondence with Ms. Morimoto West.
35　"A-Bombed Hiroshima — Today and 'That Day'in 1945," *Washington Post,* August 2, 1955.
36　Log of the President's Trip to Berlin Conference, July 7, 1945, Truman Library.
37　Cominch & CNO to William D. Leahy, August 6, 1945, SMOF: Naval Aide to the President Files, box 6, Truman Papers.
38　Log of the President's Trip, July 7, 1945. Also Margaret Truman, *Harry S. Truman* (New York: William Morrow, 1973), p. 282.
39　Cynthia C. Kelly, ed., *Manhattan Project: The Birth of the Atomic Bomb in the Words of Its Creators, Eyewitnesses, and Historians* (New York: Black Dog & Leventhal, 2007), p. 331.
40　Henry L. Stimson to Truman, n.d., SMOF: Naval Aide to the President Files, box 6.
41　Log of the President's Trip, July 7, 1945.
42　"Truman Tells Warship Crew," *Los Angeles Times,* August 7, 1945.
43　同書
44　"Truman Dramatically Announces Successful Use of Atomic Bomb," *Hartford Courant,* August 7, 1945.
45　Diary of Eben A. Ayers, n.d., Eben A. Ayers Papers, box 6, Truman Library.
46　Transcript of Eben A. Ayers press conference, August 6, 1945, Ayers Papers, box 6.
47　同書
48　同書
49　同書
50　Statement by the President of the United States, August 6, 1945, Truman Library,

https://www.trumanlibrary.org/publicpapers/viewpapers.php?pid=100.
51　Statement by the President, August 6, 1945.
52　同書
53　同書

38

1　Robert Ferrell, ed., *Truman in the White House: The Diary of Eben A. Ayers*（Columbia: University of Missouri Press, 1991）, p. 58.
2　Oral history interview, Eben A. Ayers, p. 54, Truman Library.
3　同書
4　Diary of Henry L. Stimson, August 8, 1945, Henry Lewis Stimson Papers, Yale University Library.
5　同書
6　"Russia Attacks Japan, Second Atomic Bombing!," *Los Angeles Times,* August 9, 1945.
7　"One Atomizer Erases 60% of Jap City," *Daily Boston Globe,* August 8, 1945.
8　"Atom Bomb Crew's Story!" *Chicago Daily Tribune,* August 8, 1945.
9　Conversation from transcript of Truman press conference, PSF:PCF, box 51, Truman Papers.
10　Truman bank records, Bess W. Truman Papers, box 9, Truman Library.
11　W. Averell Harriman to Harry S. Truman and James F. Byrnes, August 9, 1945, SMOF:MRF, box 1.
12　*Memoirs by Harry S. Truman: 1945; Year of Decisions*（New York: Honecky & Honecky, 1955）, p. 424.
13　"Pall Rising 20,000 Feet," *Los Angeles Times,* August 10, 1945.
14　William L. Laurence, "Atomic Bombing of Nagasaki Told by Flight Member," *New York Times,* September 9, 1945.
15　Alex Wellerstein, "Nagasaki: The Last Bomb," *New Yorker,* August 7, 2015.
16　Laurence, "Atomic Bombing."
17　Truman, *Memoirs,* p. 426.
18　同書 , p. 427.
19　*The Price of Vision: The Diary of Henry A. Wallace 1942–1946,* ed. John Morton Blum（Boston: Houghton Mifflin, 1973）, p. 474.
20　Blum, *Diary of Henry A. Wallace,* p. 474.
21　Richard B. Russell Jr. to Truman, August 7, 1945, Decision to Drop the Atomic Bomb Research File, Truman Library.
22　Truman to Russell, August 9, 1945, ibid.
23　Directive to the Supreme Commander for the Allied Armies, PSF, box 159, Truman Papers.
24　"Truman Calmest Man in Capital as World Awaits," *Daily Boston Globe,* August 11, 1945.
25　同書
26　"Canadians' Work on Weapon Told," *New York Times,* August 7, 1945.

27 "What the Atomic Bomb Means — a Digest of Opinion," *New York Times,* August 12, 1945.

28 Statement by the President of the United States, August 6, 1945, Truman Papers,
https://www.trumanlibrary.org/publicpapers/viewpapers.php?pid=100.

29 Clark Clifford with Richard Holbrooke, *Counsel to the President: A Memoir* (New York: Random House, 1991), p. 57.

30 W. Averell Harriman to James F. Byrnes, August 11, 1945, Foreign Relations of the United States: Diplomatic Papers,
https://history.state.gov/historicaldocuments/frus1945v06/d409.

31 同書

32 Harriman to Byrnes, cable 2, August 11, 1945, quoted in Truman, *Memoirs,* p. 430.

33 同書 , p.431

34 "The Past Four Months: Unequalled in History," *New York Times,* August 12, 1945.

35 Truman, *Memoirs,* p. 434.

36 Patrick Hurley to Harry S. Truman, September 12, 1945, SMOF:MRF, box 1, Truman Papers.

37 Edwin W. Pauley to Truman, August 10, 1945, Foreign Relations: Diplomatic Papers,
https://history.state.gov/historicaldocuments/frus1945v07/d118.

38 Joint Chiefs of Staff to Douglas MacArthur and Chester W. Nimitz, cable, August 11, 1945, William D. Leahy Papers, Records of the United States Joint Chiefs of Staff, box 9, record group 218, National Archives, College Park, MD.

39 Edward R. Murrow, *In Search of Light: The Broadcasts of Edward R. Murrow, 1938–1961* (New York: Alfred A. Knopf, 1967), p. 102.

40 Transcript of Truman press conference, August 14, 1945, Truman Library,
https://www.trumanlibrary.org/publicpapers/viewpapers.php?pid=107.

41 "Truman Replies to Shouts of Crowd, 'We Want Harry,' " *Christian Science Monitor,* August 15, 1945.

42 "Truman Leads Cheering Throngs in Capital's Wildest Celebration," *Atlanta Constitution,* August 15, 1945.

43 David McCullough, *Truman* (New York: Touchstone, 1993), p. 462.

44 Truman, *Memoirs,* p. 438.

45 "Truman Leads Cheering Throngs."

おわりに

1 Clement R. Attlee to Harry S. Truman, September 25, 1945, Albert M. Cornelius Papers, box 1, Franklin D. Roosevelt Presidential Library.

2 Robert J. Donovan, *Conflict and Crisis: The Presidency of Harry S. Truman, 1945–1948* (Columbia: University of Missouri Press, 1977), p. 107.

3 "The Buck Stops Here Desk Sign," Truman Library,

https://www.trumanlibrary.org/buckstop.htm.
4 Commander in Chief Army Air Forces Advance Tokyo Japan to War Department, cable, September 18, 1945, William D. Leahy Papers, Records of the United States Joint Chiefs of Staff, box 9, record group 218, National Archives, College Park, MD.
5 Margaret Truman, *Harry S. Truman* (New York: William Morrow, 1973), p. 43.
6 "The Manhattan Project: an Interactive History: The Atomic Bombing of Hiroshima," United States Department of Energy,
https://www.osti.gov/opennet/manhattan-project-history/Events/1945/hiroshima.htm.
7 William D. Leahy, *I Was There: The Personal Story of the Chief of Staff to Presidents Roosevelt and Truman Based on His Notes and Diaries Made at the Time* (New York: Whittlesey House, 1950), p. 441.
8 Richard Rhodes, *Dark Sun: The Making of the Hydrogen Bomb* (New York: Simon & Schuster Paperbacks, 1995), pp. 21–22.
9 Henry L. Stimson, "The Decision to Use the Atomic Bomb," *Harper's,* February 1947.
10 George C. Marshall, transcript of interview, February 11, 1957, Marshall Foundation,
http://marshallfoundation.org/library/wp-content/uploads/sites/16/2014/05/Marshall_Interview_Tape14.pdf.
11 Winston S. Churchill, *The Second World War,* vol. 6, *Triumph and Tragedy* (New York: Bantam, 1962), p. 546.
12 James Carroll, *House of War: The Pentagon and the Disastrous Rise of American Power* (Boston: Houghton Mifflin, 2006), p. 44.
13 Stephen Ambrose and Douglas Brinkley, *Rise to Globalism: American Foreign Policy Since 1938* (New York: Penguin, 2011), p. 48.
14 Oral history interview, George Tames, pp. 39–40, Truman Library.
15 同書
16 "Obama's Legacy Will Be Like Truman's," *Boston Globe,* February 18, 2015.
17 Jonathan Daniels, *The Man of Independence* (Port Washington, NY: Kennikat, 1971), p. 19.
18 "Good Men at Work," *Life,* February 5, 1951.

さて、トルーマンは普通の人間の典型だった。人々のイメージの中にかれはいた。洋品店へ行くとそこにトルーマンがいた。歯医者へ行くとトルーマンがレントゲンを撮ってくれた。下町でバスに乗るとトルーマンが運転席にいた（三一七頁）。このふつうの人が人類初の核兵器を投下する、というアメリカ政治の不思議にいまさらながら思いを馳せている。トルーマンは原爆投下の実績を以て歴史上もっとも論争を呼ぶ大統領、と著者は位置づけているが、個性溢れるさまざまな歴代米国大統領を差し置いて、近年第六位に序列を上げている由である。ハーバート・フーヴァーはトルーマンの原爆投下の決断を、非倫理的で政治家精神にそぐわぬものと糾弾している（*Herbert Hoover*「*Freedom Betrayed*」*Hoover Institution Press, 2011*, p. 882）。しかし、ルーズベルトからトルーマンへの権力の移行過程を、当時の背景にあわせて検証するに、トルーマンに多様な選択肢、手段が残されていたようにも思われない。検証すべきは、このような普通の人間に人類史上最悪の決断をさせた米国政治の仕組みそのものであるように思われる。

本書刊行にあたっては、材料提供のみならず、編集全般にわたって、前記、中川原徹氏、また校閲作業にあたっては萩尾行孝氏に一方ならぬお世話を戴いた。有難うございました。なお打ち合わせの過程では、ユニークな企業人、株式会社国書刊行会の佐藤今朝夫社長のご面識を得、絶大なご支援を頂戴したことに深謝申し上げます。

平成三十年十月

河内　隆弥

年五月頃、アメリカ側にはあった。*Nicholson Baker*「*Human Smoke-The Beginnings of World War II,the End of Civilization*」*Simon & Shuster, New York*, p. 332)。一九四五年三月十日の東京大空襲のごとく、原爆投下の以前、住宅地の破壊、婦女子の殺害についてアメリカ側の良心はすでに麻痺していたものと判断せざるを得ない。本書にはとくに、ドイツの市街地に対する意図的攻撃を批判していたアメリカ世論も、東京大空襲には沈黙していた、というくだりもある（三〇七頁）。日本人を「犬」に見立てたり、「しらみ」にたとえたり、真珠湾攻撃の報復感や捕虜虐待の反日プロパガンダに基づくものとはいえ、戦時の人種差別意識には驚かされるばかりである。日本側にしても「鬼畜米英」のスローガンとか、「出て来いニミッツ、マッカーサー、出てくりゃ地獄に逆落とし」といった敵対ソングもあったが、人間を人間以下に貶めるような敵国に対する悪態の記憶はない。

私事となるが、一九四五年四月から八月までの四カ月は、訳者にとっても忘れらない四カ月であった。東京杉並の小学校（当時は国民学校）四年となった訳者は、三月下旬から七月下旬まで、宮城県古川町（現大崎市）で集団疎開生活を送っていたのである。場所はさる料亭の大広間で、各学年混合で起居していた。ルーズベルト死亡のニュースはある朝の朝礼で先生から伝えられたことを鮮明に記憶している。子供のことだから、敵の大将が死ねば戦いは勝つ、という観念もあって、その場は嬉しい？ニュースだったが、もちろんそんなことは起こらなかった。五月二十五日の山の手大空襲で、高円寺のわが家は全焼した。田舎のなかった一家は、伝手をたどって、仕事で東京にとどまる父を残して、母と姉兄弟で信州伊那に縁故疎開した。訳者が独り集団疎開に残る意味もなくなり、父が宮城に迎えに来てくれて信州の一家に合流した。九歳での四カ月の集団生活はそれなりに訳者の人間形成（大袈裟な言い方だが）に一役買っているかもしれない。

線）派との確執があった。トルーマンは、原爆の開発状況（実験成功時期、実戦投入可能時期）、ヤルタ会談で密約されたソ連の対日戦参加タイミング、対日終戦勧告を発出すべきポツダム会談開催時期の三つの連立方程式の解法に悩んだが、自身が副大統領選に負い目を抱く相手、バーンズの意見もあって、ルーズベルトを引き継ぎ、既定路線であった無条件降伏を尊重することとなった。

前述のようにルーズベルト路線遵守の立場のトルーマンに、原爆を実戦に使用しないという選択肢はそもそもなかったように思われる。とくに軍事支出の浪費に目を光らせていたトルーマンにとって、議会の予算承認手続きを受けていない、当時二十億ドル強という巨額の無駄遣いは政権維持に大ダメージになる、という強迫観念？（バーンズもこの点について当時のルーズベルト大統領にメモを提出している。二五一頁）となってのしかかっていたと想像しても無理はないだろう。この点、鳥居民「原爆を投下するまで日本を降伏させるな」（草思社、二〇〇五年）の説得力ある論旨に照らして、本書にそれと矛盾する記述を発見することは出来なかった。日本の降伏が早過ぎると原爆投下の機会を失うこととなるので、トルーマン、バーンズはハード・ピースを主張するほかなかったのである。となるとポツダム宣言そのものも、①正式な外交文書の体裁をとっていなかった点、②「受諾」以外の選択は迅速かつ完全なる壊滅あるのみ、という記述がいかにもお座なりで原爆といった特殊兵器の使用の匂いがまったく感じられないアリバイ造り濃厚、といった点において納得させられるものがある。

原爆の非人間性は論ずるまでもないが、本書に頻繁に登場する、カーティス・ルメイ指揮するところの東京大空襲の記述にも改めて戦慄すべきものがある。本土大空襲の犠牲者もまた原爆犠牲者に匹敵するものだったことは思い返すべきであろう（すでに、「薄っぺらな木と紙で出来た日本の町は焼夷弾攻撃にはひとたまりもあるまい」との認識が一九四一

ガサキに投下されたのであるが、投下についての大統領命令書が見当たらないことはほぼ定説となっている。（例、仲晃著「黙殺―下」ＮＨＫブックス、二〇〇〇年、一四五頁。テレビ番組、ＮＨＫドキュメンタリー「原爆投下、その知られざる作戦を追う」二〇一七年一月十四日放映）本書もトルーマンが投下を決断した日時を不明としている（三二七頁）が、スティムソンを経由するグローヴスの具申、八月一日以降大統領のリリース（放出、投下、新聞発表との意味がある）が可能になるという「提案」に対し、トルーマンは「提案承認、ただし八月二日以前を除く」と手書きし、署名したことを記述している。著者は、この「リリース」と言う単語を原爆投下後の新聞発表の意味、と解釈している。それは多分正しいだろう。それ自体を原爆投下命令ととらえることは無理かも知れない。しかし、いずれにせよ、トルーマンの承認は、「投下」を前提としていることに疑いはなく、明示的でなくとも原爆投下には大統領の決断ないし承認があったと考えることに無理はない。思うに、トルーマンは、折柄決着を迎えんとしている諸戦局の急展開に際し、直接的引き継ぎの有無にかかわらず、ルーズベルトの既定路線を遵守するつもりであったに違いない。

もう一つ、ルーズベルトの既定路線は、枢軸国側の「無条件降伏」による戦争の終結である。古く南北戦争で北軍のグラント将軍が提唱したこの言葉は、一九四三年一月、チャーチルとのカサブランカにおける米英首脳会談においてルーズベルト提案によって採択され、そのまま無言の大統領引き継ぎの一環を形成していた。対独戦は、トルーマンの政権掌握後まもなく、無条件降伏によって終結した。太平洋では、硫黄島、沖縄の激戦、東京ほか日本本土主要都市の大空襲によって日本の敗戦はすでに時間の問題となっていた。政権内部では、国務次官ジョセフ・グルー、陸軍長官ヘンリー・スティムソンなど、天皇の地位保全を表に出して降伏を迫るいわゆるソフト・ピース（柔軟講和路線）派と、真珠湾の復讐を叫ぶ対日世論を背景に持つバーンズ国務長官などのハード・ピース（強硬路

子兵器に利用してしまうのではないか、ルーズベルトはそのことを怖れて、行動だよ《ディス・ニーズ・アクション》、の三語を以てこの遠大な極秘計画を開始した（二四六頁）。開発計画はレスリー・グローヴス将軍以下のごく少数の軍人、ロバート・オッペンハイマーなどのこれも少数の科学者、スティムソン陸軍長官などの手に握られていた。軍備計画遂行における浪費の監督を行ういわゆるトルーマン委員会のトップとして、上院議員時代のトルーマン自身も、膨大な予算を費消するこの計画の匂いを嗅ぎつけたが、清廉を以て鳴るスティムソンの抑止にしたがって追究を断念した経緯があった（一四四頁）。

機密が徹底的に守られた原爆開発が政治問題化されることは、開発から投下にいたる全期間を通じてまったくなかったようである。最初から最後まで、人道的に大いに問題があるにもかかわらず、原爆は、人類の発明した史上最強の「兵器」としての位置づけがあったのみだった。（一九四四年九月、ルーズベルトとチャーチルのいわゆるケベック会談における協議では、原爆は「熟考のもとに」日本に対して使用する見通しが述べられていた（ジョナサン・フェンビー著、河内隆弥訳「奇妙な同盟Ⅱ」藤原書店、二〇一八年、五二九頁）。スティムソンが主催し、バーンズ（その後国務長官となる）がまとめた、原爆に関する軍事、科学のすべての問題を大統領に助言する目的を持つ「暫定委員会」の結論は、原爆投下は、対日警告なく、純粋に軍事的判断によって決定されるべきものとされた（三三五頁）。その最終決断は大統領だけのものとされていたのである。

一九四五年六月十八日の対日戦終結に関する軍事会議でも原爆問題は意図的に伏せられており、マックロイ陸軍次官の文字通りの「爆弾」発言に、その場は凍りついた。（三五五頁）

現実に、人類最初のウラニウム原爆（リトルボーイ）がヒロシマに、続いてプルトニウム原爆（ファットマン）がナ

はさまざまな世界史的出来事が圧縮されて起こったこの四カ月（ルーズベルトの死から日本の敗戦まで）の一覧表。これは内容の予告編であると同時に、読者が読み進んで行く際のガイドとなる。全体の構成は五部に分かれている。第一部はＦＤＲ死去の当日の、さまざまな人間模様。第二部は、ミズーリの農家に生まれたハリー・Ｓ・トルーマンの政治家としての出世の履歴。第三部は、大統領就任後一カ月のトルーマンの仕事ぶり。この一カ月には歴史的な出来事が集中して発生した。イタリアの降伏、ムソリーニの処刑、ヒトラーの自殺、赤軍のベルリン占領、ナチ・ドイツの無条件降伏、日本本土大空襲の激化、国連会議の開催などなど。第四部は原爆投下の準備状況、ポーランドほか東欧の状況をめぐってのソ連との軋轢、日本上陸の作戦会議、ポツダム会談の準備など、対日戦争の大詰めに向かう経過の期間である。第五部は、ポツダム会談の駆け引きと原爆投下、ソ連の参戦をめぐって複雑化する事態の描写にあてられ、いよいよ戦争は終結を迎える。この間全篇にわたって、トルーマン個人の家族愛、精神の揺らぎが横糸となって本書は織りだされるが、かなりの数の個性豊かな脇役の登場とともに、大統領選挙戦の実態、ホワイトハウス、議会の機能、軍部の在り方などが遺憾なくあぶり出され、歴史の行程のみならず現在進行形のアメリカ政治の特質の理解に役立つだろう。

　さて、いわば究極の消去法によって副大統領に選ばれたトルーマンは、おおむね過去の副大統領と同じように、大統領のインナー・サークルに対するアクセスを決して許されず、機密事項の協議に与かることはなかった。原子爆弾の秘密計画、ヤルタ会談の密約など超重要項目の引き継ぎを受けたのは大統領執務室《オーヴァル・オフィス》に勤めるようになって以来のことである。原爆開発のマンハッタン計画は、アルバート・アインシュタインのルーズベルト大統領にあてた書簡がきっかけである。ウラン原子の連鎖反応が巨大なエネルギーを生み出す可能性について、ナチスが最初に原

るわけではないので、どうしても昇格した新大統領は、「偶発的」、「まさかの」（Accidental）の存在となり得る。前任ウィリアム・ハリソン大統領の病死により、アメリカ史上最初に副大統領から昇格したジョン・タイラー第十代大統領は「まぐれ当たり閣下」（His Accidency―閣下＝His Excellency のもじり）と呼ばれた（一八三頁）。とはいえ、四十五代の歴代大統領で、副大統領からの昇格者は決して少ない数ではない。これまで九人の大統領が昇格者で、前任者の暗殺によるもの四人、病死によるもの四人、辞任（ニクソン）によるもの一人がその内訳である。トルーマンの場合、前任のF・D・ルーズベルト（FDR）があまりにも「大物」、また、第二次大戦の頂点の期間に君臨しており、だれもがその死を想定（健康不安は認めていたにしても）することは出来なかった、または想定したくなかった、という意味でそのアクシデント性が殊更高かったといえたのではないだろうか？　本書のタイトルを解説すれば以上のようなものとなるだろう。

本人自身はこの辺をどのように考えていたのか？　ルーズベルトの死の当日、かれは「月と星のすべての重量が落ちてきた」（二二頁）と感じることとなる。まさに青天の霹靂であって、当人にとっても「まさかの」事態であった。しかしトルーマンとても副大統領として大統領との緊密な接触の機会が閉ざされていたとはいえ、最後にルーズベルトと会ったとき、その蒼白い顔色を見て、自分は大統領になることを覚悟している、と友人に伝えていた（二七一頁）。起こって欲しくないことは想定したくない、という意味合いで、その青天の霹靂感と友人に語った覚悟とは別に矛盾するものではなく、そのような言葉が存在するのか疑問ではあるが、これは、いわば「未必の」覚悟であって、本人の主観においても、「まさかの」事態であったことは間違いないように思われる。

本書の構成はなかなか巧みである。まず二部構成の時系列が置かれる。一つはトルーマン自身の略歴、もう一つ

事が出来て、それなりに興趣のある作業でもあったが……）。その後初校、再校、原注のマーキング、索引造りなど通常の作業があり訳書の刊行は今日に至った。しかし早めに手を付けたことで、この種の訳書としては、原著発刊からの訳書発刊までの期間は比較的短いものだったと思われる。

大統領就任前、内外から極めて不安を抱かれていたことで、現第四十五代、トランプ大統領と三十三代のトルーマン大統領はよく似ていた。（偶然、Trump と Truman―語尾が異なるだけで苗字も類似している）。しかし、就任後、トランプ大統領の方は、その反グローバリズム、孤立主義的言動が、大陸東西両岸に居住する高学歴層とメディアに嫌われ、国内の支持はほぼ半分に割れている。一方トルーマンは、政治手法は異なるものの、戦争遂行という外的条件のもと、ほぼ前任のルーズベルト政権の政策を継承し、その誠実、公正、率直で効率的な行動が好感され、まもなく広汎な支持を獲得する。そのことは、トルーマンの大統領としての最初の記者会見の終わりに、ルーズベルトのときにはまったく起こらなかったこと、すなわち自然に拍手が巻き起こった、というエピソード（本書二一一頁）に示されている。

アメリカ政治において副大統領職《VP》は、大統領選挙において伴走者《ランニングメイト》として大統領との組み合わせ《チケット》を示すことで大統領のＰＲ合戦の主要な一翼を担うほかは、日常において「人類の発明したもっとも不要な職業」（ジョン・アダムズ初代副大統領）として、上院議長を務めること以外に政治的に具体的職務を与えられてはいない。トルーマンがルーズベルトの副大統領として仕えたほぼ四カ月間に原爆の秘密、ヤルタ会談の詳細などの重要な事項の協議に預からなかったことは本書の取り上げる隠れた主要な問題点の一つである。副大統領は唯一、大統領が死亡ないし事故により執務不能になった場合のみ、大統領に昇格する。有権者は副大統領を大統領適格者として積極的に選出す

訳者あとがき

本訳書（本書）は、アメリカのジャーナリスト、作家、Ａ・Ｊ・ベイムの、*The Accidental President—Harry S. Truman and the Four Months that Changed the World, Hougton Mifflin Harcourt Publishing Company, New York, 2017* の全訳である。ベイムは一九七一年、米国ニュージャージー生まれ、ニューハンプシャー大学のＢＡ（文学士）ニューヨーク大学ＭＡ（文学修士）を取得してから、数々のノン・フィクション名著を発表、ウォールストリート・ジャーナル紙の定期寄稿者でもある。

二〇一七年十月に現地で発刊予定の原著草稿は、国書刊行会、編集担当中川原徹氏が早くも、同年二月頃に入手され、訳者に翻訳の打診があった。個人的にもこの時代には一入の思い入れもあり、うまく行けば、内外同時発売も可能かとの下心でさっそく翻訳に取り掛かり、半年ばかりで一応出来上がった。その後九月に最終版のＰＤＦ、十一月には原著完成版の現物も手に入ったが、一次作業を行った原著の加除修正、訂正、パラグラフ全部の削除、入れ替えなど感覚的には五分の一ないし四分の一程度の修正に向き合わなければならなかった。修正原稿の完成には殆んど二度、翻訳を行う印象があって、さらに半年ばかりが必要だった。（その間、原著者の推敲の過程などをたどる

ン・ベイム、カレンおばさん、ケン・セガルおじさん（いつもわたしを実の息子のように扱ってくれた）、故ビル・グリーンと故ミルドレッド・レヴェンタル、わたしの「悪餓鬼たち」、コニー、故ビル・バーディック、ジャックとマーゴ・エゼル、わたしの大勢のいとこ達で友だちのクリスタル／サベル／セガル組、そしてお役所づとめのケンとエドナ・ウィールドン。また終始ご指導いただいた、出版、映画界の皆々さまに御礼申し上げます。それらの方々とは（順不同）、ジミー・ジェリニック、クリス・ナポリターノ、ボブ・ラブ、デイヴ・イツコフ、アダム・トンプソン、サム・ウォーカー、リー・フローリック、スティーヴ・ランドール、マイク・ギー、ジェームズ・カミンスキー、ケン・グロス、ルーカス・フォスター、アレックス・ヤング、グレッグ・ヴィーソル、スコット・アレグザンダー、スティーヴン・コトラー、リチャード・ストラットン、アミーグレース・ロイド、ジョン・マーカス、ジョン・H・リチャードソンなどの諸氏である。皆々さまと仕事が出来る機会に恵まれたことを感謝する。また同じ機会を望む次第です。

　このささやかな本が、ジェフリー・チョーサー「イングランドの詩人で世俗の言葉で執筆」のようにわかり易い本でありますように！

と同じ評価を受けて欲しいというのがわたしの願いである。

この本は、わたしの、同じ編集者、同じ出版社、そして同じ代理人による三番目の本であり、それは本当にとくべつのことである。わたしの限りない謝意を、ヒュートン・ミフリン・ハーコートのスーザン・キャナヴァンと、ワックスマン・リーヴェル・リテラリー・エージェンシーのスコット・ワックスマンに贈る。あなた方のわたしに対する信頼が、わたしの人生行路を変えたので、その事は決して忘れない。ヒュートン・ミフリン・ハーコートとワックスマン・リーヴェル・エージェンシーのみなさんの大変なお仕事にも有難うと言いたい。多才なHMHのミーガン・ウィルソンと同じく編集人のマーガレット・ウィンバーガー、お二人の丹念な読み込みと脚注造りのお手伝いは本当に貴重なものでした。お二人に無限の謝辞を。

前作の謝辞でも述べたように、妻のミシェルは、二人で組んだチームのすべてに亘る偉大な推進力だった。彼女なしでは、わたしはまだ一ページ目にとどまっていただろうし、原稿だけの話ではなく、人生のすべてについてそうだった。有難う、ミシェル！　またクレイトン・ベイムとオードリー・ベイムにも有難う。きみたちは、きみたちの両親の人生における灯火だ。どんどん大きくなって何でも出来るようになってね。毎日が恩寵に満ち、大事であることを忘れずに。毎日どれだけ愛されているか、またその愛に責任が伴っているかも忘れずに。

父、デイヴィッド・ベイム（この本が捧げられている）と、母、デニーズ・ベイムは、この原稿の数え切れない下書きを読んでくれた。二人とも恐るべき編集者になり得たことだろう。父母の変わらぬ姿に感謝し、わたしが子供の頃にかけた面倒すべてに対し、この本で言い訳をしたいのです。

一族の皆さまに感謝、長年、愛、ご理解、ご厚意を頂戴しながらお応え出来なかった。アビー・ベイム、スーザ

謝辞

十六万語の本を書き終えたときは、混雑する高速道路で可愛い子猫十六万匹を横断させたような気分になった。たくさんの方々にお世話になった。まず第一に、足を運んだ各研究所の文書保管係のみなさんである。とくに、ミズーリ州インデペンデンスのハリー・S・トルーマン図書館・博物館、メリーランド州カレッジ・パークの国立公文書館、ワシントンDCの国会図書館、ニューヨーク州ハイドパークのFDR大統領図書館・博物館、コネティカット州ニューヘブンのエール大学資料・文書保存館のみなさんである。

とくべつな謝辞を、国立文書館のグレッグ・ブラドシャー、トルーマン図書館のランディ・ソウェル、そしてセントラル・ミズーリ大学のジョン・テイラー教授に捧げる。テイラー教授は素晴らしい歴史家、作家で、わたしの原稿を深く読み込んでくださったことは、この本の完成に本当に役立つものだった。格別な御礼は、ハリー・S・トルーマン図書館研究所で調査諸経費を、いささか賄っていただいたリザ・サリバンに申し上げる（ミズ・サリバンも研究所のほかの人たちも、出版前のわたしの原稿の一部たりとも見たいと言って来たことはなかった）。これらの方々もこの本